Werner Gress
Guntram Mahl
Heinrich Strasser
Klaus Franke

Die Neue Handwerker-Fibel

Dipl.-Kaufmann Werner Gress
Dr. Guntram Mahl
Heinrich Strasser
Ass. Klaus Franke

Die Neue Handwerker-Fibel

für die Vorbereitung auf
die Meisterprüfung

**Band 1   Rechnungswesen
          Wirtschaftslehre**

mit programmierten und textlich gestalteten, offenen Übungs-,
Wiederholungs- und Prüfungsfragen

33., völlig neubearbeitete Auflage

Holzmann Buchverlag

Die Handwerker-Fibel enthält in der Regel Berufsbezeichnungen, Gruppenbezeichnungen usw. nur in der männlichen Form. Wir bitten diese sinngemäß als Doppelbezeichnungen wie zum Beispiel Frau/Mann, Handwerksmeisterin/Handwerksmeister, Betriebsinhaberin/Betriebsinhaber usw. zu interpretieren und anzuwenden, um auch dem Anteil der weiblichen Berufsangehörigen des Handwerks zu entsprechen.

Impressum
33., völlig neubearbeitete Auflage 1993
Art.-Nr. 1700
ISBN 3-7783-0340-6 (3 Bände)
© 1993 by Hans Holzmann Verlag, Bad Wörishofen
Alle Rechte, auch des auszugsweisen Nachdrucks und der Übersetzung
bei Hans Holzmann Verlag
Umschlaggestaltung: Atelier Günter Egger, Bad Wörishofen
Herstellung: Holzmann Druck, Bad Wörishofen

Vorwort

Seit drei Jahrzehnten ist die Handwerker-Fibel das Lehrbuch, das bei der Vorbereitung auf die Meisterprüfung im Handwerk am häufigsten zum Einsatz kommt. Sie ist sowohl Grundlage für das Selbststudium, das für jeden Lernerfolg unentbehrlich ist, als auch das wichtigste Lernmittel und Begleitmaterial für Meistervorbereitungskurs oder Meisterschule.
Darüber hinaus hat sich die Handwerker-Fibel auch als Handbuch für die wirtschaftliche Betriebs- und Unternehmensführung des Praktikers nach der Meisterprüfung, sei es als selbständiger Unternehmer oder als angestellte Führungskraft im Handwerk, bewährt.
Jährlich wurde der Inhalt der Handwerker-Fibel überarbeitet, aktualisiert und an die neuesten Entwicklungen in der Praxis der Handwerkswirtschaft, in der Wissenschaft und in der Gesetzgebung und Rechtsprechung angepaßt.
Trotzdem haben sich Verlag und Autoren entschlossen, eine grundlegende Neugestaltung der bewährten Handwerker-Fibel vorzunehmen. Wir freuen uns, das Ergebnis mit dieser Neufassung vorlegen zu können. Für die Neugestaltung gab es mehrere Gründe: Einmal die Forderung der Handwerksorganisationen nach einer inhaltlichen Modernisierung der Meistervorbereitung in den Prüfungsteilen III und IV im Sinne einer noch praxisnäheren Ausrichtung. Zum zweiten die Notwendigkeit einer besseren Gliederung und einer besseren optischen Gestaltung mit gestrafften Texten, großzügigerer Aufteilung der Texte, mehr Abbildungen und farblichen Hervorhebungen sowie einem größeren Format, weil nachgewiesenermaßen dadurch die Aufnahmefähigkeit und Lernfähigkeit erheblich gesteigert werden kann. Wir leben in einer Zeit stärkerer visueller Ausrichtung des Menschen ganz allgemein und im besonderen im Einsatz der Lehr- und Lernmittel.
Ferner gab es für die Neubearbeitung der Handwerker-Fibel noch einen besonderen, wichtigen Anlaß:
1992 und 1993 wurden vom Deutschen Handwerkskammertag in Zusammenarbeit mit Praktikern der Handwerksorganisationen, Lehrkräften an Meisterschulen und vor allem mit den zuständigen Handwerksinstituten neue Rahmenstoffpläne bzw. Lernzielkataloge für die Vorbereitung auf Teil III und IV der Meisterprüfung erarbeitet und zur Anwendung empfohlen, womit letztlich die oben genannten inhaltlichen Zielsetzungen erreicht werden sollen. Insbesondere durch die Lernzielfixierung und die den Anforderungen der Praxis entsprechenden Schwerpunktbildungen ist es möglich, bei der Lehrstoffvermittlung die sachgerechten Akzente zu setzen.
Die „Neue Handwerker-Fibel" ist nach diesen Vorgaben aufgebaut und gestaltet. Gegenüber der bisherigen Handwerker-Fibel wurden zahlreiche Kapitel stofflich entlastet. Neuen Anforderungen der Praxis wurde durch inhaltliche Erweiterungen, wo erforderlich, Rechnung getragen. Die Gliederung (Überschriften und Numerierungen) der Kapitel und der Abschnitte erfolgte nach den bundeseinheitlichen Rahmenstoffplänen für die Vorbereitung auf die Teile III und IV der Meisterprüfung im Handwerk. Den einzelnen Abschnitten wurden die Lernziele nach den Empfehlungen des Deutschen Handwerkskammertages und der Handwerksinstitute vorangestellt. Die folgenden Textdarstellungen decken die Lernzielanforderungen in verdichteter Form ab. Der Umfang und die inhaltliche sowie stoffliche Aufbereitung des Textes der neuen Handwerker-Fibel berücksichtigt die im Lernzielkatalog formulierten unterschiedlichen Anforderungsgrade an Kennen, Wissen, Verstehen, Können, Beherrschen. Dabei wurde der Schwerpunkt nicht nur auf fachsystematisches Begriffswissen, sondern auf Einsicht in Zusammenhänge und vor

allem auf die Vermittlung von anwendungsbezogenem Handlungswissen für die Praxis gelegt. Deshalb enthält der Textteil der Neuen Handwerker-Fibel zahlreiche Handlungsanleitungen.

Nach den größeren Abschnitten folgen jeweils zur Lernkontrolle programmierte und textlich gestaltete, offene Übungs-, Wiederholungs- und Prüfungsfragen, die wiederum auf die wichtigen Lernziele ausgerichtet sind.

Der Programm- bzw. Fragenteil ermöglicht in sachlicher und inhaltlicher Abstimmung und Ergänzung zum Textteil ein systematisches Lernen, Üben und Wiederholen der wichtigsten Stoffgebiete und somit für den Prüfling eine rationelle Vorbereitung auf die Meisterprüfung und eine den Lernprozeß begleitende Kontrolle.

Die programmierten Fragen, die durch Ankreuzen <u>einer</u> der fünf vorgegebenen richtigen Auswahlantworten zu lösen sind, ermöglichen eine denkwirksame Aneignung der Kenntnisse, eine Wiederholung der Lerninhalte im Unterricht oder im Selbststudium, fördern die persönliche Lernaktivität und Konzentration und bringen durch Vergleich mit den richtigen Lösungen, die am Schluß eines jeden Bandes abgedruckt sind, eine Lernstandskontrolle. Die programmierten Fragen geben ferner Prüfungssicherheit für die von den meisten Handwerkskammern durchgeführten <u>teil</u>programmierten Prüfungen.

Die textlich gestalteten, offenen Fragen ohne Auswahlantworten haben neben dem Übungs-, Wiederholungs- und Kontrolleffekt den Sinn, wenn sie schriftlich beantwortet werden, bestimmte Stoffgebiete textlich zutreffend zu Papier zu bringen. Dabei kann man in der Meisterprüfung feststellen, inwieweit der Prüfling in der Lage ist, sein Wissen textlich klar und in entsprechender Formulierung darzustellen und wie groß sein Wissen und Können in die Tiefe geht. Schließlich sind die textlich formulierten Fragen auch eine gute Vorbereitung auf mündliche Prüfungen.

Bei beiden Formen der Fragestellung kann der Lernende durch die bei jeder Frage am Schluß angebrachte Rückverweisung zum Textteil die noch festgestellten Lücken beim Verstehen, Wissen und Können nachlesen bzw. den Stoff nacharbeiten. Dies führt zur Absicherung des Lernerfolges.

Die Übersicht, die Lesbarkeit und die Lernbarkeit der Inhalte werden zusätzlich erhöht durch ein tief gegliedertes Inhaltsverzeichnis, großzügig und zahlreich gestaltete Überschriften, farblich hervorgehobene Texte, farbig gestaltete Abbildungen und farblich abgesetzte Randbemerkungen sowie ein umfangreiches Stichwortverzeichnis.

Schließlich wurde der Gesamtstoff zur Vorbereitung auf die Teile III und IV der Meisterprüfung in der Handwerker-Fibel von bisher einem Band auf drei Bände mit einem größeren Format aufgeteilt. Dies ermöglichte eine großzügigere platzmäßige Anordnung der Texte, eine größere, leicht lesbare Schrifttype, die Aufnahme zahlreicher Abbildungen und eine bessere „Handlichkeit" beim Umgang mit den Büchern.

Der Unterrichtsstoff für den Prüfungsteil III (wirtschaftliche und rechtliche Kenntnisse) ist enthalten in:

<u>Band 1:</u>   Rechnungswesen
           Wirtschaftslehre

<u>Band 2:</u>   Rechts- und Sozialwesen

Der Unterrichtsstoff für Prüfungsteil IV (berufs- und arbeitspädagogische Kenntnisse) findet sich in:

<u>Band 3:</u>   Berufs- und Arbeitspädagogik

Alle drei Bände bilden ein einheitliches Werk, also eine inhaltliche Gesamtheit, die für die Vorbereitung auf Teil III und IV der Meisterprüfung notwendig ist.
Um Doppeldarstellungen bei stofflichen Überschneidungen von Teil III und IV (zum Beispiel beim Arbeits- und Tarifrecht) insgesamt zu vermeiden, wird in den Bänden gegenseitig verwiesen, der Stoff also nur einmal behandelt.
Die bisher in 32 Auflagen mit bestem Erfolg eingesetzte einbändige Handwerker-Fibel wurde in den letzten drei Jahrzehnten von vielen Hunderttausenden jungen Handwerkern angeschafft und der erfolgreichen Prüfungsvorbereitung zugrunde gelegt.
So dürfte auch die völlig neubearbeitete, in nunmehr drei Bänden vorliegende „Neue Handwerker-Fibel" künftig vielen Tausenden jungen Handwerkern einen erfolgreichen Weg in die Meisterprüfung und in die weitere berufliche Zukunft eröffnen.
Möge die Neue Handwerker-Fibel die alten Freunde zufriedenstellen und neue hinzugewinnen.

November 1993

Die Verfasser
Holzmann Buchverlag

Erwerben Sie zusätzliche Sicherheit für die erfolgreiche Ablegung der Meisterprüfung: Verwenden Sie nach der Lektüre der „NEUEN HANDWERKER-FIBEL" die vom HANDWERKER-FIBEL-Autorenteam als lehrbuchzugehöriges Arbeitsmittel entwickelten und erprobten
Übungssätze für die Lösungstechnik von programmierten Prüfungsfragen zur Meisterprüfung (Teile III und IV),
mit denen Sie sich zum Lehrgangsende bzw. kurz vor der Prüfung die Lösungstechnik der teilprogrammierten Meisterprüfung in allen sieben Prüfungsfächern der Teile III und IV aneignen bzw. vervollständigen können.
Zweckmäßigerweise geben Sie zusammen mit den Kollegen Ihrer Meisterklasse bzw. Ihres -kurses und nach Absprache mit den zuständigen Lehrkräften eine Sammelbestellung auf an den Holzmann Buchverlag, Postfach 1342, 86816 Bad Wörishofen, sofern Sie die ÜBUNGSSÄTZE nicht automatisch vom Kurs- oder Schulträger bzw. von den Lehrkräften erhalten.

1 Rechnungswesen ... 1

1.1 Buchhaltung und Jahresabschluß ... 2

1.1.1 Aufgaben der Buchführung ... 2
1.1.2 Vorschriften und Grundsätze zur Buchführung und Bilanzierung ... 3
- 1.1.2.1 Allgemeine Hinweise ... 4
- 1.1.2.2 Die handelsrechtlichen Bestimmungen zu Bilanzierung und Jahresabschluß ... 6
- 1.1.2.3 Die steuerrechtlichen Vorschriften ... 7
  - *Aufzeichnung des Wareneingangs* ... 8
  - *Aufzeichnung des Warenausgangs* ... 8
  - *Aufzeichnungen für Zwecke der Umsatzsteuer* ... 9
  - *Führung von Lohnkonten* ... 10
- 1.1.2.4 Die Grundsätze ordnungsmäßiger Buchführung (GoB) ... 11
  - *Einzelregeln und -grundsätze* ... 11
  - *Beratungsmöglichkeiten* ... 13
  - *Folgen von Verstößen gegen die Ordnungsvorschriften* ... 13

1.1.3 Buchführungssysteme (Überblick) ... 13
- 1.1.3.1 Die doppelte Buchführung ... 13
- 1.1.3.2 Die einfache Buchführung ... 14
- 1.1.3.3 Einnahmen- und Ausgabenrechnung (Überschußrechnung) ... 14
- 1.1.3.4 Die kameralistische Buchführung ... 14
- 1.1.3.5 Kriterien für die Auswahl des geeigneten Buchführungssystems ... 14

1.1.4 Die Inventur ... 15
- 1.1.4.1 Wesen der Inventur ... 15
- 1.1.4.2 Zweck der Inventur ... 15
- 1.1.4.3 Durchführung der Inventur ... 15

1.1.5 Bewertungsfragen ... 17
- 1.1.5.1 Handels- und steuerrechtliche Bewertungsvorschriften ... 17
- 1.1.5.2 Wichtige Bewertungsbegriffe und Bewertungsmaßstäbe ... 17
- 1.1.5.3 Allgemeine Bewertungsgrundsätze ... 18
- 1.1.5.4 Wertansätze der Vermögensgegenstände und Schulden in Handelsbilanz und Steuerbilanz ... 19
- 1.1.5.5 Praktische Durchführung der Bewertung ... 21

1.1.6 Inventar und Bilanz ... 23
- 1.1.6.1 Aufstellung des Inventars ... 23
- 1.1.6.2 Die Bilanz als Form der Darstellung von Vermögen und Kapital ... 23
- 1.1.6.3 Gliederung der Bilanz ... 24
- 1.1.6.4 Bilanzierungsgrundsätze ... 25
- 1.1.6.5 Bilanzarten ... 25

1.1.7 Die Gewinn- und Verlustrechnung ... 26
- 1.1.7.1 Erläuterung der Begriffe Einnahmen und Ausgaben, Aufwand und Ertrag, Gewinn und Verlust ... 27
- 1.1.7.2 Arten der Gewinnermittlung ... 27
- 1.1.7.3 Gliederung der Gewinn- und Verlustrechnung ... 28

1.1.8	Buchführung und Abschluß in Form der doppelten Buchführung	29
1.1.8.1	Die doppelte Buchführung	30
1.1.8.2	Konto, Kontenarten, Kontenrahmen, Kontenplan, Kontenverzeichnis	36
	Konto	36
	Kontenarten	36
	Kontenrahmen	37
	Kontenplan	38
	Kontenverzeichnis	38
1.1.8.3	Konteneröffnung	38
1.1.8.4	Belege, Buchungsregeln, Buchungsschlüssel, Vorkontierung und Verbuchung der laufenden Geschäftsvorfälle	38
	Belege	38
	Buchungsregeln	39
	Buchungsschlüssel	40
	Vorkontierung und Verbuchung der laufenden Geschäftsvorfälle	41
1.1.8.5	Umbuchungen, Vorbereitung des Abschlusses, Abschlußbuchungen	41
	Umbuchungen	41
	Buchungen bei der Umsatzsteuer	43
	Vorbereitende Abschlußbuchungen	45
	Abschlußbuchungen	48
1.1.8.6	Abschlußübersicht, Jahresabschluß, Zwischenabschlüsse	49
1.1.8.7	Beispiel zur doppelten Buchführung	50
1.1.8.8	Methoden der doppelten Buchführung (Verfahrenstechniken)	59
	Orientierungsdaten für die rationellste Buchführungstechnik	60
	Die amerikanische Buchführung	61
	Die Durchschreibebuchführung	64
	Die Buchführung auf der Grundlage der EDV	66
1.1.9	Ausgliederung von Buchführungsarbeiten (zentrale Datenverarbeitung)	69
1.1.9.1	Buchstellen, Steuerkanzleien, Rechenzentren	69
	Buchstellen	69
	Steuerkanzleien	69
	Rechenzentren	70
1.1.9.2	Betriebliche Voraussetzungen	70
1.1.9.3	Ergebnisse der Ausgliederung von Buchführungsarbeiten	70
1.1.9.4	Einzelbereiche der Ausgliederung von Buchführungsarbeiten	70
1.1.9.5	Praktischer Ablauf der Zusammenarbeit mit externen Datenverarbeitungsstellen	71
1.1.9.6	Vor- und Nachteile der Datenverarbeitung außer Haus	71
	Programmierte und textlich gestaltete, offene Übungs-, Wiederholungs- und Prüfungsfragen	73

1.2 Kostenrechnung und Kalkulation ... 81

1.2.1 Überblick über Aufgaben und Gliederung sowie Begriffe der Kostenrechnung ... 82
1.2.1.1 Grundsätzliches zum Preisbegriff ... 82
Der Marktpreis ... 82
Der kalkulierte betriebliche Preis ... 83
1.2.1.2 Aufgaben der Kostenrechnung ... 83
1.2.1.3 Gliederung und Begriffe der Kostenrechnung ... 83
Gliederung der Kostenrechnung ... 83
Systeme der Kostenrechnung ... 85

1.2.2 Ermittlung, Abgrenzung, Aufbereitung der Ausgangswerte für die Kostenrechnung (Kostenartenrechnung) ... 86
1.2.2.1 Daten aus Buchhaltung und Jahresabschluß (effektive Kosten) ... 87
1.2.2.2 Verwertung sonstiger Unterlagen ... 88
1.2.2.3 Ansatz kalkulatorischer Kosten ... 88
Der kalkulatorische Unternehmer- oder Meisterlohn ... 88
Die kalkulatorischen Zinsen ... 89
Die kalkulatorische Miete ... 89
Die kalkulatorische Abschreibung ... 90
Kalkulatorische Wagnisse ... 90

1.2.3 Kostengliederung nach kostenrechnerischen Gesichtspunkten ... 90
1.2.3.1 Trennung von Einzelkosten – Gemeinkosten – Sonderkosten ... 91
Die Einzelkosten ... 91
Die Gemeinkosten ... 94
Die Sonderkosten ... 96
1.2.3.2 Untergliederung der Gemeinkosten nach Verrechnungsgesichtspunkten ... 97
1.2.3.3 Aufgliederung nach fixen und variablen Kosten ... 98

1.2.4 Kostenstellenrechnung (Betriebsabrechnung) ... 99
1.2.4.1 Aufgaben der Kostenstellenrechnung und Aufbau eines einfachen Betriebsabrechnungsbogens ... 99
1.2.4.2 Begriff der Kostenstelle (Hauptkostenstelle, Hilfskostenstelle) und Bildung von Kostenstellen nach betrieblichen Erfordernissen ... 100
1.2.4.3 Zurechnung der Kosten auf Kostenstellen und Kostenstellenumlage ... 101
1.2.4.4 Ermittlung von Kostenverrechnungssätzen ... 102
Die Verrechnung der Gemeinkosten auf der Basis der Lohneinzelkosten ... 103
Die Verrechnung der Gemeinkosten auf der Basis der Materialeinzelkosten ... 103
Die Verrechnung der Gemeinkosten auf der Basis der Herstellkosten (Materialeinzel- und Lohneinzelkosten) ... 104
Die Verrechnung der Gemeinkosten auf der Basis von Lohneinzelkosten und Materialeinzelkosten ... 105
Verrechnung der Gemeinkosten auf der Basis von Lohneinzelkosten, Materialeinzelkosten und Herstellkosten ... 106

Verrechnung auf Kostenstellen nach betrieblichen
Funktionen 107
Kontrolle der Gemeinkostenzuschlagssätze 108
Kostenverrechnungssätze mit anderen Bezugsgrößen 108
Beispiel für die Aufbereitung kostenrechnerischer
Unterlagen und die Berechnung des Gemeinkosten-
zuschlagssatzes 109
    1.2.4.5 Beispiel eines einfachen Betriebsabrechnungsbogens .. 110
1.2.5 Kostenträgerrechnung (Kalkulation) 112
    1.2.5.1 Begriff und Aufgaben der Kalkulation 112
    1.2.5.2 Kalkulationsarten 112
                Die Vorkalkulation 113
                Die Nachkalkulation 113
                Die Zwischen- oder Begleitkalkulation 114
    1.2.5.3 Kalkulationsmethoden 114
                Der Gewinn- und Wagniszuschlag bei der Kalkulation ... 115
                Die Behandlung der Umsatzsteuer bei der Kalkulation ... 115
                Die Zuschlagskalkulation 116
                Die Divisionskalkulation 116
                Die Äquivalenzziffern- und Indexrechnung 117
                Die Deckungsbeitragsrechnung 118
                Die Stundenverrechnungssatz-Ermittlung 120
                Häufige Fehlerquellen in der Kalkulation 120

1.2.6 Die Zuschlagskalkulation 121
    1.2.6.1 Kalkulationsschemen 121
                Kalkulationsschema mit einem betriebseinheitlichen
                Gemeinkostenzuschlagssatz auf Basis Lohneinzelkosten .. 121
                Kalkulationsschema mit mehreren Gemeinkosten-
                zuschlagssätzen 121
                Kalkulationsschema für die Berechnung von betrieb-
                lichen Stundenverrechnungssätzen 122
                Kalkulationsschema für Handelswaren 122
    1.2.6.2 Beispiele zur Zuschlagskalkulation 123
                Berechnung des Angebotspreises mit einem betriebs-
                einheitlichen Gemeinkostenzuschlagssatz auf Basis der
                Lohneinzelkosten 123
                Berechnung des Angebotspreises mit mehreren Zu-
                schlagssätzen für die Gemeinkosten, nämlich auf Mate-
                rialeinzelkosten, Lohneinzelkosten und Herstellkosten 124
                Berechnung des Angebotspreises für einen betrieblichen
                Stundenverrechnungssatz (der Betrieb arbeitet mit einem
                betriebseinheitlichen Gemeinkostenzuschlagssatz) 124
                Berechnung des Angebotspreises für eine Handelsware .. 125
                Berechnung des Kalkulationszuschlags und der Handels-
                spanne 125

**Programmierte und textlich gestaltete, offene
Übungs-, Wiederholungs- und Prüfungsfragen** 126

1.3 Betriebswirtschaftliche Auswertung ... 135

- 1.3.1 Rechnungswesen als Grundlage unternehmerischer Entscheidungen und Maßnahmen ... 135
- 1.3.2 Zielsetzung und Methodik der Auswertung des Rechnungswesens ... 136
- 1.3.3 Die Auswertung des Jahresabschlusses und buchhalterischer Zwischenabschlüsse ... 138
  - 1.3.3.1 Aufbereitung des Jahresabschlusses für die betriebswirtschaftliche Auswertung ... 138
  - 1.3.3.2 Grundsätzliches zur Bilanzanalyse und Bilanzkritik (Bereiche und Beurteilungskriterien) ... 140
  - 1.3.3.3 Beispiel für die Durchführung und Verwertung einer einfachen Bilanzanalyse ... 142
    - *Die Auswertung der Bilanz* ... 142
    - *Die Auswertung der Gewinn- und Verlustrechnung* ... 146
    - *Gemeinsame Auswertung von Bilanz und Gewinn- und Verlustrechnung* ... 146
    - *Der Cash-flow* ... 148
  - 1.3.3.4 Auswertung von Zwischenabschlüssen ... 149
- 1.3.4 Auswertung der Kostenrechnung ... 149
  - 1.3.4.1 Aufbereitung von Kostenrechnungsunterlagen und Ermittlung informativer Kostendaten für betriebswirtschaftliche Analysen ... 149
  - 1.3.4.2 Analyse der Kostenveränderungen und kostenbeeinflussenden Faktoren ... 150
  - 1.3.4.3 Beurteilung von Kostendaten und Ergebnissen im Hinblick auf die künftige Kostengestaltung und Maßnahmen der Unternehmensführung ... 150
- 1.3.5 Kennzahlenrechnung ... 151
  - 1.3.5.1 Wesen und Zweck der betrieblichen Kennzahlenrechnung ... 151
  - 1.3.5.2 Arten bzw. Bereiche der betrieblichen Kennzahlenrechnung ... 152
  - 1.3.5.3 Praktisches Vorgehen bei der Ermittlung und Verwendung von Kennzahlen im Handwerksbetrieb ... 153
    - *Personalwirtschaftliche Kennzahlen* ... 153
    - *Fertigungswirtschaftliche Kennzahlen* ... 154
    - *Lagerwirtschaftliche Kennzahlen* ... 155
    - *Verwaltungs- und vertriebs(absatz)wirtschaftliche Kennzahlen* ... 156
    - *Finanzwirtschaftliche Kennzahlen* ... 157
    - *Kennzahlen für die Rentabilität* ... 159
    - *Spezielle Kennzahlen für Sonderinformationen* ... 160
- 1.3.6 Statistische Auswertungen ... 160
  - 1.3.6.1 Gewinnung, Aufbereitung und Darstellung betriebsstatistischer Daten ... 160
  - 1.3.6.2 Formen und Bereiche spezieller betrieblicher Statistiken ... 161
    - *Personalstatistik* ... 161

Inhaltsverzeichnis

			Beschaffungsstatistik	161
			Lagerstatistik	161
			Umsatz- und Absatzstatistik	161
			Branchen- und betriebsbezogene Statistiken	161
	1.3.7		Betriebsvergleich	162
		1.3.7.1	Wesen und Zweck innerbetrieblicher und zwischenbetrieblicher Betriebsvergleiche	162
		1.3.7.2	Auswertung betrieblicher Daten für den innerbetrieblichen Periodenvergleich	163
		1.3.7.3	Zwischenbetrieblicher Vergleich	164
			Programmierte und textlich gestaltete, offene Übungs-, Wiederholungs- und Prüfungsfragen	165

2 Wirtschaftslehre 171

2.0 Volkswirtschaftliche Grundbegriffe und Zusammenhänge 171

	2.0.1	Bedürfnisse, Bedarf, Wirtschaft	171
	2.0.2	Das Sozialprodukt als Ausdruck volkswirtschaftlicher Gesamtleistung	171
		Zusammenwirken der Produktionsfaktoren	171
		Die Entstehung des Sozialprodukts	172
		Der Anteil der einzelnen Wirtschaftszweige am Sozialprodukt	172
		Die Verwendung des Sozialprodukts	173
	2.0.3	Geld und Währung	173
	2.0.4	Wirtschaftssysteme	175
		Die freie Marktwirtschaft	175
		Die Planwirtschaft	176
		Die soziale Marktwirtschaft	176
	2.0.5	Aufgaben der Wirtschaftspolitik	176

2.1 Grundfragen der Betriebs- und Geschäftsgründung 177

	2.1.1		Grundsätze zur Gesamtplanung eines Unternehmens nach dem Unternehmensziel	177
		2.1.1.1	Notwendigkeit einer Gesamtplanung und der Planung einzelner Aufgabenbereiche	177
		2.1.1.2	Planungsbereiche, Planungsphasen und Planungsschritte	178
			Planungsbereiche	178
			Planungsphasen	178
			Planungsschritte	178
		2.1.1.3	Festlegung des Unternehmensziels	179
		2.1.1.4	Betriebliche Tätigkeitsbereiche und Aufgabenschwerpunkte	179
	2.1.2		Markt- und Standortanalyse	180
		2.1.2.1	Erkundung des Absatzgebietes und Beurteilung der Absatzmöglichkeiten und Konkurrenzverhältnisse	180

2.1.2.2 Beschaffungsmöglichkeiten und Beschaffungswege am
vorgesehenen Standort 181
2.1.2.3 Erschließung, Ver- und Entsorgung des Betriebsgrundstücks 181
2.1.2.4 Zusammenfassende Standortbeurteilung und Standortvergleich 182
Standortorientierung 182
Staatliche Begrenzung der Standortwahl 182
Ermittlung des optimalen Standorts 183
Beschaffung von Informationen für die Standortwahl 183
2.1.3 Wahl der Rechtsform 183
2.1.3.1 Überblick über mögliche Rechtsformen und deren Vor-
und Nachteile 184
2.1.3.2 Entscheidungskriterien für die Wahl der Rechtsform ... 184
2.1.4 Rechtsvorschriften zur Gründung und Errichtung eines Handwerksbetriebes 184
2.1.4.1 Allgemeine Vorschriften 184
2.1.4.2 Vorschriften zur Berufsausübung im Handwerk 185
2.1.4.3 Vorschriften des Baurechts, des Umweltschutzes und
des Arbeitsschutzes 185
Baurecht 185
Recht des Umweltschutzes 185
Recht des Arbeitsschutzes 186
2.1.5 Maßnahmen zur Förderung der Gründung
von Handwerksbetrieben 186
2.1.6 Durchführung der Betriebsgründung 187
2.1.6.1 Zeitliche Planung der Betriebsgründung 187
2.1.6.2 Kapitalbeschaffung 187
2.1.6.3 Beachtung der Formvorschriften zur Betriebsgründung 187
2.1.6.4 Eröffnung und Einführung eines Betriebes 187
2.1.6.5 Betriebsübernahme und Betriebsbeteiligung 188
Betriebsübernahme 188
Betriebsbeteiligung 188

**Programmierte und textlich gestaltete, offene
Übungs-, Wiederholungs- und Prüfungsfragen** ... 189

2.2 Betriebswirtschaftliche Aufgaben im Handwerksbetrieb 193

2.2.1 Überblick über die betriebswirtschaftlichen Aufgaben im Hand-
werksbetrieb 193
2.2.2 Beschaffung 193
2.2.2.1 Erkundung des Beschaffungsmarktes und allgemeine
Planung des Einkaufs 194
2.2.2.2 Auswahl der Bezugsquellen und Beschaffungsobjekte,
Dispositionen der Bezugsmengen und Liefertermine ... 195
Bezugsquellen und Beschaffungsobjekte 195
Dispositionen der Bezugsmengen 196
Liefertermine 196

		2.2.2.3	Vereinbarung von Lieferungs- und Zahlungsbedingungen	196
		2.2.2.4	Material- und Rechnungsprüfung	197
		2.2.2.5	Vorratshaltung und Lagerdisposition (Logistik)	197

2.2.3 Leistungserstellung (Fertigungsbereich) 198
       2.2.3.1 Betriebswirtschaftliche Aufgabenschwerpunkte im Bereich der Leistungserstellung 198
       2.2.3.2 Die Planung der Leistungserstellung und deren Anpassung an Marktbedingungen und innerbetriebliche Verhältnisse 199
               Auftragsplan 199
               Fertigungsplan 199
               Werkstattorganisation 200
               Anpassung an innerbetriebliche Verhältnisse und Marktbedingungen 200
       2.2.3.3 Beurteilung des Ablaufs und der Ergebnisse der Leistungserstellung im Hinblick auf die Zielsetzung und Planung des Betriebes 200

2.2.4 Absatz 201
       2.2.4.1 Begriff und Aufgaben des Absatzes 202
       2.2.4.2 Wichtige Teilbereiche und Instrumente des Absatzes .. 203
       2.2.4.3 Erkundung des Absatzmarktes und allgemeine Planung des Vertriebs 204
               Erkundung des Absatzmarktes 204
               Vertriebsformen 205
               Systematische Absatz-/Vertriebsplanung 206
       2.2.4.4 Werbung und Imagepflege 206
               Begriff und Ziele der Werbung 206
               Arten der Werbung 207
               Werbewege und Werbemittel 208
               Grundsätze bei der Werbung 210
               Systematische Planung der Werbung 211
               Imagepflege 212
               Wichtige Verhaltensregeln für Betriebsinhaber und Mitarbeiter im Umgang mit den Kunden 213
               Schema für die Zusammensetzung des Verrechnungssatzes für eine Handwerkerstunde 215
               Wichtige Merkmale für die äußere Produkt- und Leistungsgestaltung 215
               Erscheinungsbild des Betriebes 216
               Außerbetriebliche Hilfen für Werbung und Imagepflege . 217
       2.2.4.5 Absatzorganisation und Vertriebseinrichtungen 217
       2.2.4.6 Verkaufsverhandlungen, Verkaufsvereinbarungen und Vertragsabschlüsse, Lieferungs- und Zahlungsbedingungen, Preispolitik 219
               Verkaufsverhandlungen 219
               Verkaufsvereinbarungen und Vertragsabschlüsse ... 220
               Lieferungs- und Zahlungsbedingungen 220
               Preispolitik 220
       2.2.4.7 Gewährleistung und Kundendienst 220

2.2.5 Zwischenbetriebliche Zusammenarbeit (Kooperation) 221
    2.2.5.1 Möglichkeiten, Voraussetzungen und Schwerpunkte der zwischenbetrieblichen Zusammenarbeit im Handwerk . 222
    2.2.5.2 Formen der Kooperation in den betriebswirtschaftlichen Aufgabenbereichen 223
        Horizontale und vertikale Kooperation 223
        Franchising 225
    2.2.5.3 Bewertung der zwischenbetrieblichen Kooperation ... 226
    Programmierte und textlich gestaltete, offene Übungs-, Wiederholungs- und Prüfungsfragen ... 227

2.3 Betriebs- und Arbeitsorganisation 231

2.3.1 Überblick über Organisationsgrundsätze, -bereiche, -pläne und -mittel 231
    2.3.1.1 Organisationsgrundsätze 231
    2.3.1.2 Organisationsbereiche, Organisationspläne und Organisationsmittel 232
        Aufbauorganisation 232
        Ablauforganisation 235
        Betriebliches Organisationsschema 236

2.3.2 Organisationsbereich „Betriebsstätte" 237

2.3.3 Organisationsbereich „Betriebsmittel" 238

2.3.4 Organisation des Arbeitsablaufs 239
    2.3.4.1 Festlegung, Kennzeichnung und Bestätigung des Auftrages 239
    2.3.4.2 Arbeitsvorbereitung 239
        Ablaufplanung 239
        Zeitplanung 240
        Vorkalkulation 240
    2.3.4.3 Auftragsabwicklung 240
    2.3.4.4 Organisation des Lager- und Transportwesens 241
        Das Lagerwesen 241
        Das Transportwesen 242

2.3.5 Organisation der Verwaltungsarbeiten 242
    2.3.5.1 Rationelle verwaltungstechnische Abwicklung der einzelnen Geschäftsvorfälle und des Rechnungswesens .. 243
        Das System der EDV für betriebliche Zwecke 244
        Der Aufbau eines EDV-Systems 245
        Einführung der EDV im Handwerksbetrieb 249
        Möglichkeiten und Grenzen des Einsatzes der EDV in Handwerksbetrieben 251
    2.3.5.2 Schriftverkehr, Formularwesen, Kommunikationsmittel . 252
        Der Schriftverkehr 252
        Telekommunikationsmittel 254
        Formularwesen 257
    2.3.5.3 Organisation des Informationswesens und der Ablage .. 257
        Organisation des Informationswesens 257
        Organisation der Ablage 258
    2.3.5.4 Organisationshilfsmittel in der Verwaltung 259

2.3.6 Spezielle Aufgaben, Formen und Hilfsmittel der Rationalisierung ... 260
    2.3.6.1 Aufgaben der Rationalisierung ... 260
    2.3.6.2 Formen und Maßnahmen der Rationalisierung ... 261
    2.3.6.3 Einrichtungen zur Förderung von Rationalisierungsbestrebungen ... 261
        Rationalisierungs-Kuratorium der deutschen Wirtschaft e.V. (RKW) ... 261
        Verband für Arbeitszeitstudien und Betriebsorganisation e.V. (REFA) ... 262

2.3.7 Einfluß der Automatisierung und anderer Technologien auf die Betriebsorganisation ... 262

Programmierte und textlich gestaltete, offene Übungs-, Wiederholungs- und Prüfungsfragen ... 266

2.4 Personalorganisation ... 271

2.4.1 Die menschliche Arbeit als Leistungs- und Kostenfaktor im Handwerksbetrieb ... 271
    2.4.1.1 Besonderheiten des Personalbedarfs und der Personalstruktur im Handwerk ... 271
    2.4.1.2 Leistungsmerkmale, Leistungsvoraussetzungen und Leistungsförderung ... 272
        Leistungsmerkmale ... 272
        Bestimmungsgrößen der Arbeitsleistung ... 272
        Leistungsförderung ... 274
    2.4.1.3 Leistungsgerechte Entlohnung ... 274

2.4.2 Personalbedarfsermittlung und Stellenbesetzung ... 275
    2.4.2.1 Analyse des Personalbedarfs ... 275
    2.4.2.2 Stellenplan und Stellenbeschreibung ... 275
    2.4.2.3 Stellenbesetzung ... 276
        Maßnahmen der Personalbeschaffung ... 276
        Bearbeitung von Bewerbungen ... 276
        Personalerhaltung ... 277

2.4.3 Personaleinsatz und Mitarbeiterführung ... 277
    2.4.3.1 Psychologische Grundlagen der menschlichen Zusammenarbeit im Handwerksbetrieb ... 278
        Psychologische Grundlagen einer aufgabenbezogenen Menschenführung ... 278
        Arten von Weisungen und deren Einsatz ... 278
    2.4.3.2 Arbeitsgestaltung und Arbeitsverteilung ... 279
        Arbeitsgestaltung ... 279
        Arbeitsverteilung ... 279
    2.4.3.3 Arbeitsunterweisung und Arbeitsanleitung – Führungsstile und Führungsmittel ... 280
        Führungsstile ... 280
        Grundregeln der Mitarbeiterbehandlung ... 281
        Grundsätze der Menschenführung ... 281
        Maßnahmen zur Konfliktlösung ... 282
    2.4.3.4 Arbeitsüberwachung und Leistungskontrolle ... 283

2.4.4 Entlohnung und Personalverwaltung 283
    2.4.4.1 Entlohnungsformen 284
        Zeitlohn 284
        Leistungslohn 284
        Prämienlohn 285
    2.4.4.2 Lohnabrechnung 285
        Techniken der Lohnabrechnung 285
        Unterlagen der Lohnabrechnung 285
        Zahlungsmodalitäten 285
        Zahlungsrhythmus 286
    2.4.4.3 Organisation der Personalverwaltung 286

2.4.5 Betriebliches Sozialwesen 286
    2.4.5.1 Betriebliche Sozialleistungen 287
    2.4.5.2 Arbeitssicherheit und Unfallschutz 287
    2.4.5.3 Maßnahmen zur Förderung eines guten Betriebsklimas 287

Programmierte und textlich gestaltete, offene Übungs-, Wiederholungs- und Prüfungsfragen ... 290

2.5 Finanzwirtschaftliche Grundfragen 295

2.5.1 Grundsätzliches zur Finanzwirtschaft eines Betriebes 295
    2.5.1.1 Begriff und Hauptaufgaben 295
    2.5.1.2 Finanzierungsanlässe 295
    2.5.1.3 Betriebswirtschaftliche Finanzierungsregeln 296
    2.5.1.4 Beratungs- und Informationsmöglichkeiten für Handwerksbetriebe in Finanzierungsfragen 296

2.5.2 Arten der Finanzierung 297
    Kapitalherkunft 297
    Kapitalbildung 297
    2.5.2.1 Eigenfinanzierung 298
    2.5.2.2 Selbstfinanzierung 298
    2.5.2.3 Fremdfinanzierung 298
    2.5.2.4 Factoring 299
    2.5.2.5 Leasing 299
        Begriff 299
        Rechtsgrundlagen 299
        Mögliche Gestaltungen von Leasingverträgen 299
        Vorteile des Leasing aus finanzwirtschaftlicher Sicht 300
        Nachteile des Leasing aus finanzwirtschaftlicher Sicht 300
    2.5.2.6 Franchising 300

2.5.3 Kapitalbedarfsermittlung, Investitionsplan und Finanzierungsplan 300
    2.5.3.1 Die Kapitalbedarfsrechnung 301
        Investitionsbedarf 301
        Betriebsmittelbedarf 302
    2.5.3.2 Der Investitionsplan 302
    2.5.3.3 Der Finanzierungsplan 303
    2.5.3.4 Kapitaldienst und Kapitaldienstgrenze 303
    2.5.3.5 Sicherheitsreserve 303

2.5.4 Der Kredit als Finanzierungsmittel 304
    2.5.4.1 Die wichtigsten Kreditarten 304
        Kontokorrentkredit 304
        Lieferantenkredit 305
        Wechselkredit 305
        Kundenanzahlungskredit 306
        Darlehen 306
        Die Bedeutung der Bankverbindung 306
    2.5.4.2 Die wichtigsten Kreditsicherheiten 306
        Grundpfandrechte 307
        Sicherungsübereignung 307
        Abtretung von Forderungen 307
        Lebensversicherungen 308
        Bürgschaft 308
2.5.5 Spezielle Finanzierungshilfen für das Handwerk 308
    2.5.5.1 Handwerkskreditprogramme, Mittelstandskreditprogramme, Eigenkapitalhilfe 309
    2.5.5.2 Aufgaben der Kreditgarantiegemeinschaften des Handwerks 310
    2.5.5.3 Aufgaben der Kapitalbeteiligungsgesellschaften im Handwerk 311
2.5.6 Der Finanzplan 311
    2.5.6.1 Wesen und Zweck kurz-, mittel- und langfristiger Finanzpläne 311
    2.5.6.2 Der Finanzplan im Rahmen der gesamten betrieblichen Planung 312
    2.5.6.3 Beispiel zur Aufstellung eines Finanzplanes 312
        Finanzplan für die Zeit vom 1. 4. bis 30. 6. 19.. 313
2.5.7 Zahlungsverkehr 314
    2.5.7.1 Barzahlung 314
        Inhalt der Barzahlung 314
        Möglichkeiten der Barzahlung 315
        Nachteile der Barzahlung 316
    2.5.7.2 Halbbare Zahlung 316
    2.5.7.3 Bargeldlose Zahlung 316
        Zahlung durch Banküberweisung 317
        Zahlung im Postgirodienst 317
        Zahlung durch Bankscheck 319
        Zahlung mit Kreditkarten 322
        Zahlung mit Kundenkarten 323
        Zahlung durch Wechsel 324
        Zahlung mittels moderner Datenübertragung ... 330
    Programmierte und textlich gestaltete, offene Übungs-, Wiederholungs- und Prüfungsfragen 331

2.6 Gewerbeförderungsmaßnahmen 339

2.6.1 Überblick über die Gewerbeförderung im Handwerk 339
    2.6.1.1 Aufgaben 339
    2.6.1.2 Träger 339

2.6.1.3 Mittel 340
2.6.1.4 Maßnahmen im Überblick 340

2.6.2 Beratungs- und Informationswesen 341
2.6.2.1 Betriebswirtschaftliche Beratung 341
2.6.2.2 Technische Betriebsberatung 342
2.6.2.3 EDV-Beratung 343
2.6.2.4 Beratung in Fragen der Außenwirtschaft 343
2.6.2.5 EG-Beratung 343
2.6.2.6 Informationsberatung, Informationsvermittlungsstellen . 344
2.6.2.7 Umweltschutzberatung 344
2.6.2.8 Beratung in Formgebung und Formgestaltung 344
2.6.2.9 Rechtsberatung 345
2.6.2.10 Sonstige Beratungsbereiche 345

2.6.3 Überbetriebliche Unterweisung und Fortbildung 346
2.6.3.1 Überbetriebliche Unterweisung 346
2.6.3.2 Fortbildung 346

2.6.4 Finanzierungshilfen 348

2.6.5 Wissenschaftliche Institute 348

2.6.6 Messen, Ausstellungen, Sonderschauen 349

2.6.7 Sonstige Gewerbeförderungsmaßnahmen 350

Programmierte und textlich gestaltete, offene Übungs-, Wiederholungs- und Prüfungsfragen ... 351

Lösungen zu den programmierten Übungs-, Wiederholungs und Prüfungsfragen 352

Stichwortverzeichnis 354

1 Rechnungswesen

Einführung

> **Lernziele:**
> - Kennen der einzelnen Zweige des betrieblichen Rechnungswesens.
> - Kennen der Aufgaben von Buchhaltung und Bilanzierung, Kostenrechnung, Unternehmensplanung, Betriebsstatistik und Betriebsvergleich.
> - Verstehen der Rolle und Bedeutung des Rechnungswesens insgesamt sowohl für das Unternehmen als auch für außerbetriebliche Stellen.

Das betriebliche Rechnungswesen umfaßt insgesamt vier Zweige: *Vier Zweige des Rechnungswesens*
- Buchhaltung und Jahresabschluß
  - Buchhaltung
  - Inventar
  - Jahresabschluß
  - Sonder- und Zwischenbilanzen
- Kostenrechnung
  - Betriebsabrechnung
  - Kalkulation
- Betriebswirtschaftliche Statistik und Vergleichsrechnung
  - Betriebswirtschaftliche Statistik
  - Einzelbetrieblicher Vergleich
  - Zwischenbetrieblicher Vergleich
- Planungsrechnung
  - Finanzierung von Investitionsvorhaben
  - Prüfung der Rentabilität neuer Produktionsverfahren.

Die Aufgaben des Rechnungswesens sind sowohl betriebsintern als auch extern zu sehen. Für den Betrieb selbst bestehen sie in Dokumentation, Kontrolle und Planung (Disposition). Für Außenstehende hat das betriebliche Rechnungswesen vor allem eine Rechenschaftslegungs- und Informationsaufgabe. Buchhaltung und Jahresabschluß sind dabei die wichtigste Basis. *Aufgaben*

Gliederung des Rechnungswesens

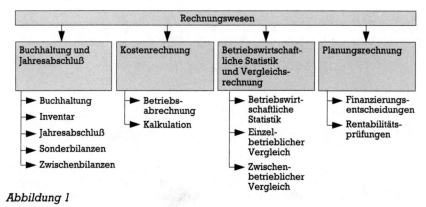

Abbildung 1

1.1 Buchhaltung und Jahresabschluß

Basiskenntnisse

Im Rahmen dieses Buches kommt es vor allem darauf an, elementare Basiskenntnisse auf dem Gebiet des gesamten betrieblichen Rechnungswesens und Praxisnähe zu vermitteln. Deshalb orientiert sich der Inhalt dieses Kapitels an den

Orientierungspunkte

- **Grundsatzanforderungen** bei der typischen Betriebsgröße im Handwerk
- für das Handwerk geltenden **Gesetzesvorschriften** sowie
- in der Praxis üblichen **Umsetzungsverfahren**.

1.1.1 Aufgaben der Buchführung

Lernziele:
- Kennen und Verstehen der Aufgaben der Buchführung sowie der Begriffsabgrenzung „Buchhaltung" und „Buchführung".
- Verstehen der verschiedenen Zwecke der Buchführung sowie der gesamten Buchhaltung.

Wichtigster Zweig des Rechnungswesens

Auch wenn sie vielfach nur als notwendiges Übel betrachtet wird, so muß sich doch jeder Betriebsinhaber im Handwerk darüber klar sein, daß eine den jeweiligen Anforderungen des Betriebes entsprechende Buchhaltung der wichtigste und sozusagen der Basiszweig des gesamten betrieblichen Rechnungswesens ist. Dabei geht es darum, konsequent alle Geschäftsvorfälle festzuhalten. Die früher übliche Unterscheidung zwischen

Buchhaltung

- Buchhaltung als Umschreibung für die damit verbundenen organisatorischen Arbeiten und

Buchführung

- Buchführung als dem eigentlichen Buchungsvorgang

  wird heute nicht mehr so streng durchgehalten, zumal in der Steuergesetzgebung, dem Handelsrecht und der Rechtsprechung der Finanzgerichte nur der Begriff Buchführung verwendet wird.

Zweck der Buchführung

Eine optimale Buchführung ist für alle Betriebe aus betriebswirtschaftlichen und für viele auch aus handelsrechtlichen Gründen zwingend notwendig.

In der sozialen Marktwirtschaft hat auch jeder Handwerksunternehmer dafür Sorge zu tragen, daß er, auf Dauer gesehen, wettbewerbsfähig bleibt. Dies setzt voraus, daß er seinen Betrieb nach fortschrittlichen betriebswirtschaftlich bewährten Methoden führt.

Eine der wichtigsten Unterlagen für die sachgerechten betrieblichen Dispositionen stellt die Buchhaltung dar. Die betriebswirtschaftlichen Anforderungen an die Buchhaltung haben daher einen hohen Stellenwert.

Aufgaben und Zweck der Buchführung

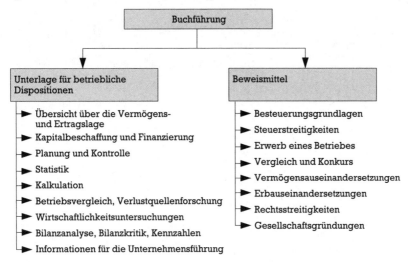

Abbildung 2

1.1.2 Vorschriften und Grundsätze zur Buchführung und Bilanzierung

Lernziele:
- Überblick besitzen über die für Handwerksunternehmen besonders relevanten handels- und steuerrechtlichen Verpflichtungen zur Buchführung und Bilanzierung.
- Kennen der Grundsätze ordnungsmäßiger Buchführung (GoB).
- Verstehen des Zweckes der wichtigsten Bestimmungen der GoB.
- Wissen, welche Beratungsmöglichkeiten hierzu bestehen.
- Kennen der wesentlichen Folgen von Verstößen gegen die GoB.

Die Verpflichtung zu Buchführung und Bilanzierung ergibt sich aus verschiedenen Vorschriften.

Vorschriften zur Rechnungslegung (Buchführung und Bilanzierung)

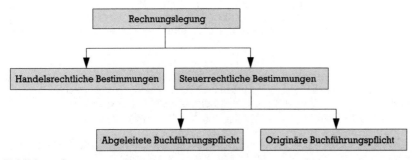

Abbildung 3

1.1.2.1 Allgemeine Hinweise

Grundsätze ordnungsmäßiger Buchführung (GoB)

> Bei der Rechnungslegung und der Aufstellung des Jahresabschlusses sind generell die Grundsätze ordnungsmäßiger Buchführung zu beachten. Die Vorschriften im einzelnen sind im Handelsgesetzbuch (HGB) und in mehreren Steuergesetzen niedergelegt.

Dabei gelten für den einzelnen Betrieb unterschiedliche Regelungen.

Rechnungslegungsvorschriften

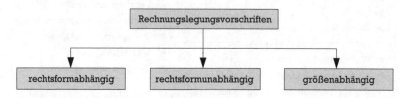

Abbildung 4

Kaufleute

Für **Kaufleute** (Einzelunternehmen und Personengesellschaften) gelten folgende Anforderungen:

- Jahresabschluß = Bilanz, Gewinn- und Verlustrechnung und Zusatzangaben „unter der Bilanz".
  - Bilanzmindestinhalt = Anlage- und Umlaufvermögen, Eigenkapital, Verbindlichkeiten, Rechnungsabgrenzungsposten.
  - Zusatzangaben „unter der Bilanz" = bestimmte Haftungsverhältnisse wie Verbindlichkeiten aus der Begebung von Wechseln, aus Bürgschaften, Gewährleistungsverpflichtungen und anderem.

Kapitalgesellschaften Jahresabschluß

Für **Kapitalgesellschaften** gilt:

- Jahresabschluß = Bilanz, Gewinn- und Verlustrechnung und Anhang. Gefordert wird ferner ein Lagebericht.
  - Aufstellung der Bilanz sowie der Gewinn- und Verlustrechnung nach dem im HGB vorgegebenen Schema.

Anhang

  - Anhang = Erläuterung des Jahresabschlusses und Pflichtangaben wie Gesamtbetrag der Verbindlichkeiten mit einer Restlaufzeit von mehr als 5 Jahren, durchschnittliche Zahl der während des Geschäftsjahres beschäftigten Arbeitnehmer, getrennt nach Gruppen, und Mitglieder des Geschäftsführungsorgans und Mitglieder eines Aufsichtsrates.

Lagebericht

  - Lagebericht = Darstellung des Geschäftsverlaufs und der Lage der Kapitalgesellschaft, so daß ein den tatsächlichen Verhältnissen entsprechendes Bild vermittelt wird. Er soll ferner auf Vorgänge besonderer Art, auf die voraussichtliche Entwicklung der Kapitalgesellschaft und auf Forschung und Entwicklung eingehen.

> Für den Inhalt des Jahresabschlusses bei Kapitalgesellschaften im einzelnen ist deren Größe von besonderer Bedeutung.

Größenabhängige Einteilung der Kapitalgesellschaften

Abbildung 5

Für die Zuordnung ist entscheidend, daß an zwei aufeinanderfolgenden Bilanzstichtagen jeweils zwei der genannten drei Merkmale unter- bzw. überschritten werden. Die Zahl der Arbeitnehmer bezieht sich auf den Jahresdurchschnitt und enthält nicht die Auszubildenden.

Entsprechend der Betriebsgröße ergeben sich unterschiedliche Vorschriften über die Pflicht zur Prüfung und zur Offenlegung des Jahresabschlusses:

- Kleine Kapitalgesellschaften
    - Keine Prüfung der Rechnungslegung durch einen Abschlußprüfer
    - Einreichung der Bilanz und des Anhangs, nicht jedoch der Gewinn- und Verlustrechnung sowie der Lageberichte zum Handelsregister
    - Bekanntmachung im Bundesanzeiger, bei welchem Registergericht die Unterlagen hinterlegt sind

- Mittelgroße Kapitalgesellschaften
    - Prüfung des Jahresabschlusses und des Lageberichts durch einen Abschlußprüfer
    - Einreichung des Jahresabschlusses und des Lageberichts zum Handelsregister
    - Bekanntmachung im Bundesanzeiger, bei welchem Registergericht die Unterlagen hinterlegt sind

- Große Kapitalgesellschaften
    - Prüfung des Jahresabschlusses und des Lageberichts durch einen Abschlußprüfer
    - Veröffentlichung des Jahresabschlusses und des Lageberichts im Bundesanzeiger
    - Einreichung des Jahresabschlusses und des Lageberichts zum Handelsregister.

Die Gesellschaftsform GmbH & Co. KG wird derzeit noch wie eine Personengesellschaft behandelt. Spätestens ab dem Geschäftsjahr 1995 wird die GmbH & Co. KG jedoch nach der Umsetzung einer EG-Richtlinie voll in die Rechnungslegungs- und Publizitätspflichten des HGB einbezogen. Selbstverständlich gelten für sie dann auch die entsprechenden größenabhängigen Erleichterungen.

1.1.2.2 Die handelsrechtlichen Bestimmungen zu Bilanzierung und Jahresabschluß

Grundsätzlich ist nach § 238 HGB „jeder Kaufmann verpflichtet, Bücher zu führen". Wer Kaufmann ist, bestimmen die §§ 1–6 des HGB.

Vgl. dazu auch Abschnitt 3.2.2 „Handelsrecht, Genossenschaftsrecht" im Band 2. Dort wird ersichtlich, daß auch der Handwerker vielfach Kaufmann im Sinne des Gesetzes ist oder durch Eintragenlassen einer Firma im Handelsregister werden muß.

Rechtliche Grundlagen

Firmen, die ins Handelsregister eingetragen sind, müssen in jedem Fall die handelsrechtlichen Buchführungsvorschriften beachten. Diese sind insbesondere geregelt in den §§ 238 ff. und 316 ff. HGB, den §§ 41 und 42 GmbH-Gesetz und den §§ 152, 158, 160 Aktien-Gesetz.

Wesentliche Bestimmungen

Die wesentlichen Bestimmungen beziehen sich auf:
- Die Führung der Handelsbücher und das Inventar
  - In den Büchern sind die Handelsgeschäfte und die Lage des Vermögens nach den Grundsätzen ordnungsmäßiger Buchführung ersichtlich zu machen.
  - Von allen abgesandten Handelsbriefen müssen Wiedergaben (zum Beispiel in Form einer Kopie) zurückbehalten werden.
- Die Eröffnungsbilanz und den Jahresabschluß
  - Der Kaufmann hat die Pflicht, einen Abschluß durch Gegenüberstellung des Vermögens und der Schulden sowie eine Gewinn- und Verlustrechnung durch Gegenüberstellung der Aufwendungen und Erträge, jeweils nach den Grundsätzen ordnungsmäßiger Buchführung, aufzustellen; dabei gilt es, das *Verrechnungsverbot* (keine Verrechnung der Posten der Aktiv- und der Passivseite der Bilanz sowie der Aufwendungen und Erträge in der Gewinn- und Verlustrechnung) sowie die Notwendigkeit der Bildung von Rückstellungen und Rechnungsabgrenzungen zu beachten.
  - Der Jahresabschluß ist vom Betriebsinhaber unter Angabe des Datums zu unterzeichnen.
- Die Bilanzansätze und die Bewertung
  - Für Bilanzansätze sowie die Bewertung der Vermögensgegenstände und Schulden gelten einschlägige Bestimmungen.
- Die Aufbewahrung und Vorlage von Aufzeichnungen
  - Der Kaufmann ist verpflichtet, seine Unterlagen geordnet aufzubewahren: und zwar Bücher, Inventare, Eröffnungsbilanzen, Jahresabschlüsse, Lageberichte und sonstige Organisationsunterlagen zehn Jahre und Belege sowie Handelsbriefe sechs Jahre (siehe auch Abbildung 10).

Aufbewahrungsfristen

Wichtige Regelungsbereiche der Rechnungslegung im Handelsrecht

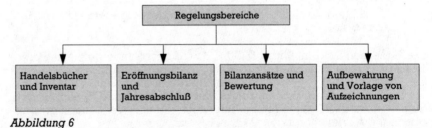

Abbildung 6

1.1.2.3 Die steuerrechtlichen Vorschriften

Die Buchführung bildet auch die wichtigste Unterlage für die Ermittlung der Besteuerungsgrundlagen. Daher sind die Aufzeichnungen auch aus steuerlichen Gründen erforderlich. Grundsätzlich gilt, daß derjenige, der bereits nach anderen Gesetzen, insbesondere nach dem HGB, Bücher und Aufzeichnungen zu führen hat, diese Verpflichtungen auch für die Besteuerung erfüllen muß (sogenannte abgeleitete Buchführungspflicht).

Steuerrechtliche Vorschriften

Abgeleitete Buchführungspflicht

> Eine originäre, also eigenständig begründete Buchführungspflicht nach Steuerrecht besteht für alle Unternehmer und Unternehmen, wenn
> - Umsätze, einschließlich der steuerfreien, von mehr als 500.000,00 DM im Kalenderjahr oder
> - ein Betriebsvermögen von mehr als 125.000,00 DM oder
> - ein Gewinn aus Gewerbebetrieb von mehr als 36.000,00 DM im Wirtschaftsjahr
>
> gegeben sind.

Originäre Buchführungspflicht

Diese Buchführungspflicht ist vom Beginn des Wirtschaftsjahres an zu erfüllen, das auf die Bekanntgabe der Mitteilung durch die Finanzbehörde folgt, durch die diese auf die Verpflichtung hingewiesen hat. Sie endet mit Ablauf des Wirtschaftsjahres, das auf das Wirtschaftsjahr folgt, in dem die Finanzbehörde feststellt, daß die Verpflichtung zur Buchführung nicht mehr vorliegt. Die Buchführungspflicht geht auch auf denjenigen über, der den Betrieb im ganzen übernimmt.

Beginn

Ende der Buchführungspflicht

Voraussetzungen für die originäre Buchführungspflicht

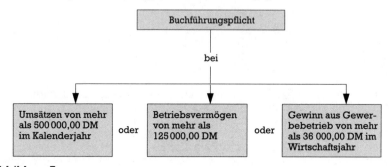

Abbildung 7

Die entsprechenden Regelungen sind überwiegend in folgenden Gesetzen und Bestimmungen enthalten:

- §§ 4–7k, 41 Einkommensteuergesetz als wichtigste steuerliche Buchführungsvorschriften
- §§ 140–148 Abgabenordnung
- § 22 Umsatzsteuergesetz in Verbindung mit §§ 63 ff. Umsatzsteuer-Durchführungs-Verordnung
- § 4 Lohnsteuer-Durchführungs-Verordnung und
- Verordnung zur Führung eines Wareneingangsbuches.

Rechtliche Grundlagen

Mindestaufzeichnungen

> Als Mindestaufzeichnungspflicht ergibt sich für alle gewerblichen Unternehmer die Führung des Wareneingangsbuches und des Warenausgangsbuches. Sie erübrigt sich für solche Unternehmer, die schon nach anderen Vorschriften zur Führung von Handelsbüchern oder vergleichbaren Aufzeichnungen verpflichtet sind und diese ordnungsgemäß führen.

Aufzeichnung des Wareneingangs

Wareneingang

Im Rahmen des Wareneingangs müssen alle Waren aufgezeichnet werden einschließlich der Rohstoffe, unfertigen Erzeugnisse, Hilfsstoffe und Zutaten, die der Unternehmer im Rahmen seines Gewerbebetriebes zur Weiterveräußerung oder zum Verbrauch entgeltlich oder unentgeltlich, für eigene oder fremde Rechnung, erwirbt. Dies gilt auch dann, wenn die Waren vor der Weiterveräußerung oder dem Verbrauch be- oder verarbeitet werden sollen. Waren, die nach Art des Betriebes üblicherweise für den Betrieb zur Weiterveräußerung oder zum Verbrauch erworben werden, sind auch dann aufzuzeichnen, wenn sie für betriebsfremde Zwecke verwendet werden.

Der Inhalt der Aufzeichnungen des Wareneingangs

Inhalt des Wareneingangsbuches

Aufzeichnungen des Wareneingangs
- Tag des Wareneingangs oder Datum der Rechnung
- Namen oder Firma und Anschrift des Lieferers
- Handelsübliche Bezeichnung der Ware
- Preis der Ware
- Hinweis auf den Beleg

Abbildung 8

Aufzeichnungserleichterungen

Grundsätzlich sind die Aufzeichnungen des Wareneingangs laufend, also noch an dem Tag vorzunehmen, an dem der Warenposten im Betrieb eingeht. Nach der Rechtsprechung des Bundesfinanzhofes ist die Buchführung kleiner Betriebe mit nur wenigen Belegen auch dann ordnungsmäßig, wenn die Warenrechnungen der Lieferanten nicht laufend, sondern gesammelt und in Abständen von 14 Tagen bis zu maximal einem Monat gebucht werden. In der Regel sollte allerdings, auch zur besseren Kontrolle, eine möglichst zeitnahe Verbuchung gewählt werden.

Aufzeichnung des Warenausgangs

Warenausgang

Die Aufzeichnung des Warenausgangs ist bei gewerblichen Unternehmern erforderlich, die nach Art ihres Geschäftsbetriebes Waren regelmäßig an andere gewerbliche Unternehmer zur Weiterveräußerung oder zum Verbrauch als Hilfsstoffe liefern. Sie gilt ferner für alle Waren, die der Unternehmer auf Rechnung, durch Tausch, unentgeltlich oder gegen Bezahlung liefert, wenn die Ware wegen der abgenommenen Menge zu einem Preis veräußert wird, der niedriger ist als der übliche Preis für Verbraucher.

1.1 Buchhaltung und Jahresabschluß

Inhalt der Aufzeichnungen des Warenausgangs

Inhalt des Warenausgangsbuches

Aufzeichnungen des Warenausgangs
- Tag des Warenausgangs oder Datum der Rechnung
- Namen oder Firma und Anschrift des Abnehmers
- Handelsübliche Bezeichnung der Ware
- Preis der Ware
- Hinweis auf den Beleg

Abbildung 9

Der Unternehmer muß über jeden Warenausgang einen Beleg erteilen, der diese Angaben sowie seinen Namen oder die Firma und seine Anschrift enthält. Ausnahmen hierzu sieht das Umsatzsteuergesetz vor. (Siehe dazu Abschnitt 3.6.1 „Die Umsatzsteuer" im Band 2 sowie Abschnitt 1.1.8.5 „Umbuchungen, Vorbereitung des Abschlusses, Abschlußbuchungen" in diesem Band.)

Belegpflicht

Aufzeichnungen für Zwecke der Umsatzsteuer

Nach den umsatzsteuerlichen Vorschriften müssen aus den Aufzeichnungen insbesondere zu ersehen sein:
- Die vereinbarten Entgelte für die vom Unternehmer ausgeführten Lieferungen und sonstigen Leistungen. Dabei ist ersichtlich zu machen, wie sich die Entgelte auf die steuerpflichtigen Umsätze, getrennt nach Steuersätzen, und auf die steuerfreien Umsätze verteilen.
- Die vereinnahmten Entgelte und Teilentgelte für noch nicht ausgeführte Lieferungen und sonstige Leistungen.
  Dabei ist ebenfalls ersichtlich zu machen, wie sich Entgelte und Teilentgelte verteilen.
- Die Bemessungsgrundlagen für den Eigenverbrauch.
- Die Entgelte für steuerpflichtige Lieferungen und sonstige Leistungen, die an den Unternehmer für sein Unternehmen ausgeführt worden sind, und die vor Ausführung dieser Umsätze gezahlten Entgelte und Teilentgelte sowie die auf Entgelte und Teilentgelte entfallenden Steuerbeträge; also alle Material- und Wareneinkäufe sowie Vorleistungen und die entsprechenden Vorsteuern.
- Die Bemessungsgrundlagen für die Einfuhr von Gegenständen sowie die dafür entrichtete oder zu entrichtende Einfuhrumsatzsteuer.
- Die Bemessungsgrundlagen für den innergemeinschaftlichen (EG-Binnenmarkt) Erwerb von Gegenständen sowie die hierauf entfallenden Steuerbeträge.

Grundsätzliche Aufzeichnungspflichten

Vereinbarte Entgelte

Vereinnahmte Entgelte

Eigenverbrauch

Ausfuhr

Einfuhr

EG-Binnenmarkt

Der Gesetz- und Verordnungsgeber hat aus praktischen Erwägungen in gewissen Punkten Vereinfachungen der Aufzeichnungspflicht zugelassen. Für Handwerksbetriebsinhaber sind dabei folgende Bestimmungen von besonderer Bedeutung:
- Sowohl auf der Verkaufs-, wie auch auf der Einkaufsseite des Betriebes ist eine Bruttoaufzeichnung möglich; das heißt, das Entgelt oder Teilentgelt und der Steuerbetrag werden in einer Summe aufgezeichnet. Spätestens zum Schluß jedes Voranmeldungszeitraumes sind jedoch die Summe der Entgelte oder Teilentgelte und die auf sie entfallenden

Aufzeichnungserleichterungen

Bruttoaufzeichnung

Steuerbeträge jeweils in einer Summe, getrennt nach den angewandten Steuersätzen, aufzuzeichnen.
- Dem Unternehmer, dem wegen der Art und des Umfangs des Geschäfts eine Trennung der Entgelte oder Teilentgelte nach Steuersätzen nicht zuzumuten ist, kann das Finanzamt auf Antrag gestatten, daß er sie nachträglich auf der Grundlage der Wareneingänge oder nach anderen Merkmalen trennt.

Kleinunternehmerregelung

Für Kleinunternehmer ist die Aufzeichnungspflicht zudem stark eingeschränkt. Wenn bei einem Unternehmer der Umsatz inklusive der darauf entfallenden Umsatzsteuer im vorangegangenen Kalenderjahr 25.000,00 DM nicht überstiegen hat und im laufenden Kalenderjahr 100.000,00 DM voraussichtlich nicht übersteigen wird, dann muß er lediglich folgendes aufzeichnen:
- Die Werte der erhaltenen Gegenleistungen für ausgeführte Lieferungen und sonstige Leistungen und den
- Eigenverbrauch.

Für bezogene Lieferungen und Leistungen entfällt die Aufzeichnungspflicht, soweit der Unternehmer, dessen Umsatz im vorangegangenen Kalenderjahr weniger als 100.000,00 DM betragen hat, die abziehbaren Vorsteuerbeträge nach einem Durchschnittssatz berechnet. (Nähere Einzelheiten siehe Abschnitt 3.6.1 „Die Umsatzsteuer" im Band 2.)

Führung von Lohnkonten

Lohnkonto

Für den Handwerksbetriebsinhaber ist ferner die Verpflichtung zur Führung von Lohnkonten von Bedeutung. Nach dem Einkommensteuerrecht hat jeder Arbeitgeber für jeden Arbeitnehmer und jedes Kalenderjahr ein Lohnkonto zu führen. In dieses Lohnkonto sind zunächst die für den Lohnsteuerabzug erforderlichen Merkmale aus der Lohnsteuerkarte zu übernehmen: Vorname, Familienname, Geburtstag, Wohnort, Wohnung, Steuerklasse, Zahl der Kinderfreibeträge, Religionsbekenntnis, die Gemeinde, die die Steuerkarte ausgestellt hat, das Finanzamt, in dessen Bezirk die Lohnsteuerkarte ausgestellt wurde, und gegebenenfalls eine besondere Kennzeichnung für Arbeitnehmer, die in der gesetzlichen Rentenversicherung versicherungsfrei oder von der Versicherungspflicht befreit sind sowie steuerfreie Beträge.

Aufzeichnungen

Bei jeder Lohnabrechnung ist dann im Lohnkonto vor allem folgendes aufzuzeichnen:
- Tag der Lohnzahlung und Lohnzahlungszeitraum
- Arbeitslohn, getrennt nach Barlohn und Sachbezügen, und die davon einbehaltene Lohnsteuer
- steuerfreie Bezüge sowie
- pauschal besteuerte Bezüge und die darauf entfallende Lohnsteuer.

Erleichterungen bei der Lohnabrechnung

Lohnsteuerpauschalierung

Arbeitgeber, die für die Lohnabrechnung ein maschinelles Verfahren anwenden, können auf Antrag von Teilaufzeichnungen freigestellt werden, wenn die Möglichkeit zur Nachprüfung in anderer Weise sichergestellt ist. In Fällen der Lohnsteuerpauschalierung gibt es darüber hinaus Aufzeichnungserleichterungen. Wenn der Arbeitslohn des Arbeitnehmers während des ganzen Kalenderjahres 780,00 DM monatlich (182,00 DM wöchentlich, 26,00 DM täglich) nicht übersteigt, braucht kein Lohnkonto geführt zu werden.

1.1.2.4 Die Grundsätze ordnungsmäßiger Buchführung (GoB)

Aus dem Handelsrecht, dem Steuerrecht, der Rechtsprechung, Empfehlungen, Erlassen und Gutachten von Behörden und Verbänden, Gepflogenheiten der Praxis und aus der wissenschaftlichen Diskussion haben sich im Laufe der Zeit bestimmte Regeln für die Rechnungslegung herausgebildet. Sie bilden heute die allgemeine Grundlage für Buchführung und Bilanzierung und sind verbindlich anzuwenden. Als Grundregel gilt:

Grundsätze ordnungsmäßiger Buchführung

> Die Buchführung muß so beschaffen sein, daß sie einem sachverständigen Dritten innerhalb angemessener Zeit einen Überblick über die Geschäftsvorfälle und über die Lage des Unternehmens vermitteln kann. Die Geschäftsvorfälle müssen sich in ihrer Entstehung und Abwicklung verfolgen lassen.

Grundregel

Einzelregeln und -grundsätze

Im einzelnen müssen für die Ordnungsmäßigkeit der Buchführung vom Handwerksbetriebsinhaber folgende Regeln und Grundsätze beachtet werden:

- Klarheit und Übersichtlichkeit
  Dazu sind Eintragungen in einer lebenden Sprache und deren Schriftzeichen erforderlich. Werden Abkürzungen, Buchstaben, Ziffern oder Symbole verwendet, so muß deren Bedeutung im Einzelfall eindeutig festliegen.

  Klarheit Übersichtlichkeit

- Vollständigkeit sowie materielle und formelle Richtigkeit
  Dies bedeutet vor allem, daß alle Geschäftsvorfälle vollständig und wahrheitsgetreu dargestellt werden müssen. Eintragungen oder Aufzeichnungen dürfen auch nicht derart verändert werden, daß der ursprüngliche Inhalt nicht mehr feststellbar ist.

  Vollständigkeit Richtigkeit

- Belegprinzip
  Keine Buchung darf ohne Beleg erfolgen, so daß sämtliche Buchungen jederzeit nachprüfbar sind. Als Belege dienen beispielsweise Eingangsrechnungen, Ausgangsrechnungen, Kassenbelege, Bank- und Postgiroauszüge, Lohnlisten und anderes.

  Belegprinzip

- Rechtzeitige und geordnete Buchung
  Buchungen und sonst erforderliche Aufzeichnungen sind zeitgerecht und geordnet vorzunehmen. Kasseneinnahmen und Kassenausgaben sollen in der Regel täglich festgehalten werden.
  Die Bücher und die sonst erforderlichen Aufzeichnungen können dabei auch in der geordneten Ablage von Belegen bestehen oder auf Datenträgern geführt werden. Im letztgenannten Fall muß jedoch sichergestellt sein, daß die Daten verfügbar sind und innerhalb angemessener Frist lesbar gemacht werden können. Auf Verlangen der Finanzbehörde muß der gewerbliche Unternehmer Unterlagen unverzüglich ganz oder teilweise ausdrucken lassen. Die Möglichkeit der Aufbewahrung auf Bildträgern oder anderen Datenträgern gilt jedoch nicht für Eröffnungsbilanzen und Jahresabschlüsse.

  Geordnete Buchung

  Datenträger

- Einhaltung der Aufbewahrungsfristen
  Die Aufbewahrungsfrist beginnt jeweils mit dem Schluß des Kalenderjahres, in dem die letzte Eintragung in das Buch gemacht, das Inventar aufgestellt, die Eröffnungsbilanz oder der Jahresabschluß festgestellt, der Handels- oder Geschäftsbrief empfangen oder abgesandt worden und der Buchungsbeleg entstanden ist. Die Aufbewahrungsfrist läuft nicht ab, soweit und solange Unterlagen noch für Steuern von Bedeutung sind, für die die Steuerfestsetzungsfrist noch nicht abgelaufen ist.

  Aufbewahrungsfristen
  Beginn der Aufbewahrungsfrist

1.1.2 Vorschriften und Grundsätze zur Buchführung und Bilanzierung

Wichtige Unterlagen der Buchführung und ihre Aufbewahrungsfristen

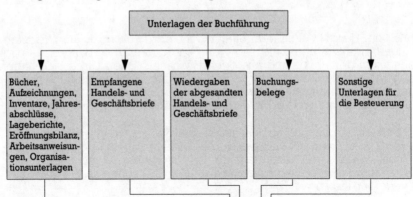

Abbildung 10

> Diese Ordnungsvorschriften gelten im übrigen auch dann, wenn der Unternehmer Bücher und Aufzeichnungen führt, die für die Besteuerung von Bedeutung sind, ohne hierzu verpflichtet zu sein.

Dies trifft beispielsweise zu, wenn ein gewerblicher Unternehmer – wie allgemein zu empfehlen – aus betriebswirtschaftlichen Erwägungen heraus Bücher führt.

Erleichterungen bei der Aufzeichnungspflicht

Hinsichtlich der Aufzeichnungspflichten können die Finanzbehörden für einzelne Fälle oder für bestimmte Gruppen von Fällen Erleichterungen bewilligen. Sie werden jedoch nur gewährt, wenn die Einhaltung der Buchhaltungs-, Aufzeichnungs- und Aufbewahrungspflichten Härten mit sich bringt und die Besteuerung durch die Erleichterung nicht beeinträchtigt wird. Solche Erleichterungen können auch rückwirkend bewilligt und widerrufen werden.

Die Grundsätze ordnungsmäßiger Buchführung

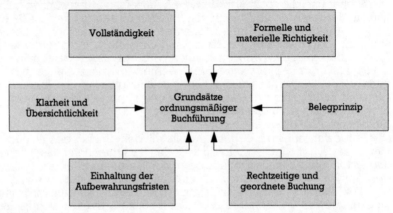

Abbildung 11

Beratungsmöglichkeiten

> Bezüglich der genauen Einhaltung und der konkreten Erfordernisse der Grundsätze ordnungsmäßiger Buchführung sollte sich der gewerbliche Unternehmer von seinem Steuerberater beraten lassen.

Beratung

Denn Verstöße gegen die Grundsätze ordnungsmäßiger Buchführung können beträchtliche Folgen nach sich ziehen.

Verstöße gegen die GoB

Folgen von Verstößen gegen die Ordnungsvorschriften

> Erhebliche formelle Mängel haben zur Folge, daß keine ordnungsmäßige Buchführung vorliegt, so daß die Besteuerungsgrundlagen von den Finanzbehörden geschätzt werden. In der Regel kommt ein Unternehmer dabei immer schlechter weg. Weitere Folgen können Entzug von Vergünstigungen, Umkehr der Beweislast und Zwangsmittel sein.

Formelle Mängel bleiben allerdings dann ohne Folgen, wenn die Geschäftsvorfälle vollständig erfaßt sind, sich in Entstehung und Abwicklung verfolgen lassen, das sachliche Ergebnis der Buchführung nicht beeinflußt wird und kein erheblicher Verstoß gegen die Aufbewahrungsvorschriften vorliegt.

Formelle Mängel

Bei materiellen Mängeln in der Buchführung können je nach Schwere Fehlerberichtigung sowie Teil- oder Vollschätzung die Folge sein.

Schätzung

1.1.3 Buchführungssysteme (Überblick)

Lernziele:
- Kennen der für den Handwerksbetrieb geeigneten Buchführungssysteme und ihrer Hauptmerkmale.
- Kennen der wichtigsten Kriterien, die bei der Auswahl für den Betrieb zu beachten sind.

1.1.3.1 Die doppelte Buchführung

> Die doppelte Buchführung ermittelt den betrieblichen Erfolg auf zweifache Weise: durch die Bilanz und durch die Erfolgsrechnung. Sie umfaßt die Bestände und deren Veränderungen einerseits sowie die erfolgswirksamen Aufwendungen und Erträge andererseits.

Dadurch erhält man insgesamt eine geschlossene Darstellung des wertmäßigen Betriebsablaufs. Die doppelte Buchführung setzt zwar umfangreiche Buchführungsarbeiten voraus, sie liefert damit aber auch die wesentlichen Grundlagen für die übrigen Bereiche des betrieblichen Rechnungswesens.

Geschlossene Darstellung des Betriebsablaufs

1.1.3.2 Die einfache Buchführung

System der einfachen Buchführung

> Dieses Buchführungssystem kennt nur die Verbuchung der Zu- und Abgänge in zeitlicher Abfolge. Der betriebliche Erfolg läßt sich durch die Gegenüberstellung des Vermögens am Anfang und Schluß einer Rechnungsperiode ermitteln. Diese Methode gibt jedoch keinen Aufschluß darüber, wie es über Aufwendungen und Erträge zu diesem Erfolg kommt.

1.1.3.3 Einnahmen- und Ausgabenrechnung (Überschußrechnung)

Überschußrechnung

> Bei diesem Buchführungssystem werden lediglich Einnahmen und Ausgaben aufgezeichnet. Der Erfolg wird als Überschuß der Einnahmen über die Ausgaben ermittelt.

Diese Art der Erfolgsrechnung führt zu ungenauen Ergebnissen und genügt keinesfalls den betriebswirtschaftlichen Anforderungen an die Buchführung.

Nur für Kleinstbetriebe

Die Überschußrechnung kommt in der Praxis nur noch bei kleinsten Handwerksbetrieben vor, da sie steuerrechtlich nur für Steuerpflichtige zulässig ist, die keine Bücher führen müssen und auch freiwillig keine Bücher führen.

1.1.3.4 Die kameralistische Buchführung

Kameralistische Buchführung

> Die Aufgabe dieses Systems der Buchführung, das auch Behörden- oder Verwaltungsbuchführung genannt wird, besteht darin, geplanten Einnahmen und Ausgaben die dann tatsächlich eingetretenen Werte gegenüberzustellen.

Für Gewerbetreibende ist diese Form nicht geeignet.

1.1.3.5 Kriterien für die Auswahl des geeigneten Buchführungssystems

Geeignetes Buchführungssystem

> Die Auswahl des geeigneten Buchführungssystems findet in dem Spannungsfeld zwischen Buchführungsaufwand und Aussagefähigkeit statt.

Aussagefähigkeit der Buchführung

Aus Gründen der Aussagefähigkeit sollte nur mehr die doppelte Buchführung gewählt werden. Der damit verbundene Mehraufwand bei den Buchungsarbeiten fällt heute immer weniger ins Gewicht, da diese Arbeiten auch bei vielen Handwerksbetrieben über die Elektronische Datenverarbeitung (EDV) erledigt werden. Im Zweifel sollten der Steuerberater oder Berater der Handwerksorganisation zur Entscheidung hinzugezogen werden.

Systeme der Buchführung

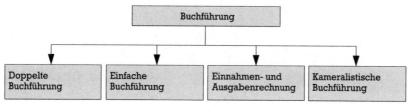

Abbildung 12

1.1.4 Die Inventur

Lernziele:
- Kennen und Verstehen des Wesens und Zwecks der Inventur.
- Vermögensgegenstände und Verbindlichkeiten sachgerecht erfassen können.

1.1.4.1 Wesen der Inventur

Die Inventur ist die zu einem bestimmten Stichtag vorgenommene körperliche Bestandsaufnahme aller Vermögensgegenstände und Schulden (Verbindlichkeiten) eines Unternehmens. Die entsprechenden Ergebnisse werden anschließend in einem Inventar schriftlich festgehalten.

Körperliche Bestandsaufnahme

1.1.4.2 Zweck der Inventur

Die Inventur ist nach Handelsrecht jedem Kaufmann vorgeschrieben. Sie muß in der Regel bei Beginn des Gewerbes (Eröffnung des Betriebes) und dann am Schluß eines jeden Geschäftsjahres durchgeführt werden. Sie ist ein wesentlicher Bestandteil einer ordnungsmäßigen Buchführung.

Die Inventur soll eine Kontrolle darüber ermöglichen, ob die tatsächlich vorhandenen Istbestände mit den sich aus den Büchern ergebenden Sollbeständen nach Art, Menge und Wert übereinstimmen. Im Falle von Abweichungen soll sie helfen, diese zu erklären.

Kontrollinstrument

Sie ist damit eine wichtige Ergänzung der buchhalterischen Aufzeichnungen und eine unerläßliche Unterlage für die Aufstellung des Jahresabschlusses.
Das Handelsrecht sieht im Inventar letztlich auch ein Instrument zur Vermögensfeststellung zum Schutz der Gläubiger.

1.1.4.3 Durchführung der Inventur

Die Durchführung der Inventur umfaßt grundsätzlich zwei Teile, nämlich die körperliche (mengenmäßige) Erfassung der Vermögensgegenstände und Schulden durch Zählen, Messen oder Wiegen und die daran anschließende oder auch gleichzeitige Bewertung.

Zählen, Messen, Wiegen

Die wichtigsten Formen der Inventur

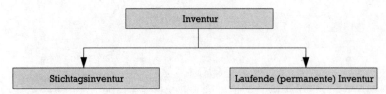

Abbildung 13

Stichtags-
inventur

Bei der **Stichtagsinventur**, die zumeist am Bilanzstichtag oder zumindest zeitnah durchgeführt wird, werden bewegliches Anlagevermögen, Finanzanlagevermögen, Warenvorräte, Bargeldbestände usw. an Ort und Stelle körperlich erfaßt. Sie bietet den Vorteil großer Genauigkeit, ist jedoch in vielen Fällen mit betrieblichen Stillstandszeiten und hohem personellem Aufwand verbunden.

Laufende
Inventur

Deshalb werden in vielen Betrieben die Bestände nicht mehr zu einem bestimmten Stichtag, sondern laufend während des gesamten Geschäftsjahres aufgenommen. Am Bilanzstichtag werden die Bestände aus der buchmäßigen Fortschreibung dann in das Inventar übertragen. Voraussetzung für eine **laufende** oder **permanente Inventur** ist eine gute Lagerbuchführung, die nach dem Steuerrecht folgende Anforderungen erfüllen muß:

- Eintragung aller Bestände sowie Zu- und Abgänge einzeln nach Tag, Art und Menge
- belegmäßiger Nachweis aller Eintragungen
- Mindestens einmal jährliche Überprüfung der Übereinstimmung des ausgewiesenen Bestandsvermögens mit den tatsächlich vorhandenen Beständen; sowie
- Anfertigung von Protokollen, die von den aufnehmenden Personen zu unterzeichnen sind.

Die **laufende Inventur** ist **nicht** möglich für

- Bestände, bei denen durch Schwund, Verderblichkeit oder ähnliche Vorgänge ins Gewicht fallende unkontrollierbare Abgänge eintreten
- besonders wertvolle Wirtschaftsgüter.

Vereinfachungen bei der Inventur

Unter bestimmten Voraussetzungen sind auch Inventurvereinfachungsverfahren zugelassen, wie zum Beispiel die Ermittlung des Bestandes der Vermögensgegenstände mit anerkannten mathematisch-statistischen Verfahren und der Verzicht auf die Verzeichnung der Vermögensgegenstände für den Schluß eines Geschäftsjahres. Die körperliche Bestandsaufnahme kann entfallen, wenn ein fortlaufendes Bestandsverzeichnis geführt wird.

Praxis

Hinweise für die Praxis: Bei der körperlichen Erfassung ist unter anderem darauf zu achten, daß keine Gegenstände aufgenommen werden, die dem Betrieb nicht gehören (Miete, Leasing), und kein auswärtiges Lager sowie keine beim Subunternehmer liegende Ware vergessen wird.

1.1.5 Bewertungsfragen

> **Lernziele:**
> - Kennen und Verstehen der wichtigsten Bewertungsvorschriften, -begriffe und -grundsätze des Handels- und Steuerrechts.
> - Wichtige Arten des Betriebsvermögens und der Verbindlichkeiten bewerten können.
> - Verstehen der Auswirkungen der Vermögensbewertung auf den Gewinn.
> - Kennen und Verstehen des Begriffs der stillen Reserven.

1.1.5.1 Handels- und steuerrechtliche Bewertungsvorschriften

Die **handelsrechtlichen Bewertungsvorschriften** sind für alle Kaufleute *Handelsrecht*
- in den §§ 252–256 des Handelsgesetzbuches

und ergänzend für Kapitalgesellschaften
- in den §§ 279–283 des Handelsgesetzbuches

enthalten. Hinzu kommen rechtsformspezifische Ergänzungen in Spezialgesetzen wie dem Aktiengesetz, dem GmbH-Gesetz und dem Genossenschaftsgesetz.

Die **steuerrechtlichen Vorschriften** für die Bewertung finden sich *Steuerrecht*
- im § 6 des Einkommensteuergesetzes.

1.1.5.2 Wichtige Bewertungsbegriffe und Bewertungsmaßstäbe

Für die Handelsbilanz und für die Steuerbilanz sind folgende Bewertungsbegriffe und Bewertungsmaßstäbe wichtig:

- Anschaffungskosten

> Anschaffungskosten sind die Aufwendungen, die geleistet werden, um einen Vermögensgegenstand zu erwerben und ihn in einen betriebsbereiten Zustand zu versetzen.

Anschaffungskosten

Sie setzen sich zusammen aus dem Anschaffungspreis, den Nebenkosten (zum Beispiel Provisionen) und den nachträglichen Anschaffungskosten. Anschaffungspreisminderungen (wie Skonti und Rabatte) müssen abgesetzt werden.

- Herstellungskosten

> Herstellungskosten sind die Aufwendungen, die durch den Verbrauch von Gütern und die Inanspruchnahme von Diensten für die Herstellung eines Vermögensgegenstandes, seine Erweiterung oder für eine über seinen ursprünglichen Zustand hinausgehende wesentliche Verbesserung entstehen.

Herstellungskosten

Zu den Herstellungskosten gehören Materialkosten zuzüglich der notwendigen Materialgemeinkosten, die Fertigungskosten einschließlich der

Aktivierungs-
gebot

notwendigen Fertigungsgemeinkosten und die Sonderkosten der Fertigung (Aktivierungsgebot).

Aktivierungs-
wahlrecht

Kosten für allgemeine Verwaltung sowie Aufwendungen für soziale Leistungen brauchen nicht in die Herstellungskosten einbezogen zu werden (Aktivierungswahlrecht).

Aktivierungs-
verbot

Vertriebskosten gehören nicht zu den Herstellungskosten; ebenso Zinsen für Fremdkapital, es sei denn, sie fallen im Zeitraum der Herstellung an für Fremdkapital, das zur Finanzierung der Herstellung eines Vermögensgegenstandes verwendet wird (Aktivierungsverbot).

Geschäfts- oder
Firmenwert

- Geschäfts- oder Firmenwert

> Als Geschäfts- oder Firmenwert darf der Betrag angesetzt werden, um den die für die Übernahme eines Unternehmens bewirkte Gegenleistung (Kaufpreis) den Wert der einzelnen Vermögensgegenstände des Unternehmens abzüglich der Schulden zum Zeitpunkt der Übernahme übersteigt.

Marktpreis
oder Börsenkurs

- Marktpreis oder Börsenkurs

> Bei Vermögensgegenständen des Umlaufvermögens ist der Wert anzusetzen, der sich aus einem niedrigeren Börsenkurs oder Marktpreis ergibt, sofern diese feststellbar sind.
> Börsenkurs ist der an einer Börse amtlich festgestellte oder ermittelte Preis zum Stichtag.
> Der Marktpreis richtet sich nach dem Beschaffungs- oder dem Absatzmarkt.

Teilwert

- Teilwert

> Der Teilwert ist der Betrag, den ein Erwerber des ganzen Betriebes im Rahmen des Gesamtkaufpreises für das einzelne Wirtschaftsgut ansetzen würde. Dabei ist davon auszugehen, daß der Erwerber den Betrieb fortführt.

Bewertungsbegriffe

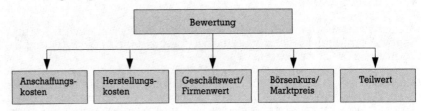

Abbildung 14

1.1.5.3 Allgemeine Bewertungsgrundsätze

Bei der Bewertung der im Jahresabschluß ausgewiesenen Vermögensgegenstände und Schulden sind folgende Grundsätze zu beachten:

Bilanzidentität

- **Bilanzidentität**
  Die Wertansätze in der Eröffnungsbilanz des Geschäftsjahres müssen mit denen der Schlußbilanz des vorhergehenden Geschäftsjahres übereinstimmen.

- **Unternehmensfortführung**
  Bei der Bewertung ist in der Regel von der Fortführung der Unternehmenstätigkeit auszugehen.

  Unternehmensfortführung

- **Einzelbewertung**
  Vermögensgegenstände und Schulden sind zum Abschlußstichtag einzeln zu bewerten.

  Einzelbewertung

- **Vorsichtsprinzip**
  Es ist insgesamt vorsichtig zu bewerten, insbesondere sind alle vorhersehbaren Risiken und Verluste zu berücksichtigen, die bis zum Abschlußstichtag entstanden sind. Dies gilt selbst dann, wenn sie erst zwischen Stichtag und dem Tag der Aufstellung des Jahresabschlusses bekanntgeworden sind. Gewinne dürfen nur berücksichtigt werden, wenn sie am Abschlußstichtag realisiert sind.

  Vorsichtige Bewertung

- **Richtige zeitliche Zuordnung**
  Aufwendungen und Erträge des jeweiligen Geschäftsjahres sind unabhängig von den Zeitpunkten der entsprechenden Zahlungen im Jahresabschluß zu berücksichtigen.

  Zeitliche Zuordnung

- **Bewertungskontinuität bzw. materielle Bilanzkontinuität**
  Es sollen die auf den vorhergehenden Jahresabschluß angewandten Bewertungsmethoden beibehalten werden.

  Kontinuität

Allgemeine Bewertungsgrundsätze

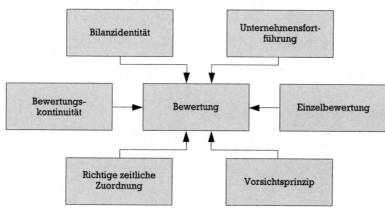

Abbildung 15

1.1.5.4 Wertansätze der Vermögensgegenstände und Schulden in Handelsbilanz und Steuerbilanz

Für die Handelsbilanz gilt:

- **Vermögensgegenstände** sind höchstens mit den Anschaffungs- oder Herstellungskosten, vermindert um die Abschreibungen, anzusetzen.
  - Dabei sind bei Vermögensgegenständen des Anlagevermögens mit begrenzter zeitlicher Nutzung die Anschaffungs- oder Herstellungskosten um planmäßige, das heißt im voraus auf die voraussichtliche zeitliche Nutzung verteilte, Abschreibungen zu vermindern. Außerplanmäßige Abschreibungen sind möglich bei einer voraussichtlich

  Vermögensgegenstände

Abschreibungen Niederstwertprinzip	dauernden Wertminderung, zum Beispiel durch technischen Verschleiß. – Die **Abschreibungen** bei Vermögensgegenständen des Umlaufvermögens werden durch die Börsen- oder Marktpreise am Abschlußstichtag bestimmt. Nach dem Niederstwertprinzip ist von den zwei möglichen Wertansätzen Anschaffungs- oder Herstellungskosten bzw. Börsen- oder Marktpreis der jeweils niedrigere anzusetzen.
Verbindlichkeiten Höchstwertprinzip	• Für den Ansatz der **Verbindlichkeiten** ist der Rückzahlungsbetrag maßgeblich. Dabei muß nach dem Höchstwertprinzip von zwei möglichen Wertansätzen stets der höhere gewählt werden, zum Beispiel wenn bei Auslandsschulden infolge Wechselkursänderungen der Tageswert unter den Anschaffungskosten liegt.
Renten	• **Rentenverpflichtungen** müssen zu ihrem Barwert bilanziert werden.
Rückstellungen	• **Rückstellungen** dürfen nur nach vernünftiger kaufmännischer Beurteilung angesetzt werden.
Stille Reserven	• Einzelunternehmen und Personengesellschaften ist es im Gegensatz zu Kapitalgesellschaften gestattet, **stille Rücklagen** (auch stille Reserven genannt) zu bilden. Sie entstehen durch Abschreibungen, die im Rahmen vernünftiger kaufmännischer Beurteilung zulässig sind. In der betrieblichen Praxis ergeben sie sich vor allem durch Unterbewertung von Vermögensgegenständen (zum Beispiel durch Verrechnung zu hoher Abschreibungsbeträge), durch Nichtaktivieren aktivierungsfähiger Wirtschaftsgüter oder Unterlassen der Zuschreibung von Wertsteigerungen. Diese unterschiedlichen Wertansätze wirken sich dann auch auf die Höhe des Gewinns aus. Stille Reserven vermindern den Gewinn im Jahresabschluß.

Wertansätze in der Handelsbilanz

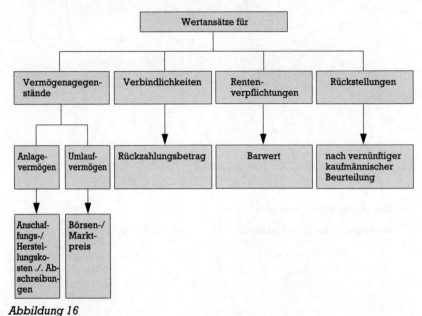

Abbildung 16

1.1 Buchhaltung und Jahresabschluß

Die Handelsbilanz ist grundsätzlich maßgeblich für die Steuerbilanz. In der **Steuerbilanz** sind jedoch einige vom Handelsrecht abweichende Ansatz- und Bewertungsregeln zu beachten:

- **Abnutzbare Wirtschaftsgüter** sind mit den Anschaffungs- oder Herstellungskosten vermindert um die Absetzungen für Abnutzung (Begriff des Steuerrechts für die Abschreibungen) anzusetzen. Liegt der Teilwert niedriger, so darf ersatzweise auch dieser angesetzt werden. *(Abnutzbare Wirtschaftsgüter)*
- **Nicht-abnutzbare Wirtschaftsgüter** wie Grund und Boden sowie Umlaufvermögen sind mit den Anschaffungs- oder Herstellungskosten anzusetzen. Liegt der Teilwert darunter, so kann er angesetzt werden. *(Grund und Boden)*
- Der Wertansatz der Wirtschaftsgüter des **Umlaufvermögens** erfolgt wie bei den nicht-abnutzbaren Wirtschaftsgütern. Allerdings ist hier der Ansatz des niedrigeren Teilwerts eine zwingende Vorschrift. *(Umlaufvermögen)*
- Auch bei den **Verbindlichkeiten** erfolgt der Ansatz nach den Anschaffungskosten bzw. dem höheren Teilwert. *(Verbindlichkeiten)*
- Der Ansatz von **Entnahmen und Einlagen** erfolgt in der Regel nach dem Teilwert. *(Entnahmen/Einlagen)*
- Bewegliche Wirtschaftsgüter des Anlagevermögens, die einer selbständigen Bewertung und Nutzung fähig sind, können im Jahr der Anschaffung oder Herstellung in voller Höhe als Betriebsausgaben abgezogen werden, wenn die Anschaffungs- oder Herstellungskosten abzüglich des darin enthaltenen Vorsteuerbetrags für das einzelne Wirtschaftsgut 800,00 DM nicht übersteigen. *(Geringwertige Wirtschaftsgüter)*

Wertansätze in der Steuerbilanz

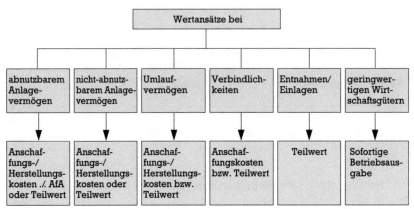

Abbildung 17

1.1.5.5 Praktische Durchführung der Bewertung

In der Praxis wird unter Berücksichtigung der oben aufgeführten Bewertungsbegriffe, Bewertungsgrundsätze und Wertansätze bei den wichtigsten Bilanzpositionen eines Handwerksbetriebes folgendermaßen bewertet:

	Bilanzposition	Handelsrechtliche Bewertung	Steuerrechtliche Bewertung
Anlage-vermögen	**Anlagevermögen**		
	Grundstücke	Anschaffungspreis + Nebenkosten (zum Beispiel Grunderwerbsteuer) ./. Preisminderungen	Anschaffungspreis + Nebenkosten ./. Preisminderungen bzw. Teilwert (Wiederbeschaffungskosten)
	Bauten	Anschaffungspreis + Nebenkosten ./. Preisminderungen ./. Abschreibungen	Anschaffungspreis + Nebenkosten ./. Preisminderungen ./. AfA oder Teilwert
	Maschinen, Betriebs- und Geschäftsausstattung	wie Bauten	wie Bauten
Umlauf-vermögen	**Umlaufvermögen**		
	Vorräte	Anschaffungspreis + Nebenkosten (Frachten, Provisionen) ./. Preisminderungen	Anschaffungspreis + Nebenkosten ./. Preisminderungen oder Teilwert
	Forderungen	Anschaffungspreis (Nennwert bzw. Höhe des erwarteten Eingangs) + Nebenkosten	Anschaffungspreis (Nennwert) + Nebenkosten
	Wertpapiere	Anschaffungspreis + Nebenkosten oder niedrigerer Börsenkurs	Anschaffungspreis + Nebenkosten oder niedrigerer Börsenkurs
	Kasse, Bank, Postgiro	Nennwert bzw. bei ausländischen Währungen umgerechnete Beträge	Nennwert bzw. bei ausländischen Währungen umgerechnete Beträge
Verbindlich-keiten	**Verbindlichkeiten**	Rückzahlungsbetrag	Rückzahlungsbetrag oder Teilwert

Zu den Forderungen ist anzumerken, daß eine als völlig uneinbringlich beurteilte Forderung mit 1,00 DM als Merkposten angesetzt oder ganz ausgebucht wird.

Abschreibungen

Für die Vornahme der **Abschreibungen** sind folgende Grundsätze zu beachten:
- Der jährliche Abschreibungsbetrag darf nicht willkürlich geändert werden. Er muß entsprechend der gewählten Abschreibungsmethode (linear bzw. degressiv) fortgeführt werden und fällt erst weg, wenn die Anschaffungs-/Herstellungskosten voll abgeschrieben sind.

Außergewöhnliche Abnutzung
- Bei außergewöhnlicher technischer oder wirtschaftlicher Abnutzung (zum Beispiel rasches Veralten einer Maschine durch eine Neukonstruktion) darf der Abschreibungssatz ausnahmsweise erhöht werden.

Werterhöhung
- Werterhöhende Reparaturen müssen dem Anschaffungspreis zugeschrieben (aktiviert) werden und erhöhen damit die jährlichen Abschreibungsbeträge anteilig.

Erfahrungssätze
- Für die betriebsgewöhnliche Nutzungsdauer von Maschinen und Anlagen haben sich Erfahrungssätze herausgebildet, die auch steuerlich anerkannt werden (AfA-Satz-Sammlung).

1.1.6 Inventar und Bilanz

> **Lernziele:**
> - Wissen, wann, wofür und wie ein Inventar zu erstellen ist.
> - Wissen, wann, wofür und wie eine Bilanz aufzustellen ist.
> - Wissen, welche Grundsätze bei der Bilanzierung zu beachten sind.
> - Kennen der wesentlichen Unterschiede zwischen Inventur, Inventar und Bilanz.
> - Kennen der Bilanzgliederung.
> - Wissen, welche Bilanzarten es gibt und wozu sie dienen.

1.1.6.1 Aufstellung des Inventars

Jeder Kaufmann im Sinne des HGB hat zu Beginn seines Betriebes und dann für den Schluß eines jeden Geschäftsjahres ein Inventar zu erstellen. Das Inventar ist Voraussetzung für die Erstellung der Eröffnungsbilanz. *(Verpflichtung zum Inventar)*

> Das Inventar ist das Verzeichnis der Grundstücke, Forderungen, Schulden, der Bargeldbestände sowie der sonstigen Vermögensgegenstände nach Art, Menge und Wert. *(Inventarverzeichnis)*

1.1.6.2 Die Bilanz als Form der Darstellung von Vermögen und Kapital

> Die Bilanz ist die Zusammenstellung des Vermögens, der Verbindlichkeiten und des Eigenkapitals des Unternehmens zu einem bestimmten Zeitpunkt. *(Bilanz)*

- Vermögen sind grundsätzlich alle im Betrieb eingesetzten Wirtschaftsgüter und Geldmittel. Man nennt diese auch Aktiva. *(Vermögen)*
- Kapital sind die betrieblichen Verbindlichkeiten (Schulden) gegenüber dem Betriebsinhaber und außenstehenden Gläubigern, auch Passiva genannt. *(Kapital)*

Da eine Bilanz (der Begriff steht ursprünglich für Waage = Gleichgewicht) immer ausgeglichen sein muß, entsprechen sich auch Vermögen und Kapital wertmäßig.

> Die Passivseite der Bilanz informiert über die Herkunft der finanziellen Mittel. *(Passivseite)*

Man unterscheidet dabei grundsätzlich zwischen
- Eigenkapital und
- Fremdkapital:
  - kurzfristige Verbindlichkeiten wie Verbindlichkeiten aus Lieferungen und Leistungen, Verbindlichkeiten gegenüber Kreditinstituten, Wechselverbindlichkeiten
  - langfristige Verbindlichkeiten wie Darlehen.

(Eigenkapital Fremdkapital)

> Die Aktivseite der Bilanz spiegelt dagegen die Verwendung dieser Mittel wider. *(Aktivseite)*

Dabei unterscheidet man folgende Gruppen:
- **Anlagevermögen**. Hierzu gehören Gegenstände, die dazu bestimmt sind, dauernd dem Geschäftsbetrieb zu dienen:
  - Materielles Anlagevermögen wie Grundstücke, Bauten, Maschinen, Geschäftsausstattung, Fahrzeuge.
  - Immaterielles Anlagevermögen wie Patente, Konzessionen.
  - Finanzanlagevermögen wie Beteiligungen, langfristige Darlehens- und Hypothekenforderungen.
- **Umlaufvermögen**, also Gegenstände, die im Betrieb verbraucht werden und sich ständig stofflich, inhaltlich, mengenmäßig usw. verändern:
  - Vorräte wie Roh-, Hilfs- und Betriebsstoffe, Halb- und Fertigfabrikate.
  - Forderungen aller Art wie Forderungen aus Lieferungen und Leistungen.
  - Wertpapiere kurzfristiger Art.
  - Zahlungsmittel wie Bank, Kasse und Postgiro.

Anlagevermögen

Umlaufvermögen

Konto

Zur Darstellung der Bilanz wird im allgemeinen die Form eines Kontos gewählt mit den Aktivposten auf der linken und den Passivposten auf der rechten Seite.

1.1.6.3 Gliederung der Bilanz

Vorschriften für Kaufleute

Der Kaufmann im Sinne des Handelsrechts hat die Bilanz als wesentlichen Bestandteil des Jahresabschlusses nach den Grundsätzen ordnungsmäßiger Buchführung aufzustellen. Sie muß klar und übersichtlich sein.

Schema einer einfachen Bilanz

Aktivseite	*Bilanz*	*Passivseite*
Anlagevermögen		Eigenkapital
Umlaufvermögen		Verbindlichkeiten
Rechnungsabgrenzungsposten		Rechnungsabgrenzungsposten

Abbildung 18

Vorschriften für Kapitalgesellschaften

Zwingende Gliederungsvorschriften gibt es für Kapitalgesellschaften. Sie müssen die Bilanz in Kontenform erstellen. Das HGB regelt genau, welche Posten die Aktivseite und die Passivseite jeweils enthalten muß. Kleine Kapitalgesellschaften (darunter fallen die meisten GmbHs im Handwerk) brauchen dabei nur eine verkürzte Bilanz aufzustellen (siehe Faltblatt 1 nach Seite 28). Alle Kapitalgesellschaften haben in der Bilanz zu jedem Posten den entsprechenden Betrag des vorhergehenden Geschäftsjahres anzugeben.

In der Praxis ist es inzwischen üblich, daß man sich hinsichtlich der Bilanzgliederung für Personengesellschaften bzw. Einzelunternehmen, ohne daß dies gesetzlich vorgeschrieben ist, an das Schema für Kapitalgesellschaften anlehnt.

Darüber hinaus ist es empfehlenswert, noch ausführlicher zu untergliedern, falls die Bilanz für einen Kreditantrag o.ä. benötigt wird. Das Schema auf Faltblatt 1 nach Seite 28 orientiert sich insbesondere an den Positionen, die bei einem Einzelunternehmen und einer Personengesellschaft im Handwerk vorkommen.

1.1.6.4 Bilanzierungsgrundsätze

Die wichtigsten Bilanzierungsgrundsätze sind:
- **Bilanzklarheit**
  Sie erfordert eine übersichtliche und klare Aufgliederung aller Bilanzposten.
- **Bilanzwahrheit**
  Dies bedeutet vor allem, daß die Bilanzansätze richtig und vollständig sind.
- **Bilanzkontinuität** mit folgenden Teilprinzipien:
  - **Bilanzidentität** (oder auch Bilanzstetigkeit und Bilanzzusammenhang)
    Schlußbilanz eines Jahres und Anfangsbilanz des folgenden Jahres müssen sich entsprechen.
  - **Formale Bilanzkontinuität**
    Für aufeinanderfolgende Bilanzen müssen Gliederung und Form beibehalten werden.
  - **Materielle Bilanzkontinuität**
    Sie besagt, daß einerseits die auf den vorhergehenden Jahresabschluß angewandten Bewertungsgrundsätze und andererseits auch die Wertansätze fortgeführt werden sollen.

Bilanzklarheit

Bilanzwahrheit

Bilanzkontinuität

Wichtige Bilanzierungsgrundsätze

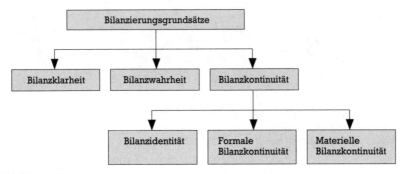

Abbildung 19

1.1.6.5 Bilanzarten

Je nach Anlaß und Zielsetzung der Bilanzaufstellung unterscheidet man verschiedene Arten von Bilanzen. Für den handwerklichen Klein- und Mittelbetrieb sind insbesondere von Bedeutung:
- Ordentliche, regelmäßig auftretende Bilanzen. Darunter fallen insbesondere
  - die handelsrechtliche Jahresbilanz
  - die Steuerbilanz
  - vertraglich festgelegte Bilanzen, etwa monatliche, vierteljährliche oder halbjährliche Zwischenabschlüsse (Zwischenbilanzen) zur Vor-

Ordentliche Bilanzen

lage bei einem Kreditinstitut, aus Anlaß der Kapitalbeschaffung oder für die Herabsetzung von Steuervorauszahlungen.

Steuerbilanz

Die Steuerbilanz ist eine unter Berücksichtigung steuerlicher Vorschriften aus der Handelsbilanz abgeleitete Vermögensübersicht. Besonders bei Einzelunternehmen und Personengesellschaften sind beide Bilanzen in der Regel identisch und werden auch nicht getrennt erstellt.

Außerordentliche Bilanzen

- Außerordentliche, unregelmäßige, oft nur einmal auftretende Bilanzen (Sonderbilanzen) wie
  - Gründungsbilanz:
    Eröffnungs- oder Anfangsbilanz eines Betriebes, die insbesondere über die Zusammensetzung und Werte der eingebrachten Vermögensgegenstände informieren soll.
  - Umwandlungsbilanz:
    Sonderbilanz bei der Änderung der Rechtsform.
  - Auseinandersetzungsbilanz:
    Sonderbilanz bei Ausscheiden eines Gesellschafters.

Wichtige Bilanzarten

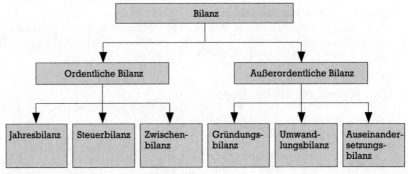

Abbildung 20

Schutzfunktion

Die genannten Bilanzen haben in bestimmter Hinsicht alle eine gewisse Schutzfunktion und -aufgabe, sei es für die Gläubiger, die Gesellschafter, die Öffentlichkeit oder auch die Finanzbehörden.

1.1.7 Die Gewinn- und Verlustrechnung

Lernziele:

- Die Begriffe Einnahmen und Ausgaben, Aufwand und Ertrag – auch neutraler Aufwand und Ertrag –, Gewinn und Verlust unterscheiden können.
- Kennen der zulässigen Arten der Gewinnermittlung.
- Die Positionen der Gewinn- und Verlustrechnung kennen und wichtige Aufwands- und Ertragsarten zuordnen können.
- Die Bedeutung der Gewinnverwendung und ihre Auswirkungen auf das Eigenkapital verstehen.

1.1.7.1 Erläuterung der Begriffe Einnahmen und Ausgaben, Aufwand und Ertrag, Gewinn und Verlust

Zur Beschreibung der vom gesamten betrieblichen Rechnungswesen erfaßten Vorgänge sind folgende Begriffspaare besonders wichtig:
- Einnahmen und Ausgaben
  - Einnahmen = Summe aller Eingänge an Zahlungsmitteln und Forderungen *(Einnahmen)*
  - Ausgaben = Summe der Abgänge an Zahlungsmitteln und der Zunahme an Verbindlichkeiten *(Ausgaben)*
- Aufwand und Ertrag
  - Aufwand = Summe der Ausgaben für die in einer Abrechnungsperiode verbrauchten Güter und Dienstleistungen. *(Aufwand)*

  Nicht zu den Aufwendungen gehören alle Privatentnahmen für Privatausgaben, Einkommensteuer, Kirchensteuer und Vermögensteuer.

  Stimmen Aufwand und Ausgaben nicht überein, so wird eine **Rechnungsabgrenzung** vorgenommen. *(Rechnungsabgrenzung)*

  Sind Aufwendungen nicht durch den betrieblichen Leistungsprozeß verursacht, so spricht man von **neutralem Aufwand**. Beispiele hierfür sind Spenden sowie Feuer-, Sturm- und Diebstahlschäden. *(Neutraler Aufwand)*

  - Ertrag = Summe aller durch den betrieblichen Leistungsprozeß bedingten Einnahmen. *(Ertrag)*

  Nicht zu den Erträgen gehören dementsprechend Privateinlagen und Einnahmen aus Privatverkäufen.

  Soweit Erträge und Einnahmen nicht übereinstimmen, ist eine **Rechnungsabgrenzung** erforderlich.

  Erträge aufgrund betriebsfremder oder außerordentlicher Vorfälle werden als **neutraler Ertrag** erfaßt. Dies ist beispielsweise bei Erträgen aus Beteiligungen und bei Anlagenverkäufen über dem Buchwert der Fall. *(Neutraler Ertrag)*

- Gewinn und Verlust
  - Gewinn oder Verlust bzw. Jahresüberschuß oder Jahresfehlbetrag = Differenz zwischen Aufwendungen und Erträgen. *(Gewinn/Verlust)*

1.1.7.2 Arten der Gewinnermittlung

Handels- und steuerrechtlich gibt es unterschiedliche Arten der Gewinnermittlung. *(Gewinnermittlung)*

- Nach dem Handelsrecht hat jeder Kaufmann zum Schluß eines Geschäftsjahres eine Gegenüberstellung von Aufwendungen und Erträgen, die sogenannte Gewinn- und Verlustrechnung, zu erstellen, aus der sich der Jahresüberschuß oder der Jahresfehlbetrag ergibt. *(Handelsrecht)*
- Steuerrechtlich sind zwei Fälle zu unterscheiden: *(Steuerrecht)*
  - Gewerbetreibende, die nicht zur Führung von Büchern und Erstellung von Abschlüssen verpflichtet sind und dies auch nicht freiwillig tun, ermitteln den Gewinn als Überschuß der Betriebseinnahmen über die Betriebsausgaben (sogenannte Überschußrechnung). Betriebseinnahmen und Betriebsausgaben sind insofern mit Erträgen und Aufwendungen identisch, als es sich beispielsweise nicht um Aufwendungen handelt, die nach dem Steuerrecht als Betriebsausgaben den Gewinn nicht mindern dürfen. *(Überschußrechnung)*
  - Steuerpflichtige, die Bücher führen müssen oder dies freiwillig tun, ermitteln den Gewinn durch Gegenüberstellung des Betriebsver-

Betriebsvermögensvergleich

mögens am Schluß des aktuellen und des vorangehenden Geschäftsjahres (sogenannter Betriebsvermögensvergleich) unter Anrechnung der Entnahmen und Abzug der Einlagen.

Arten der Gewinnermittlung

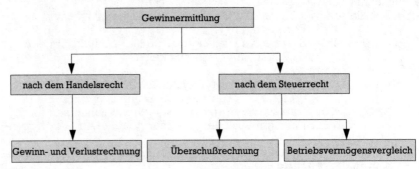

Abbildung 21

1.1.7.3 Gliederung der Gewinn- und Verlustrechnung

Bestimmungen des HGB zur G+V

Für den Kaufmann im Sinne des HGB gilt, daß die Gewinn- und Verlustrechnung (G+V) als wesentlicher Bestandteil des Jahresabschlusses nach den Grundsätzen ordnungsmäßiger Buchführung aufzustellen ist. Sie muß ferner klar und übersichtlich sein. Vielfach wird dazu die Kontenform gewählt.

Schema einer einfachen Gewinn- und Verlustrechnung

Aufwendungen **Gewinn- u. Verlustrechnung (G+V)** *Erträge*

Jahresüberschuß (Gewinn)

Abbildung 22

Vorschrift für Kapitalgesellschaften

Kapitalgesellschaften müssen die Gewinn- und Verlustrechnung in Staffelform aufstellen nach dem Gesamtkostenverfahren oder dem Umsatzkostenverfahren.

Gesamtkostenverfahren

- Gesamtkostenverfahren
  Dabei werden die insgesamt angefallenen betrieblichen Aufwendungen unter Berücksichtigung der Bestandsveränderungen an fertigen und unfertigen Erzeugnissen den gesamten Umsatzerlösen gegenübergestellt.

Umsatzkostenverfahren

- Umsatzkostenverfahren
  Die Herstellungskosten der zur Erzielung der Umsatzerlöse erbrachten Leistungen zuzüglich der in der Abrechnungsperiode angefallenen Verwaltungs- und Vertriebsgemeinkosten und der Sonderkosten des Vertriebes werden den Umsatzerlösen gegenübergestellt.

Das HGB schreibt genau vor, welche Einzelposten jeweils entsprechend dem gewählten Verfahren auszuweisen sind (siehe Faltblatt 2 vor

Faltblatt 1

Verkürzte Bilanz einer kleinen Kapitalgesellschaft

gemäß § 266, Abs. 1 HGB

Aktivseite	Passivseite

A. Anlagevermögen
    I. Immaterielle Vermögensgegenstände
    II. Sachanlagen
    III. Finanzanlagen
 	
B. Umlaufvermögen
    I. Vorräte
    II. Forderungen und sonstige Vermögensgegenstände
    III. Wertpapiere
    IV. Schecks, Kassenbestand, Bundesbank- und Postgiroguthaben, Guthaben bei Kreditinstituten
 	
C. Rechnungsabgrenzungsposten
	A. Eigenkapital
	    I. Gezeichnetes Kapital
	    II. Kapitalrücklage
	    III. Gewinnrücklagen
	    IV. Gewinnvortrag/Verlustvortrag
	    V. Jahresüberschuß/Jahresfehlbetrag
	
	B. Rückstellungen
	
	C. Verbindlichkeiten
	
	D. Rechnungsabgrenzungsposten

Gliederungsvorschlag für die Bilanz von Einzelunternehmen und Personengesellschaften im Handwerk

Aktivseite	Passivseite

A. Anlagevermögen
    I. Immaterielle Vermögensgegenstände
    II. Sachanlagen
        1. Grundstücke, grundstücksgleiche Rechte und Bauten
        2. Technische Anlagen und Maschinen
        3. Andere Anlagen, Betriebs- und Geschäftsausstattung
        4. Geleistete Anzahlungen und Anlagen im Bau
    III. Finanzanlagen
        1. Beteiligungen
        2. Wertpapiere des Anlagevermögens
        3. Sonstige Ausleihungen
 	
B. Umlaufvermögen
    I. Vorräte
        1. Roh-, Hilfs- und Betriebsstoffe
        2. Unfertige Erzeugnisse und unfertige Leistungen
        3. Fertige Erzeugnisse und Waren
        4. Geleistete Anzahlungen
    II. Forderungen und sonstige Vermögensgegenstände
        1. Forderungen aus Lieferungen und Leistungen
        2. Forderungen an Gesellschafter
        3. Sonstige Vermögensgegenstände
    III. Wertpapiere
    IV. Flüssige Mittel
        1. Schecks und Kassenbestand
        2. Postgiroguthaben
        3. Guthaben bei Kreditinstituten
 	
C. Rechnungsabgrenzungsposten
	A. Eigenkapital
	    I. Kapitaleinlagen unbeschränkt haftender Gesellschafter
	    II. Kapitaleinlagen der Kommanditisten
	
	B. Sonderposten mit Rücklageanteil
	
	C. Rückstellungen
	
	D. Verbindlichkeiten
	    1. Verbindlichkeiten gegenüber Kreditinstituten
	    2. Erhaltene Anzahlungen
	    3. Verbindlichkeiten aus Lieferungen und Leistungen
	    4. Wechselverbindlichkeiten
	    5. Verbindlichkeiten gegenüber Gesellschaftern
	    6. Darlehen
	    7. Sonstige Verbindlichkeiten
	
	E. Rechnungsabgrenzungsposten

Für Einzelunternehmen gelten die Positionen B.II., 2. auf der Aktivseite und A.I., A.II. und D.5. auf der Passivseite nicht.

Faltblatt 2

Schemen für die Gewinn- und Verlustrechnung

A) Nach dem Gesamtkostenverfahren

1. Umsatzerlöse +..........
2. Erhöhung oder Verminderung des Bestands an fertigen und unfertigen Erzeugnissen ±..........
3. andere aktivierte Eigenleistungen +..........
4. sonstige betriebliche Erträge +..........
5. Materialaufwand:
   a) Aufwendungen für Roh-, Hilfs- und Betriebsstoffe und für bezogene Waren −..........
   b) Aufwendungen für bezogene Leistungen −..........
6. Personalaufwand:
   a) Löhne und Gehälter −..........
   b) soziale Abgaben und Aufwendungen für Altersversorgung und für Unterstützung, −..........
      davon für Altersversorgung ....
7. Abschreibungen
   a) auf immaterielle Vermögensgegenstände des Anlagevermögens und Sachanlagen sowie auf aktivierte Aufwendungen für die Ingangsetzung und Erweiterung des Geschäftsbetriebes −..........
   b) auf Vermögensgegenstände des Umlaufvermögens, soweit diese die in der Kapitalgesellschaft üblichen Abschreibungen überschreiten −..........
8. sonstige betriebliche Aufwendungen −..........
9. Erträge aus Beteiligungen, +..........
   davon aus verbundenen Unternehmen ....
10. Erträge aus anderen Wertpapieren und Ausleihungen des Finanzanlagevermögens, +..........
    davon aus verbundenen Unternehmen ....
11. sonstige Zinsen und ähnliche Erträge, +..........
    davon aus verbundenen Unternehmen ....
12. Abschreibungen auf Finanzanlagen und auf Wertpapiere des Umlaufvermögens −..........
13. Zinsen und ähnliche Aufwendungen, −..........
    davon an verbundene Unternehmen ....
14. Ergebnis der gewöhnlichen Geschäftstätigkeit ±..........
15. außerordentliche Erträge +..........
16. außerordentliche Aufwendungen −..........
17. außerordentliches Ergebnis ±..........
18. Steuern vom Einkommen und vom Ertrag −..........
19. sonstige Steuern −..........
20. Jahresüberschuß/Jahresfehlbetrag ±..........

B) Nach dem Umsatzkostenverfahren

1. Umsatzerlöse +..........
2. Herstellungskosten der zur Erzielung der Umsatzerlöse erbrachten Leistungen −..........
3. Bruttoergebnis vom Umsatz ±..........
4. Vertriebskosten −..........
5. allgemeine Verwaltungskosten −..........
6. sonstige betriebliche Erträge +..........
7. sonstige betriebliche Aufwendungen −..........
8. Erträge aus Beteiligungen, +..........
   davon aus verbundenen Unternehmen ....
9. Erträge aus anderen Wertpapieren und Ausleihungen des Finanzanlagevermögens, +..........
   davon aus verbundenen Unternehmen ....
10. sonstige Zinsen und ähnliche Erträge, +..........
    davon aus verbundenen Unternehmen ....
11. Abschreibungen auf Finanzanlagen und auf Wertpapiere des Umlaufvermögens −..........
12. Zinsen und ähnliche Aufwendungen, −..........
    davon an verbundene Unternehmen ....
13. Ergebnis der gewöhnlichen Geschäftstätigkeit ±..........
14. außerordentliche Erträge +..........
15. außerordentliche Aufwendungen −..........
16. außerordentliches Ergebnis ±..........
17. Steuern vom Einkommen und vom Ertrag −..........
18. sonstige Steuern −..........
19. Jahresüberschuß/Jahresfehlbetrag ±..........

Kleine und mittelgroße Kapitalgesellschaften dürfen bei A) die Posten 1. bis 5. und bei B) die Posten 1. bis 3. und 6. zu einem Posten „Rohergebnis" zusammenfassen.

Seite 29). Alle Kapitalgesellschaften haben in der Gewinn- und Verlustrechnung, wie in der Bilanz, zu jedem Posten den entsprechenden Betrag des vorhergehenden Geschäftsjahres anzugeben.

> In der Praxis lehnt man sich hinsichtlich der Gliederung der G+V auch bei Einzelunternehmen und Personengesellschaften, ohne daß dies vorgeschrieben wäre, immer häufiger an das Schema für Kapitalgesellschaften an. Je nach einzelbetrieblichem Anfall des Zahlenmaterials wird dabei allerdings der eine oder andere Posten wegfallen und sich die G+V entsprechend verkürzen.

Praxis für Einzelunternehmen

Je ausführlicher die G+V untergliedert ist, umso klarer wird durch sie auch, welche Ertragsquellen im Betrieb vorhanden sind und welche Aufwendungen das Gesamtbetriebsergebnis beeinflussen.

> Der rechnerischen Feststellung des Gewinns über die G+V folgt die Entscheidung über die Gewinnverwendung. Die wichtigsten Formen sind dabei
> - die Verteilung auf Inhaber oder Anteilseigner sowie
> - die Einbehaltung im Unternehmen.
>
> Die im Unternehmen verbleibenden Gewinnanteile erhöhen das Eigenkapital.

Gewinnverwendung

1.1.8 Buchführung und Abschluß in Form der doppelten Buchführung

Lernziele:

- Das Prinzip der doppelten Buchführung verstehen.
- Kennen des Einheitskontenrahmens für das deutsche Handwerk sowie des Fachkontenrahmens des eigenen Handwerkszweiges.
- Kennen und Verstehen der Einteilung des Einheitskontenrahmens für das deutsche Handwerk nach Kontenklassen (Bestandskontenbereich und Erfolgskontenbereich, betrieblicher und neutraler Bereich).
- Wissen, wie nach dem Einheitskontenrahmen bzw. Fachkontenrahmen ein betrieblicher Kontenplan zu erstellen ist.
- Kennen der Rolle des Kontenverzeichnisses.
- Konteneröffnung, Kontierung und Buchung von Geschäftsvorfällen in einer Form der doppelten Buchführung durchführen können.
- Wissen, welche Vorarbeiten für einen Jahresabschluß üblicherweise durchzuführen sind und wie ein einfacher Jahresabschluß zu erstellen ist.
- Kennen der für Handwerksbetriebe grundsätzlich geeigneten Buchführungsmethoden und ihrer wesentlichen Besonderheiten.
- Kennen geeigneter Informations- und Beratungsmöglichkeiten für die Auswahl und Einführung des Buchführungssystems.
- Kennen der Besonderheiten der EDV-Buchführung.
- Beherrschen der Vorkontierung.
- EDV-Auswertungen lesen können und verstehen.
- Informiert sein über geeignete Beratungsmöglichkeiten (insbesondere EDV-Beratungsstellen der Handwerksorganisationen).

1.1.8.1 Die doppelte Buchführung

Buchung
Gegenbuchung

> Bei der doppelten Buchführung handelt es sich um die Darstellung der Geschäftsvorfälle in doppelter Weise. Jeder Geschäftsvorfall wird sozusagen nach seiner Herkunft und nach seiner Verwendung erfaßt. Es handelt sich um eine Gegenüberstellung von Leistung und Gegenleistung. Daraus folgt, daß zu jeder Buchung eine Gegenbuchung gehört. Jeder Soll-Buchung entspricht eine Haben-Buchung. Beide müssen zahlenmäßig übereinstimmen.

Dabei wirken sich bei den Aktivkonten Vermögenszunahmen auf der Soll-Seite und Vermögensabnahmen auf der Haben-Seite aus. Bei den Kapitalkonten (Eigenkapital und Fremdkapital) werden dagegen die Zunahmen im Haben und die Abnahmen im Soll erfaßt.

Kombinierte Bestands- und Erfolgsrechnung

> Die doppelte Buchführung ist damit eine kombinierte Bestands- und Erfolgsrechnung. In ihr werden einerseits alle Anfangsbestände und Veränderungen an Vermögen und Verbindlichkeiten (Schulden) festgehalten. Die Werte des Bilanzstichtages werden dann in der Bilanz gegenübergestellt. Andererseits werden alle Aufwendungen und Erträge erfaßt, die ihrerseits wiederum in die Gewinn- und Verlustrechnung eingehen.

Die doppelte Buchführung bildet somit ein geschlossenes Bestands- und Erfolgsermittlungssystem.
Sie verfügt dementsprechend über

Bestandskonten
- Bestandskonten
  - Aktivkonten (Vermögenskonten)
  - Passivkonten (Kapitalkonten, also Eigenkapital und Fremdkapital)
  und

Erfolgskonten
- Erfolgskonten
  - Aufwandskonten
  - Ertragskonten.

Verbuchung der Geschäftsvorfälle

> Durch die einzelnen Geschäftsvorfälle treten laufend Veränderungen auf, die Vermögen und Verbindlichkeiten beeinflussen. Hinsichtlich der Verbuchung der Geschäftsvorfälle werden folgende Grundformen unterschieden:

Aktivtausch
- Aktivtausch
  Hier entspricht der Zugang auf einem Vermögenskonto dem Abgang auf einem anderen. Die Bilanzsumme bleibt deshalb unverändert.

Passivtausch
- Passivtausch
  Hier entspricht der Zugang auf einem Kapitalkonto dem Abgang auf einem anderen. Die Bilanzsumme bleibt gleichfalls unverändert.

Bilanzverlängerung
- Bilanzverlängerung
  Durch einen Geschäftsvorfall werden Aktivseite und Passivseite um den gleichen Betrag vermehrt. Dem Zugang auf einem Vermögenskonto entspricht auch ein Zugang auf einem Kapitalkonto und umgekehrt, so daß die Bilanzsumme insgesamt zunimmt.

Bilanzverkürzung
- Bilanzverkürzung
  Durch einen Geschäftsvorfall werden Aktivseite und Passivseite um den gleichen Betrag vermindert. Identische Abgänge auf Vermögens- und Kapitalkonten vermindern die Bilanzsumme.

- Aufwendungen und Erträge beeinflussen das Eigenkapital; Aufwendungen haben eine Bilanzverkürzung und Erträge eine Bilanzverlängerung zur Folge.
- Gemischte Geschäftsvorfälle
  Hiervon werden sowohl Aufwendungen und Erträge wie auch Bestände betroffen.

Beispiel:

Ein Handwerksmeister eröffnet zu Jahresbeginn sein Geschäft mit einem Bankguthaben von 10.000,00 DM und einem Bestand an Vorräten von 20.000,00 DM. Außerdem hat er Verbindlichkeiten aus Lieferungen und Leistungen in Höhe von 7.000,00 DM sowie Wechselverbindlichkeiten über 8.000,00 DM. Dies ergibt folgende einfache Anfangsbilanz:

Aktiva	Eröffnungsbilanz		Passiva
Vorräte	20.000,00	Eigenkapital	15.000,00
Bank	10.000,00	Verbindlichkeiten aus Lieferungen und Leistungen	7.000,00
		Wechselverbindlichkeiten	8.000,00
	30.000,00		30.000,00

Zum besseren Verständnis der Auswirkungen unterschiedlicher Geschäftsvorfälle kann man sich diese Ausgangsbilanz auch als Waage vorstellen. Diese Waage muß stets im Gleichgewicht sein, da die Summe der Aktiva und Passiva immer gleich groß sein muß.

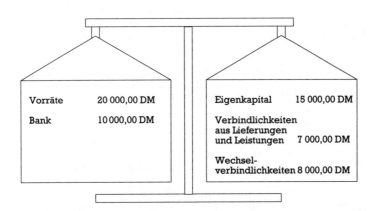

Es treten nun folgende Geschäftsvorfälle auf:

a) Der Meister kauft Material für 3.000,00 DM und zahlt per Banküberweisung.
b) Verbindlichkeiten aus Lieferungen und Leistungen in Höhe von 5.000,00 DM werden in Wechselverbindlichkeiten umgewandelt.

c) Der Meister kauft Material auf Kredit in Höhe von 5.000,00 DM.

d) Diese Verbindlichkeiten werden per Banküberweisung getilgt.

e) Der Meister überweist an das Finanzamt für betriebliche Steuern 1.000,00 DM.

f) Der Meister bekommt für eine Leistung 2.000,00 DM, die vom Kunden per Bank überwiesen werden.

g) Der Materialverbrauch beträgt für die gesamte Rechnungsperiode 4.000,00 DM.

In der per Waage dargestellten Bilanz haben diese Geschäftsvorfälle folgende Auswirkungen:

Aktivtausch

a) Hier handelt es sich um einen Aktivtausch.

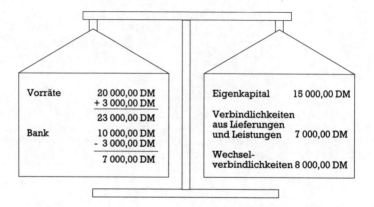

Passivtausch

b) Hier handelt es sich um einen Passivtausch.

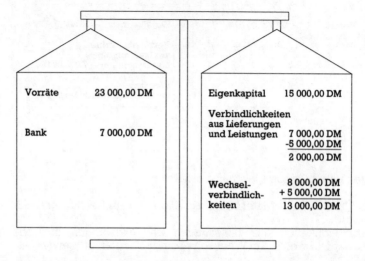

c) Dieser Geschäftsvorfall hat eine Bilanzverlängerung zur Folge.

Bilanz-
verlängerung

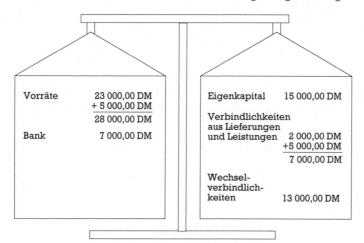

d) Dieser Geschäftsvorfall hat eine Bilanzverkürzung zur Folge.

Bilanz-
verkürzung

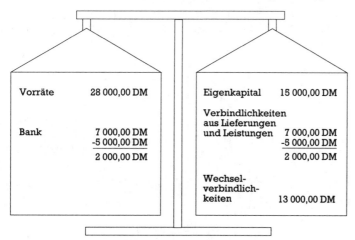

Bilanz-
verkürzung

e) Dieser Aufwand beeinflußt das Eigenkapital und führt zu einer Bilanzverkürzung.

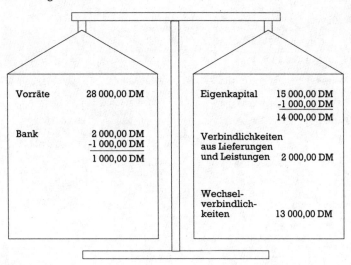

Bilanz-
verlängerung

f) Dieser Ertrag beeinflußt das Eigenkapital und führt zu einer Bilanzverlängerung.

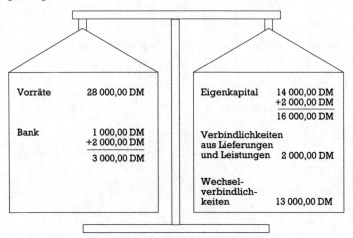

g) Vom Materialaufwand ist sowohl das Eigenkapital betroffen wie auch der Bestand an Vorräten. Die Bilanz wird dadurch verkürzt.

Bilanz-
verkürzung

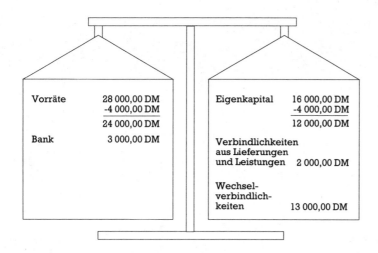

Bereits durch diese sieben Geschäftsvorfälle ergeben sich Aktiva und Passiva, die vollkommen anders sind als bei der Geschäftseröffnung.

Die Schlußbilanz hätte dann folgendes Bild:

Schlußbilanz

Aktiva	Schlußbilanz		Passiva
Vorräte	24.000,00	Eigenkapital	12.000,00
Bank	3.000,00	Verbindlichkeiten aus Lieferungen und Leistungen	2.000,00
		Wechselverbindlichkeiten	13.000,00
	27.000,00		27.000,00

Das Beispiel macht auch deutlich, daß es zwei Wege der Eigenkapitalermittlung gibt, nämlich

Eigenkapital-
ermittlung

- Eigenkapital = Aktiva ./. Passiva = Vorräte 24.000,00 DM + Bank 3.000,00 DM ./. Verbindlichkeiten aus Lieferungen und Leistungen 2.000,00 DM ./. Wechselverbindlichkeiten 13.000,00 DM = 12.000,00 DM

und

- Eigenkapital = Anfangsbestand 15.000,00 DM ./. Aufwendungen 5.000,00 DM + Ertrag 2.000,00 DM = 12.000,00 DM.

In dieser Möglichkeit, das Eigenkapital am Jahresschluß auf zwei Wegen ermitteln zu können, liegt einer der Hauptvorteile der doppelten Buchführung. Die Buchungen kontrollieren sich sozusagen gegenseitig. Führen die beiden Verfahren nicht zum selben Ergebnis, so sind mit Sicherheit Buchungsfehler unterlaufen.

Gegenseitige
Kontrolle

1.1.8.2 Konto, Kontenarten, Kontenrahmen, Kontenplan, Kontenverzeichnis

Konto

Soll
Haben

> Das Konto ist in der Buchhaltung die übliche Darstellungsform für die Geschäftsvorfälle. Jedes Konto hat zwei Seiten, eine Soll-Seite und eine Haben-Seite. Die Buchung auf der Haben-Seite wird auch Gutschrift und die auf der Soll-Seite Belastung genannt.

Schema eines Kontos

Konto

Soll	Haben
Belastung	Gutschrift

Abbildung 23

Kontenarten

Personenkonten

Sachkonten

Bestandskonten

Erfolgskonten

> Man unterscheidet zunächst zwischen
> - Personenkonten
> und
> - Sachkonten.
>
> Personenkonten sind Konten der Kunden („Forderungen aus Lieferungen und Leistungen") und der Lieferanten („Verbindlichkeiten aus Lieferungen und Leistungen").
> Innerhalb der Sachkonten wird unterteilt nach
> - Bestandskonten:
>   - Vermögens- oder Aktivkonten
>   - Verbindlichkeiten- (Schuld-) oder Passivkonten
> und
> - Erfolgskonten:
>   - Aufwandskonten
>   - Ertragskonten.

Aktivkonten

Wichtige Aktiv- oder Vermögenskonten sind zum Beispiel:

Betriebsgebäude, Maschinen, Werkzeuge, Fahrzeuge, Betriebs- und Geschäftsausstattung, Vorräte, Lieferantenskonti, Forderungen aus Lieferungen und Leistungen, Kasse, Postgiro, Bank, aktive Rechnungsabgrenzungsposten.

Passivkonten

Zu den Verbindlichkeiten- oder Passivkonten zählen insbesondere:

Eigenkapital, Rückstellungen, Verbindlichkeiten gegenüber Kreditinstituten, Verbindlichkeiten aus Lieferungen und Leistungen, Wechselverbindlichkeiten, sonstige Verbindlichkeiten, passive Rechnungsabgrenzungsposten.

Aufwandskonten

Aufwandskonten sind unter anderem:

Materialaufwand (Materialeinsatz), Löhne und Gehälter, gesetzliche Sozialabgaben, Abschreibungen, Versicherungen, Beiträge, Zins- und Diskontaufwendungen, betriebliche Steuern.

Ertragskonten

Auf Ertragskonten werden vor allem erfaßt:

Umsatzerlöse, Erlösschmälerungen, Zinserträge, sonstige betriebliche Erträge.

Faltblatt 3

Einheitskontenrahmen für das deutsche Handwerk

Fassung für elektronische Datenverarbeitung – Konten vierstellig

entnommen aus: Laub K., Einheitskontenrahmen für das deutsche Handwerk

Bestandskonten: Klasse 0, Klasse 1, Klasse 3
Erfolgskonten: Klasse 4, Klasse 8, Klasse 9

Klasse 0 – Anlage- und Kapitalkonten

01 Grundstücke, grundstücksgleiche Rechte und Bauten[1]
- 0100 Werkstatt-, Lager- und Geschäftsgebäude
- 0120 Wohngebäude
- 0130 Sonstige Gebäude
- 0140 Außenanlagen
- 0150 Grund und Boden der bebauten Grundstücke (wenn nicht in 0100–0140 eingeschlossen)
- 0160 Unbebaute Grundstücke
- 0170 Bauten auf fremden Grundstücken
- 0180 grundstücksgleiche Rechte

02 Maschinen, technische Anlagen, Werkzeuge
- 0200 Maschinen
- 0210 Techn. Anlagen
- 0220 Werkzeuge, Modelle, Formen
- 0280 „Geringwertige Anlagegüter" (GWG) Maschinen, techn. Anlagen, Werkzeuge

03 Fahrzeuge
- 0300 Lastkraftwagen
- 0310 Personenkraftwagen
- 0320 Sonstige Fahrzeuge

04 Betriebs- und Geschäftsausstattung
- 0400 Betriebsausstattung
- 0410 Ladenausstattung
- 0420 Büroausstattung
- 0480 „Geringwertige Anlagegüter" (GWG) Betriebs- und Geschäftsausstattung

05 Immaterielle Vermögensgegenstände
- 0500 Konzessionen, Patente, Lizenzen und ähnliche Rechte
- 0510 Geschäfts- oder Firmenwert

06 Finanzanlagen, langfristige Forderungen
- 0600 Anteile an verbund. Unternehmen
- 0610 Ausleihungen an verbund. Unternehmen*
- 0620 Beteiligungen
- 0630 Ausleihungen an Unternehmen, mit denen ein Beteiligungsverhältnis besteht*
- 0640 Wertpapiere des Anlagevermögens
- 0650 Genossenschaftsanteile
- 0660 Sonst. langfristige Forderungen*
- 0670 -0690 frei für Aufgliederung der Forderungen nach Restlaufzeit, Sicherheiten und gegenüber Geschäftsführern und Gesellschaftern (einschließlich Kontengruppe 14)*

07 Langfristige Verbindlichkeiten*
- 0700 Langfristige Verbindlichkeiten gegenüber Kreditinstituten
- 0710 Darlehen von anderen Geldgebern (auch stille Beteiligungen)
- 0720 Verbindlichkeiten gegenüber verbundenen Unternehmen
- 0730 Verbindlichkeiten gegenüber Unternehmen, mit denen ein Beteiligungsverhältnis besteht
- 0740 Langfristige Verbindlichkeiten im Rahmen der sozialen Sicherheit
- 0750 Anleihen
- 0760 Sonstige langfristige Verbindlichkeiten
- 0770 -0790 frei für Aufgliederungen der Verbindlichkeiten nach Restlaufzeit und gegenüber Geschäftsführern und Gesellschaftern (einschließlich der Kontengruppe 16)*

08 Eigenkapital
Einzelunternehmen und Personengesellschaften:
- 0800 Kapitalkonto A:
- 0810 Kapitalkonto B:

Kapitalgesellschaften:
- 0800 Gezeichnetes Kapital
- 0810 Ausstehende eingeforderte Einlagen (Sollseite)
- 0820 Ausstehende, nicht eingeforderte Einlagen (Sollseite)
- 0830 Kapitalrücklage
- 0840 Gewinnrücklagen
- 0850 Gewinn-/Verlustvortrag
- 0860 Jahresüberschuß/-fehlbetrag
- 0880 Sonderposten mit Rücklagenanteil

09 Rückstellungen, Rechnungsabgrenzungsposten und aktivierte Ingangsetzungsaufwendungen
- 0900 Rückstellungen für Pensionen und ähnliche Verpflichtungen
- 0910 Steuerrückstellungen
- 0920 Sonstige Rückstellungen
- 0930 Aktive Rechnungsabgrenzung*
- 0940 Passive Rechnungsabgrenzung
- 0980 Aktivierte Aufwendungen für die Ingangsetzung und Erweiterung des Geschäftsbetriebs

Klasse 1 – Finanzkonten

10 Kasse
- 1000 Hauptkasse
- 1010 Ladenkasse

11 Postscheck, Banken, Schecks
- 1100 Postgiro (Postscheck)
- 1110 Bank A
- 1120 Bank B usw.
- 1180 Schecks

12 Wechselforderungen, Umlaufwertpapiere
- 1200 Wechselforderungen
- 1210 Umlaufwertpapiere

13 Interimskonten
- 1300 Interimskonto für innerbetrieblichen Geldverkehr

14 Kurzfristige Forderungen*
- 1400 Forderungen aus Lieferungen und Leistungen
- 1410 Forderungen gegen verbundene Unternehmen
- 1420 Forderungen gegen Unternehmen, mit denen ein Beteiligungsverhältnis besteht
- 1430 Sonstige kurzfristige Forderungen
- 1440 Zweifelhafte Forderungen
- 1450 Wertberichtigungen auf Forderungen
- 1460 -1470 frei für individuelle Vorsteueraufgliederungen
- 1480 Vorsteuer (Mehrwertsteuer) zusammengefaßt

15 Geleistete Anzahlungen
- 1500 Anzahlungen und sonstige Guthaben bei Lieferanten (nur zum Bilanzstichtag hier, sonst unter 1600)
- 1510 Geleistete Anzahlungen auf immaterielle Vermögensgegenstände
- 1520 Geleistete Anzahlungen auf Sachanlagen und im Bau befindliche Anlagen
- 1580 geleistete Mehrwertsteuervorauszahlungen

16 Kurzfristige Verbindlichkeiten*
- 1600 Verbindlichkeiten aus Lieferungen und Leistungen
- 1610 Verbindlichkeiten gegenüber Kreditinstituten (hier nur für Bilanz)
- 1620 Treuhandkonto Lohnsteuer
- 1630 Treuhandkonto Sozialabgaben (Arbeitnehmeranteil)
- 1640 Verpflichtungen aus gesetzlichen Sozialabgaben (Arbeitgeberanteil)
- 1650 Verbindlichkeiten an das Finanzamt (ohne Mehrwert- und Lohnsteuer)
- 1660 -1670 frei für individuelle Mehrwertsteueraufgliederung
- 1680 Mehrwertsteuerverpflichtung zusammengefaßt
- 1690 Sonstige kurzfristige Verbindlichkeiten

17 Vorauszahlungen und sonstige Guthaben der Kunden, noch zu erbringende Leistungen (nur zum Bilanzstichtag hier, sonst unter 1400)
- 1700 Vorauszahlungen und sonstige Guthaben der Kunden*
- 1710 Noch zu erbringende Leistungen, die schon in Rechnung gestellt und verbucht sind

18 Wechselverbindlichkeiten*
- 1890 Wechselverbindlichkeiten

19 Privatkonten
- 1900 Geld- und Sachentnahmen
- 1910 Eigenverbrauch
- 1920 Private Steuern
- 1930 Vorsorgeaufwendungen
- 1940 Sonstige Sonderausgaben
- 1950 Private Grundstücksaufwendungen und -erträge
- 1980 Einlagen

Klasse 3 – Konten der Bestände an Verbrauchsstoffen und Erzeugnissen

30 Rohstoffe (Grundstoffe)
- 3000 Rohstoff A
- 3010 Rohstoff B usw.

31 Bezogene einbaufertige Teile[2]
- 3190 Bezogene einbaufertige Teile

32 Hilfs- und Betriebsstoffe[2]
- 3290 Hilfs- und Betriebsstoffe

33 Kleinmaterial[3]
- 3390 Kleinmaterial

34 Handelswaren[2]
- 3490 Handelswaren

35 frei

36 Unfertige Erzeugnisse bzw. Leistungen
- 3690 Unfertige Erzeugnisse bzw. Leistungen

37 Selbsthergestellte Fertigerzeugnisse
- 3700 Erzeugnis A
- 3710 Erzeugnis B usw.
- 3780 Sonstige selbsthergestellte Fertigerzeugnisse

38 Noch in Rechnung zu stellende Leistungen[2]
- 3890 Noch in Rechnung zu stellende Leistungen

39 Frei für nicht direkt zuordenbare Skonti und Rabatte

Klasse 4 – Konten der Kostenarten

40 Einsatz an Rohstoffen und bezogenen Teilen (Einzelkostenmaterial)
- 4000 Material A
- 4010 Material B usw.
- 4040 Bezogene einbaufertige Teile Gruppe A
- 4050 Bezogene einbaufertige Teile Gruppe B usw.
- 4080 Sonstiges Fertigungsmaterial

41 Personalkosten (außer Entlohnung für Leiharbeitskräfte)
- 4100 Sammelkonto Löhne und Gehälter
- 4110 frei für direkt verrechenbare Löhne und Gehälter
- 4120 frei für nicht direkt verrechenbare Löhne und Gehälter
- 4130 Sammelkonto gesetzliche Sozialabgaben (Arbeitgeberanteil)
- 4140 frei für gesetzliche Sozialabgaben (Arbeitgeberanteil) zu 4110
- 4150 frei für gesetzliche Sozialabgaben (Arbeitgeberanteil) zu 4120
- 4160 Berufsgenossenschaftsbeiträge
- 4170 Tarifliche Sozialleistungen
- 4180 Freiwillige Sozialleistungen
- 4190 Sonstige Personalzusatz- und -nebenkosten[3]

42 Kleinmaterial, Hilfs- und Betriebsstoffe (Gemeinkosten)
- 4200 Kleinmaterial
- 4210 und 4220 frei
- 4230 Kleinwerkzeuge und sonstige „Geringwertige Anlagegüter" (bis 100 DM)
- 4240 Hilfsstoffe
- 4250 Verpackungsmaterial
- 4260 Schmierstoffe, Öle, Fette
- 4270 Treibstoffe
- 4280 Heizungsmaterial

43 Fremdstrom, -gas, -wasser
- 4390 Fremdstrom, -gas, -wasser

44 Steuern, Gebühren, Beiträge, Versicherungen u. ä.
- 4400 Betriebliche Steuern*
- 4410 Gebühren
- 4420 Abgaben
- 4430 Beiträge
- 4440 Umlagen
- 4450 Versicherungen

45 Verschiedene Gemeinkosten
- 4500 Miete, Pacht
- 4510 Fremdreparaturen
- 4520 Porti, Fernsprech- und Telegramm-Gebühren
- 4530 Büromaterial, Zeitungen, Zeitschriften
- 4540 Werbekosten
- 4550 Reisekosten (außer 4980)
- 4560 Steuer- und Rechtsberatung, Buchstelle, Rechenzentrum
- 4570 Kfz-Unterhalt (außer Treibstoffe und Kfz-Steuer)
- 4580 Kfz-Unterhalt (Treibstoffe) (Untergliederung der Konten 4570 und 4580 nach Fahrzeugen bzw. Fahrzeuggruppen)
- 4590 Sonstige Gemeinkosten

46 Frei für kalkulatorische Kosten
- 4600 frei für kalkulatorische Abschreibungen auf Gebäude
- 4601 frei für kalkulatorische Abschreibungen auf Kraftfahrzeuge
- 4602 frei für sonstige kalkulatorische Abschreibungen
- 4610 frei für kalkulatorische Zinsen
- 4620 frei für kalkulatorischen Unternehmerlohn und Entgelt für nichtentl. mith. Familien-Angehörige
- 4630 frei für kalkulatorische Wagnisprämie
- 4640 frei für sonstige kalkulatorische Kosten

47 Handelswareneinsatz[2]
- 4790 Handelswareneinsatz

48 Sondereinzelkosten der Fertigung einschließlich bezogene Leistungen
- 4800 Fremd- und Nachunternehmerleistungen
- 4860 und 4870 frei für Kosten für Leiharbeitskräfte
- 4880 Sonstige Sondereinzelkosten der Fertigung

49 Sondereinzelkosten des Vertriebs und sonstige Sondereinzelkosten einschließlich bezogene Leistungen
- 4900 Verpackungs- und Versandsonderkosten
- 4910–4930 frei
- 4940 Sonstige Sondereinzelkosten des Vertriebs (Provisionen)
- 4950–4970 frei
- 4980 Sonstige Sondereinzelkosten (evtl. Reisekosten)

Klasse 8 – Erlöskonten

80 Erlöse aus selbsthergestellten Erzeugnissen
- 8000 Erlöse aus Erzeugnisgruppe A
- 8010 Erlöse aus Erzeugnisgruppe B usw.
- 8080 Erlöse aus sonstigen selbsthergestellten Erzeugnissen

81 Erlöse aus Lohnaufträgen[2]
- 8190 Erlöse aus Lohnaufträgen

82 Erlöse aus Reparaturaufträgen[2]
- 8290 Erlöse aus Reparaturaufträgen

83 Erlöse aus Dienstleistungen
- 8300 Erlöse aus Gruppe I
- 8310 Erlöse aus Gruppe II usw.
- 8380 Erlöse aus sonstigen Dienstleistungen

84 Erlöse aus Handelswaren
- 8400 Erlöse aus Handelswaren A
- 8410 Erlöse aus Handelswaren B usw.
- 8480 Erlöse aus sonstigen Handelswaren

85 Sonstige Erlöse[2]
- 8590 Sonstige Erlöse

86 Erlösschmälerungen
- 8600 Erlösschmälerungen zu Handwerkserlösen
- 8650 Erlösschmälerungen zu Handelserlösen und sonstigen Erlösen

87 Bestandsveränderungen bei unfertigen Erzeugnissen bzw. Leistungen, bei selbsthergestellten Fertigerzeugnissen, bei noch in Rechnung zu stellenden Leistungen
- 8790 Bestandsveränderungen

88 frei (bei EDV nicht verwenden)

89 Eigenverbrauch an Reparaturleistungen und sonstigen betrieblichen Leistungen
- 8900 Eigenverbrauch an selbsthergestellten Erzeugnissen zum vollen MwSt.-Satz
- 8910 Eigenverbrauch an Reparaturleistungen zum vollen MwSt.-Satz
- 8920 Eigenverbrauch an Handelswaren und Materialien zum vollen MwSt.-Satz

(falls zusammengefaßt:
- 8940 Eigenverbrauch zum vollen MwSt.-Satz)
- 8950 Eigenverbrauch an selbsthergestellten Erzeugnissen zum ermäßigten MwSt.-Satz
- 8970 Eigenverbrauch an Handelswaren und Materialien zum ermäßigten MwSt.-Satz

(falls zusammengefaßt:
- 8990 Eigenverbrauch zum ermäßigten MwSt.-Satz)

Klasse 9 – Abgrenzungs- und Abschlußkonten

90 Außerordentliche Aufwendungen und Erträge
- 9000 Außerordentliche Aufwendungen
- 9050 Außerordentliche Erträge

91 Betriebsfremde Aufwendungen und Erträge
- 9100 Betriebsfremde Aufwendungen
- 9150 Betriebsfremde Erträge

92 Haus- und Grundstücksaufwendungen und -erträge
- 9200 Haus- und Grundstücksaufwendungen (ohne Grundsteuer)
- 9250 Haus- und Grundstückserträge

93 Zinsen und ähnliche Aufwendungen
- 9300 Zins- und Diskontaufwendungen
- 9310 Zinsähnliche Aufwendungen

94 Zinsen u. ä. Erträge
- 9400 Erträge aus Beteiligungen
- 9410 Erträge aus anderen Wertpapieren und Ausleihungen des Finanzanlagevermögens
- 9420 Sonstige Zinsen und ähnliche Erträge

95 Bilanzielle Abschreibungen
- 9500 Bilanzielle Abschreibungen auf Gebäude
- 9510 Bilanzielle Abschreibungen auf Kraftfahrzeuge
- 9520 Bilanzielle Abschreibungen auf sonstige Anlagevermögen (außer Finanzanlagen)
- 9530 Bilanzielle Abschreibungen auf immaterielle Vermögensgegenstände des Anlagevermögens
- 9540 Bilanzielle Abschreibungen auf Finanzanlagen und Wertpapiere des Umlaufvermögens
- 9550 Bilanzielle Abschreibungen auf das Umlaufvermögen (außer Wertpapieren)

96 Frei für Verrechnungskonten zu den kalkulatorischen Kosten
- 9690 frei für Verrechnungskonto zu den kalkulatorischen Kosten

97 Frei für kurzfristige Rechnungen
- 9700 frei für Monatserfolgsrechnung
- 9710 frei für zeitliche Abgrenzung zu 9700
- 9720 frei für Vierteljahreserfolgsrechnungen
- 9730 frei für zeitliche Abgrenzung zu 9720
- 9750 -9760 frei für vorläufige Abschlußbuchungen zur EDV-Kennziffernauswertung
- 9750 vorläufige Abschreibungen auf Gebäude
- 9751 vorläufige Abschreibungen auf Kraftfahrzeuge
- 9752 vorläufige Abschreibungen auf sonstige Anlagevermögen
- 9753 geschätzter Materialbestand
- 9754 geschätzter Bestand an Handelswaren
- 9755 geschätzter Bestand an unfertigen und noch nicht abgerechneten Arbeiten
- 9756 Unternehmerlohn
- 9757 Entgelt für nichtentlohnte mithelfende Familienangehörige
- 9758 vorl. aktive Rechnungsabgrenzung
- 9759 vorl. passive Rechnungsabgrenzung
- 9760 Gegenbuchungen zu 9750–9759

98 Jahres-Gewinn- und Verlustkonto
- 9890 Jahres-Gewinn- und Verlustkonto

99 Jahresbilanzkonto und buchungstechnische Verrechnungskonten
- 9900 Jahres-Bilanzkonto
- 9910 –9999 Buchungstechnische Verrechnungskonten (vorw. EDV-bedingt)
- 9998 Eröffnungsübergangskonto (Gegenposten der Anfangsbestände)
- 9999 Differenzenkonto

* Bei den mit * gekennzeichneten Konten sind bei Kapitalgesellschaften weitere Untergliederungen zweckmäßig – [1] falls es sinnvoll ist, die Konten einer Kontengruppe zusammenzufassen, ist bei der EDV-Fassung des EKR jeweils das betreffende Konto ..90 zu benützen, zum Beispiel Fahrzeuge, insgesamt: 0390 – [2] falls nicht ..90 zusammengefaßt, branchenmäßige Untergliederung ..00 bis ..80 – [3] sofern nicht Sondereinzelkosten.

Kontenarten

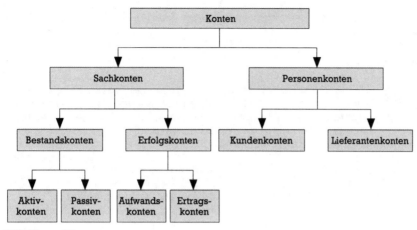

Abbildung 24

Kontenrahmen

Um eine klare und übersichtliche Buchführung entsprechend den Grundsätzen ordnungsmäßiger Buchführung sicherzustellen, wird in der Praxis auf Kontenrahmen zurückgegriffen.

Kontenrahmen sind ein Organisations- und Gliederungsschema für das gesamte betriebliche Rechnungswesen. Für die gesamte deutsche Wirtschaft wurde der sogenannte Gemeinschaftskontenrahmen entworfen. Er ist nach dem Dezimalsystem aufgebaut, das heißt es gibt 10 Kontenklassen, diese werden wiederum in 10 Kontengruppen unterteilt und diese wiederum bei Bedarf in jeweils 10 Untergruppen.

Auf die 10 Kontenklassen werden die einzelnen Bestandskonten (in der Regel Klasse 0–4), Ertragskonten (Klasse 5–7) und die Abschlußkonten verteilt.

Auf der Basis dieses Gemeinschaftskontenrahmens wurden spezielle Kontenrahmen für einzelne Wirtschaftsbereiche entwickelt.

Kontenrahmen

Gemeinschaftskontenrahmen

Spezielle Kontenrahmen

> Für das Handwerk wurde der Einheitskontenrahmen für das deutsche Handwerk ausgearbeitet. Dieser Kontenrahmen ist speziell auf die Bedürfnisse und Eigenheiten des Handwerks abgestimmt. Er umfaßt insgesamt 6 Kontenklassen,
> nämlich
> - als Bestandskonten die Anlagen- und Kapitalkonten, Finanzkonten, Konten der Bestände an Verbrauchsstoffen und Erzeugnissen und
> - als Erfolgskonten die Konten der Kostenarten, Erlöskonten und Abgrenzungs- und Abschlußkonten.

Einheitskontenrahmen für das deutschte Handwerk

Über nähere Einzelheiten informiert das Faltblatt 3 „Einheitskontenrahmen für das deutsche Handwerk (Fassung für elektronische Datenverarbeitung– Konten vierstellig)" nach Seite 36.

Aus diesem Einheitskontenrahmen für das Handwerk wurden wiederum Fachkontenrahmen für einzelne Branchen ausgearbeitet. Die vorliegenden Fachkontenrahmen des Handwerks sind in einer Veröffentlichung

Fachkontenrahmen

des Deutschen Handwerksinstituts e.V. – Institut für Handwerkswirtschaft – (Anschrift: Max-Joseph-Straße 4/V, 80333 München) enthalten und können von dort bzw. über den zuständigen Landes- oder Bundesinnungsverband bezogen werden.

Kontenplan

Kontenplan

Für den einzelnen Betrieb ist auf der Basis des Fachkontenrahmens bzw., falls ein solcher nicht existiert, auf der Grundlage des Einheitskontenrahmens für das Handwerk eine betriebsindividuelle systematische Gliederung der Konten zu erstellen (Kontenplan). Er gewährleistet eine übersichtliche Buchhaltungsorganisation. Dabei ist darauf zu achten, daß die Zahl der anzulegenden Konten in einem angemessenen Verhältnis zur Betriebsgröße und zu den betrieblichen Gegebenheiten und Anforderungen steht. Auf jeden Fall aber müssen die Konten ausreichen, um eine ordnungsmäßige Buchführung sicherzustellen.

Deshalb wird empfohlen, den einzelbetrieblichen Kontenplan von einem Fachmann, etwa dem Steuerberater, erstellen zu lassen, zumindest aber einen fachkundigen Berater hinzuzuziehen.

Kontenverzeichnis

Kontenverzeichnis

Alle Konten des betrieblichen Kontenplans werden zur besseren Übersichtlichkeit in einem Kontenverzeichnis zusammengefaßt.

1.1.8.3 Konteneröffnung

Die Konteneröffnung beinhaltet die Einrichtung sämtlicher benötigter Konten sowie die Übernahme vorhandener Anfangsbestände.

Anfangsbestand

Dabei steht der Anfangsbestand bei Aktivkonten im Soll und bei Passivkonten im Haben.

Eröffnung der Konten

Soll	Aktivkonto	Haben	Soll	Passivkonto	Haben
Anfangsbestand					**Anfangsbestand**

Abbildung 25

1.1.8.4 Belege, Buchungsregeln, Buchungsschlüssel, Vorkontierung und Verbuchung der laufenden Geschäftsvorfälle

Belege

Belege

Entsprechend des schon erwähnten Belegprinzips „Keine Buchung ohne Beleg" sind Belege wie Quittungen, Rechnungen, Schecks u.v.a. die unerläßliche Grundlage für jede Buchung.

Buchungsregeln

Anhand der Belege ist zu überlegen: *Buchungsregeln*
- Welche Konten werden berührt?
- Um was für Konten handelt es sich dabei?
- Liegt ein Zugang oder ein Abgang vor?
- Welche Kontenseite ist danach zu buchen?

In der Praxis haben sich dafür drei Wege herausgebildet:

- Man stellt sich gleichsam vor, hinter jedem Konto würde eine Person stehen. Grundsatz für die Buchung ist dann:

Wer empfängt, der wird belastet (Soll);   *Regel 1*
wer gibt, der wird entlastet (Haben).

- Man kann sich als feste Regeln einprägen:

Aktivkonten:	Anfangsbestände und Zugänge auf der linken, Abgänge auf der rechten Seite	Regel 2
Passivkonten:	Anfangsbestände und Zugänge auf der rechten, Abgänge auf der linken Seite	
Aufwandskonten:	Zugänge links, Abgänge rechts	
Ertragskonten:	Zugänge rechts, Abgänge links	

- Die heute üblichste Form ist die Bildung von Buchungssätzen.   *Buchungssätze*

Dabei wird das Konto zuerst genannt, bei dem im Soll gebucht wird, und durch „an" mit dem Konto verbunden, bei dem im Haben gebucht wird.   *Regel 3*

Beispiel:
„Verbindlichkeiten aus Lieferungen und Leistungen **an** Bank."
Vielfach werden dabei auch nur die entsprechenden Nummern aus dem Kontenrahmen genannt.
Hierfür ist allerdings Voraussetzung, daß man die vorher genannten Regeln kennt.

Beispiel:
Zu verbuchen ist folgender Geschäftsvorfall: Ein Handwerksmeister kauft Material im Wert von 3.000,00 DM auf Ziel und bezahlt nach vier Wochen per Banküberweisung.   *Beispiel zur Anwendung der Buchungsregeln*

Buchungsregel 1: Das Konto Vorräte empfängt und wird belastet,
also Buchung im Soll;

das Konto Verbindlichkeiten aus Lieferungen und Leistungen gibt und wird entlastet,
also Buchung im Haben;

beim Zahlungsvorgang nach vier Wochen empfängt das Konto Verbindlichkeiten aus Lieferungen und Leistungen und wird belastet;
also Buchung im Soll;

das Konto Bank gibt und wird entlastet;
also Buchung im Haben.

Buchungsregel 2: Das Konto Vorräte ist ein Aktivkonto,
also Buchung eines Zugangs links;

das Konto Verbindlichkeiten aus Lieferungen und Leistungen ist ein Passivkonto,
also Buchung eines Zugangs rechts;

beim Zahlungsvorgang nach vier Wochen Buchung des Abgangs auf dem Konto Verbindlichkeiten aus Lieferungen und Leistungen links;

das Konto Bank ist ein Aktivkonto,
also Buchung eines Abgangs rechts.

Buchungsregel 3: Vorräte an Verbindlichkeiten aus Lieferungen und Leistungen;

nach vier Wochen: Verbindlichkeiten aus Lieferungen und Leistungen an Bank.

Alle drei Regeln führen dann zu folgender Kontendarstellung:

Soll *(Belastung) (Zugang)*	Vorräte	Haben *(Gutschrift) (Abgang)*
3.000,00		

Soll *(Belastung) (Abgang)*	Verbindlichkeiten aus Lieferungen und Leistungen	Haben *(Gutschrift) (Zugang)*
3.000,00		3.000,00

Soll *(Belastung) (Zugang)*	Bank	Haben *(Gutschrift) (Abgang)*
		3.000,00

Buchungsschlüssel

Buchungs-schlüssel
Alphabetischer Katalog

Um in der Praxis die Verbuchung von Geschäftsvorfällen zu erleichtern, gibt es Buchungsschlüssel. Dies sind alphabetisch aufgebaute Kataloge, aus denen abgelesen werden kann, welcher Geschäftsvorfall auf welchen Konten zu verbuchen ist.

Beispiel:

Wenn Rechtsberatungskosten zu verbuchen sind, dann wird unter Buchstabe B im Buchungsschlüssel nachgesehen. Daraus ist dann zu entnehmen, daß die Soll-Buchung auf dem Konto „Beratungskosten" oder, falls ein solches nicht vorhanden ist, auf dem Konto „Sonstige betriebliche Aufwendungen (verschiedene Gemeinkosten)" erfolgt, während die Haben-Buchung auf einem der Zahlungsmittel-Konten erfolgt.
Ein Buchungsschlüssel für Handwerksbetriebe ist veröffentlicht in dem Buch „Einheitskontenrahmen für das deutsche Handwerk" von Dr. Klaus Laub (Deutsches Handwerksinstitut).

Vorkontierung und Verbuchung der laufenden Geschäftsvorfälle

> Buchungsschlüssel und Kontenplan sind wichtige Hilfsmittel für die Vorkontierung. Darunter versteht man, daß bereits auf den Belegen die für die Verbuchung notwendigen Konten vermerkt werden.

Vorkontierung

In der Praxis geschieht dies mittels eines Stempels, der Platz für entsprechende Eintragungen vorsieht.

Die endgültige Verbuchung der laufenden Geschäftsvorfälle, also die Übertragung in das jeweilige Konto, wird dadurch erheblich erleichtert.

1.1.8.5 Umbuchungen, Vorbereitung des Abschlusses, Abschlußbuchungen

> Jedes Konto wird am Ende der Abrechnungsperiode, in der Regel am Ende des Geschäftsjahres abgeschlossen. Dazu werden zunächst beide Seiten des Kontos aufaddiert und anschließend die Differenz zwischen Soll- und Habenseite ermittelt. Diese Differenz nennt man Saldo. Der Saldo wird immer auf die summenschwächere Seite gesetzt, so daß insgesamt auf der linken und der rechten Seite des Kontos sich dann die gleiche Summe ergibt.
> Steht der Saldo dazu auf der Sollseite, so spricht man von einem Habensaldo, im umgekehrten Fall von einem Sollsaldo.

Kontenabschluß

Saldo

Habensaldo
Sollsaldo

Kontenabschluß

Soll	Haben	Soll	Haben
Anfangsbestand + Zugänge	Abgänge	Abgänge	Anfangsbestand + Zugänge
	(Soll-) Saldo	**(Haben-) Saldo**	

Abbildung 26

Umbuchungen

Bei einigen Konten werden die im Laufe eines Abrechnungszeitraumes gebuchten Beträge bzw. die Salden zur Erstellung des Jahresabschlusses auf andere Konten umgebucht. Die wichtigsten Fälle sind dabei:

Umbuchungen

Saldo des Privatkontos auf Eigenkapitalkonto

Privatkonto

Umbuchung des Privatkontos

Soll	**Privatkonto**	Haben	Soll	**Eigenkapitalkonto**	Haben
Zugänge		Abgänge Saldo	Abgänge		Zugänge

Abbildung 27

Saldo des Kontos geringwertige Wirtschaftsgüter auf Konto Abschreibungen

Geringwertige Wirtschaftsgüter

Umbuchung des Kontos geringwertige Wirtschaftsgüter (GwG)

Soll	**Geringwertige Wirtschaftsgüter**	Haben	Soll	**Abschreibungen**	Haben
Zugänge		Abgänge Saldo	Zugänge		Abgänge

Abbildung 28

Es ist allerdings auch möglich und üblich, geringwertige Wirtschaftsgüter direkt über das Konto Abschreibungen zu buchen.

Saldo des Kontos Lieferantenskonti auf Konto Vorräte

Lieferantenskonti

Anschaffungspreisminderungen

Dies ist erforderlich, damit die tatsächlich beim Material- oder Wareneinkauf angefallenen Anschaffungskosten erfaßt werden. Nach dem Handelsrecht sind Lieferantenskonti als Anschaffungspreisminderungen entsprechend abzusetzen.

Umbuchung des Kontos Lieferantenskonti

Soll	**Lieferantenskonti**	Haben	Soll	**Vorräte**	Haben
Abgänge Saldo		Zugänge	Zugänge		Abgänge

Abbildung 29

Saldo des Kontos Erlösschmälerungen auf Konto Umsatzerlöse

Erlösschmälerungen

Damit wird der handelsrechtlichen Vorschrift Rechnung getragen, die tatsächlich erzielten Umsatzerlöse auszuweisen.

Umbuchung des Kontos Erlösschmälerungen

Soll	**Erlösschmälerungen**	Haben	Soll	**Umsatzerlöse**	Haben
Zugänge		Abgänge Saldo	Abgänge		Zugänge

Abbildung 30

Wichtige betriebswirtschaftliche Informationen

Die gesonderte buchhalterische Erfassung sowohl der Lieferantenskonti wie auch der Erlösschmälerungen empfiehlt sich jedoch aus betriebswirtschaftlichen Gründen. Der Betriebsinhaber erhält nur damit wichtige Informationen, beispielsweise darüber, in welchem Umfang er bei Lieferanten Skontierungsmöglichkeiten ausgeschöpft hat und inwieweit andererseits seine Kunden von der Möglichkeit des Skontoabzugs oder sonstiger Preisnachlässe Gebrauch gemacht haben.

Saldo des Kontos Vorsteuer auf Konto Verbindlichkeiten an Finanzamt für Umsatzsteuer

Vorsteuer

Umbuchung des Kontos Vorsteuer

Soll	**Vorsteuer**	Haben	Soll	**Verbindlichkeiten an Finanzamt**	Haben
Zugänge		Abgänge Saldo	Abgänge		Zugänge

Abbildung 31

Buchungen bei der Umsatzsteuer

Wegen der Bedeutung der Umsatzsteuer und der bereits angesprochenen Aufzeichnungspflichten nach dem Umsatzsteuerrecht, soll hier noch etwas ausführlicher auf die Buchungen bei der Umsatzsteuer eingegangen werden.

Umsatzsteuer

> Grundsätzlich werden bei der Buchung der Umsatzsteuer zwei Konten benötigt, nämlich
> - das Konto Vorsteuer (mit der Nummer 1480 im Kontenrahmen), das die in den Eingangsrechnungen ausgewiesene Umsatzsteuer erfaßt, also die vom Lieferanten an den Betrieb überwälzte Umsatzsteuer und
> - das Konto Verbindlichkeiten an Finanzamt für Umsatzsteuer (mit der Nummer 1680 im Kontenrahmen), das die in den Ausgangsrechnungen festgehaltene Umsatzsteuer enthält, also die vom Betrieb an den Kunden überwälzte Umsatzsteuer (gegebenenfalls getrennt nach unterschiedlichen Steuersätzen).

Vorsteuer

Bei Rechnungseingang müssen also der Waren- bzw. der Leistungswert und die an den Betrieb überwälzte Steuer getrennt erfaßt werden.

Verbuchung der Umsatzsteuer bei Rechnungseingang

Buchung bei Rechnungseingang

Soll	**Vorräte**	Haben	Soll	**Vorsteuer**	Haben
Warenwert			überwälzter Steuerbetrag		

Soll	**Verbindlichkeiten aus Lieferungen und Leistungen**	Haben
		gesamter Rechnungsbetrag

Abbildung 32

Bei der in bestimmten Fällen zulässigen Bruttoverbuchung, also Verbuchung des Warenwertes einschließlich der Umsatzsteuer auf dem Konto Vorräte, muß die überwälzte Steuer am Ende des Voranmeldungszeitraumes auf das Konto Vorsteuer umgebucht werden.

Bruttoverbuchung

Rechnungs-ausgang

Bei Rechnungsausgang sind der Waren- bzw. Leistungswert und die vom Betrieb an den Kunden überwälzte Umsatzsteuer getrennt auszuweisen.

Buchung bei Rechnungs-ausgang

Verbuchung der Umsatzsteuer bei Rechnungsausgang

Soll	**Umsatzerlös**	Haben	Soll	**Verbindlichkeiten an Finanzamt für Umsatzsteuer**	Haben
	Warenwert				überwälzter Steuerbetrag

Soll	**Forderungen aus Lieferungen und Leistungen**	Haben
gesamter Rechnungsbetrag		

Abbildung 33

Brutto-verbuchung

Sofern die Umsätze brutto verbucht werden, also Warenwert einschließlich Umsatzsteuer auf dem Konto Umsatzerlöse, so ist die Umsatzsteuer monatlich pauschal zu errechnen und auf das Konto Verbindlichkeiten an Finanzamt für Umsatzsteuer zu buchen.

Abzüge vom Rechnungs-betrag

Zu beachten ist ferner, daß sämtliche Abzüge vom Rechnungsbetrag, die bei der Bezahlung möglich sind (beispielsweise Lieferanten- und Kundenskonto, Rabatte oder Nachlässe für Mängel), mit dem gleichen Prozentsatz auch die Umsatzsteuer mindern; und zwar Lieferantenskonti die Vorsteuer und Kundenskonti (Erlösschmälerungen) die Verbindlichkeiten an Finanzamt für Umsatzsteuer.

Dies muß auch für den Fall der Bruttoverbuchung berücksichtigt werden.

Die Vorsteuer hat den Charakter einer kurzfristigen Forderung an das Finanzamt, die Umsatzsteuer auf den Ausgangsrechnungen stellt demgegenüber eine kurzfristige Verbindlichkeit an das Finanzamt dar.

Steuerzahllast

Durch die Umbuchung des Vorsteuerkontos auf das Konto Verbindlichkeiten an Finanzamt für Umsatzsteuer erhält man die Steuerzahllast, die an das zuständige Finanzamt zu leisten ist.

Ermittlung der Umsatzsteuer-Zahllast

Soll	**Verbindlichkeiten an Finanzamt für Umsatzsteuer**	Haben	Soll	**Vorsteuer**	Haben
Abgänge + Saldo Vorsteuer		Zugänge	Zugänge		Abgänge
Saldo = Umsatz-steuerzahllast					Saldo

Abbildung 34

Vorbereitende Abschlußbuchungen

Neben den Umbuchungen sind weitere vorbereitende Abschlußbuchungen erforderlich. Die wichtigsten Fälle sind dabei:

Die Abschreibungen

> Abschreibungen werden vorgenommen für Wertminderungen, die beim Anlagevermögen in der Regel durch Benutzung im Betrieb und beim Umlaufvermögen durch Anpassung an den niedrigeren Markt- oder Börsenpreis am Abschlußstichtag entstehen.

Abschreibungen Wertminderungen

> Abschreibungen wirken sich zweifach aus; und zwar
> - als Bestandsverringerung auf dem entsprechenden Bestandskonto und gleichzeitig
> - als Aufwand.

Zweifache Auswirkung

Abschreibungen wirken sich insofern erfolgsmäßig aus, als sie bei Gegenständen des Anlagevermögens die entsprechend der betriebsgewöhnlichen Nutzungsdauer verteilten Anschaffungskosten sind. Beim Umlaufvermögen stehen sie für den Aufwand durch Wertminderung. Durch den Ansatz der Abschreibungen wird sichergestellt, daß in der Bilanz keine höheren Vermögenswerte ausgewiesen werden, als tatsächlich vorhanden sind. Da Abschreibungen auch echte Kosten darstellen, wären ohne ihre Berücksichtigung die im Rahmen der Buchführung ermittelten Gewinne zu hoch.

Abschreibungen werden in der Regel erst am Ende des Geschäftsjahres verbucht. Bei Gegenständen des Anlagevermögens richten sie sich nach der betriebsgewöhnlichen Nutzungsdauer.

Betriebsgewöhnliche Nutzungsdauer

Verbuchung der Abschreibungen

Soll	**Maschinen**	Haben	Soll	**Abschreibungen**	Haben
	Abschreibungsbetrag (Wertminderung)			Abschreibungsbetrag (Aufwendungen)	

Abbildung 35

> Die Differenz zwischen Anfangsbestand und Abschreibungen auf dem jeweiligen Bestandskonto nennt man Buchwert.

Buchwert

Der Materialaufwand

> Auf den Warenkonten (Vorräte) werden in der Regel während des Jahres nur die Zugänge verbucht, nicht jedoch die Materialien, die fortlaufend zur Produktion oder zum Verkauf entnommen werden.

Materialaufwand

> Der Materialverbrauch bzw. Wareneinsatz ergibt sich erst am Jahresende über die Inventur.

Schema für die Berechnung des Materialaufwands

> Anfangsbestand zu Beginn des Rechnungszeitraumes
> + Zugänge während des Rechnungszeitraumes
> – Lieferantenskonti auf Zugänge
> – Inventurbestand am Schluß des Rechnungszeitraumes
>
> = Materialaufwand

Abbildung 36

> Der Materialverbrauch bzw. Wareneinsatz vermindert einerseits das entsprechende Bestandskonto und stellt andererseits einen Aufwand dar.

Die Verbuchung hat dementsprechend zu erfolgen.

Die Verbuchung des Materialaufwands

Verbuchung

Soll	**Vorräte**	Haben	Soll	**Materialaufwand**	Haben
	Wareneinsatz (Bestandsminderung)		Wareneinsatz (Aufwendungen)		

Abbildung 37

Die Jahresabgrenzung

Jahresabgrenzung

> Um eine genaue Gewinnermittlung zu gewährleisten, dürfen nur diejenigen Aufwendungen und Erträge berücksichtigt werden, die auch tatsächlich zu dem jeweiligen Geschäftsjahr gehören.
> Aufwendungen und Erträge, die ganz oder teilweise das vorangehende oder das folgende Geschäftsjahr betreffen, müssen gesondert behandelt werden.

Zwei Fälle

Man unterscheidet dabei zwei Fälle:

- Ausgaben bzw. Einnahmen **nach** dem Bilanzstichtag, die Aufwand bzw. Ertrag für einen Zeitraum **vor** diesem Tag darstellen.

   Beispiel:
   Rückständige Löhne; noch nicht bezahlte Strom- und Telefonrechnungen.

- Ausgaben bzw. Einnahmen, die **vor** dem Abschlußstichtag angefallen sind, aber erst der Zeit **danach** als Aufwand bzw. Ertrag zuzurechnen sind.

   Beispiel:
   Vorauszahlung der Kfz-Steuer, die sich bis in das folgende Jahr hinein erstreckt; im voraus erzielte Mieteinnahmen.

Verbuchung bei Ausgaben bzw. Einnahmen nach dem Bilanzstichtag

Soll	**Sonstige Verbindlichkeiten**	Haben
		Ausgabenbetrag

Soll	**Aufwandskonto**	Haben
Ausgabenbetrag		

Verbuchung von Beträgen nach dem Bilanzstichtag

Soll	**Sonstige Forderungen**	Haben
Einnahmenbetrag		

Soll	**Ertragskonto**	Haben
		Einnahmenbetrag

Abbildung 38

Zum tatsächlichen Zeitpunkt der Ausgabe bzw. Einnahme wird dann die entsprechende Verbuchung der sonstigen Verbindlichkeiten bzw. der sonstigen Forderungen mit dem jeweiligen Zahlungsmittelkonto vorgenommen.

> Im oben dargestellten zweiten Fall werden zur Verbuchung Rechnungsabgrenzungen gebildet; und zwar
> - aktive Rechnungsabgrenzungen für Ausgaben, die im alten Geschäftsjahr noch getätigt werden, aber Aufwand des folgenden Geschäftsjahres betreffen
> und
> - passive Rechnungsabgrenzungen für Einnahmen vor dem Abschlußstichtag, die Erträge für die Zeit danach darstellen.

Aktive Rechnungsabgrenzung

Passive Rechnungsabgrenzung

Buchung bei der aktiven Rechnungsabgrenzung

Soll	**Aufwandskonto**	Haben
		periodenfremder Aufwand

Soll	**Aktive Rechnungsabgrenzung**	Haben
periodenfremder Aufwand		

Abbildung 39

Verbuchung aktive Rechnungsabgrenzung

Buchung bei der passiven Rechnungsabgrenzung

Soll	**Ertragskonto**	Haben
periodenfremder Ertrag		

Soll	**Passive Rechnungsabgrenzung**	Haben
		periodenfremder Ertrag

Abbildung 40

Verbuchung passive Rechnungsabgrenzung

Zu Beginn des neuen Geschäftsjahres werden die aktiven und passiven Rechnungsabgrenzungen dann über das entsprechende Aufwands- bzw. Ertragskonto wieder aufgelöst.

Auflösung

Rückstellungen

> Rückstellungen werden gebildet für ungewisse Verbindlichkeiten und drohende Verluste, die als Aufwand das abgelaufene Wirtschaftsjahr betreffen, am Bilanzstichtag bereits erkennbar, aber der Höhe und der Entstehung nach noch ungewiß sind.

Rückstellungen

Beispiel:

Die Vorauszahlungen für die Gewerbesteuer sind niedriger als die zum Abschlußstichtag berechnete Gewerbesteuerschuld.

Buchung bei Rückstellungen

Soll	**Aufwandskonto**	Haben		Soll	**Rückstellungen**	Haben
ungewisser Betrag					ungewisser Betrag	

Abbildung 41

Auflösung

Bei Bezahlung des entsprechenden Betrages im neuen Geschäftsjahr wird dann die jeweilige Rückstellung aufgelöst. Wenn dabei der zurückgestellte und der tatsächlich angefallene Betrag voneinander abweichen, stellt die Differenz entweder sonstige betriebliche Aufwendungen (der Rückstellungsbetrag reicht nicht aus) oder sonstige betriebliche Erträge (die Rückstellungen erwiesen sich als zu hoch) dar und ist auf diesen Konten zu verbuchen.

Weitere vorbereitende Abschlußbuchungen

Neben den genannten wichtigsten vorbereitenden Abschlußbuchungen sind als weitere Fälle unter anderem möglich:

Rücklagen
- Rücklagen
- uneinbringbare Kundenforderungen
- Kassenfehlbestände und -überschüsse
- private Nutzungsanteile bei Kraftfahrzeugen.

Abschlußbuchungen

Saldierung

Nach Umbuchungen und allen vorbereitenden Abschlußbuchungen werden zunächst die Aufwands- und Ertragskonten komplett saldiert und über die Gewinn- und Verlustrechnung abgeschlossen.

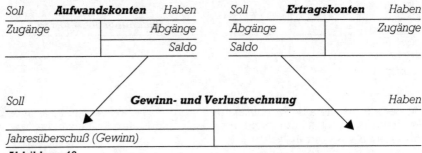

Abbildung 42

Eigenkapitalkonto

In einem weiteren Schritt wird dieser Jahresüberschuß (oder auch Jahresfehlbetrag) in das Eigenkapitalkonto übertragen, so daß jetzt auch alle Bestandskonten saldiert und über die Schlußbilanz abgeschlossen werden können.

Abschluß der Bestandskonten

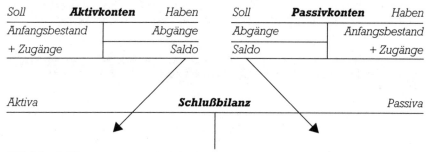

Abbildung 43

1.1.8.6 Abschlußübersicht, Jahresabschluß, Zwischenabschlüsse

> Nach Ablauf des Rechnungszeitraumes wird die gesamte Buchführung abgeschlossen und eine Abschlußübersicht (auch Bilanzübersicht genannt) erstellt.

Abschluß-
übersicht

Diese stellt eine tabellarische Übersicht über alle buchhalterischen Vorgänge dar, aus der die Entwicklung aller Bestandskonten von der Eröffnungsbilanz bis zur Schlußbilanz und der Aufwands- und Ertragskonten bis zur Gewinn- und Verlustrechnung ersichtlich ist.
(Siehe dazu auch Faltblatt 5 vor Seite 61 im Zusammenhang mit der amerikanischen Buchführung.)

Tabellarische
Übersicht

Erstellung der Abschlußübersicht anhand eines einfachen Zahlenbeispiels

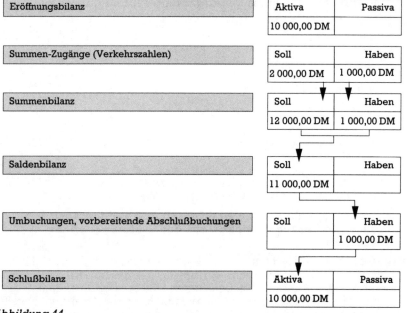

Abbildung 44

Handelt es sich nicht um Bestandskonten, sondern um Erfolgskonten, so ist der Ablauf vergleichbar. Am Schluß gehen die entsprechenden Beträge dann allerdings in die Gewinn- und Verlustrechnung ein.

Probebilanz

Die Summenbilanz eignet sich im übrigen auch als „Probebilanz", da infolge der Buchungstechnik bei der doppelten Buchführung die Summen der Soll- und der Habenspalte jeweils den gleichen Wert ergeben müssen.

Zwischenbilanzen

Die Abschlußübersicht ermöglicht neben der Erstellung des kompletten Jahresabschlusses aus Schlußbilanz und Gewinn- und Verlustrechnung auch die laufende Erstellung von Zwischenbilanzen während des Geschäftsjahres, ohne daß dazu die einzelnen Konten der Buchführung jeweils abgeschlossen werden müssen.

1.1.8.7 Beispiel zur doppelten Buchführung

Praxisorientiertes Beispiel

Zum besseren Verständnis der gesamten Buchungstechnik wird nachfolgend ein praxisorientiertes Beispiel mit häufig vorkommenden Geschäftsvorfällen behandelt. Dazu werden alle erforderlichen Arbeitsvorgänge dargestellt:
- Erstellung der Eröffnungsbilanz
- Konteneröffnung
- Verbuchung der Geschäftsvorfälle
- Verbuchung der Abschlußangaben
- Abschluß der Konten
- Erstellung von Schlußbilanz und Gewinn- und Verlustrechnung.

Aufgabe:

Eröffnungsbilanz

1. Die Eröffnungsbilanz ist aufgrund folgender Zahlen aus der Schlußbilanz des vorangegangenen Geschäftsjahres zu erstellen:

Betriebsgebäude	105.000,00 DM
Maschinen	65.000,00 DM
Fahrzeuge	25.000,00 DM
Vorräte	18.500,00 DM
Forderungen aus Lieferungen und Leistungen	15.650,00 DM
Kasse	1.260,00 DM
Postgiro	18.950,00 DM
Bank	22.870,00 DM
Verbindlichkeiten aus Lieferungen und Leistungen	10.320,00 DM
Wechselverbindlichkeiten	13.000,00 DM
Darlehen	128.000,00 DM
Verbindlichkeiten aus gesetzlichen Sozialabgaben	1.200,00 DM
Verbindlichkeiten an Finanzamt für Umsatzsteuer	2.880,00 DM

Konteneröffnung

2. Es sind folgende Konten zu eröffnen und auf den Bestandskonten die Anfangsbestände aus der Eröffnungsbilanz vorzutragen:

Betriebsgebäude, Maschinen, Fahrzeuge, Geringwertige Wirtschaftsgüter, Vorräte, Lieferantenskonti, Vorsteuer, Wechselforderungen, Forderungen aus Lieferungen und Leistungen, Kasse, Postgiro, Bank, Aktive Rechnungsabgrenzungsposten, Eigenkapital, Privat, Verbindlichkeiten aus Lieferungen und Leistungen, Wechselverbindlichkeiten, Darlehen,

1.1 Buchhaltung und Jahresabschluß 51

Sonstige Verbindlichkeiten, Verbindlichkeiten aus Lohn- und Kirchensteuer, Verbindlichkeiten aus gesetzlichen Sozialabgaben, Verbindlichkeiten an Finanzamt für Umsatzsteuer, Materialaufwand, Löhne und Gehälter, Gesetzliche Sozialabgaben, Abschreibungen, Fahrzeugkosten, Sonstige betriebliche Aufwendungen, Zins und Diskontaufwendungen, betriebliche Steuern, Umsatzerlöse, Erlösschmälerungen, Sonstige betriebliche Erträge, Schlußbilanz, Gewinn und Verlustrechnung.

3. Folgende Geschäftsvorfälle sind zu verbuchen, wobei ein Umsatzsteuersatz (USt) von 15 % zugrunde gelegt wird: Geschäftsvorfälle

1) Barerlös für Handelswaren   800,00 DM + 120,00 DM USt
2) Kauf einer Maschine gegen Rechnung   12.440,00 DM + 1.866,00 DM USt
3) Privatentnahme
 in bar   500,00 DM
 in Waren   450,00 DM + 67,50 DM USt
4) Bezahlung der gekauften Maschine (siehe Geschäftsvorfall 2) durch Banküberweisung mit 3 % Skonto
5) Lieferung an Kunden A gegen Rechnung   48.980,00 DM + 7.347,00 DM USt
6) Kauf von Ware gegen Rechnung bei Lieferant A   4.812,00 DM + 721,80 DM USt
7) Bezahlung der rückständigen Umsatzsteuer (2.880,00 DM) und Sozialversicherungsbeiträge (1.200,00 DM) über das Postgirokonto
8) Kauf eines Lieferwagens bei Lieferant B
 Neupreis   38.170,00 DM + 5.725,50 DM USt
 Inzahlungnahme des alten Kfz (Buchwert 6.500,00 DM)   8.000,00 DM + 1.200,00 DM USt
 Bezahlung durch Wechsel
9) Bezahlung durch Kunde A (siehe Geschäftsvorfall 5) per Banküberweisung unter Abzug von 3 % Skonto
10) Einzahlung von Bargeld aus der Kasse auf das Bankkonto   800,00 DM
11) Bezahlung an Lieferant A (siehe Geschäftsvorfall 6) per Postgiroüberweisung unter Abzug von 3 % Skonto
12) Rücksendung fehlerhafter Ware durch Kunde A und Erstattung des Wertes durch Banküberweisung   1.200,00 DM + 180,00 DM USt
13) Lieferant B legt den Wechsel (siehe Geschäftsvorfall 8) unserer Bank zur Einlösung vor; die Wechselspesen belaufen sich auf 30,00 DM
14) Kauf einer Kleinmaschine gegen Barzahlung   580,00 DM + 87,00 DM USt
15) Bezahlung von Fahrzeugkosten und Benzin in bar   128,00 DM + 19,20 DM USt
16) Zahlung der fälligen Zinsen   12.500,00 DM
 und der Tilgung   4.500,00 DM
 für das Darlehen per Bankeinzug

17) Bezahlung von Steuern per Postgiro
    Einkommensteuer   1.500,00 DM
    Gewerbesteuer   1.800,00 DM
18) Lohn- und Gehaltsauszahlung
    per Banküberweisung
    Bruttolohn   14.612,00 DM
    Einbehaltene Lohn- und Kirchensteuer   3.326,00 DM
    Arbeitnehmeranteil zur Sozialversicherung   2.776,00 DM
    Arbeitgeberanteil zur Sozialversicherung   2.776,00 DM
19) Bezahlung der Kfz-Steuer von Oktober bis September des folgenden Jahres per Bankeinzugsverfahren   264,00 DM
20) Bareinnahme für Reparaturleistungen   1.245,00 DM + 186,75 DM USt
21) Lieferung an Kunde B gegen Wechsel   25.530,00 DM + 3.829,50 DM USt

Vorbereitende Abschlußbuchungen

4. Als vorbereitende Abschlußbuchungen sind vorzunehmen:

1) Bestand an Vorräten laut Inventur   14.212,00 DM
2) Abschreibungen
   Maschinen   10.500,00 DM
   Kfz   11.420,00 DM
   Gebäude   4.800,00 DM
3) Rückständige Telefonrechnung   560,00 DM
4) Abgrenzung der Kfz-Steuer für das folgende Geschäftsjahr (siehe Geschäftsvorfall 19)

Umbuchungen

5. Die Umbuchungen sind entsprechend der geschilderten Regeln und Verfahrensweisen vorzunehmen.

Schlußbilanz G+V

6. Aufgrund dieser Vorgaben sind Schlußbilanz sowie Gewinn- und Verlustrechnung zu erstellen.

Lösung:

Eröffnungsbilanz

1. Aus den Angaben der Eröffnungsinventur wird zunächst die Eröffnungsbilanz erstellt.

Zum Anlagevermögen gehören die Posten Betriebsgebäude, Maschinen und Fahrzeuge.
Zum Umlaufvermögen zählen Vorräte, Forderungen aus Lieferungen und Leistungen, Kasse, Postgiro und Bank.
Die übrigen Posten sind Verbindlichkeiten und kommen deshalb auf die Passivseite.
Aus der Differenz von Vermögen und Verbindlichkeiten ergibt sich ein Eigenkapital von 116.830,00 DM.

Konteneröffnung

2. Eröffnung der angegebenen Konten.

Verbuchung

3. Verbuchung der Geschäftsvorfälle.
Die Verbuchung der Geschäftsvorfälle erfolgt nach den besprochenen Buchungsregeln. Dabei werden für den ersten Geschäftsvorfall alle drei

Regeln behandelt. Die Verbuchung der übrigen Geschäftsvorfälle erfolgt dann, wie heute in der Praxis üblich, über Buchungssätze.

Buchungsregeln

1) **Mit Buchungsregel 1**:
   Das Kassenkonto empfängt und wird mit 920,00 DM belastet. Das Konto Umsatzerlöse gibt und wird mit 800,00 DM entlastet. Das Konto Verbindlichkeiten an Finanzamt für Umsatzsteuer gibt und wird mit 120,00 DM entlastet.

   Mit Buchungsregel 2:
   Das Kassenkonto ist ein Aktivkonto. Es handelt sich um einen Zugang, also werden 920,00 DM auf der linken Seite gebucht. Das Konto Umsatzerlöse ist ein Ertragskonto. Bei Ertragskonten kommen Zugänge auf die rechte Seite. Der Warenverkauf ist eine betriebliche Leistung und somit ein Umsatzerlös, also Buchung von 800,00 DM auf der rechten Seite. Die an den Kunden vom Betrieb überwälzte Umsatzsteuer ist auf dem Konto Verbindlichkeiten an Finanzamt für Umsatzsteuer zu erfassen. Es handelt sich um ein Passivkonto.
   Bei diesen stehen Zugänge auf der rechten Seite, also Buchung von 120,00 DM rechts.

   Mit Buchungsregel 3:
   Kasse 920,00 DM **an** Umsatzerlöse 800,00 DM und Verbindlichkeiten an Finanzamt für Umsatzsteuer 120,00 DM
2) Maschinen 12.440,00 DM und Vorsteuer 1.866,00 DM **an** Verbindlichkeiten aus Lieferungen und Leistungen 14.306,00 DM
3) Privat 1.017,50 DM **an** Kasse 500,00 DM, Umsatzerlöse 450,00 DM und Verbindlichkeiten an Finanzamt für Umsatzsteuer 67,50 DM
4) Verbindlichkeiten aus Lieferungen und Leistungen 14.306,00 DM **an** Bank 13.876,82 DM, Lieferantenskonti 373,20 DM und Vorsteuer 55,98 DM
5) Forderungen aus Lieferungen und Leistungen 56.327,00 DM **an** Umsatzerlöse 48.980,00 DM und Verbindlichkeiten an Finanzamt für Umsatzsteuer 7.347,00 DM
6) Vorräte 4.812,00 DM und Vorsteuer 721,80 DM **an** Verbindlichkeiten aus Lieferungen und Leistungen 5.533,80 DM
7) Verbindlichkeiten an Finanzamt für Umsatzsteuer 2.880,00 DM und Verbindlichkeiten aus gesetzlichen Sozialabgaben 1.200,00 DM **an** Postgiro 4.080,00 DM
8) Fahrzeuge 38.170,00 DM und Vorsteuer 5.725,50 DM **an** Fahrzeuge 6.500,00 DM, sonstige betriebliche Erträge 1.500,00 DM, Verbindlichkeiten an Finanzamt für Umsatzsteuer 1.200,00 DM und Wechselverbindlichkeiten 34.695,50 DM
9) Bank 54.637,19 DM, Erlösschmälerungen 1.469,40 DM und Verbindlichkeiten an Finanzamt für Umsatzsteuer 220,41 DM **an** Forderungen aus Lieferungen und Leistungen 56.327,00 DM
10) Bank 800,00 DM **an** Kasse 800,00 DM
11) Verbindlichkeiten aus Lieferungen und Leistungen 5.533,80 DM **an** Postgiro 5.367,79 DM, Lieferantenskonti 144,36 DM und Vorsteuer 21,65 DM
12) Umsatzerlöse 1.200,00 DM und Verbindlichkeiten an Finanzamt für Umsatzsteuer 180,00 DM **an** Bank 1.380,00 DM
13) Wechselverbindlichkeiten 34.695,50 DM und Zins- und Diskontaufwendungen 30,00 DM **an** Bank 34.725,50 DM
14) Geringwertige Wirtschaftsgüter 580,00 DM und Konto Vorsteuer 87,00 DM **an** Kasse 667,00 DM

Buchungssätze

15) Fahrzeugkosten 128,00 DM und Vorsteuer 19,20 DM **an** Kasse 147,20 DM
16) Darlehen 4.500,00 DM und Zins- und Diskontaufwendungen 12.500,00 DM **an** Bank 17.000,00 DM
17) Privat 1.500,00 DM und betriebliche Steuern 1.800,00 DM **an** Postgiro 3.300,00 DM
18) Löhne und Gehälter 14.612,00 DM **an** Verbindlichkeiten aus Lohn- und Kirchensteuer 3.326,00 DM, Verbindlichkeiten aus Sozialabgaben 2.776,00 DM und Bank 8.510,00 DM

    sowie

    Gesetzliche Sozialabgaben 2.776,00 DM **an** Verbindlichkeiten aus gesetzlichen Sozialabgaben 2.776,00 DM
19) Fahrzeugkosten 264,00 DM **an** Bank 264,00 DM
20) Kasse 1.431,75 DM **an** Umsatzerlöse 1.245,00 DM und Verbindlichkeiten an Finanzamt für Umsatzsteuer 186,75 DM
21) Wechselforderungen 29.359,50 DM **an** Umsatzerlöse 25.530,00 DM und Verbindlichkeiten an Finanzamt für Umsatzsteuer 3.829,50 DM

Abschlußbuchungen

4. Vorbereitende Abschlußbuchungen

22) Berechnung des Materialaufwands:

Materialaufwand

Anfangsbestand	18.500,00 DM
+ Zugänge	4.812,00 DM
– Lieferantenskonti	517,56 DM
	22.794,44 DM
– Inventurbestand	14.212,00 DM
= Materialverbrauch	8.582,44 DM

Verbuchung: Materialaufwand 8.582,44 DM **an** Vorräte 8.582,44 DM

23) Abschreibungen 26.720,00 DM **an** Maschinen 10.500,00 DM, Kfz 11.420,00 DM und Gebäude 4.800,00 DM
24) Sonstige betriebliche Aufwendungen 560,00 DM **an** Sonstige Verbindlichkeiten 560,00 DM
25) Aktive Rechnungsabgrenzungsposten 198,00 DM **an** Fahrzeugkosten 198,00 DM

Umbuchungen

5. Folgende Umbuchungen müssen berücksichtigt werden:

26) Privatkonto auf Eigenkapitalkonto

    Eigenkapital 2.517,50 DM **an** Privat 2.517,50 DM
27) Vorsteuer auf Verbindlichkeiten an Finanzamt für Umsatzsteuer

    Verbindlichkeiten an Finanzamt für Umsatzsteuer 8.341,87 DM **an** Vorsteuer 8.341,87 DM
28) Lieferantenskonti auf Vorräte

    Lieferantenskonti 517,56 DM **an** Vorräte 517,56 DM
29) Erlösschmälerungen auf Umsatzerlöse

    Umsatzerlöse 1.469,40 DM **an** Erlösschmälerungen 1.469,40 DM
30) Geringwertige Wirtschaftsgüter auf Abschreibungen

    Abschreibungen 580,00 DM **an** Geringwertige Wirtschaftsgüter 580,00 DM

1.1 Buchhaltung und Jahresabschluß

Kontendarstellung:

Aktiva		**Eröffnungsbilanz**		Passiva
Anlagevermögen				
Betriebsgebäude	105.000,00	**Eigenkapital**		116.830,00
Maschinen	65.000,00	Verbindlichkeiten aus Lieferungen und Leistungen		10.320,00
Fahrzeuge	25.000,00			
Umlaufvermögen		Wechselverbindlichkeiten		13.000,00
Vorräte	18.500,00	Darlehen		128.000,00
Forderungen aus Lieferungen und Leistungen	15.650,00	Verbindlichkeiten aus gesetzlichen Sozialabgaben		1.200,00
Kasse	1.260,00			
Postgiro	18.950,00	Verbindlichkeiten an Finanzamt für Umsatzsteuer		2.880,00
Bank	22.870,00			
	272.230,00			272.230,00

Soll	Betriebsgebäude		Haben
EB	105.000,00	23)	4.800,00
		SB	**100.200,00**
	105.000,00		105.000,00

Soll	Maschinen		Haben
EB	65.000,00	23)	10.500,00
2)	12.440,00	**SB**	**66.940,00**
	77.440,00		77.440,00

Soll	Fahrzeuge		Haben
EB	25.000,00	8)	6.500,00
8)	38.170,00	23)	11.420,00
		SB	**45.250,00**
	63.170,00		63.170,00

Soll	Geringwertige Wirtschaftsgüter		Haben
14)	580,00	30)	580,00
	580,00		580,00

Soll	Vorräte		Haben
EB	18.500,00	22)	8.582,44
6)	4.812,00	28)	517,56
		SB	**14.212,00**
	23.312,00		23.312,00

Soll	Lieferantenkonti		Haben
29)	517,56	4)	373,20
		11)	144,36
	517,56		517,56

Soll	Vorsteuer		Haben
2)	1.866,00	4)	55,98
6)	721,80	11)	21,65
8)	5.725,50		
14)	87,00		
15)	19,20	27)	8.341,87
	8.419,50		8.419,50

Soll	Wechselforderungen		Haben
21)	29.359,50	**SB)**	**29.359,50**
	29.359,50		29.359,00

Soll	Forderungen aus	Haben			Soll	Kasse		Haben
	Lieferungen und Leistungen							
EB	15.650,00	9)	56.327,00		EB	1.260,00	3)	500,00
5)	56.327,00	SB)	15.650,00		1)	920,00	10)	800,00
	71.977,00		71.977,00		20)	1.431,75	14)	667,00
							15)	147,20
							SB	**1.497,55**
						3.611,75		3.611,75

Soll	Postgiro		Haben		Soll	Bank		Haben
EB	18.950,00	7)	4.080,00		EB	22.870,00	4)	13.876,82
		11)	5.367,79		9)	54.637,19	12)	1.380,00
		17)	3.300,00		10)	800,00	13)	34.725,50
		SB	**6.202,21**				16)	17.000,00
	18.950,00		18.950,00				18)	8.510,00
							19)	264,00
							SB	**2.550,87**
						78.307,19		78.307,19

Soll	Aktive Rechnungs-	Haben		Soll	Eigenkapital		Haben
	abgrenzung						
25)	198,00	SB)	198,00	26)	2.517,50	EB	116.830,00
	198,00		198,00	**SB**	**121.793,66**	G+V	7.481,16
					124.311,16		124.311,16

Soll	Privat		Haben		Soll	Verbindlichkeiten		Haben
						aus Lieferungen		
						und Leistungen		
3)	1.017,50	26)	2.517,50		4)	14.306,00	EB	10.320,00
17)	1.500,00				11)	5.533,80	2)	14.306,00
	2.517,50		2.517,50		**SB**	**10.320,00**	6)	5.533,80
						30.159,80		30.159,80

Soll	Wechsel-		Haben		Soll	Darlehen		Haben
	verbindlichkeiten							
13)	34.695,50	EB	13.000,00		16)	4.500,00	EB	128.000,00
SB	**13.000,00**	8)	34.695,50		**SB**	**123.500,00**		
	47.695,50		47.695,50			128.000,00		128.000,00

Soll	Sonstige		Haben		Soll	Verbindlichkeiten		Haben
	Verbindlichkeiten					aus Lohn- und Kirchensteuer		
SB	**560,00**	24)	560,00		**SB**	**3.326,00**	18)	3.326,00
	560,00		560,00			3.326,00		3.326,00

Soll	Verbindlichkeiten aus gesetzlichen Sozialabgaben	Haben		Soll	Verbindlichkeiten an Finanzamt für Umsatzsteuer	Haben
7)	1.200,00	EB	1.200,00	7)	2.880,00	EB	2.880,00
SB	5.552,00	18)	2.776,00	9)	220,41	1)	120,00
		18)	2.776,00	12)	180,00	3)	67,50
	6.752,00		6.752,00	27)	8.341,87	5)	7.347,00
				SB	4.008,47	8)	1.200,00
						20)	186,75
						21)	3.829,50
					15.630,75		15.630,75

Soll	Materialaufwand	Haben		Soll	Löhne und Gehälter	Haben
22)	8.582,44	G+V	8.582,44	18)	14.612,00	G+V	14.612,00
	8.582,44		8.582,44		14.612,00		14.612,00

Soll	Gesetzliche Sozialabgaben	Haben		Soll	Abschreibungen	Haben
18)	2.776,00	G+V	2.776,00	23)	26.720,00	G+V	27.300,00
				30)	580,00		
	2.776,00		2.776,00		27.300,00		27.300,00

Soll	Fahrzeugkosten	Haben		Soll	Sonstige betriebliche Aufwendungen	Haben
15)	128,00	25)	198,00	24)	560,00	G+V	560,00
19)	264,00	G+V	194,00		560,00		560,00
	392,00		392,00				

Soll	Zins- und Diskontaufwand	Haben		Soll	Betriebliche Steuern	Haben
13)	30,00	G+V	12.530,00	17)	1.800,00	G+V	1.800,00
16)	12.500,00				1.800,00		1.800,00
	12.530,00		12.530,00				

Soll	Umsatzerlöse	Haben		Soll	Erlösschmälerungen	Haben
12)	1.200,00	1)	800,00	9)	1.469,40	29)	1.469,40
29)	1.469,40	3)	450,00		1.469,40		1.469,40
G+V	74.335,60	5)	48.980,00				
		20)	1.245,00				
		21)	25.530,00				
	77.005,00		77.005,00				

Soll	Sonstige betrieb- liche Erträge	Haben
G+V	**1.500,00**	8) 1.500,00
	_1.500,00_	_1.500,00_

Aktiva		**Schlußbilanz**	Passiva
Betriebsgebäude	100.200,00	Eigenkapital	121.793,66
Maschinen	66.940,00	Verbindlichkeiten aus Lieferungen und Leistungen	10.320,00
Fahrzeuge	45.250,00		
Vorräte	14.212,00	Wechselverbindlich-	
Wechselforderungen	29.359,50	keiten	13.000,00
Forderungen aus Lieferungen und Leistungen	15.650,00	Darlehen	123.500,00
		Sonstige Verbindlichkeiten	560,00
Kasse	1.497,55	Verbindlichkeiten aus	
Postgiro	6.202,21	Lohnsteuer	3.326,00
Bank	2.550,87	Verbindlichkeiten aus gesetzlichen Sozialabgaben	5.552,00
Rechnungsabgrenzung	198,00	Verbindlichkeiten an Finanzamt für Umsatzsteuer	4.008,47
	282.060,13		**282.060,13**

Aufwendungen		**Gewinn- und Verlustrechnung**	Erträge
Materialaufwand	8.582,44	Umsatzerlöse	74.335,60
Löhne und Gehälter	14.612,00	Sonstige betriebliche Erträge	1.500,00
Gesetzl. Sozialabgaben	2.776,00		
Abschreibungen	27.300,00		
Fahrzeugkosten	194,00		
Sonst. betriebl. Aufwand	560,00		
Zins- und Diskontaufwand	12.530,00		
Betriebliche Steuern	1.800,00		
Gewinn	**7.481,16**		
	75.835,60		**75.835,60**

Diese Bilanz sowie Gewinn- und Verlustrechnung ergeben sich aus der Reihenfolge der einzelnen Konten innerhalb der Buchführung, die kontenrahmenorientiert ist und die dort übliche Gliederungsfolge der Konten berücksichtigt. Legt man die Gliederungsvorschriften des HGB zugrunde (vgl. auch Faltblätter 1 und 2 nach Seite 28), so ergibt sich folgende Darstellung von Bilanz und Gewinn- und Verlustrechnung.

Gliederungsvorschriften des HGB

Aktiva		Schlußbilanz	Passiva	
A. Anlagevermögen		**A. Eigenkapital**		121.793,66
I. Sachanlagen				
1. Grundstücke, grundstücksgleiche Rechte, Bauten	100.200,00	**B. Verbindlichkeiten**		
		1. Verbindlichkeiten aus Lieferungen und Leistungen		10.320,00
2. Technische Anlagen und Maschinen	66.940,00	2. Wechselverbindlichkeiten		13.000,00
3. Andere Anlagen, Betriebs- und Geschäftsausstattung	45.250,00	3. Darlehen		123.500,00
B. Umlaufvermögen		4. Sonstige Verbindlichkeiten		13.466,47
I. Vorräte	14.212,00			
II. Forderungen und sonstige Vermögensgegenstände				
1. Forderungen aus Lieferungen und Leistungen	15.650,00			
2. Sonstige Forderungen	29.359,50			
III. Flüssige Mittel				
1. Kassenbestand	1.497,55			
2. Postgiroguthaben	6.202,21			
3. Guthaben bei Kreditinstituten	2.550,87			
C. Rechnungsabgrenzungsposten	198,00			
	282.060,13			282.060,13

Gewinn- und Verlustrechnung nach dem Gesamtkostenverfahren

1. Umsatzerlöse	74.335,60
2. Sonstige betriebliche Erträge	+ 1.500,00
3. Materialaufwand	− 8.582,44
4. Personalaufwand	
a) Löhne und Gehälter	−14.612,00
b) soziale Abgaben	− 2.776,00
5. Abschreibungen	−27.300,00
6. Sonstige betriebliche Aufwendungen	− 754,00
7. Zinsen und ähnliche Aufwendungen	−12.530,00
8. Ergebnis der gewöhnlichen Geschäftstätigkeit	9.281,16
9. Steuern	− 1.800,00
10. Jahresüberschuß	**7.481,16**

1.1.8.8 Methoden der doppelten Buchführung (Verfahrenstechniken)

In der Praxis ist es nicht möglich, so wie im dargestellten Beispiel die Buchführungsarbeit auf kleinen T-Konten zu bewältigen. Für die betriebliche Praxis wurden verschiedene Buchhaltungsmethoden bzw. Verfahrenstechniken mit den notwendigen Büchern, Formularen und sonstigen Datenträgern entwickelt.

Bücher
Formulare
Datenträger

Im Handwerk kommen vor allem die Durchschreibebuchführung, die amerikanische Buchführung und die Buchführung auf EDV-Basis vor. Weniger bekannt und gebräuchlich ist die Lochkartenbuchführung. Welche Art im einzelnen Betrieb letztlich eingesetzt wird, hängt von den jeweiligen betrieblichen Gegebenheiten ab.

Verfahrenstechniken der doppelten Buchführung

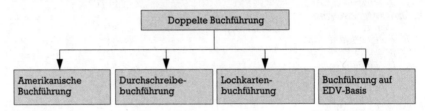

Abbildung 45

Orientierungsdaten für die rationellste Buchführungstechnik

Einzelbetriebliche Beurteilungsmerkmale

Zu den berufsspezifischen und einzelbetrieblichen Beurteilungsmerkmalen für die Wahl der rationellsten Buchführungsmethode gehören unter anderem:
- die Betriebsgröße
- die Art und Größe des Kundenstammes
- die Lohn-, Material- und Kapitalintensität
- das Leistungsprogramm des Betriebes (Handel, Produktion oder Dienstleistung)
- die Anforderungen an das betriebliche Rechnungswesen hinsichtlich Inhalt und Auswertbarkeit
- die Notwendigkeit der Kostenerfassung und Kostengliederung
- steuerliche Aspekte
- die Organisation im Verwaltungsbereich und die Büroorganisation
- das Formularwesen
- das Mahnwesen
- das Fakturierverfahren
- die vorhandene Sachapparatur für die Buchhaltung
- die Kosten der einzelnen Verfahren
- die zahlenmäßige personelle Ausstattung mit Arbeitskräften, die kaufmännische und Buchhaltungskenntnisse besitzen
- der Umfang der gesamten Buchhaltungsarbeiten und die Zahl der Buchungsfälle
- die Anwendung der EDV in anderen Aufgabenbereichen des Betriebes.

Nach aktuellen Umfragen setzen bereits über die Hälfte der Handwerksbetriebe die EDV für die Buchhaltung ein. Ein erheblicher Teil plant entsprechende Investitionen für die nahe Zukunft.

Dennoch gibt es weiterhin eine große Anzahl von Betrieben, die die amerikanische Methode oder die Durchschreibebuchführung anwenden.

1.1 Buchhaltung und Jahresabschluß

> Bei der Auswahl, der Einführung und auch der eventuellen späteren Änderung der Buchführungstechnik sollte der Betriebsinhaber vor allem mit seinem Steuerberater sprechen. Beratung erteilen dazu aber auch die Handwerksorganisationen (betriebswirtschaftliche Beratungsstellen, EDV-Beratung).

Beratung

Die amerikanische Buchführung

Die amerikanische Buchführung baut auf der Zusammenfassung der zeitlichen und der sachlichen Erfassung in einem Journal, dem sogenannten amerikanischen Journal, auf.

> Zur Erfüllung der Anforderungen der Grundsätze ordnungsmäßiger Buchführung müssen in der amerikanischen Buchführung mindestens folgende Bücher vorhanden sein:
> - das Hauptbuch
> - das amerikanische Journal
> - das Kunden- und Lieferantenbuch bzw. Kontokorrentbuch
> - das Kassenbuch
> - das Lohnbuch.

Notwendige Bücher

Das Hauptbuch

Das Hauptbuch ist das wichtigste Buch der amerikanischen Buchführung. Es enthält sämtliche Konten, die für die Buchführung im einzelnen Betrieb entsprechend dem aufgestellten Kontenplan erforderlich sind.

> Im Hauptbuch werden eingetragen
> - die Anfangsbestände laut Eröffnungsbilanz
> - die monatlichen Endsummen der einzelnen Konten
> - die Abschlußbuchungen.

Hauptbuch

Jeweils nur am Jahresende werden die Hauptbuchkonten abgeschlossen und in die Schlußbilanz sowie in die Gewinn- und Verlustrechnung übertragen.

Abschluß

Das amerikanische Journal

> Das amerikanische Journal erfaßt tabellenartig alle oder zumindest die am häufigsten bewegten Konten des Hauptbuches. Damit wird das Hauptbuch entlastet und verhindert, daß es angesichts einer Fülle von Buchungen unübersichtlich wird.

Die Verbuchung im Journal erfolgt laufend und in zeitlicher Reihenfolge. Eingetragen werden grundsätzlich
- die Belegnummer
- das Datum
- der Buchungstext
- der Betrag
- die einzelnen Konten.

Eintragungen

Monatsabschluß

Dabei kann man auf Standardvordrucke zurückgreifen oder ein Journal nach den jeweiligen betrieblichen Bedürfnissen gestalten. Häufig ist es üblich, seltener bewegte Konten unter „Konto für Verschiedene" zusammenzufassen. Am Monatsende muß dieses Konto dann allerdings bei der Übertragung der Monatssummen in das Hauptbuch wieder aufgeteilt werden. (Siehe im einzelnen dazu auch das Faltblatt 4 nach Seite 60.)

Das Kunden- und Lieferantenbuch

Zur Führung eines Kunden- und Lieferantenbuches ist jeder Betrieb verpflichtet, der sowohl mit Kunden wie auch mit Lieferanten Geschäfte auf Rechnung ausführt, also Geschäfte, bei denen der Zeitpunkt der Lieferung und der Bezahlung nicht zusammenfallen.

Bei Dauerkunden und Dauerlieferanten wird für jeden ein namentliches Konto angelegt. In anderen Fällen können die Konten nach den Buchstaben des Alphabets eingerichtet werden.

Buchungen

In das Kunden- und Lieferantenbuch werden alle Vorgänge übertragen, die im amerikanischen Journal die Konten „Forderungen aus Lieferungen und Leistungen" und „Verbindlichkeiten aus Lieferungen und Leistungen" betreffen.

Abschluß

Die jeweiligen Kunden- und Lieferantenkonten können monatlich oder nur am Jahresende abgeschlossen werden. Auch ein Saldovortrag auf den Beginn des folgenden Jahres ist möglich. Die Salden der einzelnen Kunden- und Lieferantenkonten müssen mit dem Saldo des Kontos „Forderungen aus Lieferungen und Leistungen" bzw. „Verbindlichkeiten aus Lieferungen und Leistungen" im Hauptbuch übereinstimmen (Kontokorrentprobe).

Kontokorrentprobe

Das Kassenbuch

Tägliche Eintragungen

Das Kassenbuch ist als Nebenbuch aus steuerlichen Gründen zu führen. Unter Berücksichtigung des Bargeldbestandes am Beginn eines Tages wird im Kassenbuch durch Aufaddieren und Saldieren der Kasseneinnahmen und -ausgaben der jeweilige Kassenbestand nachgewiesen. Der Inhalt des Kassenbuches muß mit dem Kassenkonto des Hauptbuches übereinstimmen. (Siehe Faltblatt 5 vor Seite 61.)

Das Lohnbuch

Das Lohnbuch ist ebenfalls aus steuerlichen Gründen zu führen und muß die Arbeitsentgelte sowie die gesetzlichen und freiwilligen Abzüge ausweisen. Übereinstimmung mit den entsprechenden Konten des Hauptbuches muß gegeben sein.

1.1 Buchhaltung und Jahresabschluß

Notwendige Bücher im Rahmen der amerikanischen Buchführung

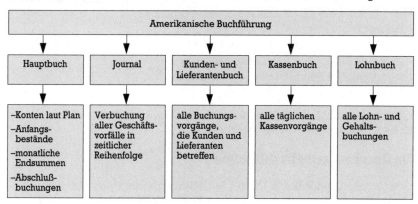

Reihenfolge der Arbeitsgänge

Die im Rahmen der amerikanischen Buchführung während eines Jahres erforderlichen Arbeiten lassen sich schematisch folgendermaßen darstellen:

Aufstellung des Kontenplans anhand des Kontenrahmens und Anlegen der Bücher	Kontenplan
Aufstellung der Eröffnungsinventur und der Eröffnungsbilanz	Eröffnungsbilanz
Vortragen der Anfangsbestände im Hauptbuch, im Kunden- und Lieferantenbuch und im Kassenbuch	Bücher
Sammlung, Prüfung und Vorkontierung der Belege	Belege
Verbuchung der Geschäftsvorfälle im amerikanischen Journal und, soweit erforderlich, im Kunden- und Lieferantenbuch, im Kassenbuch und im Lohnbuch	Verbuchung
Monatsabschluß des Journals – Addieren und Übertragen der einzelnen Summen des Journals – Summenkontrolle, monatliche Kontokorrentprobe und Berechnung der Zahllast für die Umsatzsteuer – Übertragen der Journalsummen der einzelnen Konten ins Hauptbuch – Umbuchung der Vorsteuer auf das Konto Verbindlichkeiten an Finanzamt für Umsatzsteuer	Monatsabschluß
Durchführung des Jahresabschlusses – Erstellung des Jahresabschlusses (auch Bilanz- oder Betriebsübersicht oder Bilanzentwicklungsübersicht genannt; siehe Musterbeispiel im Faltblatt 5 vor Seite 61) – Durchführung der Abschlußbuchungen im Hauptbuch – Abschluß der Konten und Ermittlung der Salden im Hauptbuch und in den Nebenbüchern – Erstellung der Schlußbilanz sowie der Gewinn- und Verlustrechnung	Jahresabschluß
Aufbewahrung, Ablage	Ablage

Vor- und Nachteile der amerikanischen Buchführung

Vorteile　Wesentliche Vorteile dieser Verfahrenstechnik sind:
- Übersichtlichkeit
- Verkürzung der Schreibarbeit durch Wegfall des Buchungssatzes
- laufende Kontrolle durch Addition jeder Buchseite.

Nachteil　Der wesentliche Nachteil liegt vor allem in der
- beschränkten Kontenzahl.

Die amerikanische Buchführung ist deshalb nur für kleinere Betriebe mit geringerem Buchungsanfall zu empfehlen.

Die Durchschreibebuchführung

Ein Arbeitsvorgang
Die Durchschreibebuchführung ist dadurch gekennzeichnet, daß Sach- und Zeitbuchung in einem Arbeitsgang vorgenommen werden. Dabei erfolgt der jeweilige Eintrag im Kontenblatt und wird in das Grundbuch (Journal) durchgeschrieben.

Anforderungen
Zur Erfüllung der Anforderungen der Grundsätze einer ordnungsmäßigen Buchführung müssen folgende Voraussetzungen erfüllt sein:
- laufende Numerierung der Journalblätter
- zeitlich geordnete Eintragungen mit wechselseitigen Verweisen auf Grundbuchungen, Kontenblätter und Belege
- Erfassung sämtlicher Konten im Kontenplan
- Führung eines Nachweises über alle in der Buchhaltung verwendeten losen Blätter.

Für die Durchschreibebuchführung wurden verschiedene Verfahren entwickelt. Im Handwerk kommen vor allem zur Anwendung:

Verfahren
- das 3-Spalten-Verfahren.
  Sowohl der Journalvordruck wie auch die Kontenblätter sind in Kunden-, Lieferanten- und Sachkonten eingeteilt.
- das 4-Spalten-Verfahren.
  Journalvordruck und Kontenblätter folgen der Kolonnenaufteilung Kunden-, Lieferanten-, Bestands- und Erfolgskonten.

Durch diese Einteilung bietet dieses Verfahren einmal einen Überblick über die Forderungen und Verbindlichkeiten und zum anderen den Vorzug, daß jede Buchung auf ein Erfolgskonto bzw. auf ein Bestandskonto automatisch auf die entsprechende Spalte des Grundbuchs durchgeschrieben wird.

Kurzfristige Erfolgsrechnung
Unter Berücksichtigung der Waren- und Materialbestandsveränderungen, Abgrenzungen und Abschreibungen kann so jederzeit eine kurzfristige Erfolgsrechnung erstellt werden.

Sammelkonten
Vereinfachungen und Einsparungen an Buchungsarbeit sind einerseits durch die Errichtung von Sammelkonten und andererseits durch Ergänzung des Journalvordrucks um zusätzliche Kontenspalten (Nachspalten) für häufig bewegte Konten möglich. Die entsprechende Gegenbuchung

Nachspalten
kann dann gleich in der Nachspalte ausgeführt werden; am Monatsende sind allerdings die Zahlen dieser zusätzlichen Kontenspalten auf die dafür vorgesehenen Sachkontenblätter zu übertragen. Dieses Verfahren gilt auch zur Erfassung der Vorsteuer und der Umsatzsteuer, das heißt die jeweiligen Geschäftsvorfälle sind in Nachspalten zu erfassen, die Endsummen am Monatsende werden auf die jeweiligen Kontenblätter übernommen.

1.1 Buchhaltung und Jahresabschluß

Um bei der Vielzahl der erforderlichen Kontenblätter eine entsprechende Übersichtlichkeit und Ordnung zu gewährleisten und die Buchführung ordnungsmäßig durchführen zu können, bedient man sich bei der Durchschreibebuchführung meistens speziell dafür entwickelter Unterlagen und Hilfsmittel wie

- Buchungsplatte
- Karteikasten
- Kontenblätter
- Journalblätter
- Reiterbahnleitkarten
- Schrägsichtleitkarten
- Sichtzungen und Reiter
- Alphabetisches Register
- Durchschlagepapier bzw. selbstdurchschreibende Formulare
- Kontenplankarte und Register
- Handschutzunterlage.

Hilfsmittel

Reihenfolge der Arbeitsgänge

Bei der Durchschreibebuchführung fallen während des Jahres folgende Arbeitsgänge an:

Aufstellung des Kontenplans bzw. dessen Änderung   *Kontenplan*

⬇

Einrichtung der Buchführung
- Beschriften und Ändern der Schrägsichtleitkarten
- Beschriften der Konten
- Anbringen der Sichtzungen und Reiter

Einrichtung der Buchführung

Durchführung der Eröffnungsbuchungen auf den Bestandskonten, Aufteilung der Salden auf die Kunden- und Lieferantenkonten mit Durchschrift in ein Eröffnungsjournal, Abschluß und Abstimmung des Eröffnungsjournals

Eröffnungsbuchungen

⬇

Sammlung, Prüfung und Vorkontierung der Belege   *Belege*

⬇

Verbuchung der Geschäftsvorfälle auf den einzelnen Kontenblättern mit Durchschrift ins Journal   *Verbuchung*

⬇

Durchführung des Monatsabschlusses   *Monatsabschluß*
- Aufaddieren und Übertragen der einzelnen Journalseiten
- Durchführung der Monatsabschlußbuchungen
- Vornahme einer Summenkontrolle

⬇

Durchführung des Jahresabschlusses   *Jahresabschluß*
- Aufaddieren der Kontenblätter
- Erstellung der Jahresabschlußübersicht
- Durchführung der Abschlußbuchungen auf den einzelnen Kontenblättern mit Durchschrift ins Abschlußjournal
- Addition des Abschlußjournals mit Übertrag und Summenkontrolle
- Abschluß der einzelnen Kontenblätter mit Saldenermittlung
- Zusammenstellung der Schlußbilanz sowie der Gewinn- und Verlustrechnung

⬇

Aufbewahrung, Ablage   *Ablage*

Vor- und Nachteile der Durchschreibebuchführung

Die wesentlichen Vorzüge der Durchschreibebuchführung liegen in

Vorteile
- Arbeitseinsparung durch Verbuchung der Geschäftsvorfälle in Konten und Journal in einem Gang
- Vermeidung von Übertragungsfehlern und Übertragungskontrollen durch Wegfall zahlreicher Übertragungsarbeiten
- Übersichtliche Ordnung und jederzeitiger Zugriff auf die Konten
- Beliebige Erweiterungsmöglichkeiten des Kontensystems
- Leichte Abstimmbarkeit und Möglichkeit zum jederzeitigen Abschluß der Buchführung.

Strenge Anforderungen
Diese Vorteile kommen jedoch nur dann zur Geltung, wenn die strengen Anforderungen an die Ordnung der Buchführung, die mit dieser Technik der Loseblattbuchführung verbunden sind, erfüllt werden. Ansonsten können leicht Übertragungsfehler auftreten und die Übersichtlichkeit kann verlorengehen.

Die Buchführung auf der Grundlage der EDV

Bezüglich der Grundlagen und der Technik der elektronischen Datenverarbeitung wird auf die Ausführungen im Abschnitt 2.3.5.1 „Rationelle verwaltungstechnische Abwicklung der einzelnen Geschäftsvorfälle und des Rechnungswesens" in diesem Band verwiesen.

Vereinfachung der Buchführungsarbeit
Auch bei einer Buchführung auf EDV-Basis gelten die Prinzipien der doppelten Buchführung. Die Buchführungsarbeit wird jedoch wesentlich vereinfacht und erleichtert. Kennzeichen der Buchführung auf der Grundlage der EDV ist, daß hier im Gegensatz zu den anderen geschilderten Verfahren die wichtigsten Abläufe nicht nacheinander, sondern gleichzeitig (simultan) vonstatten gehen.

Auf der Basis eines geeigneten Programms (Software) übernimmt der Computer nach der Dateneingabe alle weiteren Arbeiten. Bei den meisten Programmen sind dafür Buchungssatz, also gebendes und empfangendes Konto sowie die entsprechenden Beträge einzugeben.

Anforderungen nach den GOB
> Auch die Buchführung auf der Grundlage der EDV muß selbstverständlich die Grundsätze der Ordnungsmäßigkeit der Buchführung erfüllen. Wichtig sind insbesondere
> - die Möglichkeit, Buchungen auf den Beleg zurückzuverfolgen und
> - sie jederzeit in angemessener Frist und in der für den jeweiligen Zweck entsprechenden Form innerhalb der gesamten Aufbewahrungsfrist lesbar machen zu können.

Reihenfolge der Arbeitsgänge

Bei der Buchführung auf EDV-Basis fallen vor allem folgende Arbeitsgänge an:

> Aufstellung des Kontenplans nach den besonderen Anforderungen der EDV (zum Beispiel Fassung für die elektronische Datenverarbeitung des Einheitskontenrahmens für das deutsche Handwerk)
> ▼
> Sammlung, Prüfung, Vorkontierung der Belege
> ▼
> Datenverarbeitung (simultane Eintragung in das Grundbuch, Ermittlung der aktuellen Kontensalden, Erstellung des Journals und Erstellung entsprechender Abschlüsse)
> ▼
> Datenausgabe
> ▼
> Datenspeicherung

Randnotizen: Kontenplan · Belege · Datenverarbeitung · Datenausgabe · Datenspeicherung

Wesentliche Ergebnisse der Datenausgabe

Die Ergebnisse, die auf der Basis der Buchführung per EDV geliefert werden können, hängen grundsätzlich vom eingesetzten Programm ab. Wichtige Ergebnisse sind:

- Journal
- Sach- und Personenkonten mit jederzeitiger Saldierung
- Zwischen- und Endbilanzen
- Umsatzsteuer-Voranmeldung
- Kennzahlenauswertung
- Kalkulatorische Auswertung
- Steuererklärungen.

Randnotiz: Wichtige Ergebnisse

> Zwei für den Betriebsinhaber besonders wichtige Ergebnisunterlagen der Buchführung auf der Grundlage der EDV sind
> - die Summen- und Saldenliste
> und
> - die betriebswirtschaftliche Auswertung (auch Unternehmensspiegel genannt). (Siehe dazu auch die Beispiele in den Faltblättern 6 und 7 nach Seite 68.)

Die Summen- und Saldenliste

Die Summen- und Saldenliste ist in der Regel in der EDV-Fassung des zugrundeliegenden Kontenrahmens aufgebaut und enthält auch dessen Kontenbezeichnungen.
Sie informiert über die monatliche Entwicklung und den jeweiligen Stand der einzelnen Konten.

> Im einzelnen enthält die Summen- und Saldenliste:
> - die Zahlen der Eröffnungsbilanz
> - die jeweiligen Monatsverkehrszahlen
> - die aufgelaufenen Jahresverkehrszahlen
> - den jeweiligen Endsaldo aus den Werten der Eröffnungsbilanz und den Jahresverkehrszahlen.

Randnotiz: Wesentlicher Inhalt

Für eine ausführliche Darstellung sind weitere Aufteilungen und Untergliederungen möglich, zum Beispiel nach Sachkonten und nach Personenkonten.

Betriebswirtschaftliche Auswertung (Unternehmensspiegel)

Kurzfristige Erfolgsrechnung

> Der Unternehmensspiegel ist eine kurzfristige Erfolgsrechnung auf der Basis der Daten aus der Summen- und Saldenliste. Er liefert dem Betriebsinhaber und anderen Entscheidungsträgern wichtige Basisinformationen für Entscheidungen und Maßnahmen.

Der Unternehmensspiegel umfaßt folgende drei Abschnitte:

Erlös- und Kostenübersicht
- **Erlös- und Kostenübersicht**
  Darin wird dargestellt, welches Gesamtergebnis sich für den Betrieb nach Abzug der Gesamtkosten von den Umsatzerlösen unter Berücksichtigung der außerordentlichen Aufwendungen und Erträge ergibt.

Verwendungsrechnung
- **Verwendungsrechnung**
  Sie informiert über die Verwendung des Gesamtergebnisses, zum Beispiel für Privatentnahmen, Investitionen (Mehrungen beim Anlagevermögen) oder Einlagen auf den Finanzkonten.

Liquiditätsrechnung
- **Liquiditätsrechnung**
  Sie gibt Aufschluß darüber, ob der Betrieb das finanzwirtschaftliche Ziel erreicht, den fälligen Verpflichtungen jederzeit termingerecht nachkommen zu können.

Im Rahmen der Liquiditätsrechnung lassen sich verschiedene Kennzahlen bilden:

Liquidität I
- **Liquidität I:** Verhältnis der liquiden Mittel 1. Ordnung (Bestände von Kasse, Postgiro und Bank) zu den kurzfristigen Verbindlichkeiten (Rückstellungen, Verbindlichkeiten aus Lieferungen und Leistungen, Verbindlichkeiten an Finanzamt für Umsatzsteuer u.ä.). In der Praxis gilt hier ein Verhältnis von 1:1 als Richtschnur.

Liquidität II
- **Liquidität II:** Verhältnis der liquiden Mittel 1. und 2. Ordnung (Forderungen aus Lieferungen und Leistungen) zu den kurzfristigen Verbindlichkeiten.

Liquidität III
- **Liquidität III:** Verhältnis der liquiden Mittel 1., 2. und 3. Ordnung (Vorräte) zu den kurzfristigen Verbindlichkeiten.

Vorjahreswerte

Neben der Monatssumme und der Jahressumme können im Bedarfsfall auch noch die jeweiligen Vorjahreswerte mit dazu ausgedruckt werden. Zusätzliche Informationen ergibt die Gegenüberstellung der Monats- und Jahresverkehrszahlen mit verschiedenen Basisgrößen wie Umsatz, Gesamtkosten oder Lohnkosten. Damit lassen sich wichtige Kennzahlen ermitteln wie zum Beispiel

Umsatzrentabilität
- Umsatzrentabilität:
  Betriebsergebnis in v. H. des Umsatzes

Lohnintensität
- Lohnintensität:
  Löhne in v. H. des Umsatzes.

Betriebsindividuelle Buchungsgewohnheiten

Vorläufiges Ergebnis

Durch ihren Vergleich kann man Änderungen feststellen und analysieren. Bei der Beurteilung der Aussagefähigkeit der Summen- und Saldenliste und des Unternehmensspiegels sind die betriebsindividuellen Buchungsgewohnheiten zu berücksichtigen. So wird die Belastung mit Abschreibungen meistens erst am Jahresende vorgenommen. Bei anderen Kosten wiederum kann es vorkommen, daß sie in einem Betrag gebucht werden, aber mehrere Monate betreffen (zum Beispiel Strom- oder Wasserrechnungen). Deshalb ist das Gesamtergebnis in der betriebswirtschaftlichen Auswertung während des Jahres als vorläufig zu betrachten. Trotzdem aber ist der Unternehmensspiegel geeignet, laufend zumindest wichtige Entwicklungstendenzen aufzuzeigen.

Faltblatt 6

Summen- und Saldenliste zum 30. 4. 1993

Konto	Kontenbezeichnung	Eröffnungsbilanz		Monatsverkehrszahlen		Jahresverkehrszahlen		Endsaldo	
		Soll	Haben	Soll	Haben	Soll	Haben	Soll	Haben
0100	Betriebsgebäude	70 900,00						70 900,00	
0200	Maschinen	8 412,00						8 412,00	
03	Fahrzeuge	32 755,00				12 900,00		45 655,00	
04	Betriebs- und Geschäftsausstattung	16 468,00				1 576,00		18 044,00	
07	Langfristige Verbindlichkeiten		55 700,00						55 700,00
08	Eigenkapital		140 217,00						140 217,00
0920	Rückstellungen		21 339,00						21 339,00
Summe	Kontenklasse	128 535,00	217 256,00	0,00	0,00	14 476,00	0,00	143 011,00	217 256,00
10	Kasse	4 898,17		11 957,18	13 678,14	38 717,17	39 816,04	3 799,30	
1100	Postgiro	12 914,66		44 777,01	38 998,07	99 809,14	97 491,92	15 231,88	
1110	Bank	23 839,41		19 704,77	18 454,91	98 711,19	87 433,32	35 117,28	
1400	Forderungen aus Lieferungen und Leistungen	9 712,83		68 819,14	72 709,59	201 616,77	200 348,14	10 981,46	
1600	Verbindlichkeiten aus Lieferungen und Leistungen		4 011,16	33 817,51	27 194,22	128 916,72	129 611,12		4 705,56
1680	Verbindlichkeiten an Finanzamt für Umsatzsteuer			9 279,34	10 179,34	42 032,10	43 937,36		1 905,26
19	Privat			6 190,97		36 260,99	3 950,82	32 310,17	
Summe	Kontenklasse	51 365,07	4 011,16	194 545,92	181 214,27	646 064,08	602 588,72	97 440,09	6 610,82
30	Vorräte (Rohstoffe)	11 422,77		18 834,18	837,55	80 953,18	3 912,84	88 463,11	
32	Vorräte (Hilfs- und Betriebsstoffe)	3 936,55		3 657,41	54,11	14 269,44	379,16	17 826,83	
34	Vorräte (Handelswaren)	9 989,70		16 483,17	1 165,99	69 517,35	5 030,85	74 476,20	
36	Vorräte (Unfertige Erzeugnisse)	14 908,07						14 908,07	
37	Vorräte (Fertige Erzeugnisse)	1 110,00						1 110,00	
Summe	Kontenklasse	41 367,09	0,00	38 974,76	2 057,65	164 739,97	9 322,85	196 784,21	0,00
4100	Löhne und Gehälter			18 842,62		77 158,08		77 158,08	
4130	Gesetzliche Sozialabgaben			3 580,11		14 660,03		14 660,03	
4570	Fahrzeugkosten			1 879,14		6 516,56		6 516,56	
4590	Sonstige betriebliche Aufwendungen			2 945,16		11 864,44		11 864,44	
Summe	Kontenklasse	0,00	0,00	27 247,03	0,00	110 199,11	0,00	110 199,11	0,00
80	Umsatzerlöse aus selbsthergestellten Erzeugnissen				58 710,11		240 719,09		240 719,09
84	Umsatzerlöse aus Handelswaren				18 419,16		81 309,61		81 309,61
Summe	Kontenklasse	0,00	0,00	0,00	77 129,27	0,00	322 028,70	0,00	322 028,70
9000	AO Aufwendungen			867,12		3 489,19		3 489,19	
9050	AO Erträge				1 233,64		5 028,08		5 028,08
9300	Zins- und Diskontaufwendungen								
9420	Zinsen und ähnliche Erträge								
95	Abschreibungen			Erst zum Jahresschluß					
Summe	Kontenklasse	0,00	0,00	867,12	1 233,64	3 489,19	5 028,08	3 489,19	5 028,08
Gesamt		221 267,16	221 267,16	261 634,83	261 634,83	938 968,35	938 968,35	550 923,60	550 923,60

Faltblatt 7

Betriebswirtschaftliche Auswertung (Unternehmensspiegel) zum 30. 4. 1993

A) Erlös- und Kostenübersicht

	Monats-summe DM	v. H. vom Umsatz	v. H. von Gesamt-kosten	v. H. von Lohn-kosten	Jahres-summe DM	v. H. vom Umsatz	v. H. von Gesamt-kosten	v. H. von Lohn-kosten
Umsatzerlöse	77 129,27	100,00	120,21	409,33	322 028,70	100,00	121,24	417,36
davon Handwerksumsatzerlöse	58 710,11	76,12	91,50	311,58	240 719,09	74,75	90,63	311,98
Handelsumsatzerlöse	18 419,16	23,88	28,71	97,75	81 309,61	25,25	30,61	105,38
Materialaufwand	36 917,11	47,86	57,54	195,92	155 417,12	48,26	58,51	201,43
davon Roh-, Hilfs- und Betriebsstoffe	21 599,93	28,00	33,66	114,63	90 930,62	28,24	34,23	117,85
Handelsware	15 317,18	19,86	23,88	81,29	64 486,50	20,02	24,28	83,58
Rohgewinn	40 212,16	52,14	62,67	213,41	166 611,58	51,74	62,73	215,94
aus Handwerksleistungen	37 110,18	48,12	57,84	196,95	149 788,47	46,51	56,39	194,13
Handelsleistungen	3 101,98	4,02	4,83	16,46	16 823,11	5,23	6,34	21,81
Kalkulatorischer Aufschlag insgesamt (%)	108,92				107,20			
auf Handwerksleistungen (%)	171,81				164,73			
auf Handelsleistungen (%)	20,25				26,09			
Löhne und Gehälter	18 842,62	24,43	29,37	100,00	77 158,08	23,96	29,05	100,00
Sonstige Kosten Gesetzliche Sozialabgaben	3 580,11	4,64	5,58	19,00	14 660,03	4,55	5,52	19,00
Fahrzeugkosten	1 879,14	2,44	2,93	9,97	6 516,56	2,02	2,45	8,44
Sonstige Gemeinkosten	2 945,16	3,82	4,59	15,63	11 864,44	3,69	4,46	15,38
Summe Sonstige Kosten	8 404,41	10,90	13,10	44,60	33 041,03	10,26	12,44	42,82
Gesamtkosten	64 164,14	83,19	100,00	340,53	265 616,23	82,48	100,00	344,25
Betriebsergebnis	12 965,13	16,81	20,21	68,81	56 412,47	17,52	21,24	73,11
Außerordentliche Aufwendungen	867,12	1,12	1,35	4,60	3 489,19	1,08	1,31	4,52
Außerordentliche Erträge	1 233,64	1,60	1,92	6,55	5 028,08	1,56	1,89	6,52
Gesamtergebnis	13 331,65	17,29	20,78	70,75	57 951,36	18,00	21,82	75,11

B) Verwendungsrechnung

Anlagevermögen					14 476,00			
Langfristige Verbindlichkeiten								
Finanzkonten	7 140,68				11 165,19			
Privat	6 190,97				32 310,17			

C) Liquidität

	Mittel	Verbindlichkeiten	Verhältnis
Liquidität I	54 148,46	27 949,82	1,94:1
Liquidität II	65 129,92	27 949,82	2,33:1
Liquidität III	261 914,13	27 949,82	9,37:1

Wichtige Ergebnisse der Buchführung auf der Grundlage der EDV

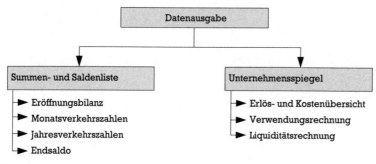

Abbildung 47

1.1.9 Ausgliederung von Buchführungsarbeiten (zentrale Datenverarbeitung)

Lernziele:
- Kennen und Verstehen des Sinnes sowie der Vor- und Nachteile der Ausgliederung betrieblicher Buchführungsaufgaben auf außerbetriebliche Stellen.
- Wissen, welche Stellen für externe Datenverarbeitung für den Handwerksbetrieb in Frage kommen.
- Kennen der Ausgliederungsmöglichkeiten nach der Form der Datenweitergabe für die externe Verarbeitung; die einzelnen Alternativen nach Betriebsgegebenheiten beurteilen können.
- Wissen, wie der praktische Ablauf der Zusammenarbeit mit externen Datenverarbeitungsstellen vor sich geht.

Buchführungsarbeiten sind in der Regel zeitintensiv und erfordern eine geschulte Arbeitskraft. Vor allem kleine Betriebe können oder wollen diesen Aufwand an Zeit und Personal nicht erbringen und scheuen sich vielfach noch vor der Anschaffung eigenbetrieblicher Computer. In diesen Fällen bietet sich die Ausgliederung der Buchführungsaufgaben an.
Dafür stehen dem Handwerksbetrieb folgende Stellen zur Verfügung: Möglichkeiten
- Buchstellen
- Steuerkanzleien
- EDV-Rechenzentren.

1.1.9.1 Buchstellen, Steuerkanzleien, Rechenzentren

Buchstellen

Buchstellen sind organisationseigene oder vertraglich gebundene Ein-   Buchstellen
richtungen, die die Handwerksbetriebe bei der Buchführung mit den
Mitteln der EDV entlasten.

Steuerkanzleien

Der Handwerksbetriebsinhaber kann dieselben Aufgaben, die Buchstellen erledigen, auch an seinen Steuerberater übertragen.   Steuerberater

Rechenzentren

Rechenzentren

Unter einem Rechenzentrum versteht man die Konzentration leistungsfähiger EDV-Anlagen in speziell dafür errichteten Einrichtungen und Gebäuden. Den Betreibern solcher Rechenzentren können ebenfalls Buchführungsarbeiten übertragen werden. Man unterscheidet:
- Unternehmenseigene Rechenzentren (nur bei Großbetrieben)
- Unabhängige Servicerechenzentren
- Gemeinschaftsrechenzentren mehrerer Unternehmen oder einer Berufsgruppe. Diese Gemeinschaftseinrichtungen haben den Vorteil, daß sie auf die besonderen Bedürfnisse ihrer Mitglieder ausgerichtet werden können.

Auch Buchstellen und Steuerberater sind vielfach an solche Rechenzentren angeschlossen (zum Beispiel DATEV).

Datenschutz

Für alle genannten Stellen einer Ausgliederung von Buchführungsarbeiten ist selbstverständlich die Geheimhaltung der ihnen bekanntwerdenden Daten oberstes Prinzip. Es gelten auch die Vorschriften des Datenschutzgesetzes. Betriebsgeheimnisse bleiben so in jedem Fall gewahrt.

1.1.9.2 Betriebliche Voraussetzungen

Notwendige Anpassungen

Ehe ein Betrieb die gesamten oder einen Teil seiner Buchführungsarbeiten ausgliedern kann und dadurch die bestmöglichen wirtschaftlichen Vorteile erzielt werden können, müssen die betrieblichen Gegebenheiten auf die Anforderungen der Buchstelle, des Steuerberaters oder des Rechenzentrums abgestimmt werden. Dies bedeutet insbesondere, daß der Betrieb seine einzelbetriebliche Organisation in diesen Bereichen an die Buchführungsprogramme der jeweiligen Stellen anpassen muß.

In der Regel werden diese Erfordernisse erfüllt, wenn die Kontengliederung des Betriebes auf der Fassung für elektronische Datenverarbeitung des Einheitskontenrahmens für das deutsche Handwerk aufbaut.

1.1.9.3 Ergebnisse der Ausgliederung von Buchführungsarbeiten

Externe Datenverarbeitungsstellen liefern dem Betrieb in der Regel die gleichen Ergebnisse wie die eigenbetriebliche EDV.

1.1.9.4 Einzelbereiche der Ausgliederung von Buchführungsarbeiten

Je nach betrieblichen Gegebenheiten bieten sich mehrere Formen der Ausgliederung von Buchführungsarbeiten an.

In jedem Fall muß der einzelne Betrieb nach wie vor die anfallenden Belege sammeln und ordnen. Daran anschließend hat er folgende Möglichkeiten:

Möglichkeiten der Ausgliederung

- Weitergabe dieser nicht kontierten Belege
- Vorkontierung der Belege im Betrieb und anschließende Weitergabe
- Erfassung der Geschäftsvorfälle auf EDV-Datenträgern (Disketten, Festplatten) und Weitergabe dieser Datenträger.

Die Weitergabe der Daten ist dabei auch durch direkten Datenaustausch zwischen Betrieb und der entsprechenden Ausgliederungsstelle möglich. Diese Datenfernübertragung geschieht über die normale Fernsprechleitung oder andere Leitungsnetze (zum Beispiel DATEX-Netze).

1.1 Buchhaltung und Jahresabschluß 71

Als technische Voraussetzungen müssen ein entsprechender PC, ein Akustikkoppler und die dazugehörige Kommunikationssoftware vorhanden sein.
Man spricht in diesen Fällen auch von sogenannten Datenverbundsystemen. Ein solcher Datenverbund ermöglicht erhebliche Zeitsersparnisse. Die Datenverarbeitung und Datenausgabe (Ergebnisse) wird im Rechenzentrum vorgenommen. Anschließend erfolgt die Rückgabe an den Betrieb.

Datenverbundsysteme

1.1.9.5 Praktischer Ablauf der Zusammenarbeit mit externen Datenverarbeitungsstellen

Unter den geschilderten Gegebenheiten und Voraussetzungen ergibt sich folgender Ablauf der Zusammenarbeit zwischen Betrieb und Buchstelle, Steuerberater oder Rechenzentrum bei der Ausgliederung von Buchführungsarbeiten:

Grundaufzeichnungen, Belegsammlung und Belegordnung im Handwerksbetrieb	Belege
▼	
Vorkontieren nach Kontenplan und Personenkontenverzeichnis auf den Belegen oder Kontierungsstreifen (im eigenen Betrieb oder bei externer Stelle)	Vorkontierung
▼	
Maschinelle Erfassung mit PC (im eigenen Betrieb oder in externer Stelle)	Maschinelle Erfassung
▼	
Weiterleitung der Daten an das Rechenzentrum über Datenverbund oder Datenträgerübersendung	Datenweitergabe
▼	
Verarbeitung der Daten im Rechenzentrum	Datenverarbeitung
▼	
Datenausgabe und Rücksendung der Ergebnisse direkt vom Rechenzentrum oder über Buchstelle bzw. Steuerberater an den Betrieb	Datenausgabe
▼	
Wichtige Ergebnisse	Ergebnisse
Buchungsjournal — Kontenauszüge — Summen- und Saldenlisten für Sach- und Personenkonten — Versandfertige Mahnungen — Umsatzsteuervoranmeldung, Lohnsteueranmeldung — Betriebswirtschaftliche Auswertungen, Unternehmensspiegel, Zwischenbilanzen, Kennzahlen, Betriebsvergleichszahlen, Statistiken, Kostenrechnung	
▼	
Datenspeicherung	Datenspeicherung

1.1.9.6 Vor- und Nachteile der Datenverarbeitung außer Haus

Zu den Vorteilen der Ausgliederung von Buchführungsarbeiten zählen, in Abhängigkeit von den einzelbetrieblichen Gegebenheiten, insbesondere:
- Kostenvorteile gegenüber der Beschaffung oder Miete (Leasing) von betriebseigenen Anlagen
- die Umgehung von Personal- und Auslastungsproblemen
- stetiger Anschluß an modernste Techniken

Vorteile

- Lösung auch komplexer und schwieriger Probleme über vielfältige und umfassende Programmpakete.

Nachteile können sich im Einzelfall ergeben durch

Nachteile
- die räumliche Trennung von Datenanfall und Datenverarbeitung
- Abweichungen der betriebsspezifischen Erfordernisse und der Möglichkeiten im Rahmen von Standardauswertungsprogrammen
- hohe Kosten des unmittelbaren Datenzugriffs im Rahmen von Datenverbundsystemen.

Programmierte und textlich gestaltete, offene Übungs-, Wiederholungs- und Prüfungsfragen

1. Welches ist der wichtigste Zweig des betrieblichen Rechnungswesens?
- ☐ a) Die Deckungsbeitragsrechnung
- ☐ b) Die Kalkulation
- ☐ c) Die Kostenrechnung
- ☐ d) Die Buchhaltung und der Jahresabschluß
- ☐ e) Die Statistik.

„Siehe Seite 1 des Textteils!"

2. Ist die Buchhaltung auch aus betriebswirtschaftlichen Gründen notwendig?
- ☐ a) Ja, weil sie die Grundlage für die Entwicklung neuer Fertigungstechniken darstellt.
- ☐ b) Ja, weil sie eine wichtige Grundlage für unternehmerische Entscheidungen darstellt.
- ☐ c) Nein, sie muß nur geführt werden, wenn dies die kreditgebenden Banken verlangen.
- ☐ d) Nein, weil man im Kleinbetrieb auch ohne Buchhaltung den notwendigen Überblick behalten kann.
- ☐ e) Nein, sie muß nur geführt werden, weil es nach steuerlichen Vorschriften Pflicht ist.

„Siehe Seite 2 des Textteils!"

3. Was sind die wesentlichen Aufgaben der Buchhaltung?

„Siehe Seite 3 des Textteils!"

4. Wo sind die gesetzlichen Vorschriften für die Buchhaltung geregelt?
- ☐ a) Im Bürgerlichen Gesetzbuch
- ☐ b) Im Handelsgesetzbuch und im Steuerrecht
- ☐ c) In der Zivilprozeßordnung
- ☐ d) In der Gewerbeordnung
- ☐ e) In der Bundesbuchführungsverordnung.

„Siehe Seite 3 des Textteils!"

5. Welche der nachfolgenden Vorschriften ist richtig?
Nach dem Steuerrecht sind alle gewerblichen Unternehmer für den einzelnen Betrieb zur Buchführung verpflichtet, die jährlich mehr als
- ☐ a) 300.000,00 DM Umsatz oder 80.000,00 DM Betriebsvermögen oder 20.000,00 DM Gewinn aus Gewerbebetrieb haben.
- ☐ b) 250.000,00 DM Umsatz oder 50.000,00 DM Betriebsvermögen oder 18.000,00 DM Gewinn aus Gewerbebetrieb haben.
- ☐ c) 300.000,00 DM Umsatz oder 50.000,00 DM Betriebsvermögen oder 20.000,00 DM Gewinn aus Gewerbebetrieb haben.
- ☐ d) 500.000,00 DM Umsatz oder 125.000,00 DM Betriebsvermögen oder 36.000,00 DM Gewinn aus Gewerbebetrieb haben.
- ☐ e) 600.000,00 DM Umsatz oder 120.000,00 DM Betriebsvermögen oder 30.000,00 DM Gewinn aus Gewerbebetrieb haben.

„Siehe Seite 7 des Textteils!"

6. Wer ist zur gesonderten Aufzeichnung des Wareneingangs verpflichtet?
- ☐ a) Grundsätzlich jeder gewerbliche Unternehmer
- ☐ b) Nur wer eine ordnungsmäßige Buchführung hat
- ☐ c) Nur Großunternehmen

☐ d) Im Handwerk nur Gesellschaften mit beschränkter Haftung
☐ e) Ausschließlich Aktiengesellschaften.

„Siehe Seite 8 des Textteils!"

7. Was muß im einzelnen aus den Aufzeichnungen nach den umsatzsteuerlichen Vorschriften zu ersehen sein?

„Siehe Seite 9 des Textteils!"

8. Wer ist zur Führung von Lohnkonten verpflichtet?
☐ a) Nur Kapitalgesellschaften
☐ b) Nur Personengesellschaften
☐ c) Nur Betriebe, die zur ordnungsmäßigen Buchführung verpflichtet sind
☐ d) Jeder Arbeitgeber
☐ e) Jeder Arbeitgeber mit mindestens 20 Beschäftigten.

„Siehe Seite 10 des Textteils!"

9. Welche ist die wichtigste Grundregel für die ordnungsmäßige Buchführung?
Eine Buchführung muß so beschaffen sein, daß
☐ a) sie dem Betriebsinhaber jederzeit einen Überblick über die Vermögens- und Ertragslage des Betriebes vermitteln kann.
☐ b) sie nur dem Betriebsprüfer des Finanzamtes mit angemessenem Zeitaufwand einen Überblick über die Vermögens- und Ertragslage vermitteln kann.
☐ c) sie jedem sachverständigen Dritten innerhalb angemessener Zeit einen Überblick über die Geschäftsvorfälle und die Lage des Unternehmens vermitteln kann.
☐ d) der sachliche und materielle Inhalt stimmt und keine grundlegenden Mängel aufweist.
☐ e) vor allem die Formvorschriften beachtet wurden, die die einschlägigen Gesetze vorsehen.

„Siehe Seite 11 des Textteils!"

10. Kasseneinnahmen und Kassenausgaben sollen
☐ a) täglich festgehalten werden.
☐ b) mindestens jeden zweiten Tag aufgezeichnet werden.
☐ c) wöchentlich erfaßt werden.
☐ d) monatlich registriert werden.
☐ e) nur stichprobenartig aufgezeichnet werden.

„Siehe Seite 11 des Textteils!"

11. Die Aufbewahrungsfrist für Geschäftsbücher und Belege beträgt
☐ a) einheitlich 12 Jahre.
☐ b) einheitlich 10 Jahre.
☐ c) einheitlich 5 Jahre.
☐ d) für Geschäftsbücher 8 Jahre und für Belege 6 Jahre.
☐ e) für Geschäftsbücher 10 Jahre und für Belege 6 Jahre.

„Siehe Seite 12 des Textteils!"

12. Was sind im einzelnen die Grundsätze ordnungsmäßiger Buchführung?

„Siehe Seite 12 des Textteils!"

13. Was sind mögliche Folgen von Verstößen gegen die Grundsätze ordnungsmäßiger Buchführung?

„Siehe Seite 13 des Textteils!"

1.1 Buchhaltung und Jahresabschluß 75

14. Welche für den Handwerksbetrieb geeigneten Buchführungssysteme gibt es und welche Kriterien sind bei der Auswahl eines geeigneten Buchführungssystems zu beachten?

„Siehe Seite 13 des Textteils!"

15. Unter Inventur versteht man
- ☐ a) die Bestandsaufnahme aller Vermögensgegenstände und Verbindlichkeiten sowie deren Bewertung.
- ☐ b) nur die körperliche Bestandsaufnahme aller Waren und Materialvorräte.
- ☐ c) eine Aufstellung über die am Bilanzstichtag im Betrieb vorhandenen Zahlungsmittel.
- ☐ d) das Zählen und Messen wichtiger Gegenstände des Betriebsvermögens.
- ☐ e) die Zusammenstellung der Aufwendungen und Erträge.

„Siehe Seite 15 des Textteils!"

16. Welche Grundsätze sind bei der Bewertung der im Jahresabschluß ausgewiesenen Vermögensgegenstände und Schulden zu beachten?

„Siehe Seite 19 des Textteils!"

17. Wofür und wie ist ein Inventar aufzustellen?

„Siehe Seite 23 des Textteils!"

18. Eine Bilanz ist
- ☐ a) die Zusammenstellung des betrieblichen Vermögens und der Verbindlichkeiten (Schulden) zu einem Zeitpunkt.
- ☐ b) die Zusammenstellung des gesamten Vermögens und aller Verbindlichkeiten (Schulden) eines Unternehmers.
- ☐ c) der Ausweis aller betrieblichen Vermögensgegenstände ohne Verbindlichkeiten (Schulden).
- ☐ d) nur der Ausweis aller betrieblichen Verbindlichkeiten (Schulden)
- ☐ e) die Gegenüberstellung von Eigenkapital und Fremdkapital.

„Siehe Seite 23 des Textteils!"

19. Auf der Aktivseite der Bilanz teilt man ein in
- ☐ a) Anlagevermögen und Umlaufvermögen.
- ☐ b) Betriebsvermögen und Privatvermögen.
- ☐ c) Vermögen und Eigenkapital.
- ☐ d) Eigenkapital und Verbindlichkeiten (Schulden).
- ☐ e) Eigenkapital und Fremdkapital.

„Siehe Seite 24 des Textteils!"

20. Welche Grundsätze sind bei der Bilanzierung zu beachten?

„Siehe Seite 25 des Textteils!"

21. Unter Aufwendungen im Sinne der Gewinn- und Verlustrechnung versteht man
- ☐ a) alle Ausgaben für den privaten Bereich des Betriebsinhabers.
- ☐ b) die Summe aller effektiven betrieblichen Aufwendungen.
- ☐ c) nur die Ausgaben für bezogene Vorleistungen.
- ☐ d) nur die Ausgaben für Einkommensteuer, Kirchensteuer und Vermögensteuer.
- ☐ e) alle privaten und betrieblichen Ausgaben.

„Siehe Seite 27 des Textteils!"

22. Unter Erträgen im Sinne der Gewinn- und Verlustrechnung versteht man
- ☐ a) alle Einnahmen aus privatem Wertbesitz.
- ☐ b) alle Einnahmen aus privater Geldanlage.
- ☐ c) die Privateinlagen.
- ☐ d) nur die Summe der Umsatzerlöse.
- ☐ e) die Summe aller Umsatzerlöse und sonstigen betrieblichen Erträge.

„Siehe Seite 27 des Textteils!"

23. Welche Arten der Gewinnermittlung gibt es nach dem Handelsrecht und nach dem Steuerrecht?

„Siehe Seite 27 des Textteils!"

24. Der erzielte Jahresüberschuß oder Jahresfehlbetrag bzw. Gewinn oder Verlust ergibt sich
- ☐ a) aus der Differenz zwischen Aufwendungen und Erträgen.
- ☐ b) nur aus der Differenz zwischen Vermögen und Verbindlichkeiten (Schulden).
- ☐ c) aus der Differenz zwischen Eigenkapital und Fremdkapital.
- ☐ d) aus der Differenz zwischen Umsatzerlösen und Privatentnahmen.
- ☐ e) aus der Differenz zwischen betrieblichen Erträgen und Eigenkapital.

„Siehe Seite 27 des Textteils!"

25. Die doppelte Buchführung ist
- ☐ a) in erster Linie eine kombinierte Bestands- und Erfolgsrechnung.
- ☐ b) nur ein System zur Ermittlung des Geschäftserfolges.
- ☐ c) nur ein System zur Erfassung von Veränderungen bei Vermögen und Verbindlichkeiten (Schulden).
- ☐ d) eine Doppelrechnung von Aufwendungen und Kosten.
- ☐ e) ein System zur Umrechnung von Einnahmen und Ausgaben in Aufwendungen und Kosten.

„Siehe Seite 30 des Textteils!"

26. Welche Kontenarten werden in der Buchhaltung unterschieden?

„Siehe Seite 30 des Textteils!"

27. Welche der nachfolgenden Einteilungen ist richtig?
   Sachkonten werden unterteilt in
- ☐ a) Personenkonten und Verbindlichkeiten aus Lieferungen und Leistungen.
- ☐ b) Bestandskonten und Erfolgskonten.
- ☐ c) Aufwandskonten und Personenkonten.
- ☐ d) Ertragskonten und Personenkonten.
- ☐ e) Forderungen aus Lieferungen und Leistungen sowie Verbindlichkeiten aus Lieferungen und Leistungen.

„Siehe Seite 36 des Textteils!"

28. Welcher der nachstehend aufgeführten Kontenrahmen sollte bei der Aufstellung eines einzelbetrieblichen Kontenplans für einen Handwerksbetrieb als beste Unterlage herangezogen werden?
- ☐ a) Der 10-Klassen-Einheitskontenrahmen für die deutsche Wirtschaft
- ☐ b) Der Einheitskontenrahmen für das Handwerk
- ☐ c) Der Fachkontenrahmen für den betreffenden Handwerkszweig
- ☐ d) Der Einheitskontenrahmen für Kleinbetriebe
- ☐ e) Der Einheitskontenrahmen des RKW.

„Siehe Seite 37 des Textteils!"

1.1 Buchhaltung und Jahresabschluß

29. Der Kontenplan hat die Aufgabe
- ☐ a) in erster Linie Buchungsregeln für die Verbuchung erstellen zu können.
- ☐ b) vorwiegend die Materialkosten erfassen und gliedern zu können.
- ☐ c) in erster Linie Datenverbundsysteme sinnvoll im Betrieb einzusetzen.
- ☐ d) in erster Linie eine übersichtliche Buchhaltungsorganisation zu gewährleisten.
- ☐ e) in allen Betrieben die Buchführung per EDV sicherzustellen.

„Siehe Seite 38 des Textteils!"

30. Erläutern Sie kurz die drei wichtigsten Buchungsregeln bei der doppelten Buchführung!

„Siehe Seite 39 des Textteils!"

31. Wozu dient ein Buchungsschlüssel?
- ☐ a) Zur Unterscheidung der verschiedenen Buchhaltungssysteme
- ☐ b) Zur Übersicht über die verschiedenen Buchhaltungsmethoden
- ☐ c) Zur Kontierung der Belege
- ☐ d) Vorwiegend zur Durchführung der Inventur
- ☐ e) Zur Entscheidung über interne oder externe Datenverarbeitung.

„Siehe Seite 40 des Textteils!"

32. Unter Saldo versteht man
- ☐ a) die Summe aller Zahlen auf der linken Seite eines Kontos.
- ☐ b) die Summe aller Zahlen auf der rechten Seite eines Kontos.
- ☐ c) die Differenz zwischen der Soll- und der Habenseite eines Kontos.
- ☐ d) den Ausgleich zwischen zwei Konten in der Buchhaltung.
- ☐ e) die Differenz der Summen zwischen Bilanz sowie Gewinn- und Verlustrechnung.

„Siehe Seite 41 des Textteils!"

33. Die Höhe der Abschreibung richtet sich nach
- ☐ a) der jeweiligen Einschätzung des Betriebsinhabers.
- ☐ b) der betriebsgewöhnlichen Nutzungsdauer.
- ☐ c) der Art des Buchführungssystems.
- ☐ d) der Art der Buchführungsmethode.
- ☐ e) der Vorgabe der Berufsorganisation.

„Siehe Seite 45 des Textteils!"

34. Welche der nachfolgenden Aussagen ist richtig?
- ☐ a) Der Jahresüberschuß (Gewinn) wird auf der Gutschriftseite des Eigenkapitals verbucht.
- ☐ b) Privatentnahmen werden auf der Gutschriftseite des Eigenkapitalkontos verbucht.
- ☐ c) Die Verbuchung des Jahresüberschusses (Gewinns) erfolgt immer auf der Belastungsseite des Eigenkapitalkontos.
- ☐ d) Die Verbuchung des Jahresüberschusses (Gewinns) erfolgt immer auf dem Privatkonto.
- ☐ e) Die Verbuchung des Jahresüberschusses (Gewinns) erfolgt immer auf Konto Rückstellungen.

„Siehe Seite 48 des Textteils!"

35. Beschreiben Sie kurz die wichtigsten Arbeitsvorgänge von der Erstellung der Eröffnungsbilanz bis zum Jahresabschluß bei einem Beispiel zur doppelten Buchführung auf T-Konten!

„Siehe Seite 50 des Textteils!"

36. Das amerikanische Journal enthält im Regelfall folgende Konten:
- ☐ a) Alle Konten der Buchführung
- ☐ b) Nur die Konten, die am häufigsten bewegt werden
- ☐ c) Alle Personenkonten der Buchführung
- ☐ d) Alle Bestandskonten
- ☐ e) Alle Erfolgskonten.

„Siehe Seite 61 des Textteils!"

37. Im Kassenbuch müssen erfaßt sein:
- ☐ a) Alle Geschäftsvorfälle des Zahlungsverkehrs
- ☐ b) Nur alle Kasseneinnahmen
- ☐ c) Nur alle Kassenausgaben
- ☐ d) Alle Bareinnahmen und Barausgaben
- ☐ e) Alle Privatentnahmen.

„Siehe Seite 62 des Textteils!"

38. Im Lohnbuch sind zu erfassen:
- ☐ a) Nur die Löhne der Arbeiter
- ☐ b) Nur die Gehälter der Angestellten
- ☐ c) Sowohl alle Löhne als auch alle Gehälter sowie die Abzüge
- ☐ d) Nur die Abzüge für Steuern und Sozialversicherung
- ☐ e) Alle Lohn- und Lohnzusatzkosten.

„Siehe Seite 62 des Textteils!"

39. Nennen Sie die wichtigsten Arbeitsvorgänge bei der amerikanischen Buchführung in der zeitlich richtigen Reihenfolge!

„Siehe Seite 63 des Textteils!"

40. Die Durchschreibebuchführung ist
- ☐ a) eine Buchhaltung mit Speicherung auf Diskette.
- ☐ b) eine Buchhaltung, die nur aus gebundenen Büchern besteht.
- ☐ c) eine reine Karteikasten-Buchhaltung.
- ☐ d) eine Buchhaltung mit Lochkartenspeicherung.
- ☐ e) eine Loseblatt-Buchhaltung.

„Siehe Seite 64 des Textteils!"

41. Welches sind die wichtigsten Arbeitsvorgänge bei der Durchschreibebuchführung?

„Siehe Seite 65 des Textteils!"

42. Nennen Sie die wesentlichen Vorteile einer Durchschreibebuchführung!

„Siehe Seite 66 des Textteils!"

43. Bei der Buchführung auf der Grundlage der EDV
- ☐ a) erübrigt sich die Sammlung, Prüfung und Vorkontierung der Belege.
- ☐ b) muß die Erlaubnis des Finanzamtes vorliegen.
- ☐ c) gelten die Prinzipien der doppelten Buchführung weiter.
- ☐ d) werden die Daten der Buchführung direkt an das Finanzamt weitergegeben.
- ☐ e) ist kein Kontenplan mehr erforderlich.

„Siehe Seite 66 des Textteils!"

44. Als Ergebnis liefert die Buchführung per EDV in der Regel
- ☐ a) unter anderem Journal- und Konteninhalte, Summen- und Saldenlisten, betriebswirtschaftliche Auswertungen und Umsatzsteuervoranmeldungen.

1.1 Buchhaltung und Jahresabschluß

☐ b) einen kompletten Betriebsabrechnungsbogen mit erweiterter Erfolgsrechnung.
☐ c) Fertigungspläne für die Durchführung verschiedenartiger Arbeiten.
☐ d) Auftragspläne für die Arbeitsvorbereitung im Betrieb.
☐ e) komplett kalkulierte Preise.

„Siehe Seite 67 des Textteils!"

45. Für die Ausgliederung von Buchführungsarbeiten stehen dem Handwerksbetrieb folgende Stellen zur Verfügung:
☐ a) Buchstellen, Steuerkanzleien, EDV-Rechenzentren
☐ b) Innungen, Handwerkskammern
☐ c) Institut für Handwerkswirtschaft
☐ d) Buchstellen, Steuerberater, Berufsgenossenschaft
☐ e) EDV-Rechenzentren, Rationalisierungskuratorium der Deutschen Wirtschaft.

„Siehe Seite 69 des Textteils!"

46. Was versteht man unter einem Datenverbundsystem?
☐ a) Zusammenfassung einzelbetrieblicher Daten nach Branchen und Betriebstypen
☐ b) Den Austausch von Daten zwischen mehreren Rechenzentren
☐ c) Rechenzentren, die als Gemeinschaftsanlage von Berufs- und Unternehmergruppen gebildet werden
☐ d) Die Zusammenfassung der Daten mehrerer Handwerksbetriebe bei einer Buchstelle
☐ e) Die Arbeitsteilung zwischen eigenbetrieblichen Computern und Rechenzentren.

„Siehe Seite 71 des Textteils!"

47. Schildern Sie den praktischen Ablauf der Zusammenarbeit mit externen Datenverarbeitungsstellen!

„Siehe Seite 71 des Textteils!"

1.2 Kostenrechnung und Kalkulation

Um sich auf dem Markt und gegen seine Mitwettbewerber behaupten zu können, muß jeder Betriebsinhaber in der Lage sein, die Preise für seine Produkte und Dienstleistungen kalkulieren zu können.

Vor allem bei größeren Aufträgen erwartet heute auch jeder private Auftraggeber eine solide Kalkulation (Kostenvoranschlag). Dies gilt auch für die immer häufiger üblichen „Komplettpreis-Angebote". Kostenvoranschlag
Komplett-Preis

Besonders wichtig sind solide Kalkulationen auch dann, wenn sich ein Betrieb an öffentlichen Ausschreibungen beteiligt. Der Unternehmer muß dabei bedenken, daß er an sein Angebot gebunden ist und die Arbeiten ordnungsgemäß auszuführen hat.

Es gibt für die Kostenrechnung und Kalkulation des einzelnen Betriebes kein Einheitsschema, jedoch müssen generell die allgemeinen Grundlagen einer einwandfreien Kalkulation und Kostenrechnung beachtet werden. Eine sachgerechte Kostenrechnung und Kalkulation entscheidet heute mehr denn je, wie erfolgreich ein Betrieb sich auf dem Markt behaupten kann.

Gerade im Handwerk weisen Kostenrechnung und Kalkulationen vielfach noch erhebliche Fehler und Mängel auf.

Dazu zählen insbesondere die

- Kalkulation durch Schätzung

   Von Preisschätzungen muß dringend abgeraten werden, weil es dabei nicht möglich ist, alle wichtigen und für die Preisbildung ausschlaggebenden Faktoren zu berücksichtigen. Preisschätzungen

- Übernahme von Konkurrenzpreisen

   Wer starr und unüberlegt die Preise für seine eigenen Produkte und Dienstleistungen am Angebot seiner Konkurrenten ausrichtet, läuft Gefahr, besondere Bedingungen des Betriebes und des Standortes völlig außer acht zu lassen. Die Gefahr von Fehlkalkulationen ist dabei besonders hoch. Konkurrenzpreise

- Übernahme von Kalkulationshilfen

   Für die Kalkulation entwickelte Hilfen oder Schemen können vom Handwerker nur angewandt werden, wenn er sie für die eigenen betrieblichen Verhältnisse nachgeprüft und ggf. entsprechend angepaßt hat. Kalkulationshilfen

Mängel und Fehler der Kalkulation

Abbildung 48

1.2.1 Überblick über Aufgaben und Gliederung sowie Begriffe der Kostenrechnung

Lernziele:
- Wissen, welche Aufgaben die Kostenrechnung (neben der Preispolitik) zu erfüllen hat und in welche Teilgebiete sich die Kostenrechnung gliedert.
- Kennen und Verstehen der wichtigsten Begriffe der Kostenarten-, Kostenstellen- und Kostenträgerrechnung.

1.2.1.1 Grundsätzliches zum Preisbegriff

Preisbegriff

In der Alltagssprache versteht man unter dem Preis die Geldsumme, die ein Käufer für eine Ware oder für eine Leistung im wirtschaftlichen Leben bezahlen muß.
Für den Betriebsinhaber spielen zwei Preise eine besondere Rolle:
- der Marktpreis

und
- der kalkulierte betriebliche Preis.

Marktpreis

Der Marktpreis

Nach allgemeinen volkswirtschaftlichen Grundsätzen bestimmen Angebot und Nachfrage den Preis. Voraussetzung dafür sind ein funktionierender Wettbewerb und die umfassende Information von Anbieter und Nachfrager. Dann gibt es nur einen Preis für ein Gut und es gilt:

Angebot
- Wenn das Angebot größer ist als die Nachfrage, dann sinkt der Preis.

Nachfrage
- Wenn die Nachfrage größer ist als das Angebot, dann steigt der Preis.

Gleichgewichtspreis

Der Preis pendelt sich also nach dem wechselseitigen Spiel von Mengen- und Preisvorstellungen der Anbieter und der Nachfrager ein. Wo beide Gruppen sich treffen, bildet sich der Marktpreis (auch Gleichgewichtspreis genannt).

Die Bildung des Marktpreises

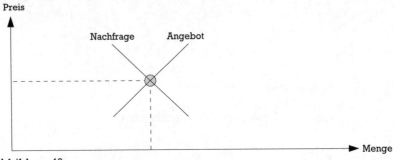

Abbildung 49

Betriebliche Preispolitik

Dieser Marktpreis ist für jeden Unternehmer eine Tatsache, die Auswirkungen auf seinen Betrieb und seine betriebliche Preispolitik haben muß.

Der kalkulierte betriebliche Preis

Ehe sich der einzelne Unternehmer dem Markt und seiner Preisbildung stellt, muß er zunächst unter Berücksichtigung der besonderen einzelbetrieblichen Gegebenheiten seinen betrieblichen Preis kalkulieren. Dabei sollte sich jeder Betriebsinhaber bewußt sein, daß der am Markt für die Lieferungen und Leistungen erzielte Preis nicht nur die Kosten decken soll. Er sollte auch für einen angemessenen Gewinn und ein angemessenes Einkommen ausreichen. Um diesen betrieblichen Preis zu ermitteln, sind eine genaue Kalkulation und Kostenrechnung erforderlich.

Kalkulierter betrieblicher Preis

1.2.1.2 Aufgaben der Kostenrechnung

Zentrale Aufgabe der Kostenrechnung ist die
- Erfassung
- Verteilung
- Zurechnung

der Kosten, die bei der Produktion und Erbringung einer Dienstleistung entstehen.

Aufgaben

Aufgaben der Kostenrechnung

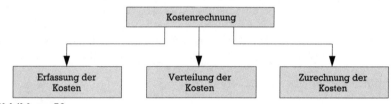

Abbildung 50

Die damit gewonnenen Informationen dienen im modernen Rechnungswesen der
- kostengerechten Preisbildung
- Wirtschaftlichkeitsrechnung
- Kontrolle.

Einsatzmöglichkeiten

1.2.1.3 Gliederung und Begriffe der Kostenrechnung

Ausgangspunkt ist hier zunächst die grundlegende Definition von Kosten. Sie werden heute im allgemeinen folgendermaßen definiert:

Kosten sind der bewertete Verbrauch von Produktionsfaktoren (Rohstoffe, Arbeit und Kapital) und Dienstleistungen für die Erstellung und zum Absatz betrieblicher Leistungen und zur Aufrechterhaltung der betrieblichen Leistungsbereitschaft.

Kostenbegriff

Gliederung der Kostenrechnung

Die Kostenrechnung gliedert sich grundsätzlich in drei Bereiche:
- Kostenartenrechnung
- Kostenstellenrechnung
- Kostenträgerrechnung.

Bereiche der Kostenrechnung

Gliederung der Kostenrechnung

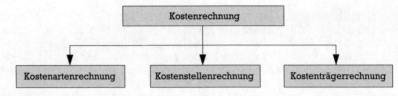

Abbildung 51

Die Kostenartenrechnung

Kostenarten

> Die Kostenartenrechnung gibt eine Antwort auf die Frage:
> **Welche Kosten sind in welcher Höhe angefallen?**
> Als wichtigste Kostenarten sind dabei im Handwerk im allgemeinen zu unterscheiden:
> - Materialkosten
> - Personalkosten
> - kalkulatorische Kosten

Effektive Kosten

Materialkosten und Personalkosten sind effektive Kosten, denen tatsächliche Aufwendungen gegenüberstehen und die ihren Niederschlag in der Buchhaltung finden.

Kalkulatorische Kosten

Kalkulatorische Kosten werden in der Buchhaltung nicht erfaßt, sie müssen auf andere Weise, meist statistisch, ermittelt werden.

Darüber hinaus unterscheidet man zwischen

Einzelkosten

- Einzelkosten

  Darunter versteht man alle Kosten, die pro Einzelauftrag direkt ermittelt und zugerechnet werden können. Im Handwerksbetrieb sind dies vor allem die Material- und die Lohnkosten.

Gemeinkosten

- Gemeinkosten

  Dies sind alle Kosten, die nicht direkt auf eine Leistung verrechnet werden können, aber zur Aufrechterhaltung des Betriebes insgesamt anfallen.

Sonderkosten

- Sonderkosten

  Diese Kostenart fällt nicht regelmäßig, sondern nur infolge von Sonderereignissen an.

Die Kosten lassen sich ferner trennen nach

Fixe Kosten

- fixen Kosten

  Dies sind Kosten, die von der Beschäftigungslage bzw. der Leistung des Betriebes unabhängig sind.

Variable Kosten

- variablen Kosten

  Variable Kosten verändern sich mit zunehmender und abnehmender Beschäftigung, Leistung oder Ausbringung.

1.2 Kostenrechnung und Kalkulation

Die einzelnen Kostenarten

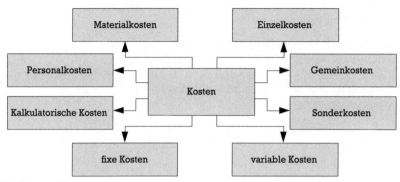

Abbildung 52

Die Kostenstellenrechnung

> Nach der Erfassung der Kostenarten müssen diese auf die Betriebsbereiche verteilt werden, in denen sie entstanden bzw. angefallen sind. Die Kostenstellenrechnung beantwortet also die Frage: **Wo sind die Kosten entstanden?**

Verteilung der Kosten

Dazu werden die Kostenstellen gebildet. Sie stehen für die Orte im Betrieb, an denen Kosten beim betrieblichen Leistungsprozeß entstehen. Die einzelnen Kostenstellen lassen sich nach funktionellen, räumlichen oder institutionellen Gesichtspunkten abgrenzen. Wie weit die Bildung von Kostenstellen dabei geht oder gehen soll, hängt vor allem von der jeweiligen Branche und den betrieblichen Gegebenheiten ab.

Kostenstellen

Die Kostenträgerrechnung

> Die Kostenträgerrechnung schließlich gibt die Antwort auf die Frage: **Wofür sind die Kosten entstanden?**
> Die einzelnen Kostenträger sind dabei die jeweiligen betrieblichen Leistungen (Güter oder Dienstleistungen), auf die die verursachten Kosten entfallen.

Kostenträger

Systeme der Kostenrechnung

> Kostenrechnungssysteme ergeben sich aus den Regeln für die Erfassung, Verteilung und Zurechnung der Kosten.
> Sie kann nach zwei Kriterien erfolgen:
> - Zeitbezug
>   und
> - Umfang.

Kostenrechnungssysteme

Nach dem Zeitbezug unterscheidet man:
- Istkostenrechnung
  Dabei werden die effektiv angefallenen Kosten eines Abrechnungszeitraums berücksichtigt und verrechnet.
- Normalkostenrechnung
  Sie erfaßt nicht die Istkosten, sondern orientiert sich an Werten aus der Vergangenheit und dient damit der Erarbeitung von Vorgaben.

Istkostenrechnung

Normalkostenrechnung

Plankostenrechnung
- Plankostenrechnung
  Plankosten haben Vorgabecharakter und werden aus der betrieblichen Planung abgeleitet.

Nach dem Umfang werden unterschieden:

Vollkostenrechnung
- Vollkostenrechnung
  Dieses Kostenrechnungssystem ist darauf ausgerichtet, alle anfallenden Kosten zu berücksichtigen und zu verteilen.

Teilkostenrechnung
- Teilkostenrechnung
  Im Rahmen dieses Systems wird nur ein Teil der Kosten, in der Regel die variablen oder die Einzelkosten, verrechnet.

Kostenrechnungssysteme

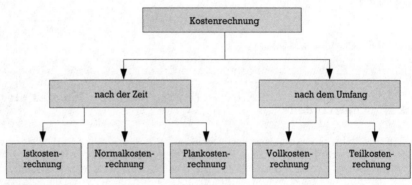

Abbildung 53

1.2.2 Ermittlung, Abgrenzung, Aufbereitung der Ausgangswerte für die Kostenrechnung (Kostenartenrechnung)

Lernziele:
- Wissen, wie die in der Buchhaltung erfaßten Aufwendungen und Leistungsdaten für die Kalkulation aufzubereiten und abzugrenzen sind.
- Die wichtigsten für die Kostenrechnung relevanten Begriffe, wie Ausgaben (und Einnahmen), Aufwand (und Ertrag), Kosten (und Leistungen bzw. Erlöse) anwenden können.
- Verstehen, warum sogenannte „kalkulatorische" Kosten zusätzlich zu anderen Kosten berücksichtigt werden müssen – insbesondere der Unternehmerlohn im Falle von Einzelunternehmen und Personengesellschaften.
- Kennen der kalkulatorischen Kostenarten.
- Wissen, worin sich kalkulatorische Kosten von anderen Kosten unterscheiden, und wie die kalkulatorischen Kosten zu ermitteln sind.
- Wissen, welche Unterlagen außer der Buchhaltung noch wichtige Daten für die Kostenrechnung enthalten, wie Aufzeichnungen über Arbeitszeiten und Arbeitsentgelte, Statistiken für Kapazitätsberechnungen, Planungsrechnungen.

1.2.2.1 Daten aus Buchhaltung und Jahresabschluß (effektive Kosten)

Eine ordnungsmäßige und sorgfältige Buchführung ist nicht nur aus steuerrechtlichen und gegebenenfalls aus handelsrechtlichen Gründen erforderlich. Sie ist auch die wichtigste und darum unentbehrlichste Grundlage für die Kostenrechnung und Kalkulation.

Buchhaltung als Grundlage der Kostenrechnung

> Ohne genaue Buchführung gibt es keine genaue Kalkulation!

Deshalb ist es auch wichtig, bereits durch eine sinnvolle und möglichst weitgehende Gliederung der Kostenartenkonten (Klasse 4 des Einheitskontenrahmens für das deutsche Handwerk) bestmögliche Voraussetzungen für die kalkulatorische Auswertung zu schaffen.

Gliederung

Meistens können die entsprechenden Werte dann direkt aus der Buchhaltung in die Kostenrechnung und Kalkulation übernommen werden. Aufwendungen, die im Geschäftszeitraum in gleicher Höhe in die Kostenrechnung eingehen, werden auch Grundkosten oder effektive Kosten genannt. Darunter fallen in der Regel die Materialkosten, die Personalkosten und die Gemeinkosten.

Grundkosten

In einigen Fällen werden nicht die Werte der Buchhaltung übernommen, sondern es findet vorher eine Umbewertung statt. So gehen in die Kostenrechnung nicht die bilanziellen, sondern die kalkulatorischen Abschreibungen ein. Ferner müssen sachfremde und periodenfremde Kosten abgegrenzt werden.

Umbewertung

Ein weiterer Sonderfall sind Zusatzkosten. Auch sie können nicht direkt der Buchhaltung entnommen werden, sondern es findet vorher eine Neubewertung statt.

Zusatzkosten

> Buchführung und Jahresabschluß sind auch Voraussetzung für Erfolgskontrollen im Rahmen von Nachkalkulationen sowie im Einzelfall wichtige Unterlagen für die Nachprüfbarkeit von Preisforderungen.

Nachkalkulation

Aufwendungen der Buchhaltung (vgl. zur Definition die Ausführungen in Abschnitt 1.1.7.1 „Erläuterung der Begriffe Einnahmen und Ausgaben, Aufwand und Ertrag, Gewinn und Verlust" in diesem Band) und Kosten der Kostenrechnung und Kalkulation (vgl. zur Definition die Ausführungen in Abschnitt 1.2.1.3 „Gliederung und Begriffe der Kostenrechnung" in diesem Band) sind also nicht immer deckungsgleich. Ihre Beziehung läßt sich folgendermaßen darstellen:

Die Abgrenzung von Aufwendungen und Kosten

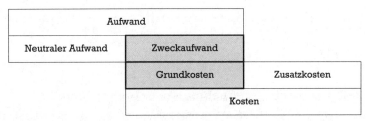

Abbildung 54

Neutraler Aufwand

Neutraler Aufwand, das heißt Aufwand, dem keine Kosten gegenüberstehen, läßt sich in drei Gruppen einteilen:
- Betriebsfremder Aufwand wie Spenden
- Außerordentlicher Aufwand wie Feuer- oder Sturmschäden
- Bewertungsbedingter Aufwand wie die Differenz zwischen bilanzieller und kostenrechnungsmäßiger Abschreibung.

Zusatzkosten

Wichtige Zusatzkosten, die auch im Handwerksbetrieb vorkommen, sind:
- Die kalkulatorischen Kosten, insbesondere Unternehmerlohn und Wagniszuschläge
- Bewertungsbedingte Zusatzkosten als Differenz zwischen kostenrechnungsmäßiger und bilanzieller Abschreibung.

1.2.2.2 Verwertung sonstiger Unterlagen

Für Kostenrechnung und Kalkulation sind neben Buchhaltung und Jahresabschluß weitere wichtige Unterlagen:

Weitere Unterlagen
- Daten aus der direkten Erfassung, zum Beispiel über Materialentnahmescheine, Lohnzettel, Arbeitszeiterfassungsbelege, Arbeits- und Auftragszettel, Inventurlisten und anderem.
- Daten aus der indirekten Erfassung, zum Beispiel Berechnung des Materialverbrauchs auf der Basis von Stücklisten oder von Erfahrungswerten, Kapazitätsberechnungen, Planungsberechnungen und anderem.

1.2.2.3 Ansatz kalkulatorischer Kosten

Kalkulatorische Kosten

Die kalkulatorischen Kosten, denen überhaupt kein oder kein entsprechender Aufwand gegenübersteht, und die deshalb nicht oder nicht in der zu berechnenden Höhe in der Buchhaltung zu Buche schlagen, müssen in jeder Kostenrechnung und Kalkulation berücksichtigt werden. Ein Verzicht würde gleichzeitig den Verzicht auf einen Teil des Gegenwertes der Betriebsleistung bedeuten.
Zweck der kalkulatorischen Kosten ist somit, die Genauigkeit der Kostenrechnung und Kalkulation zu steigern.

Die wichtigsten kalkulatorischen Kostenarten

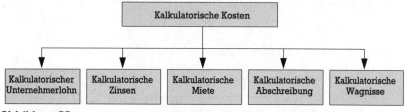

Abbildung 55

Der kalkulatorische Unternehmer- oder Meisterlohn

Bei Einzelfirmen und Personengesellschaften erhält der Betriebsinhaber bzw. Gesellschafter kein als Aufwand abzugfähiges Gehalt. Um die echten Kosten eines Produktes oder einer Leistung ermitteln zu können, darf aber die Arbeitsleistung des Unternehmers nicht unberücksichtigt bleiben. Bei Kapitalgesellschaften stellt sich dieses Problem nicht, weil hier die mit der Geschäftsführung betrauten Personen sogenannte Geschäftsführergehälter erhalten.

Geschäfts-führergehalt

> Deshalb wird bei Einzelfirmen und Personengesellschaften ein kalkulatorischer Unternehmerlohn angesetzt, der in der Regel im Handwerksbetrieb dem Gehalt entspricht, das für einen Betriebsleiter oder Geschäftsführer mit den gleichen Aufgaben bezahlt werden müßte.

Bezüglich der Zurechenbarkeit des kalkulatorischen Unternehmerlohns sind zu unterscheiden:

- Der direkt verrechenbare Anteil für die unmittelbare Arbeit am Produkt bzw. für die Leistung in Form von Lohn- und Gehaltseinzelkosten
- Der indirekt verrechenbare Anteil für überwachende, disponierende und verwaltende Tätigkeit als Gemeinkostenlohn.

Direkt verrechenbar

Indirekt verrechenbar

> In gleicher Form ist für mithelfende Familienangehörige, die nicht als Lohn- oder Gehaltsempfänger geführt werden, ein kalkulatorisches Entgelt in Ansatz zu bringen.

Familienangehörige

Die kalkulatorischen Zinsen

Das im Betrieb investierte Fremdkapital muß zwangsläufig marktgerecht verzinst werden. Diese Zinsen schlagen als Aufwand zu Buche und gehen in die Kostenrechnung als Gemeinkosten ein.

> Bei dem im Betrieb investierten Eigenkapital ist zu bedenken, daß dies auch anderweitig angelegt werden könnte und damit eine entsprechende Verzinsung bringen würde. Deshalb wird für dieses Kapital im Rahmen der Kostenrechnung eine kalkulatorische Verzinsung in Ansatz gebracht.

Marktgerechte Verzinsung des Eigenkapitals

Für die kalkulatorische Berücksichtigung des Eigenkapitals gibt es in der Praxis zwei Verfahren:

Zwei Verfahren

- Für das investierte Eigenkapital wird entsprechend der marktüblichen Zinsen ein kalkulatorischer Zinsaufwand berechnet, der zusätzlich zum Zinsaufwand für Fremdkapital in die Kostenrechnung eingesetzt wird.
- Man scheidet die Zinsen für Fremdkapital zunächst aus den Gemeinkosten aus, faßt Fremdkapital und Eigenkapital zu einer Summe zusammen und bringt eine Verzinsung für dieses gesamte im Betrieb investierte Kapital in Ansatz.

Die kalkulatorische Miete

Wenn ein Einzelunternehmer oder Personengesellschafter private Räume für betriebliche Zwecke einsetzt, so entgehen ihm damit Mieterträge, die bei anderweitiger Verwendung der Räume zu erzielen wären. Bei Betrieben in fremden Räumen sind die Mietaufwendungen Grundkosten, die effektiv in die Kostenrechnung eingehen.

> Bei Betrieben in eigenen Räumen ist es deshalb erforderlich, eine kalkulatorische Miete in Ansatz zu bringen. Berechnungsgrundlage ist im allgemeinen die ortsübliche Miete für vergleichbare Räumlichkeiten.

Ortsübliche Miete

Die kalkulatorische Abschreibung

Tatsächlicher Werteverzehr

Für die Abschreibungen im Rahmen der Bilanz sind die Bestimmungen des Steuerrechts maßgebend. Sie entsprechen aber nicht immer dem tatsächlichen Werteverzehr. Unterschiede zwischen bilanziellen und kalkulatorischen Abschreibungen können vor allem entstehen,

- weil nach dem Steuerrecht die Anschaffungskosten maßgeblich sind, während im Rahmen der Kalkulation die Substanzerhaltung angestrebt wird
- weil unterschiedliche Zahlen für die Nutzungsdauer zugrunde gelegt werden
- weil verschiedene Abschreibungsmethoden angewandt werden (zum Beispiel degressiv in der Bilanz und linear in der Kalkulation).

> Für kalkulatorische Zwecke muß die Abschreibung in Ansatz gebracht und gesondert berechnet werden, die der effektiven Abnutzung des entsprechenden Wirtschaftsgutes entspricht.

Totalverschleiß

Die Ermittlung des richtigen Betrages ist allerdings nicht immer einfach, weil beispielsweise außergewöhnliche Preissteigerungen oder plötzlicher Totalverschleiß auftreten können.

Kalkulatorische Wagnisse

Unternehmerrisiko

Spezielle Wagnisse

> Im Rahmen jeder betrieblichen Tätigkeit können Wagnisse auftreten, die zu Schäden und Verlusten führen. Das allgemeine Unternehmerwagnis (auch Unternehmerrisiko) wird über den Gewinn abgegolten. Die speziellen Wagnisse, zum Beispiel infolge von Fehlarbeiten, Beständeschwund, Forderungsverlusten, Entwicklungsfehlschlägen und Gewährleistungen sollten jedoch in jeder Kalkulation berücksichtigt werden.

In welcher Höhe entsprechende kalkulatorische Kosten angesetzt werden, hängt jeweils vom Produkt, der Leistung und den besonderen örtlichen Gegebenheiten ab. In der Praxis werden dann bestimmte v.H.-Sätze der entsprechenden Bezugsgrößen eingesetzt, zum Beispiel vom mittleren Forderungsbestand für die Forderungsverluste oder vom Warenumschlag für den Beständeschwund.

1.2.3 Kostengliederung nach kostenrechnerischen Gesichtspunkten

Lernziele:

- Wissen, welche Kostengruppen nach kostenrechnerischen Gesichtspunkten zu unterscheiden sind und welche Kostenarten den Einzel-, Gemein- und Sonderkosten zuzuordnen sind.
- Wissen, welche wichtigen Bestandteile bei Ermittlung der Einzelkosten für die Kalkulation maßgeblich sind (Menge/Preis, Arbeitszeit/Stundenlohn).
- Die Gemeinkosten nach ihrer Zurechenbarkeit auf Basis Material und auf Basis Lohn unterscheiden können.
- Kennen und Verstehen der Bedeutung und der Rolle des Verursachungsprinzips bei der Kostenrechnung.
- Die Kosten nach fixen und variablen Kosten aufgliedern können.

1.2.3.1 Trennung von Einzelkosten – Gemeinkosten – Sonderkosten

Es wurde bereits darauf hingewiesen, daß die Kosten nach
- Einzelkosten
- Gemeinkosten
- Sonderkosten

unterschieden werden können.

Kostenarten

Die Einzelkosten

Wichtige Einzelkosten sind vor allem
- Materialeinzelkosten und
- Lohneinzelkosten.

Einzelkosten

Materialeinzelkosten

Die Materialeinzelkosten lassen sich direkt auf das einzelne Produkt bzw. die einzelne Leistungseinheit zurechnen.
Grundsätzlich ergeben sich die Materialeinzelkosten dadurch, daß der mengenmäßige Verbrauch an Material mit den entsprechenden Preisen multipliziert wird.

Materialeinzelkosten

Materialien sind vor allem
- Rohstoffe, die als wesentliche Grundstoffe in ein Fertigprodukt eingehen
- Hilfsstoffe, die zwar in das Fertigprodukt eingehen, dort aber keine wesentlichen Bestandteile sind (Klebstoffe, Farben u.ä.).
- Betriebsstoffe, die nicht in das Produkt eingehen, sondern bei dessen Herstellung verbraucht werden (Treibstoffe, Schmierstoffe u.ä.).

Materialien

Für die exakte Erfassung der verbrauchten Mengen liefern die Lagerbuchhaltung und das innerbetriebliche Belegwesen die entsprechenden Unterlagen. Solche Unterlagen sind beispielsweise Arbeits- und Auftragszettel, Auftragsbeschreibungen, Materialentnahmescheine und Stücklisten.

Erfassung

Grundsätzlich gibt es je nach der Genauigkeit der zur Verfügung stehenden Unterlagen drei Verfahren zur Erfassung der Verbrauchsmengen:

- Die unmittelbare Feststellung durch laufende Fortschreibung des Materialverbrauchs; diese Methode ist zwar die arbeitsaufwendigste, jedoch auch die genaueste.
- Die mittelbare Erfassung durch Vergleich von Anfangs- und Endbestand, die sich jeweils aus der Inventur ergeben.
- Die Zugrundelegung eines einmal ermittelten Verbrauchs (Standardverbrauchs) für alle weiteren gleichartigen Produkte und Leistungen; verständlicherweise ist dabei die Gefahr von Ungenauigkeiten besonders groß.

Verfahren

Gerade im Handwerk sind darüber hinaus bei der Verbrauchsermittlung folgende Besonderheiten zu beachten:

- Zutaten, „Neben"materialien und direkt verrechenbare Hilfsstoffe, die oft erhebliche Beträge ausmachen, müssen ebenfalls berücksichtigt werden. Hilfsstoffe sind direkt verrechenbar, wenn die verbrauchten

Zutaten

Mengen beispielsweise anhand ganzer Originalpackungen festgestellt werden können.

Allerdings ist darauf zu achten, daß der Erfassungsaufwand nicht den Wert einzelner Stoffe übersteigt. Dies kann bei Kleinmaterialien wie Nägel, Schrauben, Dichtungen der Fall sein. Dann empfiehlt es sich, sie als Gemeinkosten zu behandeln (man spricht in diesem Zusammenhang von unechten Gemeinkosten) oder mittels Zuschlagssatz zu den Stoffkosten zu verrechnen.

Unechte Gemeinkosten

Verschnitt
- Auch der Verschnitt, der bei einer Arbeit anfallende Materialabfall und andere Bearbeitungsverluste müssen in die Berechnung des Materialverbrauchs einbezogen werden.

  Solche Verluste sind abhängig von der Qualität der Werkstoffe, der Fertigungsmethode und der Qualifikation der Arbeitskräfte.

  Der Anteil der Bearbeitungsverluste am Materialverbrauch kann einmal nach Erfahrungssätzen in Prozent geschätzt und dann den Materialmengen zugeschlagen werden.

Beispiel:

Materialverbrauch nach Belegen	500 kg
erfahrungsmäßiger Verlust 15 %	75 kg
Materialverbrauch für die Kalkulation	575 kg

Bearbeitungsverluste

Aussagefähigere Ergebnisse erhält man, wenn die Bearbeitungsverluste für das einzelne Produkt genau ermittelt werden können, etwa durch Vergleich von tatsächlichem Verbrauch und Soll-Verbrauch laut Materialliste und Konstruktionszeichnung:

Beispiel:

Materialbedarf laut Materialliste $5,2 \text{ m}^3$
Tatsächlich verbrauchtes Material $5,6 \text{ m}^3$
Materialverlust = $(5,6 \text{ m}^3 - 5,2 \text{ m}^3)/5,6 \text{ m}^3 \times 100 = 7,1 \%$

Dieser Prozentsatz wird dann wiederum als Verlust den Verbrauchsmengen zugeschlagen, um den Materialverbrauch für die Kalkulation zu erhalten.

Als Materialpreis können verschiedene Größen zum Ansatz kommen:

Anschaffungskosten
- Die Anschaffungskosten (zur Definition siehe Abschnitt 1.1.5.2 „Wichtige Bewertungsbegriffe und Bewertungsmaßstäbe" in diesem Band), wenn die Materialien für einen konkreten Auftrag gekauft werden; die entsprechenden Angaben kann der Betriebsinhaber in der Regel den Rechnungen seiner Lieferanten entnehmen.

Tagespreis
- Der jeweils geltende Tagespreis, wenn sich die Materialien bereits auf Lager befinden.

Verrechnungspreise
- Betriebliche Einheitspreise bzw. Verrechnungspreise, wenn man unterstellen kann, daß alle Materialien vom Lager weg verarbeitet werden, und Preisänderungen sich nach oben und nach unten immer wieder ausgleichen.

Ohne Umsatzsteuer

Grundsätzlich ist bei Materialpreisen von Preisen ohne Umsatzsteuer auszugehen.

Die Kostenrechnung und Kalkulation wird selbstverständlich auch dadurch beeinflußt, inwiefern der Betriebsinhaber die günstigsten Einkaufs- und Zahlungsmöglichkeiten optimal ausnutzt. Deshalb sind auch Lagerhaltung, Transport sowie die Ausnutzung von Skonti und Rabatten mit zu berücksichtigen.

1.2 Kostenrechnung und Kalkulation

Die Ermittlung der Materialeinzelkosten

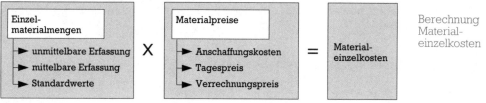

Abbildung 56

Berechnung Materialeinzelkosten

Lohneinzelkosten

Die Lohnkosten sind grundsätzlich ein Teil der gesamten Personalkosten. Diese umfassen insgesamt
- die Löhne
  - Fertigungslöhne
  - Hilfslöhne, auch Gemeinkostenlöhne genannt
- die Gehälter
- die Lohnzusatzkosten (auch Personalzusatzkosten genannt).

Personalkosten sind Einzelkosten, soweit sie unmittelbar für produkt- und leistungsbezogene Arbeit anfallen (auch produktive Personalkosten oder produktive Löhne genannt). Dies ist in der Regel nur bei den Löhnen der Fall; deshalb spricht man im allgemeinen von den Lohneinzelkosten oder von Fertigungslöhnen und Herstellungslöhnen. Die Lohneinzelkosten erhält man durch Multiplikation der geleisteten Arbeitsmenge mit dem Arbeitslohn (Arbeitspreis).

Personalkosten

Fertigungslöhne
Arbeitsmenge
Arbeitspreis

Die geleistete Arbeitsmenge wird anhand der Lohn- und Gehaltsbuchhaltung sowie weiterer Unterlagen wie Gehaltslisten, Zeiterfassungsbelege, Lohnscheine erfaßt und berechnet. Für die Abschätzung der für die einzelnen Arbeiten erforderlichen Arbeitszeiten werden ferner Erfahrungswerte aus der Vergangenheit mit einbezogen.

Die notwendige Arbeitszeit wird maßgeblich durch die gesamte Betriebsorganisation beeinflußt. Deshalb muß der Betriebsinhaber dabei stets auch Fragen der folgenden Art bedenken:
- Welche Arbeitsgänge – Produktion, Dienstleistung, Montage – fallen im einzelnen an?
- Welche Arbeitskräfte sind vorhanden und wie können diese beim jeweiligen Auftrag optimal eingesetzt werden?
- Wie können Arbeitskräfte und vorhandene Maschinen bei dem jeweiligen Auftrag optimal kombiniert werden?
- Welche Arbeiten müssen nach Zeitlohn und welche können nach Akkordlohn ausgeführt werden?
- Wie können Zeitverluste durch Arbeitswege und besonders ungünstige Umstände möglichst gering gehalten werden?

Arbeitszeit

Fragenkatalog

Kostenrechnung und Kalkulation lassen sich deutlich hinsichtlich ihrer Genauigkeit verbessern, wenn es dem Betriebsinhaber möglich ist, den gesamten Auftrag in mehrere Einzelabschnitte zu zerlegen und dafür die jeweiligen Teilarbeitszeiten festzulegen.

Teilarbeitszeiten

Für den Arbeitslohn (Stundenlohn) sind nicht die Tariflöhne, sondern die vom Betrieb tatsächlich gezahlten Stundenlöhne (der sogenannte Effektivlohn) für die einzelnen Arbeitskräfte zugrundezulegen.

Effektivlohn

1.2.3 Kostengliederung nach kostenrechnerischen Gesichtspunkten

Kalkulatorische Entgelte

Der kalkulatorische Unternehmerlohn und das kalkulatorische Entgelt für mitarbeitende Familienangehörige gehören ebenfalls zu den Lohneinzelkosten, soweit sie sich direkt auf ein Produkt und eine Leistung zurechnen lassen.

Ermittlung der Lohneinzelkosten

Schema

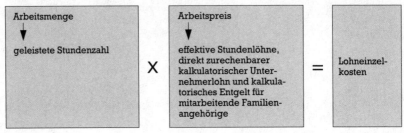

Abbildung 57

Die Lohneinzelkosten lassen sich auch dadurch ermitteln, daß von den gesamten Lohnkosten die Hilfslöhne bzw. Gemeinkostenlöhne abgezogen werden (siehe dazu auch folgender Abschnitt).

Exakte Ermittlung

In der Regel empfiehlt es sich für alle Handwerksbetriebe, die Lohnkosten auf der Basis der Arbeitszeiten und der Löhne exakt zu ermitteln. Aufgrund der besonderen Produktionsbedingungen werden vereinzelt noch in einigen Handwerkszweigen, insbesondere im Nahrungsmittelgewerbe, die Lohneinzelkosten nicht eigens ermittelt. Sie können dann allerdings auch nicht unmittelbar in das Kalkulationsschema übernommen werden, sondern sind in ihrer Gesamtheit in einem einheitlichen Zuschlagssatz zusammenzufassen.

Die Gemeinkosten

Gemeinkosten

Die richtige Erfassung der Gemeinkosten und deren Verteilung und Verrechnung ist eine unabdingbare Voraussetzung für eine exakte Kostenrechnung und Kalkulation. Daher sollte jeder Betriebsinhaber seine Gemeinkosten stets im einzelnen kennen.

Zu den Gemeinkosten, die zur Aufrechterhaltung des Betriebes notwendig sind, gehören die unterschiedlichsten Posten. Ihre Anzahl und Bedeutung hängt auch von der Größe eines Betriebes sowie von seiner Tätigkeit ab.

Wichtige Gemeinkosten sind unter anderem:

Wichtige Arten

- Hilfslöhne bzw. Gemeinkostenlöhne
- Arbeitgeberbeiträge zur Sozialversicherung
- Berufsgenossenschaftsbeiträge
- Freiwillige soziale Leistungen
- Sonstige Personalzusatzkosten
- Gemeinkostenmaterialien wie Hilfsstoffe, Verpackungsmaterial, Schmierstoffe, Öle, Fette, Treibstoffe, Heizungsmaterialien und andere
- Kosten für Strom, Gas, Wasser
- Betriebliche Steuern (ohne Umsatzsteuer)
- Gebühren, Abgaben
- Beiträge, Umlagen, Versicherungen

- Miete, Pacht
- Porto, Telekommunikationsgebühren
- Büromaterial, Zeitungen, Zeitschriften
- Werbekosten, Repräsentationskosten, Reisekosten
- Kosten für Steuer- und Rechtsberatung
- Fremdreparaturen
- Fahrzeugkosten
- Zins- und Diskontaufwendungen
- kalkulatorische Kosten (beim kalkulatorischen Unternehmerlohn und beim kalkulatorischen Entgelt für mitarbeitende Familienangehörige nur der nicht direkt zurechenbare Anteil).

> Hilfs- bzw. Gemeinkostenlöhne sind alle nicht direkt verrechenbaren Löhne, die für Arbeitszeiten anfallen, in denen nicht produktiv direkt am Werkstück gearbeitet wird.

Gemeinkostenlöhne

Dazu zählen nicht nur die Löhne für Fehltage, Urlaubstage und Feiertage (bei Lehrlingen auch die Berufsschultage und Zeiten der überbetrieblichen Unterweisung), sondern auch Löhne, die bei Anwesenheit der Arbeitskräfte gezahlt werden müssen, ohne daß sie jedoch produktiv am Stück arbeiten und somit nicht im Rahmen der produktiven Löhne verrechnet werden können. Zu berücksichtigen sind dabei auch Anteile des kalkulatorischen Unternehmerlohns und des kalkulatorischen Entgelts für mithelfende Familienangehörige, soweit sie sich auf solche nicht direkt auf das Werkstück oder die Leistung zurechenbare Tätigkeiten beziehen. Dabei ist man allerdings oft auf Schätzungen aufgrund eigener Beobachtungen angewiesen.

Nicht direkt verrechenbare Löhne

Für die Berechnung dieser „unproduktiven Löhne und Gehälter" bietet sich folgendes Schema an:

> **Schema für die Berechnung der Gemeinkostenlöhne (unproduktiven Löhne)**
>
> Nichtanwesenheitslöhne (Arbeitsstunden × Stundenlöhne für Feiertage, Urlaubs- und Krankheitstage, sonstige gesetzliche und tarifliche Ausfalltage, Schulbesuch usw.)
> + nicht direkt verrechenbare Anwesenheitslöhne (unproduktive Arbeitsstunden und Lohnkosten, die nicht direkt auf einzelne Kundenaufträge verrechnet werden können, wie Reinigung, Be- und Entladungsarbeiten, eigene Reparaturen oder eigene Aufträge und dergleichen)
> + Gehälter für kaufmännisches und technisches Verwaltungspersonal
> + Gehälter für Verkäufer
> + unproduktiver Anteil des Unternehmerlohns
> + unproduktiver Anteil des kalkulatorischen Entgelts für mithelfende Familienangehörige (soweit nicht in der Buchhaltung enthalten)
>
> = nicht direkt verrechenbare oder unproduktive Löhne, auch Gemeinkostenlöhne genannt

Berechnung der Gemeinkostenlöhne

Wichtige Unterlagen für die Erfassung der Gemeinkosten sind in erster Linie

- die Buchführung mit dem Jahresabschluß
- statistische Aufzeichnungen aller Art
- der Betriebsabrechnungsbogen.

Unterlagen

Abgrenzung

Bevor allerdings die Aufwendungen aus der Buchhaltung in die Gemeinkostenrechnung übernommen werden können, ist zunächst eine zeitliche und sachliche Abgrenzung und Bereinigung erforderlich. Dabei kann man nach folgendem Schema vorgehen:

Ermittlung der Gesamtgemeinkosten

Schema zur Ermittlung der Gesamtgemeinkosten eines Betriebes

  Im jeweiligen Rechnungszeitraum tatsächlich bezahlte Gemeinkosten
− bereits in der vorangegangenen entstandene, aber erst in dieser Rechnungsperiode bezahlte Gemeinkosten
+ noch nicht bezahlte Gemeinkosten dieser Rechnungsperiode

= zeitlich bereinigte Gemeinkostensumme
− betriebsfremde und außerordentliche Aufwendungen

= sachlich bereinigte Gemeinkostensumme
− Aufwendungen, die als Sonderkosten verrechnet werden

= rechnerisch bereinigte Gemeinkostensumme
+ Gemeinkostenmaterialien
+ Gemeinkostenlöhne
+ kalkulatorische Kosten

= Gesamtgemeinkosten des Rechnungszeitraumes

Die Sonderkosten

Als Sonderkosten bezeichnet man Einzelkosten, die nur von Fall zu Fall auftragsweise entstehen. Sie werden in der Kalkulation gesondert berechnet und verrechnet.

Sonderkosten

Zu unterscheiden sind dabei

- Sonderkosten der Fertigung

  Sie fallen beispielsweise an für Modelle, Entwürfe, Schablonen, Patente, Lizenzen und Spezialvorrichtungen.

- Sonderkosten des Vertriebs

  Darunter fallen alle pro Auftrag erfaßbaren Vertriebskosten wie Provisionen, Frachten, Zölle und Transportverpackung.

Sonderkosten

Abbildung 58

1.2.3.2 Untergliederung der Gemeinkosten nach Verrechnungsgesichtspunkten

Materialeinzel- und Lohneinzelkosten lassen sich für jedes Produkt genau ermitteln. Der Betrieb muß jedoch bestrebt sein, alle durch den betrieblichen Leistungsprozeß entstandenen Kosten (Selbstkosten des Betriebes) zu decken. Deshalb müssen auch die Gemeinkosten, die im Rahmen des gesamten Betriebes anfallen, hinzugerechnet werden. Um dies zu erreichen, werden die Gemeinkosten nach dem Verursachungsprinzip auf einer oder mehrerer Bezugsgrundlagen verrechnet (zugeschlagen).

Selbstkosten

Das Verursachungsprinzip in der Kostenrechnung besagt, daß die Erfassung und Verrechnung der Kosten entsprechend der wirtschaftlichen Ursache-Wirkungs-Beziehungen erfolgen soll; das heißt, die Kosten müssen den Leistungen und Bereichen zugerechnet werden, die sie verursacht haben.

Verursachungsprinzip

Für die Gemeinkosten bedeutet das Verursachungsprinzip, daß sie soweit als möglich den betrieblichen Funktionsbereichen und Stellen zugeordnet werden sollen, an denen sie entstanden sind; beispielsweise Materialstellen, Fertigungsstellen, Verwaltungsstellen, Vertriebsstellen.

Zurechnungsmöglichkeiten der Gemeinkosten

Abbildung 59

Zu den **Materialgemeinkosten** gehören alle bei der Beschaffung, Prüfung, Lagerung und Abnahme des Materials anfallenden Kosten, also zum Beispiel
- Löhne, Gehälter und Personalzusatzkosten der im Einkauf, im Lager und bei der Prüfung tätigen Personen
- Abschreibung, Instandsetzung, Versicherungen, Heizungs- und Stromkosten im Zusammenhang mit Lagergebäuden und Einrichtungen.

Materialgemeinkosten

Wichtige **Fertigungsgemeinkosten** sind
- Hilfslöhne
- Hilfsmaterialien
- Energiekosten u.ä., die im Fertigungsbereich entstanden sind.

Fertigungsgemeinkosten

Zu den **Verwaltungsgemeinkosten** zählen unter anderem alle Kosten, die für
- Unternehmensleitung
- Rechnungswesen
- Registratur
- Kommunikation

anfallen.

Verwaltungsgemeinkosten

1.2.3 Kostengliederung nach kostenrechnerischen Gesichtspunkten

Vertriebs-
gemeinkosten

Vertriebsgemeinkosten schließlich sind insbesondere
- die Gehälter des Vertriebspersonals
- Verpackungsmaterial
- allgemeine, nicht produktbezogene Werbung.

Verteilungs-
grundlagen

Zu beachten ist bei der verursachungsgerechten Zuordnung der Gemeinkosten ferner die Wahl der richtigen **Verteilungsgrundlage**.
Möglich sind
- Mengengrößen (zum Beispiel Anzahl der Beschäftigten)
- Zeitgrößen (zum Beispiel zeitliche Inanspruchnahme des Meisters für produktive und nicht direkt zurechenbare Tätigkeiten)
- physikalisch-technische Größen (zum Beispiel Raumfläche, Energieverbrauch)
- Wertgrößen (zum Beispiel Anschaffungskosten).

1.2.3.3 Aufgliederung nach fixen und variablen Kosten

Für die Aufteilung der Kosten nach fixen und variablen Kosten ist die Abhängigkeit vom Beschäftigtenstand bzw. von Beschäftigungsschwankungen maßgeblich.

Fixe Kosten

> Unter fixen Kosten versteht man allgemein die von der Beschäftigungslage des Betriebs (Auslastung) bzw. von der Leistung unabhängigen Kosten.

Variable Kosten sind dagegen leistungsabhängig.

Variable Kosten

> Variable Kosten sind alle Einzelkosten, also
> - Materialeinzelkosten
> - Lohneinzelkosten
> - Sondereinzelkosten der Fertigung und des Vertriebs.
>
> Aber auch einzelne Gemeinkosten können zumindest teilweise variabel sein, zum Beispiel
> - abnutzungsbedingte Abschreibungen
>   oder
> - Energiekosten.
>
> Die variablen Kosten ändern sich allerdings nicht immer im gleichen Ausmaß oder Umfang wie die Beschäftigtenmenge. Sie können sich gegenüber der Beschäftigtenmenge sowohl proportional (gleiche Entwicklung) wie auch progressiv (die Kosten steigen stärker als die Beschäftigtenmenge) oder degressiv (die Kosten steigen weniger als die Beschäftigtenmenge) entwickeln.

Betriebs-
bereitschaft

Die meisten Gemeinkosten sind fixer Natur, das heißt sie fallen grundsätzlich immer zur Aufrechterhaltung der Betriebsbereitschaft an, wie beispielsweise Mieten. Der Anteil der fixen Kosten am jeweils produzierten Stück nimmt bei zunehmender Ausbringung ab und bei abnehmender Ausbringung steigt er.

1.2.4 Kostenstellenrechnung (Betriebsabrechnung)

Lernziele:
- Wissen, welche Aufgaben die Kostenstellenrechnung zu erfüllen hat und wie ein einfacher Betriebsabrechnungsbogen (BAB) aufgebaut ist.
- Wissen, welche Kostenstellen nach ihrer Funktion in der Kostenrechnung unterschieden werden (Haupt-, Hilfskostenstellen) und welche Aufgaben sie haben.
- Wissen, nach welchen betrieblichen Erfordernissen Kostenstellen gebildet werden.
- Die Kosten nach dem Verursachungsprinzip auf Kostenstellen aufteilen und die Hilfskostenstellen auf die Hauptkostenstelle(n) sachgerecht umlegen können.
- Gemeinkosten-Verrechnungssätze auf der Grundlage der Kostenstellenrechnung ermitteln können, insbesondere auf direkt verrechenbaren Lohn und auf direkt verrechenbares Material.
- Anhand der Kostenstellenrechnung auch andere Verrechnungssätze ermitteln können, insbesondere Stundenverrechnungssätze (in Verbindung mit Statistiken über die direkt verrechenbaren Arbeitsstunden) oder sonstige branchenspezifische Verrechnungssätze, wie zum Beispiel auf Gewichtsbasis (Fleischer), auf Flächenbasis (Maler, Tapezierer, Fliesenleger), nach Rauminhalt (Bau).
- Wissen, was ein Betriebsabrechnungsbogen (BAB) ist, welchen Zwecken er dient, wie ein einfacher BAB aufgebaut ist und welche Mindestanforderungen er enthalten muß.
- Auf der Grundlage eines einfachen BAB Gemeinkostenverrechnungssätze für die Zuschlagskalkulation bilden können.

1.2.4.1 Aufgaben der Kostenstellenrechnung und Aufbau eines einfachen Betriebsabrechnungsbogens

Auf die Aufgaben der Kostenstellenrechnung wurde bereits eingegangen (siehe Abschnitt 1.2.1.3 „Gliederung und Begriffe der Kostenrechnung" in diesem Band).

Die Kostenstellenrechnung kann kontenmäßig aufgebaut sein. Überwiegend wird sie jedoch mit Hilfe eines Betriebsabrechnungsbogens durchgeführt.

> Der Betriebsabrechnungsbogen ist eine tabellarische Darstellung, in der waagrecht die Kostenstellen und senkrecht die Kostenarten, also Einzelkosten, Gemeinkosten und kalkulatorische Kosten, eingetragen sind.

Tabellarische Darstellung des BAB

Die Kostenarten richten sich in der Regel nach einem besonderen Kostenartenkatalog, der für den einzelnen Betrieb einmal aufgestellt und später bei Bedarf jeweils geändert und ergänzt wird. Ausgangspunkt für die Übernahme der Zahlen sind die Buchhaltung und statistische Aufzeichnungen.

Kostenartenkatalog

Während früher die Erstellung eines Betriebsabrechnungsbogens manuell erfolgte, lassen sich heute alle damit zusammenhängenden Arbeiten zeit- und kostensparend per EDV durchführen.

Betriebsabrechnungsbogen

Über den Betriebsabrechnungsbogen können dann folgende Aufgaben ausgeführt werden:

Aufgaben
- Verteilung der Gemeinkosten entsprechend ihres Ursache-Wirkungs-Zusammenhanges auf die entsprechenden Kostenstellen.
- Umlage der Kosten der allgemeinen Kostenstellen auf nachgelagerte Kostenstellen.
- Umlage der Kosten der Hilfskostenstellen auf die Hauptkostenstellen.
- Ermittlung von Zuschlagssätzen für jede Kostenstelle durch Gegenüberstellung von Gemein- und Einzelkosten.

(Vgl. dazu auch Abschnitt 1.2.4.5 „Beispiel eines einfachen Betriebsabrechnungsbogens" in diesem Band.)

1.2.4.2 Begriff der Kostenstelle (Hauptkostenstelle, Hilfskostenstelle) und Bildung von Kostenstellen nach betrieblichen Erfordernissen

Kostenstelle
Die Bildung der Kostenstellen (zur Definition siehe auch Abschnitt 1.2.1.3 „Gliederung und Begriffe der Kostenrechnung" in diesem Band) orientiert sich meistens an den betrieblichen Funktionen, also Material, Fertigung, Verwaltung und Vertrieb. Weitere Untergliederungen sind je nach Bedarf und nach der Größe eines Betriebes möglich.

Die Bildung von Kostenstellen nach betrieblichen Funktionen

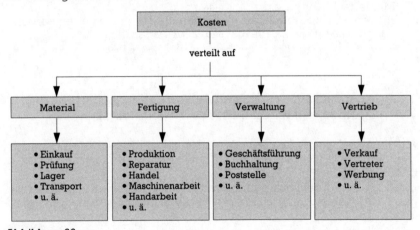

Abbildung 60

Bei Bedarf können die Kostenstellen auch nach anderen Kriterien wie Verantwortungsbereiche oder räumliche Gesichtspunkte (Büro, Werkstatt) gebildet werden.

Hauptkostenstellen
Hilfskostenstellen

Kostenstellen werden in
- Hauptkostenstellen (auch Endkostenstellen genannt) und
- Hilfskostenstellen (auch Vorkostenstellen genannt)

unterteilt.

Hauptkostenstellen sind die betrieblichen Funktionsbereiche.

1.2 Kostenrechnung und Kalkulation 101

Zu den Hilfskostenstellen gehören
- allgemeine Hilfskostenstellen (zum Beispiel Energieversorgung, Fuhrpark, Kantine) und
- spezielle Hilfskostenstellen einzelner betrieblicher Funktionsbereiche (zum Beispiel Arbeitsvorbereitung, Lohnbüro u.ä. im Bereich der Fertigung).

Allgemeine und spezielle Hilfskostenstellen

Unterteilung der Kostenstellen

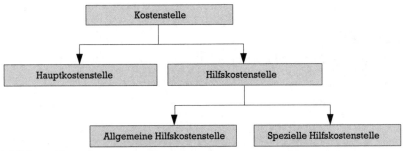

Abbildung 61

Je genauer und gegliederter die Bildung der Kostenstellen erfolgt, desto aussagefähiger wird die Kostenverrechnung. Allerdings ist immer zwischen höherem Aufwand und höherer Aussagefähigkeit abzuwägen.

Aussagefähigkeit

1.2.4.3 Zurechnung der Kosten auf Kostenstellen und Kostenstellenumlage

Die sachgerechte Zurechnung bzw. Verteilung der Gemeinkosten auf die Kostenstellen (Haupt- und Hilfskostenstellen) erfolgt in der Regel nach sogenannten Gemeinkostenschlüsseln.

Gemeinkostenschlüssel

So kann zum Beispiel aus den Lohn- und Gehaltslisten abgeleitet werden, welche Anteile der Gehaltszahlungen auf die Bereiche Material, Fertigung, Verwaltung und Vertrieb entfallen. Die anteiligen Mieten lassen sich nach den jeweiligen Flächenanteilen in m² ableiten. Für die Abschreibungen bietet das Anlagenverzeichnis für die Aufteilung nach den verschiedenen Bereichen eine gute Grundlage.

Unterlagen

Beispiel:
Mietaufwand insgesamt 20.000,00 DM
Anteilige Räume nach betrieblichen Funktionsbereichen
- Material: 100 m² (20 %)
- Fertigung: 300 m² (60 %)
- Verwaltung: 50 m² (10 %)
- Vertrieb: 50 m² (10 %)

Aufteilung des Mietaufwandes:

Material	Fertigung	Verwaltung	Vertrieb
4.000,00	12.000,00	2.000,00	2.000,00

Stufenleiterverfahren

> In einem weiteren Schritt werden die Hilfskostenstellen ebenfalls nach bestimmten Schlüsseln auf die Hauptkostenstellen umgelegt. In der Praxis der Betriebsabrechnung wird dabei meist nach dem sogenannten Stufenleiterverfahren vorgegangen.

Teilumlagen

Neben der Umlage der Hilfskostenstellen können manchmal auch Teilumlagen der Material- sowie der Verwaltungs- und Vertriebskostenstellen zweckmäßig sein.

Innerbetriebliche Leistungsverrechnung

Im Zusammenhang mit der Kostenumlage spricht man auch von der innerbetrieblichen Leistungsverrechnung.

Beispiel:

Gegeben sind folgende Kostenstellen:
- Hilfskostenstelle A: 1.400,00 DM
- Hilfskostenstelle B: 2.200,00 DM
- Hauptkostenstelle Material: 4.000,00 DM
- Hauptkostenstelle Fertigung: 8.000,00 DM
- Hauptkostenstelle Verwaltung: 2.500,00 DM
- Hauptkostenstelle Vertrieb: 1.800,00 DM

Der Verteilungsschlüssel für das Stufenleiterverfahren lautet:
- für Hilfskostenstelle A: 10 % auf Hilfskostenstelle B, 30 % auf Hauptkostenstelle Material und je 20 % auf die übrigen Hauptkostenstellen
- für Hilfskostenstelle B: je 25 % auf die einzelnen Hauptkostenstellen.

Hilfsk. A	Hilfsk. B	Material	Fertigung	Verwaltung	Vertrieb
1.400,00	2.200,00	4.000,00	8.000,00	2.500,00	1.800,00
	140,00	420,00	280,00	280,00	280,00
	2.340,00				
		585,00	585,00	585,00	585,00
Gesamtkosten		5.005,00	8.865,00	3.365,00	2.665,00

1.2.4.4 Ermittlung von Kostenverrechnungssätzen

Kalkulationssätze

> Kostenverrechnungssätze (auch Kalkulationssätze genannt) sind erforderlich, um die Gemeinkosten nach dem Verursachungsprinzip auf die einzelnen Kostenträger verrechnen zu können. Entscheidend dafür ist die Wahl der richtigen Bezugsgröße. Es ist möglich, eine oder mehrere Bezugsgrundlagen zu wählen. Die Entscheidung darüber hängt im einzelnen von der Art und Größe des jeweiligen Betriebes ab.

Bezugsgrundlagen

Als Bezugsgrundlage sind möglich:
- die Lohneinzelkosten
- die Materialeinzelkosten
- die Material- und die Lohneinzelkosten (Herstellkosten)
- jeweils die Lohneinzelkosten und die Materialeinzelkosten
- jeweils die Lohneinzelkosten, die Materialeinzelkosten und die Herstellkosten
- Kostenstellen nach betrieblichen Funktionen.

Die Verrechnung der Gemeinkosten auf der Basis der Lohneinzelkosten

Lohneinzelkosten

In diesem Fall arbeitet der Betrieb mit **einem** Gemeinkostenzuschlagssatz, der auf die produktiven Löhne bezogen wird. Dabei wird berechnet, wieviel Prozent die Gemeinkosten für einen bestimmten Zeitraum (in der Regel für ein Jahr) von den produktiven Löhnen (Lohneinzelkosten) für denselben Zeitraum betragen. Diese Methode ist im Handwerk aufgrund der in diesem Wirtschaftsbereich überdurchschnittlich hohen Lohnintensität nach wie vor am häufigsten anzutreffen.

Ein Gemeinkostenzuschlagssatz

Der errechnete Zuschlagssatz wird dann für jede auszuführende Arbeit angewandt.

Formel für die Berechnung des Gemeinkostenzuschlagssatzes auf der Basis der Lohneinzelkosten:

$$\text{Gemeinkostenzuschlagssatz} = \frac{\text{Gemeinkostensumme}}{\text{Lohneinzelkosten}} \times 100$$

Formel

Beispiel:

Bereinigte Jahressumme der produktiven Löhne 305.000,00 DM
Bereinigte Jahressumme der Gemeinkosten 560.000,00 DM

$$\text{Gemeinkostenzuschlagssatz} = \frac{560.000,00}{305.000,00} \times 100 = \underline{\underline{183{,}6\,\%}}$$

Es ergibt sich also ein Gemeinkostenzuschlagssatz von rund 184 %, der in jeder Stückkostenkalkulation auf die dort errechneten Lohneinzelkosten aufgeschlagen wird.

Beispiel:

Stückkostenkalkulation auf Basis Lohneinzelkosten:

Materialkosten	6.500,00 DM
+ Lohneinzelkosten (Stundenzahl × Stundenlohn)	3.500,00 DM
+ 184 % Gemeinkosten auf Basis Lohneinzelkosten von 3.500,00 DM	6.440,00 DM
= Selbstkosten	16.440,00 DM

Die Verrechnung der Gemeinkosten auf der Basis der Materialeinzelkosten

Materialeinzelkosten

In materialintensiven Betrieben, in denen große Mengen Material eingesetzt werden und die Lohneinzelkosten demgegenüber verhältnismäßig gering sind, entstehen die Gemeinkosten auch zum überwiegenden Teil durch den Bezug des Materials sowie seine Lagerung und Beförderung. Sie werden deshalb auf der Basis Materialeinzelkosten verrechnet. Im Handwerk ist dieser Fall eher selten.
Der Zuschlagssatz wird berechnet, indem die Summe des Materialaufwands für das vergangene Geschäftsjahr zur Jahresgemeinkostensumme in Beziehung gesetzt wird.

Materialintensive Betriebe

Formel für die Berechnung des Gemeinkostenzuschlagssatzes auf Basis der Materialeinzelkosten:

Formel

$$\text{Gemeinkostenzuschlagssatz} = \frac{\text{Gemeinkostensumme}}{\text{Materialeinzelkosten}} \times 100$$

Beispiel:

Bereinigter Materialaufwand	320.000,00 DM
Bereinigte Jahressumme der Gemeinkosten	280.000,00 DM

$$\text{Gemeinkostenzuschlagssatz} = \frac{280.000,00}{320.000,00} \times 100 = 87,5\,\%$$

Es ergibt sich also ein Gemeinkostenzuschlagssatz von rund 88 %, der bei jeder Stückkostenkalkulation auf die dort errechneten Materialeinzelkosten aufgeschlagen wird.

Beispiel:

Stückkostenkalkulation auf Basis Materialeinzelkosten:

Materialeinzelkosten	5.600,00 DM
+ Lohneinzelkosten	800,00 DM
+ 88 % Gemeinkosten auf Basis Materialeinzelkosten in Höhe von 5.600,00 DM	4.928,00 DM
= Selbstkosten	11.328,00 DM

Herstellkosten

Die Verrechnung der Gemeinkosten auf der Basis der Herstellkosten (Materialeinzel- und Lohneinzelkosten)

Die Berücksichtigung der Gemeinkosten auf der Basis nur einer Bezugsgrundlage liefert oft nur grobe Durchschnittswerte und birgt deshalb naturgemäß gewisse Risiken im Hinblick auf die Genauigkeit der Kostenverrechnung. Um diese zu mindern, können die Gemeinkosten nach der Entstehungsursache auf Lohneinzel- und Materialeinzelkosten zusammen (Herstellkosten) verteilt werden.
Zur Berechnung des Zuschlagssatzes werden Jahresgemeinkostensumme und Herstellkosten zueinander in Beziehung gesetzt.

Formel für die Berechnung des Gemeinkostenzuschlagssatzes auf der Basis der Herstellkosten:

Formel

$$\text{Gemeinkostenzuschlagssatz} = \frac{\text{Gemeinkostensumme}}{\text{Herstellkosten}} \times 100$$

Beispiel:

Lohneinzelkosten	340.000,00 DM
Materialeinzelkosten	680.000,00 DM
Herstellkosten	1.020.000,00 DM
Jahresgemeinkostensumme	460.000,00 DM

$$\text{Gemeinkostenzuschlagssatz} = \frac{460.000,00}{1.020.000,00} \times 100 = 45,1\,\%$$

1.2 Kostenrechnung und Kalkulation

Es ergibt sich also ein Gemeinkostenzuschlagssatz von rund 45 %, der bei jeder Stückkostenkalkulation auf die dort errechneten Herstellkosten aufgeschlagen wird.

Beispiel:

Stückkostenkalkulation auf Basis Herstellkosten:

Lohneinzelkosten	6.500,00 DM
+ Materialeinzelkosten	3.500,00 DM
= Herstellkosten	10.000,00 DM
+ 45 % Gemeinkosten auf Basis Herstellkosten	4.500,00 DM
= Selbstkosten	14.500,00 DM

Die Verrechnung der Gemeinkosten auf der Basis von Lohneinzelkosten und Materialeinzelkosten

Lohn- und Materialeinzelkosten

Eine noch größere Genauigkeit läßt sich erzielen, wenn die Gemeinkosten entsprechend ihrer Zugehörigkeit und Abhängigkeit jeweils auf die verursachenden Einzelkosten verrechnet werden. Das heißt die materialabhängigen Gemeinkosten werden auf die Materialeinzelkosten und die lohn- bzw. personalabhängigen Gemeinkosten auf die Lohneinzelkosten bezogen.

Verursachende Einzelkosten

Die Daten für eine solche Aufteilung lassen sich am besten und zweckmäßigsten aus dem Betriebsabrechnungsbogen gewinnen (vgl. dazu die Ausführungen in Abschnitt 1.2.4 „Kostenstellenrechnung" in diesem Band).

Formel für die Berechnung des Gemeinkostenzuschlagssatzes auf Basis Lohneinzelkosten und Materialeinzelkosten:

$$\text{Zuschlagssatz lohnabhängige Gemeinkosten} = \frac{\text{Lohn- bzw. personalabhängige Gemeinkosten}}{\text{Lohneinzelkosten}} \times 100$$

$$\text{Zuschlagssatz materialabhängige Gemeinkosten} = \frac{\text{Materialabhängige Gemeinkosten}}{\text{Materialeinzelkosten}} \times 100$$

Formeln

Beispiel:

Lohneinzelkosten	160.000,00 DM
Lohnabhängige Gemeinkosten	220.000,00 DM

$$\text{Zuschlagssatz lohnabhängige Gemeinkosten} = \frac{220.000,00}{160.000,00} = \underline{137,5 \%}$$

Materialeinzelkosten	30.000,00 DM
Materialabhängige Gemeinkosten	10.000,00 DM

$$\text{Zuschlagssatz materialabhängige Gemeinkosten} = \frac{10.000,00}{30.000,00} = \underline{33,3 \%}$$

Es ergibt sich also ein Gemeinkostenzuschlagssatz von rund 138 %, der auf die Lohneinzelkosten und ein Satz von rund 33 %, der auf die Materialeinzelkosten aufgeschlagen wird.

Beispiel:

Stückkostenkalkulation auf der Basis Lohneinzelkosten und Materialeinzelkosten:

Lohneinzelkosten	8.400,00 DM
+ 138 % lohnabhängige Gemeinkosten von 8.400,00 DM	11.592,00 DM
+ Materialeinzelkosten	1.200,00 DM
+ 33 % materialabhängige Gemeinkosten von 1.200,00 DM	396,00 DM
= Selbstkosten	21.588,00 DM

3 Bezugsgrundlagen

Verrechnung der Gemeinkosten auf der Basis von Lohneinzelkosten, Materialeinzelkosten und Herstellkosten

Detaillierte Aufteilung

Eine weitere, noch detailliertere Aufteilung kann erfolgen, indem man die materialabhängigen Gemeinkosten auf der Basis Materialeinzelkosten, die lohn- bzw. personalabhängigen Gemeinkosten auf der Basis Lohneinzelkosten und die Verwaltungs- und Vertriebsgemeinkosten auf der Basis Herstellkosten verrechnet.
Auch für diese Kostenverrechnung und Aufteilung ist ein Betriebsabrechnungsbogen zweckmäßig.

Formel für die Berechnung des Gemeinkostenzuschlagssatzes auf Basis der Lohneinzelkosten, der Materialeinzelkosten und der Herstellkosten:

Lohnabhängige Gemeinkosten und materialabhängige Gemeinkosten werden wie in vorstehendem Beispiel berechnet.

Formel

$$\text{Herstellabhängige Gemeinkosten} = \frac{\text{Verwaltungs- und Vertriebsgemeinkosten}}{\text{Herstellkosten}} \times 100$$

Beispiel:

Lohneinzelkosten	160.000,00 DM
lohnabhängige Gemeinkosten	180.000,00 DM

$$\text{Zuschlagssatz lohnabhängige Gemeinkosten} = \frac{180.000,00}{160.000,00} \times 100 = 112,5\,\%$$

Materialeinzelkosten	30.000,00 DM
materialabhängige Gemeinkosten	5.000,00 DM

$$\text{Zuschlagssatz materialabhängige Gemeinkosten} = \frac{5.000,00}{30.000,00} \times 100 = 16,7\,\%$$

Herstellkosten	375.000,00 DM
herstellabhängige Gemeinkosten	45.000,00 DM

$$\text{Zuschlagssatz herstellabhängige Gemeinkosten} = \frac{45.000,00}{375.000,00} \times 100 = 12,0\,\%$$

Es ergibt sich also ein Gemeinkostenzuschlagssatz von rund 113 %, der auf die Lohneinzelkosten, ein Satz von rund 17 %, der auf die Materialeinzelkosten und ein Satz von 12 %, der auf die Herstellkosten aufgeschlagen wird.

Beispiel:

Stückkostenkalkulation auf der Basis Lohneinzelkosten, Materialeinzelkosten und Herstellkosten:

Lohneinzelkosten	8.400,00 DM
+ 113 % lohnabhängige Gemeinkosten von 8.400,00 DM	9.492,00 DM
+ Materialeinzelkosten	1.200,00 DM
+ 17 % materialabhängige Gemeinkosten von 1.200,00 DM	204,00 DM
= Herstellkosten	19.296,00 DM
+ 12 % herstellabhängige Gemeinkosten von 19.296,00 DM	2.315,52 DM
= Selbstkosten	21.611,52 DM

Verrechnung auf Kostenstellen nach betrieblichen Funktionen

In manchen Betrieben ergeben sich durch die Eigenart der Erzeugnisse oder durch Besonderheiten der Arbeitsmethoden sehr unterschiedliche Gemeinkostenanteile.

Besondere Gegebenheiten

Beispiele:

Im Fleischerhandwerk entstehen durch die Wurstherstellung größere Gemeinkosten als durch das Fleischgeschäft.
In einem Tischlereibetrieb fallen durch die Maschinenarbeit wesentlich mehr Gemeinkosten an als durch die Handarbeit.

Diese Unterschiede in den einzelnen betrieblichen Funktionen oder Betriebsabteilungen sollten bei der Gemeinkostenverrechnung unbedingt berücksichtigt werden; beispielsweise dadurch, daß man sowohl einen Gemeinkostenzuschlagssatz für die Handarbeit wie auch einen Gemeinkostenzuschlagssatz für die Maschinenarbeit ermittelt. Man spricht in diesem Zusammenhang auch von Platzkostenrechnung. Sie erfordert allerdings auch eine umfassendere Untergliederung des betrieblichen Rechnungswesens. Auch hier liefert der Betriebsabrechnungsbogen die entsprechenden Daten.

Handarbeit Maschinenarbeit Platzkostenrechnung

Formel für die Berechnung des Gemeinkostenzuschlagssatzes unter getrennter Berücksichtigung der Gemeinkosten für Maschinenarbeit und der Gemeinkosten für Handarbeit:

$$\text{Maschinenarbeitabhängige Gemeinkosten} = \frac{\text{Gemeinkosten für Maschinenarbeit}}{\text{Lohnsumme für Maschinenarbeit}} \times 100$$

$$\text{Handarbeitabhängige Gemeinkosten} = \frac{\text{Gemeinkosten für Handarbeit}}{\text{Lohnsumme für Handarbeit}} \times 100$$

Formel

Beispiel:

Lohnkosten	180.000,00 DM
(davon 50 % für Arbeit an den Maschinen)	
lohnabhängige Gemeinkosten	450.000,00 DM
(davon 80 % für Arbeit an Maschinen)	

$$\text{Zuschlagssatz für maschinenarbeitabhängige Gemeinkosten} = \frac{360.000,00}{90.000,00} \times 100 = 400,0\,\%$$

$$\text{Zuschlagssatz für handarbeitabhängige Gemeinkosten} = \frac{90.000,00}{90.000,00} \times 100 = 100,0\,\%$$

Es ergibt sich also ein Zuschlag von 400 % auf maschinenarbeitabhängige Lohneinzelkosten und ein Zuschlag von 100 % auf Lohneinzelkosten, die der Handarbeit zuzurechnen sind.

Beispiel:

Stückkostenkalkulation bei Trennung nach Maschinenarbeit und Handarbeit:

Lohneinzelkosten für Maschinenarbeit	4.500,00 DM
+ 400 % maschinenarbeitabhängige Gemeinkosten von 4.500,00 DM	18.000,00 DM
+ Lohneinzelkosten für Handarbeit	4.500,00 DM
+ 100 % handarbeitabhängige Gemeinkosten von 4.500,00 DM	4.500,00 DM
= Selbstkosten	31.500,00 DM

Kontrolle der Gemeinkostenzuschlagssätze

Erhebliche Schwankungen Neuberechnung

Die Gemeinkosten bleiben innerhalb eines Betriebes über längere Zeit hinweg nie genau gleich. Sie sind manchmal sogar erheblichen Schwankungen unterworfen.
Deshalb ist mindestens einmal jährlich die Neuberechnung der Gemeinkostenzuschlagssätze erforderlich. Bei wesentlichen Änderungen ist sogar eine viertel- oder halbjährliche Überprüfung und ggf. Neuberechnung der Gemeinkostenzuschlagssätze zu empfehlen. Auf keinen Fall dürfen sie ohne eingehendere Kontrolle über mehrere Jahre hinweg unverändert beibehalten werden.

Kostenverrechnungssätze mit anderen Bezugsgrößen

Die Gesamtkosten einzelner Hauptkostenstellen und die Gesamtsumme aller Kosten können darüber hinaus noch zahlreichen anderen Bezugsgrößen gegenübergestellt werden. Angesichts des zunehmenden Maschineneinsatzes werden heute häufig sogenannte Maschinenstundensätze gebildet.

Maschinenstundensatz

Der Maschinenstundensatz errechnet sich aus folgender Formel:

Formel

$$\text{Maschinenstundensatz} = \frac{\text{Maschinenkosten}}{\text{Maschinenlaufzeit in Stunden}}$$

Weitere Bezugsgrößen

Je nach Eigenart und besonderer Bedeutung sowie zur Verfügung stehender und auswertbarer Statistiken sind in den verschiedenen Handwerkszweigen weitere Bezugsgrößen gebräuchlich:

- Zeit (vor allem in dienstleistungsorientierten Handwerksberufen) zur Berechnung der Kosten je Arbeitsstunde

- Gewicht (zum Beispiel in Fleischereien) zur Berechnung der Kosten je Kilogramm
- Fläche (zum Beispiel bei Malern, Tapezierern, Fliesenlegern) zur Berechnung der Kosten je m^2
- Rauminhalt (zum Beispiel bei den Bauhandwerken) zur Berechnung der Kosten je m^3.

Beispiel für die Aufbereitung kostenrechnerischer Unterlagen und die Berechnung des Gemeinkostenzuschlagssatzes

Für das nachfolgende Beispiel wird ein Betrieb gewählt, der nur mit einem betriebseinheitlichen Gemeinkostenzuschlagssatz auf Basis der Lohneinzelkosten rechnet. *Ein Gemeinkostenzuschlagssatz*

Die Gewinn- und Verlustrechnung des Betriebes weist folgende Zahlen aus:

Gewinn- und Verlustrechnung

Aufwendungen		Erträge	
Materialaufwand	270.000,00	Umsatzerlöse	800.000,00
Löhne und Gehälter	240.000,00	Außerordentliche	
Gesetzl. Sozialabgaben	50.000,00	Erträge	10.000,00
Abschreibungen	18.000,00		
Miete	60.000,00		
Werbekosten	15.000,00		
Beratungskosten	6.000,00		
Betriebliche Steuern	15.000,00		
Sonstige betriebliche Aufwendungen	45.000,00		
Außerordentliche Aufwendungen	3.500,00		
Jahresüberschuß (Gewinn)	87.500,00		
	810.000,00		810.000,00

Aufgabe:

Daraus sind die Gemeinkostensumme, die direkt zurechenbaren Löhne (Lohneinzelkosten) und der Gemeinkostenzuschlagssatz zu berechnen.

Dabei ist zu berücksichtigen:
- Von den ausgewiesenen Löhnen und Gehältern sind 40.000,00 DM nicht direkt auf das Erzeugnis zurechenbar.
- Der kalkulatorische Unternehmerlohn beträgt 72.000,00 DM; drei Viertel davon sind nicht direkt verrechenbar.
- Die kalkulatorische Abschreibung wurde mit 8.000,00 DM berechnet und weicht damit von der steuerlichen ab.
- Das für die Eigenkapitalverzinsung (in Höhe von 8 %) maßgebliche Eigenkapital beträgt 150.000,00 DM.

Lösung:

Berechnung der Gemeinkostensumme

Nach Ausscheidung des Materialaufwands und der direkt zurechenbaren Löhne, die im Rahmen der Kalkulation ja als Einzelkosten verrechnet werden, sowie unter Bereinigung der außerordentlichen und der betriebsfremden Aufwendungen und unter Berücksichtigung der kalkulatorischen Kosten ergibt sich folgende Gemeinkostensumme: *Gemeinkostensumme* *Bereinigungen*

Nicht direkt verrechenbare Löhne	40.000,00 DM
Gesetzliche Sozialabgaben	50.000,00 DM
Miete	60.000,00 DM
Betriebliche Steuern	15.000,00 DM
Werbekosten	15.000,00 DM
Beratungskosten	6.000,00 DM
Sonstige Gemeinkosten	45.000,00 DM
Kalkulatorische Abschreibungen	8.000,00 DM
Nicht verrechenbarer Anteil des Unternehmerlohns	54.000,00 DM
Kalkulatorische Eigenkapitalverzinsung (8 % von 150.000,00 DM)	12.000,00 DM
Gemeinkostensumme	**305.000,00 DM**

Direkt zurechenbare Löhne

Berechnung des direkt zurechenbaren Lohns

Löhne und Gehälter laut G+V	240.000,00 DM
− nicht direkt zurechenbarer Lohn	40.000,00 DM
= direkt zurechenbarer Lohn laut G+V	200.000,00 DM
+ direkt verrechenbarer Anteil des Unternehmerlohns	18.000,00 DM
= gesamter direkt zurechenbarer Lohn (produktive Lohnsumme)	218.000,00 DM

Gemeinkostenzuschlagssatz

Berechnung des Gemeinkostenzuschlagssatzes auf Basis der Lohneinzelkosten

$$\text{Gemeinkostenzuschlagssatz} = \frac{\text{Jahresgemeinkostensumme}}{\text{Lohneinzelkosten (produktive Lohnsumme)}} \times 100$$

$$= \frac{305.000,00}{218.000,00} \times 100 = \underline{139,9\,\%}$$

Der als Beispiel gewählte Betrieb hat also künftig in allen Stückkostenkalkulationen auf die berechneten Lohneinzelkosten rund 140 % Gemeinkosten aufzuschlagen.

1.2.4.5 Beispiel eines einfachen Betriebsabrechnungsbogens

Die Zahlenwerte für den folgenden Betriebsabrechnungsbogen sind willkürlich gewählt. Die Hilfskostenstellen werden ebenfalls nach einem beliebigen Schlüssel auf die Hauptkostenstellen umgelegt.

Das Beispiel für den Betriebsabrechnungsbogen zeigt auch, wie auf seiner Basis die Zuschlagssätze für die einzelnen Gemeinkostenbereiche durch Gegenüberstellung der jeweiligen Gemeinkostensummen und der Materialeinzelkosten, der Lohneinzelkosten und der Herstellkosten ermittelt werden können (Reihe 15. im Beispiel Betriebsabrechnungsbogen Seite 111).

Auswertungsmöglichkeiten

Gleichfalls aufgezeigt wird eine weitere Auswertungsmöglichkeit anhand des Betriebsabrechnungsbogens. Durch Gegenüberstellung der errechneten Ist-Zuschlagssätze und früher vorgegebener Soll-Zuschlagssätze können Über- und Unterdeckungen in den verschiedenen Bereichen als

1.2 Kostenrechnung und Kalkulation

DM-Betrag oder in Prozenten dargestellt werden (Reihe 18. im Beispiel Betriebsabrechnungsbogen siehe unten).

Der Betriebsabrechnungsbogen ist deshalb auch ein wichtiges Instrument für
- Kostenkontrolle
- Kostenvergleiche
- Verlustquellenforschung.

Einsatzmöglichkeiten

Beispiel Betriebsabrechnungsbogen

Kostenarten \ Kostenstellen	Summe	Hilfskostenstelle 1	Hilfskostenstelle II	Material	Fertigung	Verwaltung	Vertrieb
1. Einzellöhne	80.000,00				80.000,00		
2. Einzelmaterial	120.000,00						
3. Unprod. Löhne	20.000,00	1.500,00	2.100,00	1.000,00	13.000,00	1.400,00	1.000,00
4. Ges. Sozialabg.	16.000,00	300,00	420,00	200,00	14.400,00	480,00	200,00
5. Gemeink. Material	9.000,00	700,00	800,00	1.000,00	5.000,00	1.000,00	500,00
6. Miete	20.000,00	1.300,00	1.700,00	2.000,00	5.000,00	8.000,00	2.000,00
7. Werbung	15.000,00	200,00	300,00	800,00	700,00	3.000,00	10.000,00
8. Unprod. kalkul. Unternehmerlohn	10.000,00	300,00	200,00	1.500,00	6.000,00	1.200,00	800,00
9. Kalk. Abschr.	6.000,00	500,00	500,00	1.000,00	3.000,00	800,00	200,00
10. Kalk. Zinsen	8.000,00	700,00	1.100,00	500,00	4.200,00	1.100,00	400,00
11. Summe Gemeinkosten	104.000,00	5.500,00	7.120,00	8.000,00	51.300,00	16.980,00	15.100,00
12. Umlage Hilfskostenstelle I		↳	500,00	2.200,00	1.800,00	600,00	400,00
13. Umlage Hilfskostenstelle II			↳	1.200,00	3.800,00	1.800,00	820,00
14. Summe Gemeinkosten	104.000,00			11.400,00	56.900,00	19.380,00	16.320,00
Ermittlung von Zuschlagssätzen							
14. Zuschlagsbasis							
– Materialeinzelkosten				120.000,00			
– Lohneinzelkosten					80.000,00		
– Herstellkosten						200.000,00	
15. Ist-Zuschlagssatz				9,5 %	70 %	9,7 %	8,2 %
16. Soll-Zuschlagssatz				8,0 %	75 %	9,2 %	8,5 %
17. Rechnerische Gemeinkosten				9.600,00	60.000,00	18.400,00	17.000,00
18. Über- bzw. Unterdeckung in %				−1.800,00 −18,7 %	+3.100,00 +5,2 %	−980,00 −5,3 %	+680,00 +4,0 %

1.2.5 Kostenträgerrechnung (Kalkulation)

Lernziele:
- Wissen, was man unter Kostenträgerrechnung (Kalkulation) versteht.
- Wissen, welche Aufgaben die Kalkulation zu erfüllen hat.
- Wissen, welche Arten der Kalkulation man unterscheidet.
- Wissen, welchen Zwecken die einzelnen Kalkulationsarten dienen.
- Wissen, wie bei der Vorkalkulation, der Zwischenkalkulation und der Nachkalkulation die Kosten anzusetzen und zu verrechnen sind.
- Wissen, welche Kalkulationsmethoden für das Handwerk in Frage kommen.
- Wissen, wie sich die Methoden nach Art der Verrechnung der Kosten unterscheiden (Zuschlagskalkulation, Divisionskalkulation, Äquivalenzziffernrechnung, Deckungsbeitragsrechnung, Stundenverrechnungssatz-Ermittlung).
- Kennen bedeutender Unsicherheitsfaktoren bei Vorkalkulationen (zum Beispiel Lohn- und Materialpreisveränderungen, Auslastungsveränderungen, unerwartete Ausführungserschwernisse).

1.2.5.1 Begriff und Aufgaben der Kalkulation

Kostenträgerstückrechnung
Selbstkostenrechnung

Im Rahmen der Kostenträgerrechnung wird generell ermittelt, wofür die Kosten anfallen. Dabei interessieren vor allem auch die Kosten einzelner produzierter oder verkaufter Einheiten. Sie zu ermitteln, ist die Aufgabe der Kostenträgerstückrechnung. Sie ermittelt die Selbstkosten und liefert damit wichtige Grundlagen für die Preisfindung.
Statt Kostenträgerstückrechnung spricht man auch von Selbstkostenrechnung oder von Kalkulation.

1.2.5.2 Kalkulationsarten

Kalkulationsarten

Man unterscheidet im allgemeinen nach dem Zeitpunkt der Durchführung drei Arten der Kalkulation:
- die Vorkalkulation
- die Nachkalkulation
- die Zwischen- und Begleitkalkulation.

Die einzelnen Kalkulationsarten

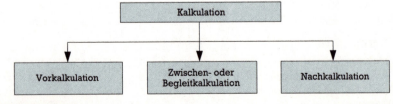

Abbildung 62

Die Vorkalkulation

Die Vorkalkulation findet vor der Erstellung der Betriebsleistung bzw. vor der Annahme eines Auftrages statt. Sie hat die Aufgabe, für ein einzelnes Stück oder eine einzelne Leistung die Selbstkosten und auf deren Grundlage den Angebotspreis zu berechnen.

Vorkalkulation

Angebotspreis

Dabei stellen sich unter anderem folgende Fragen:

- Wie hoch ist der Preis für das Material, das ich benötige?
- Wieviel Arbeitszeit ist erforderlich?
- Welche Teile des Auftrages sind mit Maschinenarbeit, welche mit Handarbeit zu erledigen?
- Welcher Gemeinkostenzuschlag entspricht den betrieblichen Verhältnissen?
- Nach welcher Verrechnungsart sollen die Gemeinkosten aufgeschlagen werden?
- Welcher Gewinnzuschlag entspricht der Besonderheit des Auftrages und der jeweiligen betrieblichen Lage?

Einzelfragen

Bei der Beantwortung dieser Fragen spielen Erfahrungswerte aus der Vergangenheit eine wichtige Rolle. In die Vorkalkulation gehen deshalb oft die aus der Vergangenheit gewonnenen Ist-Werte als Durchschnitts- oder Erfahrungswerte ein. Sie müssen allerdings stets an zwischenzeitlich eingetretene Veränderungen angepaßt, d. h. aktualisiert werden.

Erfahrungswerte

Dennoch bleibt bei der Vorkalkulation das Risiko, daß zahlreiche Unsicherheitsfaktoren wie Preisänderungen, Lohnsteigerungen, unerwartete Ausführungserschwernisse u. ä. nicht exakt berücksichtigt werden können.

Unsicherheitsfaktoren

Die Nachkalkulation

Die Nachkalkulation findet nach Abschluß der Leistungserstellung auf der Basis der tatsächlich angefallenen Kosten pro Stück, pro Auftrag oder pro Abrechnungszeitraum statt.
Aufgabe und Zweck der Nachkalkulation sind in erster Linie:
- Kostenermittlung und Kostenkontrolle
- Ermittlung des Reingewinns und der Gewinnspanne
- Wirtschaftlichkeitskontrolle und Kontrolle der Vorkalkulation durch Gegenüberstellung der Ist- und Soll-Werte.

Nach Leistungserstellung

Aufgaben der Nachkalkulation

Dabei stellen sich unter anderem folgende Fragen:

- Welche Materialkosten sind bei den Arbeiten entstanden?
- Welche Lohnkosten sind angefallen?
- Welche Kosten ergaben sich aus der Maschinenarbeit?
- Welcher Gemeinkostensatz ist in Ansatz zu bringen?
- Welcher Gewinnzuschlag ist vertretbar?
- Welcher Reingewinn verbleibt nach Abzug der Selbstkosten vom Lieferpreis?

Fragen

Aus diesen Überlegungen läßt sich eine allgemeine Formel für die Gewinnberechnung in der Nachkalkulation ableiten:

Schema

Schema für die Gewinnberechnung in der Nachkalkulation:

Lieferpreis (ohne Umsatzsteuer)
– Materialeinzelkosten
– Lohneinzelkosten für Handarbeit und für Maschinenarbeit
– Gemeinkosten

= Reingewinn

Rückkalkulation

Bei Betrieben, die zu Richtpreisen oder zu Festpreisen anbieten, ist eine Nachkalkulation besonders wichtig. Man spricht dabei auch von Rückkalkulation.

Schema

Schema der Gewinnberechnung in der Rückkalkulation:

Verkaufspreis (ohne Umsatzsteuer)
– Selbstkosten

= Reingewinn

Fragen

Der Betriebsinhaber erhält dann Ausgangsdaten für Fragen wie:
- Welcher Gewinn verbleibt, wenn ein vorgegebenes Material verwendet werden muß?
- Reicht die Arbeitskapazität, wenn der Auftrag in einer vorgegebenen Zeit ausgeführt sein muß?
- Lohnen sich zusätzliche betriebliche Dispositionen, etwa Änderungen in der Organisation oder investive Maßnahmen und Neueinstellungen?

Die Zwischen- oder Begleitkalkulation

Längere Produktionszeiträume

Bei Aufträgen, die sich über einen längeren Zeitraum hinweg erstrecken, ist es zweckmäßig, zwischen der Vorkalkulation und der Nachkalkulation eine oder mehrere Zwischenkalkulationen vorzunehmen.

Kontrollmöglichkeit

So kann überprüft werden, ob die in der Vorkalkulation errechneten Soll-Kosten durch die aufgelaufenen Ist-Kosten eingehalten oder über- bzw. unterschritten werden. Mit diesen Informationen eröffnet die Zwischen- oder Begleitkalkulation die Möglichkeit für entsprechende betriebliche Dispositionen.

1.2.5.3 Kalkulationsmethoden

Je nach der Art, wie die Kosten in der Vorkalkulation den Produkten und Leistungen zugerechnet werden, unterscheidet man verschiedene Kalkulationsmethoden, nämlich

Kalkulationsmethoden
- die Zuschlagskalkulation
- die Divisionskalkulation
- die Äquivalenzziffern- und Indexrechnung
- die Deckungsbeitragsrechnung.

1.2 Kostenrechnung und Kalkulation

Wichtige Kalkulationsmethoden

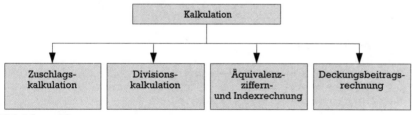

Abbildung 63

Dabei sind auch ein Gewinn- und Wagniszuschlag sowie die Umsatzsteuer zu berücksichtigen.

Der Gewinn- und Wagniszuschlag bei der Kalkulation

Bei jeder Stückkalkulation wird auf die Selbstkosten ein Zuschlag für Gewinn und Wagnis berechnet. Dieser Zuschlag bedeutet für den Betrieb die Gegenleistung für die Übernahme des Betriebs- und Marktrisikos.

Betriebs- und Marktrisiko

Er soll dem Betrieb die
- Bildung von Reserven
- Deckung von Verlusten
- Vornahme von Rationalisierungs- und Erweiterungsinvestitionen auf der Basis der Selbstfinanzierung

ermöglichen.

Die Höhe des Gewinn- und Wagniszuschlagssatzes hängt unter anderem von folgenden Faktoren ab:
- Allgemeine wirtschaftliche Lage
  In Zeiten der Hochkonjunktur läßt sich ein höherer Zuschlag durchsetzen als in wirtschaftlich schwierigeren Zeiten.
- Örtliche Konkurrenzverhältnisse und allgemeine Wettbewerbssituation
  Bei hartem Wettbewerb lassen sich nur schwer hohe Gewinn- und Wagniszuschläge durchsetzen.
- Gesamtkostensituation des einzelnen Betriebes
  Ein Betrieb, der eine günstige Gesamtkostensituation gegenüber seinen Konkurrenten aufweist, kann leichter einen höheren Gewinn- und Wagniszuschlagssatz verrechnen.

Bestimmungsfaktoren

Die Behandlung der Umsatzsteuer bei der Kalkulation

Die Umsatzsteuer nach dem Mehrwertsteuersystem ist erfolgsneutral und scheidet daher als Kostenfaktor in der Kalkulation aus. Sie wird lediglich am Ende der Kalkulation auf den errechneten Preis in Prozenten nach dem jeweils gültigen Mehrwertsteuersatz aufgerechnet.

Erfolgsneutral

Die überwälzte Umsatzsteuer geht allerdings nur bei privaten Endverbrauchern tatsächlich in den Preis ein und muß vom Käufer getragen

1.2.5 Kostenträgerrechnung (Kalkulation)

Überwälzung Vorsteuer

werden. Gewerbliche Abnehmer können die überwälzte Umsatzsteuer ihrerseits wieder als Vorsteuer geltend machen.

Zuschlagskalkulation

Häufigste Methode im Handwerk

Die Zuschlagskalkulation

Die Zuschlagskalkulation eignet sich grundsätzlich für Produktion, Dienstleistung und Handel. Sie ist die Kalkulationsmethode, die im Handwerk am häufigsten Anwendung findet.
Bei diesem Verfahren werden die Kosten des Betriebes aufgegliedert in solche, die direkt auf die Leistungseinheit verrechnet werden können (Einzelkosten), und in solche, bei denen dies nur mittelbar oder indirekt möglich ist (Gemeinkosten).

Die Zuschlagskalkulation orientiert sich demnach an folgendem allgemeinen Schema:

Schema

Schema für die Zuschlagskalkulation:

  Materialeinzelkosten
+ Lohneinzelkosten
+ Gemeinkosten (in % der Einzelkosten)
+ Sondereinzelkosten
─────────────────────────────
= Selbstkosten
+ Gewinn- und Wagniszuschlag in % der Selbstkosten
─────────────────────────────
= Angebotspreis ohne Umsatzsteuer
+ % Umsatzsteuer
─────────────────────────────
= Angebotspreis einschließlich Umsatzsteuer

Die Divisionskalkulation

Bei Serienfertigung: Divisionskalkulation

Die Divisionskalkulation kommt nur bei Serienfertigung oder bei einheitlichen Leistungen zur Anwendung. Im Handwerk ist dies beispielsweise bei den Nahrungsmittelhandwerken der Fall. Sie bedingt außerdem, daß keine Lagerbestandsveränderungen stattfinden.

Verrechnungssätze

Bei der Divisionskalkulation werden die vorausberechneten Gesamtkosten durch die Zahl der Erzeugnisse oder eine andere Bezugsgröße wie Zeit, Fläche und Gewicht dividiert (Stundenverrechnungssätze und Verrechnungssätze mit anderen Bezugsgrundlagen). Auf diese Weise werden sie zu gleichen Teilen auf die Einzelstücke umgelegt.

Verschiedene Divisionskalkulationen

Man unterscheidet dabei
- die einstufige Divisionskalkulation.
  Hier werden alle Gesamtkosten auf die erzeugte Menge umgelegt.
- die mehrstufige Divisionskalkulation.
  Der Produktionsprozeß läuft in mehreren Produktionsstufen ab; für diese einzelnen Stufen werden dann Kosten und Mengen in Beziehung gesetzt.

Für die Divisionskalkulation läßt sich folgendes allgemeine Schema erstellen:

> **Schema für die Divisionskalkulation:**
>
>   Gesamtkosten/hergestellte Menge
> = Selbstkosten
> + Gewinn- und Wagniszuschlag in % der Selbstkosten
>
> = Angebotspreis ohne Umsatzsteuer
> + % Umsatzsteuer
>
> = Angebotspreis einschließlich Umsatzsteuer

Schema

Die Äquivalenzziffern- und Indexrechnung

Die Äquivalenzziffernrechnung eignet sich als Kalkulationsmethode, wenn von einem Produkt mehrere Sorten hergestellt werden. Dies ist beispielsweise im Nahrungsmittelhandwerk der Fall.

Mehrere Sorten

> Durch Äquivalenzziffern (man spricht auch von Gewichtungsziffern) werden die unterschiedlichen Sorten auf eine Leistung umgerechnet, um für die Divisionskalkulation eine einheitliche Bezugsbasis zu erhalten. Eine Leistung, oft auch Richtsorte genannt, wird dabei gleich 1 gesetzt. Die übrigen erhalten dann die Äquivalenzziffer, die ausdrückt, in welchem Verhältnis zur Richtsorte sie an der Kostenverursachung beteiligt sind.

Gewichtungsziffern

Richtsorte

Eine Divisionskalkulation auf der Basis von Äquivalenzziffern orientiert sich dann an folgendem Schema:

> **Schema für die Äquivalenzziffernrechnung:**
>
>   Menge (Sorte 1) × Äquivalenzziffer (Sorte 1) × Stückkosten (Sorte 1)
> + Menge (Sorte 2) × Äquivalenzziffer (Sorte 2) × Stückkosten (Sorte 2)
> + ...   (...) × ...   (...) × ...   (...)
>
> = Gesamtkosten
>   Gesamtkosten/hergestellte Menge
> = Selbstkosten
> + Gewinn- und Wagniszuschlag in % der Selbstkosten
>
> = Angebotspreis ohne Umsatzsteuer
> + % Umsatzsteuer
>
> = Angebotspreis einschließlich Umsatzsteuer

Schema

Eine Mischform, die mehr nach dem Prinzip der Zuschlagskalkulation funktioniert, ist die Indexrechnung. Sie wird beispielsweise im Kfz-Mechaniker-Handwerk angewandt. Die Materialeinzelkosten sind als Listenpreise vorgegeben. Gemeinkosten sowie Wagnis- und Gewinnzuschlag werden über eine Indexziffer den Bruttolöhnen zugeschlagen.

Indexrechnung

Listenpreise

Der Wert bzw. die Höhe dieser Indexziffer wird anhand der Ergebnisse der vorhergehenden Rechnungsperiode festgelegt.

Für eine Kalkulation mit Hilfe von Indexzahlen läßt sich folgendes Schema ableiten:

Schema

Schema für die Indexzahlenrechnung:

Materialeinzelkosten nach Listenpreis
+ Bruttolöhne × Index

= Angebotspreis ohne Umsatzsteuer
+ % Umsatzsteuer

= Angebotspreis einschließlich Umsatzsteuer

Stundenverrechnungssätze

Auf eine Stunde bezogen lassen sich damit sogenannte Stundenverrechnungssätze ermitteln.

Deckungsbeitragsrechnung

Die Deckungsbeitragsrechnung

Die bislang dargestellten Kalkulationsmethoden gehen davon aus, daß

Ist-Kosten Vollkostenrechnung

- die tatsächlich entstandenen Kosten (Ist-Kosten) verrechnet werden
- alle angefallenen Kosten auch auf die einzelnen Kostenträger verteilt werden (Vollkostenrechnung).

Teilkostenrechnung

Bei der Kalkulation des Angebotspreises kann es im Einzelfall jedoch auch zweckmäßig sein, nur die variablen Kosten zu berücksichtigen und die fixen Kosten außer Ansatz zu lassen (Teilkostenrechnung).

Deckungsbeitrag

Der Deckungsbeitrag ist die Differenz zwischen dem Umsatzerlös und den variablen Kosten.

Der Vorteil der Deckungsbeitragsrechnung besteht darin, daß man sich besser an die Marktverhältnisse anpassen kann. Im Hinblick auf die Ausnutzung der betrieblichen Kapazitäten und auf die Konkurrenzsituation ist es notwendig, seine Kosten- und Preisuntergrenzen (= Niveau der variablen Kosten) genau zu kennen. Solange nämlich der Absatzpreis über den variablen Kosten liegt, wird zumindest ein Teil der Fixkosten mit abgedeckt. Dieser Anteil würde durch die Nichtannahme so kalkulierter Aufträge ganz entfallen.

Preisuntergrenze

Die Deckungsbeitragsrechnung ist vor allem wichtig zur Beurteilung der Erfolgsentwicklung, wenn unter gleichbleibenden Bedingungen eine Leistungseinheit hinzukommt oder wegfällt.

Der Unterschied zwischen Vollkosten- und Teilkostenrechnung soll nachfolgend aufgezeigt werden:

Beispiel:

Ein Zulieferbetrieb ist vertraglich verpflichtet, an einen Kunden 100 Teile zum Stückpreis von 11.000,00 DM zu liefern. Seine Kapazitäten sind damit noch nicht voll ausgelastet. Ein anderes Unternehmen würde ihm weitere 20 Teile zum Preis von 8.000,00 DM je Stück abnehmen. Die Gesamtkosten des Betriebes betragen 1.000.000,00 DM, 30 % der Kosten sind variabel, also pro Stück 3.000,00 DM. Soll der Betriebsinhaber den zusätzlich möglichen Auftrag annehmen?

Beispiel für Vollkostenrechnung

Die **Vollkostenrechnung** führt zu folgendem Ergebnis:

Ohne Zusatzauftrag		**Mit** Zusatzauftrag	
Gesamtumsatz	1.100.000,00 DM	Gesamtumsatz	1.260.000,00 DM
− Gesamtkosten	1.000.000,00 DM	− Gesamtkosten	1.200.000,00 DM
= Gewinn	100.000,00 DM	= Gewinn	60.000,00 DM

> Aufgrund dieser Vollkostenrechnung wird der Betriebsinhaber zu dem Schluß gelangen, daß der zusätzliche Auftrag mit einem Verlust verbunden ist und zu einer Schmälerung des Gesamtgewinns führt. Unter diesen Voraussetzungen wird er den Auftrag in aller Regel ablehnen.

Eine **Teilkostenrechnung** mit Deckungsbeiträgen ergibt folgendes Bild:

Beispiel für Teilkostenrechnung

Ohne Zusatzauftrag		**Mit** Zusatzauftrag	
Umsatzerlöse	1.100.000,00 DM	Umsatzerlöse	1.260.000,00 DM
– variable Kosten	300.000,00 DM	– variable Kosten	360.000,00 DM
= Deckungsbeitrag	800.000,00 DM	= Deckungsbeitrag	900.000,00 DM
– fixe Kosten	700.000,00 DM	– fixe Kosten	700.000,00 DM
= betriebl. Gewinn	100.000,00 DM	= betriebl. Gewinn	200.000,00 DM

> Durch Übernahme des Zusatzauftrages kann der Betrieb bei gleichbleibenden Fixkosten seinen Gewinn sogar verdoppeln. Bei dem neu dazukommenden Auftrag sind ja nur noch die variablen Kosten zu decken. Der sie übersteigende Umsatzerlös kommt vollkommen dem Gewinn zugute.

Ermittelte Preisuntergrenzen können im Einzelfall sogar noch unterschritten werden, wenn im Gesamtunternehmen auch Produkte hergestellt und vertrieben werden, die einen relativ hohen Deckungsbeitrag aufweisen.

Wenn negative Deckungsbeiträge bestimmter Produkte durch positive Deckungsbeiträge anderer Produkte ausgeglichen werden, dann spricht man auch von kalkulatorischem Ausgleich.

> Die Deckungsbeitragsrechnung ist ein wichtiges Instrument, um die Gewinne des Betriebes langfristig zu sichern und zu steigern.
> Für jeden Betrieb läßt sich der Punkt ausrechnen, ab dem er Gewinne erzielen kann. Dieser Punkt, der Kostendeckungspunkt, Gewinnschwelle oder auch „break-even-point" genannt wird, liegt dort, wo die Summe aus fixen und variablen Kosten gerade dem Umsatzerlös entspricht.

Gewinnschwelle

Der Kostendeckungspunkt läßt sich sowohl über eine Formel wie auch graphisch ableiten.

> **Formel zur Ermittlung des Kostendeckungspunktes:**
>
> $$\text{Gewinnschwellenumsatz} = \frac{\text{Fixkosten}}{\text{Deckungsgrad}} \qquad \text{Deckungsgrad} = \frac{\text{Deckungsbeitrag}}{\text{Umsatzerlöse}}$$

Formel

Auf der Basis der Zahlen des Beispiels (ohne Zusatzauftrag) ergibt sich:

$$\text{Deckungsgrad} = \frac{800.000,00}{1.100.000,00} = \underline{0{,}73}$$

$$\text{Gewinnschwellenumsatz} = \frac{700.000,00}{0{,}73} = \underline{958.904,00}$$

Daraus folgt, daß der Betrieb knapp 960.000,00 DM an Umsatz tätigen muß, um seine Gesamtkosten durch die Umsatzerlöse abzudecken. Ist der Umsatz niedriger, liegt der Betrieb im Verlustbereich.

Dieselbe Lösung ergibt sich bei der graphischen Darstellung:

Graphische Ermittlung der Gewinnschwelle

Gewinnschwellenberechnung

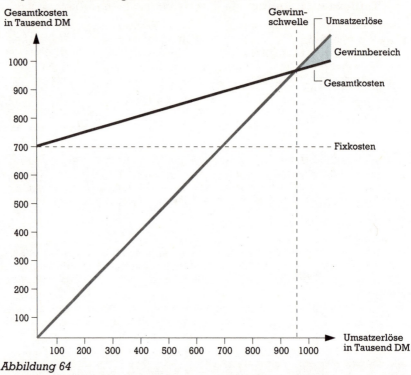

Abbildung 64

> Die Abbildung macht auch deutlich, daß ein zusätzlicher Auftrag, der durch den Umsatzerlös mehr als die variablen Kosten abdeckt, die Gewinnsituation verbessert.

Neue Gewinnschwellenberechnung

Es ist festzustellen, daß immer eine neue Gewinnschwellenberechnung erforderlich ist, sobald ein Auftrag die Gesamtkostensituation ändert.

Die Stundenverrechnungssatz-Ermittlung

Handwerksunternehmen, die vorwiegend im Dienstleistungsbereich tätig sind, bieten sozusagen Arbeitsstunden an. Der Preis für ihre Leistung ergibt sich aus der Anzahl der geleisteten Arbeitsstunden multipliziert mit einem Verrechnungssatz. Dieser Verrechnungssatz muß alle Kosten und einen Ausgleich für die Übernahme des Unternehmerrisikos enthalten (vgl. dazu auch Abschnitt 1.2.6.1 „Kalkulationsschemen" in diesem Band).

Verrechnungssatz

Häufige Fehlerquellen in der Kalkulation

Exakte Kalkulation

Um alle seine Kosten über die Preise decken und darüber hinaus einen entsprechenden Gewinn erzielen zu können, muß besonders auf eine exakte Kalkulation geachtet werden. Folgende Fehler werden dabei häufig gemacht:

- Ungeprüfte Übernahme von Konkurrenz-, Richt- oder Marktpreisen
- Unterlassung der Nachkalkulation als wichtige Ausgangsbasis für weitere Vorkalkulationen
- Ungenaue Festsetzung der Einzelkosten; ein solcher Fehler verstärkt sich bis zum Angebotspreis fort
- Anwendung von Durchschnittspreisen bei Material und Arbeit, obwohl sie jeweils sehr unterschiedlich zusammengesetzt sind
- Ungenaue Berechnung der unproduktiven Löhne
- Keine oder unzureichende Bereinigung der Aufwendungen der G+V-Rechnung in sachlicher und zeitlicher Hinsicht für kalkulatorische Zwecke
- Ungenügende Berücksichtigung von Materialpreisveränderungen, Auslastungsveränderungen und unerwarteten Ausführungserschwernissen
- Ungenaue Erfassung sowie Verteilung und Verrechnung der Gemeinkosten
- Unzureichende Erfassung von Sonderkosten
- Kein oder unzureichender Ansatz von kalkulatorischen Kosten
- Keine oder unzureichende Berücksichtigung des Gewinn- und Wagniszuschlagssatzes.

Fehlerquellen

1.2.6 Die Zuschlagskalkulation

Lernziele:
- Wissen, wie bei der Zuschlagskalkulation die Kosten nach der Verrechenbarkeit aufzuteilen sind.
- Wissen, welche grundsätzlichen Alternativen der Kalkulationsschemata bei der Zuschlagskalkulation im Handwerk bestehen.
- Die Bedeutung einer sorgfältigen Ermittlung der direkt verrechenbaren Kosten in der Vorkalkulation verstehen.
- Wissen, wie die direkt verrechenbaren Personal- und Materialkosten in der Vorkalkulation anzusetzen sind.
- Vorkalkulationen erstellen und Angebotspreise ermitteln können.
- Die Notwendigkeit von Nachkalkulationen einsehen und die Nachkalkulation durchführen können.

1.2.6.1 Kalkulationsschemen

Bei der Zuschlagskalkulation können je nach betrieblicher Anforderung mehrere Kalkulationsschemen zur Anwendung kommen.
Für die Vorkalkulation werden dabei geplante Kosten eingesetzt, in die Nachkalkulation gehen die tatsächlichen Ist-Werte ein. Eine exakte Ermittlung der direkt verrechenbaren Einzelkosten ist dabei sehr wichtig, weil sich Fehler über die Zuschläge bis zum Angebotspreis fortsetzen.

Vorkalkulation
Nachkalkulation

Kalkulationsschema mit einem betriebseinheitlichen Gemeinkostenzuschlagssatz auf Basis Lohneinzelkosten

Hier gilt das bereits in Abschnitt 1.2.5.3 „Kalkulationsmethoden" in diesem Band dargestellte allgemeine Schema.

1 Zuschlagssatz

Kalkulationsschema mit mehreren Gemeinkostenzuschlagssätzen

Wenn der Betrieb die Gemeinkosten beispielsweise auf drei Kostenstellen aufteilt, aus denen drei verschiedene Gemeinkostenzuschlagssätze

Mehrere Zuschlagssätze

errechnet werden können, kommt folgendes Kalkulationsschema zur Anwendung:

Schema

```
  Materialeinzelkosten
+ % Gemeinkosten auf Materialeinzelkosten

= Materialkosten
+ Lohneinzelkosten
+ % Gemeinkosten auf Lohneinzelkosten
+ Sonderkosten der Fertigung

= Herstellkosten
+ % Verwaltungs- und Vertriebsgemeinkosten auf Herstellkosten
+ Sonderkosten des Vertriebs

= Selbstkosten
+ % Gewinn- und Wagniszuschlagssatz auf Selbstkosten

= Angebotspreis ohne Umsatzsteuer
+ % Umsatzsteuer

= Angebotspreis einschließlich Umsatzsteuer
```

Stundenverrechnungssätze

Kalkulationsschema für die Berechnung von betrieblichen Stundenverrechnungssätzen

Schema

```
  Bruttostundenlohn (einschl. Zuschlägen und Zulagen)
+ % Gemeinkosten auf Lohneinzelkosten

= Selbstkosten
+ % Gewinn- und Wagniszuschlagssatz auf Selbstkosten

= Stundenverrechnungssatz ohne Umsatzsteuer
+ % Umsatzsteuer

= Stundenverrechnungssatz einschließlich Umsatzsteuer
```

Der Stundenverrechnungssatz ist für eine geleistete Arbeitsstunde ohne Berücksichtigung von verbrauchten Materialien in Ansatz zu bringen.

Handelswaren

Kalkulationsschema für Handelswaren

Schema

```
  Einstandspreis
+ % Gemeinkosten auf Einstandspreis

= Selbstkosten
+ % Gewinn- und Wagniszuschlagssatz auf Selbstkosten

= Vorläufiger Verkaufspreis
+ % Verkaufszuschläge (Provision, Skonto, Rabatt)
  auf vorläufigen Verkaufspreis

= Verkaufspreis ohne Umsatzsteuer
+ % Umsatzsteuer

= Verkaufspreis einschließlich Umsatzsteuer
```

1.2 Kostenrechnung und Kalkulation

Der Einstandspreis wird dabei aus folgender Formel berechnet: Einstandspreis

```
  Listenpreis
−  Preisnachlässe
+  Bezugskosten
─────────────────
=  Einstandspreis
```

In der Praxis des Handelsbetriebes werden die einzelnen prozentualen Zuschläge oft zusammengefaßt. Dieser Gesamtzuschlag erstreckt sich auf den Unterschied zwischen Einstandspreis und Verkaufspreis (ohne Umsatzsteuer) und gibt damit den Rohgewinn wieder. Dabei sind zwei Varianten gebräuchlich:

- Kalkulationszuschlag $= \dfrac{\text{Verkaufspreis} - \text{Einstandspreis (Rohgewinn)}}{\text{Einstandspreis}} \times 100$

- Handelsspanne $= \dfrac{\text{Verkaufspreis} - \text{Einstandspreis (Rohgewinn)}}{\text{Verkaufspreis (ohne Umsatzsteuer)}} \times 100$

1.2.6.2 Beispiele zur Zuschlagskalkulation

Berechnung des Angebotspreises mit einem betriebseinheitlichen Gemeinkostenzuschlagssatz auf Basis der Lohneinzelkosten

Ein betriebseinheitlicher Zuschlagssatz

Angaben:

```
Materialeinzelkosten                               600,00 DM
Arbeitszeit 20 Stunden, davon
Betriebsinhaber     5 Stunden à 32,00 DM
1. Geselle          5 Stunden à 23,00 DM
2. Geselle         10 Stunden à 21,00 DM
Gemeinkostenzuschlagssatz 140 %
```

Lösung:

```
  Materialeinzelkosten                                    600,00 DM
+ Lohneinzelkosten
    5 Meisterstunden    à 32,00 DM     160,00 DM
    5 Gesellenstunden   à 23,00 DM     115,00 DM
   10 Gesellenstunden   à 21,00 DM     210,00 DM
                                                          485,00 DM
+ 140 % Gemeinkosten auf Lohneinzelkosten                 679,00 DM

= Selbstkosten                                           1764,00 DM
+ 10 % Gewinn- und Wagniszuschlag                         176,40 DM

= Angebotspreis ohne Umsatzsteuer                        1940,40 DM
+ 15 % Umsatzsteuer                                       291,00 DM

= Angebotspreis einschließlich Umsatzsteuer              2231,40 DM
```

Mehrere Zuschlagssätze

Berechnung des Angebotspreises mit mehreren Zuschlagssätzen für die Gemeinkosten, nämlich auf Materialeinzelkosten, Lohneinzelkosten und Herstellkosten

Angaben:

Materialeinzelkosten	600,00 DM
Arbeitszeit 18 Stunden, davon	
Betriebsinhaber 5 Stunden à 32,00 DM	
Geselle 13 Stunden à 23,00 DM	
Gemeinkostenzuschlagssatz auf Materialeinzelkosten	20 %
Gemeinkostenzuschlagssatz auf Lohneinzelkosten	80 %
Gemeinkostenzuschlagssatz auf Herstellkosten	40 %

Lösung:

	Materialeinzelkosten	600,00 DM
+	20 % Gemeinkosten auf Materialeinzelkosten	120,00 DM
=	Materialkosten	720,00 DM
+	Lohneinzelkosten	
	5 Meisterstunden à 32,00 DM 160,00 DM	
	13 Gesellenstunden à 23,00 DM 299,00 DM	459,00 DM
+	80 % Gemeinkosten auf Lohneinzelkosten	367,20 DM
=	Herstellkosten	1546,20 DM
+	40 % Verwaltungs- und Vertriebsgemeinkosten auf Herstellkosten	618,48 DM
=	Selbstkosten	2164,68 DM
+	10 % Gewinn- und Wagniszuschlag auf Selbstkosten	216,47 DM
=	Angebotspreis ohne Umsatzsteuer	2381,15 DM
+	15 % Umsatzsteuer	357,17 DM
=	Angebotspreis einschließlich Umsatzsteuer	2738,32 DM

Stundenverrechnungssatz

Berechnung des Angebotspreises für einen betrieblichen Stundenverrechnungssatz (der Betrieb arbeitet mit einem betriebseinheitlichen Gemeinkostenzuschlagssatz)

Angaben:

Stundenlohn	23,00 DM
Gemeinkostenzuschlagssatz	140 %

Lösung:

	Stundenlohn	23,00 DM
+	140 % Gemeinkosten auf Stundenlohn	32,20 DM
=	Selbstkosten	55,20 DM
+	10 % Gewinn- und Wagniszuschlag auf Selbstkosten	5,52 DM
=	Stundenverrechnungssatz ohne Umsatzsteuer	60,72 DM
+	15 % Umsatzsteuer	9,11 DM
=	Stundenverrechnungssatz einschließlich Umsatzsteuer	69,83 DM

Berechnung des Angebotspreises für eine Handelsware

Angaben:

Einstandspreis	4700,00 DM
Gemeinkostenzuschlagssatz	18 %
Verkaufszuschläge	9 %

Lösung:

Einstandspreis	4700,00 DM
+ 18 % Gemeinkosten auf Einstandspreis	846,00 DM
= Selbstkosten	5546,00 DM
+ 10 % Gewinn- und Wagniszuschlag auf Selbstkosten	554,60 DM
= Vorläufiger Verkaufspreis	6100,60 DM
+ 9 % Verkaufszuschläge	549,05 DM
= Verkaufspreis ohne Umsatzsteuer	6649,65 DM
+ 15 % Umsatzsteuer	997,45 DM
= Verkaufspreis einschließlich Umsatzsteuer	7647,10 DM

Berechnung des Kalkulationszuschlags und der Handelsspanne

Angaben:

Werte des obigen Beispiels

Lösung:

$$\text{Kalkulationszuschlag} = \frac{\text{Verkaufspreis} - \text{Einstandspreis (Rohgewinn)}}{\text{Einstandspreis}} \times 100$$

$$= \frac{6649{,}65 - 4700{,}00}{4700{,}00} \times 100$$

$$= \underline{\underline{41{,}48\,\%}}$$

Auf den Einstandspreis müssen also im obigen Beispiel rund 42 % zugeschlagen werden, um zum Verkaufspreis ohne Umsatzsteuer zu kommen.

$$\text{Handelsspanne} = \frac{\text{Verkaufspreis} - \text{Einstandspreis (Rohgewinn)}}{\text{Verkaufspreis ohne Umsatzsteuer}} \times 100$$

$$= \frac{6649{,}65 - 4700{,}00}{6649{,}65} \times 100$$

$$= \underline{\underline{29{,}32\,\%}}$$

Die Handelsspanne vom Verkaufspreis ohne Umsatzsteuer beträgt im obigen Beispiel gut 29 %.

Programmierte und textlich gestaltete, offene Übungs-, Wiederholungs- und Prüfungsfragen

1. Was versteht man unter Marktpreis?
☐ a) Jeden Preis im System einer Marktwirtschaft
☐ b) Den Preis, der vom Hersteller empfohlen wird
☐ c) Den Preis, der auf dem Produkt ausgezeichnet ist
☐ d) Den Preis, der sich am freien Markt nach Angebot und Nachfrage bildet
☐ e) Den Preis, der von der staatlichen Aufsichtsbehörde genehmigt wurde.

„Siehe Seite 82 des Textteils!"

2. Was versteht man unter dem kalkulierten betrieblichen Preis?
☐ a) Den Preis, den alle Betriebe einer bestimmten Branche in gleicher Weise verlangen
☐ b) Den Preis, den der einzelne Betrieb anhand seiner Kosten berechnet
☐ c) Den betrieblich errechneten Preis, den man aber nie am Markt erzielen kann
☐ d) Den vom Hersteller einer vorangegangenen Produktionsstufe empfohlenen Preis
☐ e) Den vom Hersteller einer vorangegangenen Produktionsstufe verbindlich festgesetzten Preis.

„Siehe Seite 83 des Textteils!"

3. Warum braucht man in erster Linie eine Kostenrechnung und Kalkulation?
☐ a) Um einen kostengerechten Preis für eine betriebliche Leistung oder für ein vom Betrieb hergestelltes Produkt zu berechnen
☐ b) Weil sie nach den Grundsätzen der ordnungsmäßigen Buchführung vorgeschrieben sind
☐ c) Um den Jahresumsatz ermitteln zu können
☐ d) Um eine staatliche Preiskontrolle durch die zuständigen Behörden zu ermöglichen
☐ e) Um einen Betriebsabrechnungsbogen erstellen zu können.

„Siehe Seite 83 des Textteils!"

4. Welches ist die richtige Reihenfolge der zentralen Aufgaben der Kostenrechnung?
☐ a) Kosten zurechnen, Kosten erfassen, Kosten verteilen
☐ b) Kosten erfassen, Kosten zurechnen, Kosten verteilen
☐ c) Kosten zurechnen, Kosten verteilen, Kosten erfassen
☐ d) Kosten verteilen, Kosten zurechnen, Kosten erfassen
☐ e) Kosten erfassen, Kosten verteilen, Kosten zurechnen.

„Siehe Seite 83 des Textteils!"

5. In welche wichtigen Bereiche gliedert sich die Kostenrechnung?

„Siehe Seite 83 des Textteils!"

6. Direkt zu verrechnende Kosten sind in der Regel
☐ a) Kosten, die direkt auf das Einzelstück verrechnet werden.
☐ b) alle im Betrieb anfallenden Gemeinkosten.
☐ c) nur ein Teil der Gemeinkosten des Betriebes.
☐ d) nur die Lohnkosten, die direkt auf das Produkt verrechnet werden können.
☐ e) nur die Materialkosten, die direkt auf das Produkt verrechnet werden können.

„Siehe Seite 84 des Textteils!"

1.2 Kostenrechnung und Kalkulation

7. Die „effektiven" Kosten ergeben sich in erster Linie aus
- a) Notizen des Betriebsinhabers.
- b) den Wochenlisten einzelner Arbeitskräfte.
- c) statistischen Aufschreibungen.
- d) den Zahlen der Buchhaltung.
- e) den Preislisten.

„Siehe Seite 84 des Textteils!"

8. Zu den Einzelkosten gehören
- a) alle effektiven und kalkulatorischen Kosten.
- b) nur die Materialeinzelkosten.
- c) die Materialeinzel- und die Lohneinzelkosten.
- d) nur die Sonderkosten des Vertriebs.
- e) nur die Lohneinzelkosten.

„Siehe Seite 84 des Textteils!"

9. Die Gemeinkosten sind Kosten,
- a) die überhaupt nicht exakt erfaßt und verrechnet werden können.
- b) die in der Kalkulation nur eine untergeordnete Rolle spielen.
- c) die nicht direkt auf die Leistung verrechnet werden können.
- d) die direkt auf die Leistung verrechnet werden.
- e) die nicht oder nur unvollkommen als Aufwand zu Buche schlagen.

„Siehe Seite 84 des Textteils!"

10. Was versteht man unter Sonderkosten?
- a) Kosten, die durch Sonderereignisse verursacht werden
- b) Kosten, deren Erfassung sich wegen Geringfügigkeit nicht lohnt
- c) Kosten, die kalkulatorisch nicht zu verrechnen sind
- d) Kosten, die nur mit Genehmigung der Preisaufsichtsbehörde verrechnet werden können
- e) Kosten, die außerhalb der Kontrolle des Betriebes liegen.

„Siehe Seite 84 des Textteils!"

11. Nennen Sie wichtige Systeme der Kostenrechnung!

„Siehe Seite 85 des Textteils!"

12. Eine wichtige Voraussetzung für eine einzelbetriebliche Kostenrechnung und Kalkulation ist
- a) eine ordnungsmäßige Buchführung, die wichtige kostenrechnerische Daten liefert.
- b) die Schätzung der Preise für bestimmte Lieferungen und Leistungen.
- c) die Einbeziehung von Konkurrenzpreisen in die einzelbetrieblichen kostenrechnerischen Überlegungen.
- d) die Berücksichtigung von Unterangeboten bei der Vergabe öffentlicher Aufträge.
- e) die unveränderte Zugrundelegung von Kalkulationshilfen, die Vorlieferanten zur Verfügung stellen.

„Siehe Seite 87 des Textteils!"

13. Kalkulatorische Kosten bzw. Zusatzkosten sind
- a) Kosten, die bei einzelnen Aufträgen dem Betrieb zusätzlich entstehen.
- b) Kosten, die in einer Reihe von Dienstleistungsberufen zusätzlich entstehen.
- c) alle Kosten, die in der Kalkulation des Betriebes einzusetzen sind.
- d) Kosten, die nicht oder nicht in der zu berechnenden Höhe in der Buchhaltung zu Buche schlagen.

☐ e) Kosten, die sich aus den Aufwendungen der G+V ergeben.

„Siehe Seite 88 des Textteils!"

14. Welche der nachfolgenden Aussagen ist <u>falsch</u>?
☐ a) Der „produktive" Anteil des Meister- oder Unternehmerlohnes wird für Arbeiten, die der Betriebsinhaber selbst an der Einzelleistung bewirkt, angesetzt und als Lohnkosten verrechnet.
☐ b) Der nicht direkt zurechenbare Anteil des Meister- oder Unternehmerlohnes wird für die überwachende und disponierende Tätigkeit des Betriebsinhabers angesetzt und als Gemeinkosten verrechnet.
☐ c) Der kalkulatorische Meister- oder Unternehmerlohn braucht nicht berücksichtigt zu werden, weil die Arbeitsleistung des Betriebsinhabers über den Gewinn- und Wagniszuschlag abgegolten wird.
☐ d) Der kalkulatorische Meister- oder Unternehmerlohn richtet sich in seiner Höhe mindestens nach dem Gehalt, das für einen angestellten Meister bezahlt werden müßte.
☐ e) Der kalkulatorische Meister- oder Unternehmerlohn ist in jeder ordnungsmäßigen Kalkulation zu berücksichtigen.

„Siehe Seite 89 des Textteils!"

15. Die kalkulatorische Verzinsung wird in Ansatz gebracht
☐ a) für das im Betrieb investierte Eigenkapital.
☐ b) für ein Sparkonto, auf dem betriebliche Geldreserven angelegt sind.
☐ c) für ein betriebliches Festgeldkonto, auf dem betriebliche Geldreserven angelegt sind.
☐ d) für gezahlte Zinsaufwendungen an die Kreditgeber für die betrieblichen Kredite.
☐ e) für Zahlungsverzug von Kunden.

„Siehe Seite 89 des Textteils!"

16. Die kalkulatorische Miete muß berechnet werden
☐ a) für die an den Hausbesitzer gezahlte Miete für Betriebs- und Geschäftsräume.
☐ b) für die ortsübliche Miete von betrieblich genutzten Räumen im eigenen Haus.
☐ c) für die Miete der Wohnung des Betriebsinhabers im eigenen Haus.
☐ d) nur für die Räumlichkeiten des Betriebsbüros im eigenen Haus.
☐ e) nur für bereits abgeschriebene Geschäftsgebäude.

„Siehe Seite 89 des Textteils!"

17. Die kalkulatorische Abschreibung
☐ a) stimmt immer mit der steuerlichen Abschreibung überein.
☐ b) liegt in der Regel höher als die steuerliche Abschreibung.
☐ c) kann in der Regel ohne Ansatz bleiben.
☐ d) muß für kalkulatorische Zwecke gesondert berechnet werden.
☐ e) muß nur auf Verlangen aufgeschlüsselt werden.

„Siehe Seite 90 des Textteils!"

18. Durch Multiplikation des mengenmäßigen Verbrauchs an Material mit den entsprechenden Preisen erhält man in der Kalkulation die
☐ a) Materialgemeinkosten.
☐ b) Materialsonderkosten.
☐ c) Materialzusatzkosten.
☐ d) Materialeinzelkosten.
☐ e) Materialfixkosten.

„Siehe Seite 91 des Textteils!"

1.2 Kostenrechnung und Kalkulation

19. Die Berechnung der Materialeinzelkosten in der Kalkulation setzt voraus

- ☐ a) eine Materialmengenberechnung, die auch Nebenmaterialien einschließt.
- ☐ b) eine Lagerbuchführung über das gesamte Warenlager des Betriebes.
- ☐ c) eine ständige Überwachung des Materialbestandes durch einen Materialverwalter.
- ☐ d) eine fortlaufende Statistik über Preisveränderungen auf dem Beschaffungsmarkt.
- ☐ e) Preisempfehlungen der Vorlieferanten.

„Siehe Seite 91 des Textteils!"

20. Welche Preise können bei der Ermittlung der Materialeinzelkosten nicht in Ansatz gebracht werden?

- ☐ a) Die Einkaufspreise einschließlich Beschaffungskosten
- ☐ b) Die Tagespreise
- ☐ c) Gesondert berechnete betriebliche Einheitspreise
- ☐ d) Empfohlene Verkaufspreise der Vorlieferanten, die Gemeinkosten- und Gewinnbestandteile enthalten
- ☐ e) Die Materialpreise ohne Umsatzsteuer.

„Siehe Seite 92 des Textteils!"

21. Die Berechnung der Lohneinzelkosten für den Ansatz in der Angebotskalkulation erfolgt

- ☐ a) durch die Multiplikation von Arbeitszeit und Stundenlohn.
- ☐ b) durch Schätzung der Lohnkostenbestandteile.
- ☐ c) durch Übernahme von Lohnkostenzahlen aus der Buchhaltung.
- ☐ d) durch Zusammenzählen der direkt verrechenbaren und der nicht verrechenbaren Löhne.
- ☐ e) durch einen Zuschlag auf die Materialeinzelkosten.

„Siehe Seite 93 des Textteils!"

22. Welcher der nachstehenden Grundsätze ist <u>falsch</u>?

- ☐ a) Der Stundenlohn wird für kalkulatorische Zwecke nach den tatsächlichen Beträgen berechnet.
- ☐ b) Der Stundenlohn richtet sich nur nach den Tarifverträgen.
- ☐ c) Der Stundenlohn kann sich nach betrieblichen Durchschnittslohnsätzen richten.
- ☐ d) Für die direkte Mitarbeit des Betriebsinhabers wird der Stundenlohnsatz für Meister angesetzt.
- ☐ e) Der Stundenlohn wird für Meister und Gesellen getrennt berechnet.

„Siehe Seite 93 des Textteils!"

23. Stellen Sie kurz das Schema für die Berechnung der Lohneinzelkosten dar!

„Siehe Seite 94 des Textteils!"

24. Die richtige Erfassung, Verteilung und Verrechnung der Gemeinkosten ist

- ☐ a) für die Kalkulation unerheblich.
- ☐ b) in Klein- und Mittelbetrieben nur schwer möglich.
- ☐ c) eine wichtige Voraussetzung für die Ermittlung der Umsatzsteuerschuld.
- ☐ d) überflüssig, wenn Preisempfehlungen der Lieferanten gegeben sind.
- ☐ e) eine unabdingbare Voraussetzung für eine exakte Kalkulation.

„Siehe Seite 94 des Textteils!"

25. Nach welchen Kriterien werden fixe und variable Kosten unterschieden?

„Siehe Seite 98 des Textteils!"

26. Was versteht man unter Kostenstellenrechnung?
- ☐ a) Wenn alle Kosten nach Verteilungsschlüsseln auf Hilfskostenstellen umgelegt werden.
- ☐ b) Wenn alle Kosten nach Verteilungsschlüsseln auf betriebliche Kostenstellen umgelegt werden.
- ☐ c) Wenn nur die Einzelkosten auf betriebliche Kostenstellen umgelegt werden.
- ☐ d) Wenn nur die Gemeinkosten auf betriebliche Kostenstellen umgelegt werden.
- ☐ e) Wenn zu jeder Hauptkostenstelle mindestens zwei Hilfskostenstellen gebildet werden.

„Siehe Seite 99 des Textteils!"

27. Nennen Sie wichtige Kostenstellen!

„Siehe Seite 100 des Textteils!"

28. Was versteht man unter Gemeinkostenschlüsseln und wozu werden sie benötigt?

„Siehe Seite 101 des Textteils!"

29. Bringt die Verrechnung der Gemeinkosten auf Kostenstellen nach betrieblichen Funktionen Vorteile?
- ☐ a) Ja, weil man den unterschiedlichen Gemeinkostenanteilen besser Rechnung tragen kann.
- ☐ b) Ja, weil die Gemeinkostenverrrechnung dadurch rechentechnisch viel einfacher wird.
- ☐ c) Nein, weil eine so detaillierte Kostenverrechnung im Handwerksbetrieb wenig Nutzeffekt bringt.
- ☐ d) Nein, weil die für diese Kostenverrechnung notwendige Kostenerfassung im Kleinbetrieb nicht möglich ist.
- ☐ e) Nein, weil die Gemeinkosten in der Regel die unbedeutendsten Kostenkomponenten sind.

„Siehe Seite 101 des Textteils!"

30. Die Gemeinkostenverteilung bzw. -verrechnung erfolgt
- ☐ a) direkt ohne Bezug auf eine Kostengröße.
- ☐ b) in den meisten Handwerksbetrieben auf einer Bezugsgrundlage.
- ☐ c) im Handwerk immer auf zwei Bezugsgrundlagen.
- ☐ d) in den meisten Handwerksbetrieben pauschal in einem festen Betrag.
- ☐ e) im Handwerk immer über die Handelsspanne.

„Siehe Seite 103 des Textteils!"

31. Bei der Verrechnung der Gemeinkosten auf der Basis der Lohneinzelkosten ergibt sich der betriebseinheitliche Zuschlagssatz wie folgt:

☐ a) $\dfrac{\text{Gemeinkostenlöhne}}{\text{Lohneinzelkosten}} \times 100$

☐ b) $\dfrac{\text{Gemeinkostenlöhne}}{\text{Gemeinkostensumme}} \times 100$

☐ c) $\dfrac{\text{Gemeinkostensumme}}{\text{Gemeinkostenlöhne}} \times 100$

☐ d) $\dfrac{\text{Lohneinzelkosten}}{\text{Gemeinkostensumme}} \times 100$

☐ e) $\dfrac{\text{Gemeinkostensumme}}{\text{Lohneinzelkosten}} \times 100$

„Siehe Seite 103 des Textteils!"

32. Bei der Verrechnung der Gemeinkosten auf der Basis der Materialeinzelkosten errechnet sich der betriebseinheitliche Gemeinkostenzuschlagssatz wie folgt:

☐ a) $\dfrac{\text{Lohneinzelkosten}}{\text{Materialeinzelkosten}} \times 100$

☐ b) $\dfrac{\text{Materialeinzelkosten}}{\text{Gemeinkostensumme}} \times 100$

☐ c) $\dfrac{\text{Materialeinzelkosten}}{\text{kalkulatorische Kosten}} \times 100$

☐ d) $\dfrac{\text{Gemeinkostensumme}}{\text{Materialeinzelkosten}} \times 100$

☐ e) $\dfrac{\text{Materialeinzelkosten}}{\text{Herstellkosten}} \times 100$

„Siehe Seite 104 des Textteils!"

33. Bei der Verrechnung der Gemeinkosten auf der Basis der Herstellkosten errechnet sich der betriebseinheitliche Gemeinkostenzuschlagssatz wie folgt:

☐ a) $\dfrac{\text{Materialeinzelkosten}}{\text{Herstellkosten}} \times 100$

☐ b) $\dfrac{\text{Lohneinzelkosten}}{\text{Herstellkosten}} \times 100$

☐ c) $\dfrac{\text{Gemeinkostenlöhne}}{\text{Gemeinkostensumme}} \times 100$

☐ d) $\dfrac{\text{Herstellkosten}}{\text{Gemeinkostensumme}} \times 100$

☐ e) $\dfrac{\text{Gemeinkostensumme}}{\text{Herstellkosten}} \times 100$

„Siehe Seite 104 des Textteils!"

34. Eine Kontrolle der Gemeinkostenzuschlagssätze ist, sofern keine außerordentlichen Ereignisse eintreten, im Regelfalle bei einem Handwerksbetrieb durchschnittlicher Größe notwendig
- ☐ a) täglich.
- ☐ b) wöchentlich.
- ☐ c) monatlich.
- ☐ d) halbjährlich.
- ☐ e) jährlich.

„Siehe Seite 108 des Textteils!"

35. Beschreiben Sie die wichtigsten Aufgaben und den Aufbau eines Betriebsabrechnungsbogens!

„Siehe Seite 111 des Textteils!"

36. Der Betriebsabrechnungsbogen enthält in der Regel
- ☐ a) nur die kalkulatorischen Kosten oder Zusatzkosten.
- ☐ b) nur die Gemeinkosten.
- ☐ c) nur Kosten, denen tatsächliche Ausgaben gegenüberstehen.
- ☐ d) sämtliche Kosten der Kostenrechnung.
- ☐ e) vorwiegend die Einzelkosten.

„Siehe Seite 111 des Textteils!"

37. Die Kalkulation hat in erster Linie die Aufgabe
- ☐ a) der Selbstkostenberechnung und der Preisermittlung.
- ☐ b) Unterlagen für die Steuerberechnung zu liefern.
- ☐ c) die Wirtschaftlichkeit des betrieblichen EDV-Einsatzes zu untersuchen.
- ☐ d) Preisempfehlungen für Betriebe der gleichen Branche zu ermöglichen.
- ☐ e) die Einhaltung von Richtpreisen zu kontrollieren.

„Siehe Seite 112 des Textteils!"

38. Die Vorkalkulation hat insbesondere die Aufgabe
- ☐ a) vorwiegend die Materialeinzelkosten vor Auftragsdurchführung zu berechnen.
- ☐ b) vorwiegend die Lohneinzelkosten vor Auftragsdurchführung zu berechnen.
- ☐ c) die Selbstkosten während der Auftragsdurchführung zu überwachen.
- ☐ d) Anhaltspunkte für Sonderkosten nach Auftragsdurchführung zu geben.
- ☐ e) die Selbstkosten und den Angebotspreis vor Auftragsdurchführung zu ermitteln.

„Siehe Seite 113 des Textteils!"

39. Die Nachkalkulation hat in erster Linie die Aufgabe
- ☐ a) die Selbstkosten und den Angebotspreis vor Auftragsdurchführung zu liefern.
- ☐ b) während der Auftragsdurchführung einen Überblick über die Kostenentwicklung zu geben.
- ☐ c) nach Auftragsdurchführung eine umfassende Kostenkontrolle zu ermöglichen.
- ☐ d) nach Auftragsdurchführung die anteiligen Kosten für Handarbeit zu ermitteln.
- ☐ e) nach Auftragsdurchführung die anteiligen Kosten für Maschinenarbeit zu ermitteln.

„Siehe Seite 113 des Textteils!"

40. Die Rückkalkulation dient
- ☐ a) der Reingewinnberechnung bei Richtpreisen oder Festpreisen.
- ☐ b) der nachträglichen Berechnung der Gemeinkosten.
- ☐ c) der Berechnung der Umsatzsteuer in der Kalkulation.
- ☐ d) nur der Selbstkostenberechnung.
- ☐ e) nur der Lohnkostenberechnung.

„Siehe Seite 114 des Textteils!"

41. Nennen und beschreiben Sie die einzelnen Kalkulationsmethoden!
„Siehe Seite 114 des Textteils!"

42. Der Gewinn- und Wagniszuschlag wird in der Kalkulation angesetzt
- ☐ a) als Entgelt für entgangene Zinsgewinne, wenn investiertes Kapital weniger Erträge bringt als andere Kapitalanlagen.
- ☐ b) als Gegenleistung für die Übernahme des Betriebs- und Marktrisikos.
- ☐ c) als Entgelt für die direkte Mitarbeit des Betriebsinhabers im Fertigungs- und Dienstleistungsprozeß des Betriebes.
- ☐ d) als Entgelt für die Mitarbeit von Familienangehörigen im Betrieb, denen kein Lohn oder Gehalt bezahlt wird.
- ☐ e) als Entgelt für die Arbeit, die durch die Auszubildenden während des Jahres im Betrieb geleistet wird.

„Siehe Seite 115 des Textteils!"

43. Welcher der nachfolgenden Grundsätze ist richtig?
Der Gewinn- und Wagniszuschlagssatz in der Kalkulation
- ☐ a) hängt von einer Reihe von Faktoren ab.
- ☐ b) muß in der Regel in der Hochkonjunktur niedrig sein.
- ☐ c) muß in Zeiten volkswirtschaftlicher Krisen zunehmen.
- ☐ d) ist für alle Betriebe und Branchen gesetzlich vorgeschrieben.
- ☐ e) wird für das Handwerk vom Deutschen Handwerksinstitut ermittelt.

„Siehe Seite 115 des Textteils!"

44. Welcher der nachfolgenden Grundsätze ist <u>falsch</u>?
- ☐ a) Die Umsatzsteuer ist bei im Gesetz von der Steuer befreiten Lieferungen und Leistungen in der Angebotspreisberechnung nicht zu berücksichtigen.
- ☐ b) Die Umsatzsteuer ist im Regelfalle bei der Angebotspreisberechnung mit derzeit 15 % auf den Preis ohne Umsatzsteuer aufzuschlagen.
- ☐ c) Die Umsatzsteuer ist in den Fällen, in denen das Gesetz den ermäßigten Steuersatz vorsieht, mit diesem auf den Preis ohne Steuer aufzuschlagen.
- ☐ d) Bei der Rechnungsstellung darf die Umsatzsteuer überhaupt nicht berücksichtigt werden.
- ☐ e) Die Umsatzsteuer ist erfolgsneutral und geht deshalb nicht in die Kalkulation ein.

„Siehe Seite 115 des Textteils!"

45. Welche Kalkulationsmethode kommt im Handwerk am häufigsten vor?
- ☐ a) Die Divisionskalkulation
- ☐ b) Die Zuschlagskalkulation
- ☐ c) Die Indexrechnung
- ☐ d) Die Deckungsbeitragsrechnung
- ☐ e) Die Grenzkostenrechnung.

„Siehe Seite 116 des Textteils!"

46. Bei der Zuschlagskalkulation werden die Kosten des Betriebes
- ☐ a) aufgegliedert in effektive und kalkulatorische Kosten.
- ☐ b) aufgegliedert in Einzelkosten und Gemeinkosten.
- ☐ c) nicht aufgegliedert, sondern einfach pauschal verrechnet.
- ☐ d) nur teilweise auf die Leistung verrechnet.
- ☐ e) aufgegliedert in fixe und variable Kosten.

„Siehe Seite 116 des Textteils!"

47. Schildern Sie die Grundsätze und Vorteile der Deckungsbeitragsrechnung!
„Siehe Seite 118 des Textteils!"

48. Nennen Sie die in der Kalkulation am häufigsten auftretenden Fehlerquellen!

„Siehe Seite 120 des Textteils!"

49. Entwickeln Sie das Kalkulationsschema für eine Stückkalkulation, in der die materialabhängigen Gemeinkosten auf Basis Materialeinzelkosten und die lohnabhängigen Gemeinkosten auf Basis Lohneinzelkosten verrechnet werden!

„Siehe Seite 122 des Textteils!"

50. Erläutern Sie das Kalkulationsschema für eine Stückkalkulation, bei der die Verrechnung der Gemeinkosten auf drei Bezugsgrundlagen erfolgt, nämlich Lohneinzelkosten, Materialeinzelkosten und Herstellkosten!

„Siehe Seite 122 des Textteils!"

51. Stellen Sie die Berechnung des Angebotspreises für eine Handelsware dar!

„Siehe Seite 122 des Textteils!"

1.3 Betriebswirtschaftliche Auswertung

Besonders im Stoffgebiet „Betriebswirtschaftliche Auswertung" sind Überschneidungen innerhalb der einzelnen Kapitel sowie zu anderen Stoffgebieten zwangsläufig. Soweit es sinnvoll erscheint, wird daher bei einzelnen Lernziel-Nennungen auf andere einschlägige Punkte verwiesen.

1.3.1 Rechnungswesen als Grundlage unternehmerischer Entscheidungen und Maßnahmen

Lernziele:
- Wissen, welche Kennzahlen und sonstigen Daten des Rechnungswesens Anhaltspunkte für unternehmerische Entscheidungen und Maßnahmen bieten (insbesondere Kosten, Leistungsgrößen, Erträge, Eigenkapital, Verbindlichkeiten).
- Verstehen der Bedeutung zuverlässiger, zweckmäßig aufbereiteter Daten für die Unternehmensführung.

Bilanz und Gewinn- und Verlustrechnung (G+V) dürfen vom Betriebsinhaber nicht als lästige Unterlagen für Finanzamt oder Kreditgeber angesehen werden. Das gesamte Rechnungswesen liefert darüber hinaus wichtige Entscheidungsdaten für die Unternehmensführung, für Planung, Organisation und Kontrolle.

Wichtige Entscheidungsdaten

Dabei ist es möglich, jeweils Bilanz, G+V sowie Kostenrechnung und andere betriebliche Unterlagen für sich getrennt auszuwerten oder Beziehungen zwischen den verschiedenen Bereichen herzustellen.

Wichtige Daten des Rechnungswesens sind insbesondere
- Vermögen
- Eigenkapital
- Verbindlichkeiten
- Erlöse
- Kosten
- Jahresüberschuß.

Wichtige Einzeldaten

Daraus lassen sich unterschiedliche Auswertungen ableiten wie
- Aufwands- und Ertragsrechnungen
- Vermögens- und Kapitalrechnungen
- Kosten- und Leistungsrechnungen
- Auszahlungs- und Einzahlungsrechnungen.

Auswertungsmöglichkeiten

Auswertungsmöglichkeiten des Rechnungswesens

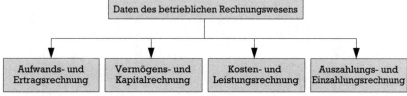

Abbildung 65

Fundierte Daten

Zielgerichtete Organisation

Gerade in der heutigen Wettbewerbssituation ist es auch für jeden Handwerksbetriebsinhaber unerläßlich, fundierte Daten für seine unternehmerischen Entscheidungen zu haben. Das gesamte Rechnungswesen liefert ihm die Unterlagen, die zur Beurteilung der wirtschaftlichen Lage und Entwicklung des eigenen Betriebes wichtig sind. Dafür ist allerdings auch eine entsprechende zielgerichtete Organisation des Rechnungswesens, insbesondere der Buchhaltung, erforderlich.

Betriebswirtschaftliche Auswertungen

1.3.2 Zielsetzung und Methodik der Auswertung des Rechnungswesens

Lernziele:
– Wissen, welchen Zielsetzungen betriebswirtschaftliche Auswertungen des Rechnungswesens dienen, insbesondere Kontrollrechnungen (zum Beispiel für eine Periode oder einen Auftrag), Planungsrechnungen (Soll-/Ist-Daten), Ableitung von Hilfsgrößen für andere Zweige des Rechnungswesens.
– Wissen, welche Unterlagen des Rechnungswesens geeignete Daten für die betriebswirtschaftliche Auswertung des Rechnungswesens enthalten (Jahresabschlüsse, Buchhaltung, Kostenrechnung, statistische Aufzeichnungen wie Arbeitsstunden, Produktionsleistung bzw. sonstige Leistungswerte und dergleichen).
– Kennen der Grenzen des Aussagewertes von Absolutzahlen und der Möglichkeiten zur Verbesserung des Aussagewertes der Daten des Rechnungswesens durch die Bildung von Kennzahlen.

Betriebswirtschaftliche Auswertungen werden vor allem durchgeführt für

Planung
- Planung

  sowie

Kontrolle
- Kontrolle.

> Planungen bauen auf den Ist-Daten der vorangegangenen Rechnungsperiode auf und entwickeln daraus Soll-Werte für die kommende Rechnungsperiode oder für einen konkreten Auftrag.
> Die Kontrolle findet statt durch Vergleich der tatsächlich erreichten Ist-Werte mit den vorgegebenen Soll-Werten.

Ziele betriebswirtschaftlicher Auswertungen

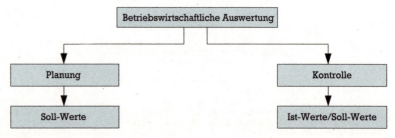

Abbildung 66

1.3 Betriebswirtschaftliche Auswertung

Für diese Planungs- und Kontrollrechnungen sind sowohl die Daten aus Buchhaltung und Jahresabschluß wichtig wie auch zahlreiche andere Werte aus Materialverwaltung, Personalverwaltung, Marktforschung, Beschaffungs- und Absatzmärkten u.ä.

Daten

Die betriebswirtschaftliche Statistik erschließt durch Feststellung von Zusammenhängen und Beziehungen zwischen den verschiedensten betrieblichen Daten (sogenannte Primärstatistiken) und außerbetrieblichen Daten (sogenannte Sekundärstatistiken) wichtige Informationen für alle betriebswirtschaftlichen Aufgabenbereiche.

Primärstatistik
Sekundärstatistik

Das für die betriebswirtschaftliche Auswertung zur Verfügung stehende Zahlenmaterial besteht zunächst aus absoluten Zahlen, also zum Beispiel Beträgen in DM. Absolute Zahlen spiegeln genau die tatsächliche Größenordnung des entsprechenden Sachverhaltes wider.

Absolute Zahlen

Ihre Grenzen haben absolute Zahlen jedoch darin, daß sie mit zunehmender Anzahl und Höhe kaum mehr zu überblicken sind. Es wird dann auch immer schwerer, Beziehungen oder Vergleiche zwischen den einzelnen Zahlen herzustellen.

Grenzen

Deshalb werden im Rahmen der betriebswirtschaftlichen Auswertung oft auch absolute Zahlen, die zueinander in Beziehung stehen, gegenübergestellt. Man erhält damit sogenannte Verhältniszahlen. Für die Auswertung betrieblicher Daten spielen drei Arten von Verhältniszahlen eine besondere Rolle:

- Gliederungszahlen
  Sie werden gebildet, indem Teilmengen einer Gesamtmenge gegenübergestellt werden, zum Beispiel Einzelkosten den Gesamtkosten.
- Beziehungszahlen
  Hier werden einander gleichgeordnete, aber verschiedenartige Sachverhalte zueinander in Beziehung gesetzt, zum Beispiel Angestellte/Arbeiter.
- Indexzahlen
  Sie werden durch Gegenüberstellung der gleichen Sachverhalte zu verschiedenen Zeitpunkten gebildet, zum Beispiel Preise für die Lebenshaltung 1994/Preise für die Lebenshaltung 1993.

Verhältniszahlen

Basis für Kennzahlen zur betriebswirtschaftlichen Auswertung

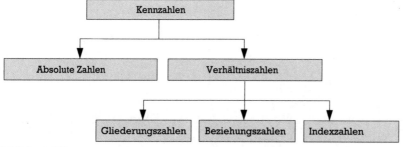

Abbildung 67

1.3.3 Die Auswertung des Jahresabschlusses und buchhalterischer Zwischenabschlüsse

Lernziele:

- Wissen, daß die primär steuerlich orientierten Jahresabschlüsse ohne besondere zusätzliche Aufbereitung nur sehr bedingt für betriebswirtschaftliche Auswertungen geeignet sind.
- Kennen der Möglichkeiten und der Zweckmäßigkeit einer auf den Informationsbedarf des Betriebes ausgerichteten Untergliederung und Gruppierung der Bilanz sowie der Aufwands- und Ertragsrechnung.
- Verstehen der Bedeutung des Ansatzes von kalkulatorischen Kosten für die betriebswirtschaftliche Auswertung (siehe auch Abschnitt 1.2.2).
- Außerordentliche und betriebsfremde Aufwendungen und Erträge von betrieblichen Aufwendungen und Erträgen unterscheiden und trennen können.
- Wissen, was unter Betriebsleistung (sachlich und zeitlich bereinigte Umsatzerlöse) und betriebswirtschaftlicher Brutto-Wertschöpfung (Rohertrag) zu verstehen ist und wie diese anhand der Daten des Jahresabschlusses oder eines Zwischenabschlusses zu ermitteln sind.
- Verstehen, weshalb als Beurteilungskriterien für die betriebswirtschaftliche Auswertung Kennzahlen zu bilden sind und weshalb Kennzahlen insbesondere für Vergleiche unerläßlich sind (Näheres siehe auch Abschnitt 1.3.5).
- Wissen und Verstehen, welchen Zwecken die Analyse des Jahresabschlusses dient.
- Wissen und Verstehen, welche Hauptbereiche bei den Auswertungen des Jahresabschlusses zu unterscheiden sind (Anlagevermögen, Umlaufvermögen, kurz- und langfristiges Fremdkapital, Eigenkapital, Aufwendungen/Kosten, Erträge – auch Cash-flow).
- Kennen der Hauptbeurteilungskriterien buchhalterischer Abschlüsse.
- Die wichtigsten Kennzahlen zur Bilanzanalyse kennen und berechnen können.
- Verstehen, was diese Kennzahlen aussagen (in Abstimmung auf Abschnitt 1.3.5).
- Einfache Bilanzanalysen und Analysen der G+V sowie der EDV-Auswertungen durchführen können.
- Kennen der Möglichkeit und der Zweckmäßigkeit von Zwischenabschlüssen, insbesondere von kurzfristigen Erfolgsrechnungen.

1.3.3.1 Aufbereitung des Jahresabschlusses für die betriebswirtschaftliche Auswertung

Werden die Daten des Jahresabschlusses für die betriebswirtschaftliche Auswertung herangezogen, so muß man sich auch der damit verbundenen Einschränkungen bewußt sein:

Einschränkungen

- Alle Jahresabschlußdaten sind Daten vergangener Perioden.
- Die Jahresabschlußdaten liefern kein vollständiges Bild des Betriebes. Wichtige Faktoren wie Auftragsbestände u.ä. bleiben unberücksichtigt.

1.3 Betriebswirtschaftliche Auswertung

- Die Jahresabschlüsse von Handwerksbetrieben sind in den meisten Fällen steuerlich orientiert, so daß sie nach betriebswirtschaftlichen Gesichtspunkten aufbereitet werden müssen.
- Die Zusammenfassung von Einzel- zu Sammelgrößen verwischt Unterschiede.
- Bilanzen sind zeitpunktbezogen. Werden sie im Verlauf des folgenden Jahres für die Bildung von Kennzahlen herangezogen, so kann die tatsächliche Lage bereits ganz anders sein.

> Grundsätzlich setzt auch die betriebswirtschaftliche Auswertung voraus, daß bei der Aufstellung der Bilanz die Bilanzierungsgrundsätze (Bilanzklarheit, Bilanzwahrheit, Bilanzkontinuität) beachtet werden. Für die Auswertung empfiehlt sich allerdings oft eine ganz andere Gliederung des Jahresabschlusses als nach den Vorschriften des Handelsrechts und des Steuerrechts erforderlich ist. Bestimmte Bilanzposten und Bilanzgruppen können nur dann sinnvoll ausgewertet werden, wenn sie auch von der Gliederung her systematisch dargestellt sind.

Bilanzierungsgrundsätze

Gliederung

Für den Handwerksbetrieb ist es besonders zweckmäßig, wenn mindestens folgende Bilanzposten und Bilanzgruppen dargestellt sind:

- Anlagevermögen
- Umlaufvermögen
  - Flüssige Mittel
  - Sonstiges Umlaufvermögen
- Eigenkapital
- Fremdkapital
  - langfristig
  - kurzfristig.

Wichtige Darstellungen

> Auch die G+V muß für betriebswirtschaftliche Auswertungen entsprechend umgegliedert und bereinigt werden, um von den Umsatzerlösen über die Betriebsleistung, den Rohertrag, den steuerlichen Gewinn, den bereinigten Betriebsgewinn bis zum betrieblichen Gewinn zu kommen.

Bereinigung der G+V

Dabei sind auch die kalkulatorischen Kosten zu berücksichtigen. Steuerlich werden sie nicht angesetzt, aber im Rahmen einer exakten betriebswirtschaftlichen Analyse dürfen sie nicht außer acht gelassen werden, weil sie das betriebliche Ergebnis maßgeblich beeinflussen.

Kalkulatorische Kosten

Außerordentliche und betriebsfremde Aufwendungen und Erträge (vgl. zur Definition die Ausführungen in Abschnitt 1.1.7.1 „Erläuterung der Begriffe Einnahmen und Ausgaben, Aufwand und Ertrag, Gewinn- und Verlust" in diesem Band) sollen ausgeklammert werden, da sie das betriebliche Ergebnis verfälschen. Inwieweit dies möglich ist, hängt von der Aufgliederung und Genauigkeit des gesamten Rechnungswesens ab. Anhaltsmäßig, wenn auch nicht komplett, sind diese Posten direkt aus der G+V ablesbar, auch wenn die nach dem HGB für Kapitalgesellschaften vorgeschriebenen Schemen nicht alle betriebsfremden, periodenfremden und außerordentlichen Erträge und Aufwendungen enthalten.

Außerordentliche und betriebsfremde Aufwendungen und Erträge

Betrieblicher Gewinn

So wird deutlich, daß der betriebliche Gewinn wesentlich niedriger sein kann als der steuerliche Gewinn.

Aufbereitungsschema

Schema für die Aufbereitung einer einfachen G+V für die betriebswirtschaftliche Auswertung:

   Umsatzerlöse Handwerk und Handel
   (abzüglich Erlösschmälerungen)
+ außerordentliche und betriebsfremde Erträge

= Gesamterlöse (Gesamtleistung)
− außerordentliche und betriebsfremde Erträge

= Betriebsleistung
− Materialaufwand, Wareneinsatz, Fremdleistungen

= Rohertrag (Bruttowertschöpfung)
− sämtliche Aufwendungen
+ außerordentliche und betriebsfremde Erträge

= Gewinn laut G+V (steuerlicher Gewinn)
+ außerordentliche und betriebsfremde Aufwendungen
− außerordentliche und betriebsfremde Erträge

= bereinigter Betriebsgewinn
− kalkulatorische Kosten

= Betrieblicher (betriebswirtschaftlicher) Gewinn

Mit Hilfe der Daten, die durch die verschiedenen Aufbereitungen des Jahresabschlusses gewonnen werden können, lassen sich dann Kennzahlen für die jeweiligen Bereiche bilden. Durch Vergleich dieser Kennzahlen ist es möglich, Entwicklungstendenzen aufzuzeigen und nachzuvollziehen.

Vergleiche

1.3.3.2 Grundsätzliches zur Bilanzanalyse und Bilanzkritik (Bereiche und Beurteilungskriterien)

Bilanzanalyse

Bilanzkritik

Unter Bilanzanalyse versteht man das Zerlegen und Aufgliedern des gesamten Jahresabschlusses für eine umfassende Beurteilung. Diese Beurteilung selbst wird oft auch Bilanzkritik genannt.
Sowohl Bilanzanalyse wie auch Bilanzkritik beziehen sich nicht nur auf die Bilanz, sondern auf den gesamten Jahresabschluß, also Bilanz, Gewinn- und Verlustrechnung und Anhang sowie auf den Lagebericht. Aufgabe von Bilanzanalyse und Bilanzkritik ist vor allem die Beurteilung der finanziellen und ertragsmäßigen Lage und Entwicklung.

Aufgaben

Dementsprechend kann man zwischen

- finanzwirtschaftlicher
  und
- ertragswirtschaftlicher

Bilanzanalyse unterscheiden.

1.3 Betriebswirtschaftliche Auswertung

> Die finanzwirtschaftliche Bilanzanalyse befaßt sich im einzelnen mit
> - der Kapitalverwendung (Investition)
> - der Kapitalaufbringung (Finanzierung)
> - den Beziehungen zwischen beiden (Liquidität).
>
> Die ertragswirtschaftliche Bilanzanalyse beinhaltet die Analyse
> - des betrieblichen Ergebnisses
> - der Rentabilität
> - der Wertschöpfung.

Finanzwirtschaftliche Bilanzanalyse

Ertragswirtschaftliche Bilanzanalyse

Bilanzanalyse

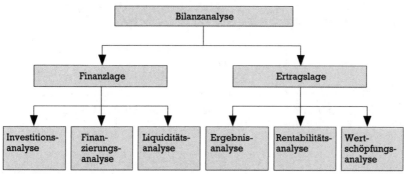

Abbildung 68

Wichtige Größen und Bereiche für die finanzwirtschaftliche Bilanzanalyse sind vor allem:

- Anlagevermögen
- Umlaufvermögen
- Eigenkapital
- Fremdkapital
  - kurzfristiges
  - langfristiges
- Cash-flow

Wichtige Größen

Für die ertragswirtschaftliche Bilanzanalyse sind vor allem folgende Größen und Bereiche von Bedeutung:

- Aufwendungen
- Erträge.

Bilanzanalyse und Bilanzkritik liefern insgesamt wichtige Erkenntnisse für unternehmerische Dispositionen:

- Die Bilanz ist die Grundlage der Finanzpolitik des Unternehmens.
- Die Bilanz ist die Basis für die Steuer- und Bewertungspolitik.
- Die Gewinn- und Verlustrechnung liefert das wesentliche Material für Kostenrechnung und Kalkulation.
- Die Gewinn- und Verlustrechnung ist die Basis für die Betriebsabrechnung.
- Bilanz sowie Gewinn- und Verlustrechnung stellen zusammen mit anderen Aufzeichnungen die Basis für die betriebliche Statistik und Kennzahlenrechnung dar.

Wichtige Erkenntnisse

- Bilanz sowie Gewinn- und Verlustrechnung ermöglichen Betriebsvergleiche.
- Der Jahresabschluß ist Ausgangspunkt für zahlreiche Rationalisierungsmaßnahmen.

1.3.3.3 Beispiel für die Durchführung und Verwertung einer einfachen Bilanzanalyse

Die Auswertung der Bilanz

Bilanzposten Bilanzgruppen

Für die Auswertung der Bilanz wird zuerst eine sinnvolle Gliederung nach betriebswirtschaftlichen Erfordernissen vorgenommen. Das Faltblatt 8 „Bilanzauswertung" nach Seite 148 zeigt, wie für die Auswertung Bilanzposten und Bilanzgruppen systematisch dargestellt werden können. Zur Verdeutlichung des Bilanzbildes trägt bei, wenn man dabei für die einzelnen Bilanzposten und Gruppen deren prozentualen Anteil an der gesamten Bilanzsumme angibt.

Veränderungen im Zeitablauf

Das Schema enthält ferner die Zahlen mehrerer Jahre. Durch deren Gegenüberstellung erhält man entsprechende Aufschlüsse über Veränderungen bei einzelnen Bilanzposten und Gruppen, die im Zeitverlauf eintreten.

In einem nächsten Schritt werden dann verschiedene Bilanzposten oder Bilanzgruppen zueinander in Beziehung gesetzt. Dies wird im folgenden anhand der Zahlenangaben aus der „Bilanzauswertung" (siehe Faltblatt 8 nach Seite 148) verdeutlicht.

Vermögensstruktur

Vermögensstruktur

Die Aufteilung in Anlagevermögen und Umlaufvermögen vermittelt Aufschluß über die Vermögensstruktur eines Betriebes.

1992: Anlagevermögen : Umlaufvermögen = 639.680 : 599.288 = 1,07 : 1
1991: Anlagevermögen : Umlaufvermögen = 470.272 : 523.161 = 0,90 : 1
1990: Anlagevermögen : Umlaufvermögen = 425.773 : 507.476 = 0,84 : 1

Das Anlagevermögen ist im untersuchten Zeitraum (1990 – 1992) schneller gewachsen als das Umlaufvermögen und übersteigt dieses im Jahr 1992.

Branchenunterschiede

Das Verhältnis von Anlagevermögen zu Umlaufvermögen hat insbesondere branchenspezifische Bedeutung. Zwischen verschiedenen Handwerkszweigen können die Abweichungen sehr groß sein; so hat zum Beispiel ein Maschinenbaubetrieb branchenüblich ein verhältnismäßig hohes Anlagevermögen, während es bei einem Malerbetrieb vergleichsweise gering ist.
Deshalb sind hier insbesondere Vergleiche mit Zahlen, die aus branchenbezogenen Betriebsvergleichen gewonnen werden, interessant.

Es ist weiter möglich, Anlagevermögen und Umlaufvermögen jeweils zum Gesamtvermögen (laut Bilanzsumme) in Beziehung zu setzen.

Anlagenintensität

Den Anteil des Anlagevermögens am Gesamtvermögen in Prozent nennt man Anlagenintensität.

1992: $\dfrac{\text{Anlagevermögen}}{\text{Gesamtvermögen}} \times 100 = \dfrac{639.680}{1.238.968} \times 100 = 52\,\%$

1991: $\dfrac{\text{Anlagevermögen}}{\text{Gesamtvermögen}} \times 100 = \dfrac{470.272}{993.433} \times 100 = 47\,\%$

1990: $\dfrac{\text{Anlagevermögen}}{\text{Gesamtvermögen}} \times 100 = \dfrac{425.773}{933.249} \times 100 = 46\,\%$

> Den Anteil des Umlaufvermögens am Gesamtvermögen in Prozent nennt man Umlaufintensität.

Umlaufintensität

1992: $\dfrac{\text{Umlaufvermögen}}{\text{Gesamtvermögen}} \times 100 = \dfrac{599.288}{1.238.968} \times 100 = 48\,\%$

1991: $\dfrac{\text{Umlaufvermögen}}{\text{Gesamtvermögen}} \times 100 = \dfrac{523.161}{993.433} \times 100 = 53\,\%$

1990: $\dfrac{\text{Umlaufvermögen}}{\text{Gesamtvermögen}} \times 100 = \dfrac{507.476}{933.249} \times 100 = 54\,\%$

> Anlagen- und Umlaufintensität geben an, in welcher Weise die finanziellen Mittel im Betrieb investiert sind.

Im Beispiel ist der Anteil des Anlagevermögens und des Umlaufvermögens am Gesamtvermögen jeweils in etwa gleich hoch.
Ist die Anlagenintensität außergewöhnlich hoch und geht sie über den branchenüblichen Wert deutlich hinaus, so besteht die Gefahr einer Überinvestition im Anlagenbereich.

Überinvestition

Die Zusammensetzung des Umlaufvermögens gibt interessante Aufschlüsse, zum Beispiel hinsichtlich der Lagerbestandspolitik oder der Zahlungsmoral der Kunden im Zusammenhang mit dem Bilanzposten „Forderungen aus Lieferungen und Leistungen".

Zahlungsmoral

Kapitalstruktur

> Für die Beurteilung der Kapitalstruktur ist die Aufgliederung in Eigenkapital und Fremdkapital notwendig.

Kapitalstruktur

1992: Eigenkapital : Fremdkapital = 423.500 : 815.468 = 1 : 1,9
1991: Eigenkapital : Fremdkapital = 289.500 : 703.933 = 1 : 2,43
1990: Eigenkapital : Fremdkapital = 203.900 : 729.349 = 1 : 3,58

> Nach einer bewährten betriebswirtschaftlichen Faustregel sollten sich Eigenkapital und Fremdkapital in etwa die Waage halten, also ein Verhältnis von 1:1 aufweisen.

Betriebswirtschaftliche Regel

Im Beispiel wird diese Regel nicht erfüllt. Das Verhältnis verbessert sich jedoch von Jahr zu Jahr.
Genauer wird die Beurteilung, wenn man sowohl das Eigenkapital wie auch das Fremdkapital jeweils in Beziehung zum Gesamtkapital (laut Bilanzsumme) setzt.

> Den Anteil des Eigenkapitals am Gesamtkapital in Prozent nennt man Eigenkapitalintensität.

Eigenkapitalintensität

1.3.3 Die Auswertung des Jahresabschlusses und buchhalterischer Zwischenabschlüsse

$$1992: \frac{\text{Eigenkapital}}{\text{Gesamtkapital}} \times 100 = \frac{423.500}{1.238.968} \times 100 = 34\,\%$$

$$1991: \frac{\text{Eigenkapital}}{\text{Gesamtkapital}} \times 100 = \frac{289.500}{993.433} \times 100 = 29\,\%$$

$$1990: \frac{\text{Eigenkapital}}{\text{Gesamtkapital}} \times 100 = \frac{203.900}{933.249} \times 100 = 22\,\%$$

Fremdkapitalintensität

> Den Anteil des Fremdkapitals am Gesamtkapital in Prozent nennt man Fremdkapitalintensität.

$$1992: \frac{\text{Fremdkapital}}{\text{Gesamtkapital}} \times 100 = \frac{815.468}{1.238.968} \times 100 = 66\,\%$$

$$1991: \frac{\text{Fremdkapital}}{\text{Gesamtkapital}} \times 100 = \frac{703.933}{993.433} \times 100 = 71\,\%$$

$$1990: \frac{\text{Fremdkapital}}{\text{Gesamtkapital}} \times 100 = \frac{729.349}{933.249} \times 100 = 78\,\%$$

> Je höher der Anteil der eigenen Mittel (Eigenkapital) am Gesamtkapital eines Unternehmens ist, desto solider ist die Kapitalstruktur und desto günstiger die Finanzierung.

Im Beispiel verbessert sich die Eigenkapitalintensität von Jahr zu Jahr. In den einzelnen Handwerkszweigen kann auch dieser Wert sehr unterschiedlich sein.

Richtige Finanzierung

> Beim Fremdkapital ist ferner für die Beurteilung der richtigen Finanzierung (s. auch Abschnitt 2.5 „Finanzwirtschaftliche Grundfragen" in diesem Band) eine Untersuchung des Anteils des kurzfristigen Fremdkapitals am gesamten Fremdkapital und des Anteils des langfristigen Fremdkapitals am gesamten Fremdkapital von Interesse.

Im Beispiel ergeben sich folgende Werte:

Kurzfristiges Fremdkapital

$$1992: \frac{\text{kurzfristiges Fremdkapital}}{\text{gesamtes Fremdkapital}} \times 100 = \frac{497.610}{815.468} \times 100 = 61\,\%$$

$$1991: \frac{\text{kurzfristiges Fremdkapital}}{\text{gesamtes Fremdkapital}} \times 100 = \frac{417.304}{703.933} \times 100 = 59\,\%$$

$$1990: \frac{\text{kurzfristiges Fremdkapital}}{\text{gesamtes Fremdkapital}} \times 100 = \frac{457.366}{729.349} \times 100 = 63\,\%$$

Langfristiges Fremdkapital

$$1992: \frac{\text{langfristiges Fremdkapital}}{\text{gesamtes Fremdkapital}} \times 100 = \frac{317.858}{815.468} \times 100 = 39\,\%$$

$$1991: \frac{\text{langfristiges Fremdkapital}}{\text{gesamtes Fremdkapital}} \times 100 = \frac{286.629}{703.933} \times 100 = 41\,\%$$

$$1990: \frac{\text{langfristiges Fremdkapital}}{\text{gesamtes Fremdkapital}} \times 100 = \frac{271.983}{729.349} \times 100 = 37\,\%$$

1.3 Betriebswirtschaftliche Auswertung

Gegenüberstellung von Vermögen und Kapital (Vermögens- und Kapitalstruktur)

Für die Beurteilung der Finanzierung eines Unternehmens ist das Verhältnis von Anlagevermögen zum Eigenkapital bzw. von Anlagevermögen zum Eigenkapital und langfristigem Fremdkapital von großer Bedeutung. Daraus ergibt sich die Anlagendeckung.

> Das Verhältnis von Eigenkapital und Anlagevermögen nennt man Anlagendeckung I.

Anlagendeckung I

1992: $\dfrac{\text{Eigenkapital}}{\text{Anlagevermögen}} \times 100 = \dfrac{423.500}{639.680} \times 100 = 66\,\%$

1991: $\dfrac{\text{Eigenkapital}}{\text{Anlagevermögen}} \times 100 = \dfrac{289.500}{470.272} \times 100 = 62\,\%$

1990: $\dfrac{\text{Eigenkapital}}{\text{Anlagevermögen}} \times 100 = \dfrac{203.900}{425.773} \times 100 = 48\,\%$

> Eine klassische betriebswirtschaftliche Regel besagt, daß das Anlagevermögen durch Eigenkapital gedeckt sein sollte.

Betriebswirtschaftliche Regel

Dies ist im Beispiel in keinem Jahr der Fall. Jedoch bessert sich das Verhältnis von Jahr zu Jahr.

Wenn das Eigenkapital zur Finanzierung des Anlagevermögens nicht ausreicht, sollte der Fremdfinanzierungsanteil aus langfristigen Mitteln bestehen.

> Das Verhältnis von Eigenkapital und langfristigem Fremdkapital zum Anlagevermögen nennt man Anlagendeckung II.

Anlagendeckung II

1992: $\dfrac{\text{Eigenkapital + langfr. Fremdkapital}}{\text{Anlagevermögen}} \times 100 = \dfrac{741.358}{639.680} \times 100 = 116\,\%$

1991: $\dfrac{\text{Eigenkapital + langfr. Fremdkapital}}{\text{Anlagevermögen}} \times 100 = \dfrac{576.129}{470.272} \times 100 = 123\,\%$

1990: $\dfrac{\text{Eigenkapital + langfr. Fremdkapital}}{\text{Anlagevermögen}} \times 100 = \dfrac{475.883}{425.773} \times 100 = 112\,\%$

Die Finanzierungsregel wird im Beispiel in jedem Jahr erfüllt.

> Wichtige Aufschlüsse über die Liquidität (Zahlungsbereitschaft) des Unternehmens gibt eine Gegenüberstellung des Umlaufvermögens und der kurzfristigen Verbindlichkeiten.

Zahlungsbereitschaft

1992: $\dfrac{\text{Umlaufvermögen}}{\text{kurzfristige Verbindlichkeiten}} \times 100 = \dfrac{599.288}{497.610} \times 100 = 120\,\%$

1991: $\dfrac{\text{Umlaufvermögen}}{\text{kurzfristige Verbindlichkeiten}} \times 100 = \dfrac{523.161}{417.304} \times 100 = 125\,\%$

1990: $\dfrac{\text{Umlaufvermögen}}{\text{kurzfristige Verbindlichkeiten}} \times 100 = \dfrac{507.476}{457.366} \times 100 = 111\,\%$

Sind die kurzfristigen Verbindlichkeiten höher als die liquiden Mittel erster, zweiter und dritter Ordnung (= Umlaufvermögen), so ist die Liquidität insgesamt unzureichend. Im Beispiel ist dies in keinem Jahr der Fall.

Zusätzliche Reserve

Übersteigen dagegen die liquiden Mittel erster, zweiter und dritter Ordnung die kurzfristigen Verbindlichkeiten, so ergibt sich eine zusätzliche Reserve für die Zahlungsbereitschaft. Diese darf allerdings nicht zu einer Überfinanzierung führen, die die Kapitalrentabilität schmälert.

Richtschnur

> Als betriebswirtschaftliche Richtschnur ist eine Deckung der kurzfristigen Verbindlichkeiten mit flüssigen Mitteln erster, zweiter und dritter Ordnung in Höhe von mindestens 100 % empfehlenswert.

Im Beispiel ist dies in allen Jahren der Fall.

Die Auswertung der Gewinn- und Verlustrechnung

Gliederungsschema

> Auch bei der Gewinn- und Verlustrechnung empfiehlt sich ein Gliederungsschema, das sich an den betriebswirtschaftlichen Auswertungserfordernissen orientiert, so wie es in Abschnitt 1.3.3.1 „Aufbereitung des Jahresabschlusses für die betriebswirtschaftliche Auswertung" in diesem Band dargestellt wurde. Dabei erscheint es – ähnlich wie bei der Bilanzauswertung – zweckmäßig, sowohl die absoluten Zahlen als auch entsprechende Verhältniszahlen darzustellen. So können die einzelnen Aufwandsposten in Prozent der Betriebsleistung betrachtet werden. Auch bei der Gewinn- und Verlustrechnung zeigt der Vergleich über mehrere Jahre interessante Entwicklungstendenzen auf.

Das Beispiel der „Auswertung der Gewinn- und Verlustrechnung" in Faltblatt 9 vor Seite 149 zeigt die entsprechenden Möglichkeiten auf.

In diesem Beispiel ergeben sich im Zeitablauf auffallende Veränderungen bei den Posten Materialaufwand, Miete und Pacht sowie Abschreibungen.

Bereinigung des steuerlichen Gewinns

Das Beispiel zeigt ferner deutlich, wie man den „steuerlichen" Gewinn laut G+V bereinigen muß, um zum echten „betrieblichen" Gewinn zu kommen. Neben der Bereinigung von außerordentlichen und betriebsfremden Aufwendungen und Erträgen müssen die kalkulatorischen Kosten in Abzug gebracht werden. Im Beispiel wird deutlich, daß der betriebliche Gewinn wesentlich niedriger ist als der steuerliche Gewinn.

Hinsichtlich weiterer Auswertungsmöglichkeiten der Zahlen der G+V darf auch auf die in Abschnitt 1.1.8.8 „Methoden der doppelten Buchführung" in diesem Band dargestellte „betriebswirtschaftliche Auswertung (Unternehmensspiegel)" hingewiesen werden.

Die Auswertung der G+V bringt oftmals noch aufschlußreichere Ergebnisse als die Bilanzanalyse.

Gemeinsame Auswertung von Bilanz und Gewinn- und Verlustrechnung

Aus der Verknüpfung von Zahlen der Bilanz als Zeitpunktrechnung und der Gewinn- und Verlustrechnung als Zeitraumrechnung ergeben sich zusätzliche Aussagen für die Beurteilung eines Unternehmens.

Dauer der Außenstände

> So gibt beispielsweise der durchschnittliche Bestand an Außenständen bezogen auf die Umsatzerlöse des Betriebes die durchschnittliche Dauer der Außenstände an.

1.3 Betriebswirtschaftliche Auswertung

Auf der Grundlage der Zahlen im Beispiel ergibt sich:

1992: $\dfrac{\text{durchschnittliche Bestände an Forderungen aus Lieferungen und Leistungen}}{\text{Umsatzerlöse}} \times 360 = \dfrac{166.208}{1.850.800} \times 360 = 32{,}3 \text{ Tage}$

1991: $\dfrac{\text{durchschnittliche Bestände an Forderungen aus Lieferungen und Leistungen}}{\text{Umsatzerlöse}} \times 360 = \dfrac{219.340}{1.427.400} \times 360 = 55{,}3 \text{ Tage}$

1990: $\dfrac{\text{durchschnittliche Bestände an Forderungen aus Lieferungen und Leistungen}}{\text{Umsatzerlöse}} \times 360 = \dfrac{183.710}{1.601.300} \times 360 = 41{,}3 \text{ Tage}$

> Besonders wichtige Kennzahlen aus der gemeinsamen Auswertung von Bilanz und Gewinn- und Verlustrechnung sind die Kennzahlen für die Rentabilität.
> Bezieht man den Gewinn pro Jahr auf das Eigenkapital, so erhält man die Eigenkapitalrentabilität. Sie gibt an, mit wieviel Prozent sich das Eigenkapital im Betrieb verzinst.

Rentabilität

Eigenkapitalrentabilität

Auf der Grundlage des **steuerlichen Gewinns** ergeben sich im Beispiel folgende Werte:

1992: $\dfrac{\text{Gewinn}}{\text{Eigenkapital}} \times 100 = \dfrac{217.336}{423.500} \times 100 = 51\,\%$

1991: $\dfrac{\text{Gewinn}}{\text{Eigenkapital}} \times 100 = \dfrac{156.800}{289.500} \times 100 = 54\,\%$

1990: $\dfrac{\text{Gewinn}}{\text{Eigenkapital}} \times 100 = \dfrac{211.148}{203.900} \times 100 = 103\,\%$

Basis steuerlicher Gewinn

Legt man der Berechnung den **betrieblichen Gewinn** zugrunde, so ergeben sich folgende Werte für die Eigenkapitalrentabilität:

1992: 22 %
1991: 17 %
1990: 56 %.

Basis betrieblicher Gewinn

Bei der Ermittlung der Eigenkapitalrentabilität kann man anstelle des Eigenkapitals am Jahresende auch den Mittelwert aus dem Eigenkapital zu Beginn und zum Schluß des Jahres zugrunde legen.

> Bezieht man den Gewinn und die Fremdkapitalzinsen eines Jahres auf das Gesamtkapital, so erhält man die Gesamtkapitalrentabilität. Sie gibt Auskunft über die Rentabilität des gesamten Kapitals, das im Betrieb investiert ist.

Gesamtkapitalrentabilität

Auf der Basis des **steuerlichen Gewinns** ergeben sich im Beispiel folgende Ergebnisse:

1992: $\dfrac{\text{Gewinn + Fremdkapitalzinsen}}{\text{Gesamtkapital}} \times 100 = \dfrac{217.336 + 31.200}{1.238.968} \times 100 = 20\,\%$

1991: $\dfrac{\text{Gewinn + Fremdkapitalzinsen}}{\text{Gesamtkapital}} \times 100 = \dfrac{156.800 + 27.300}{993.433} \times 100 = 19\,\%$

1990: $\dfrac{\text{Gewinn + Fremdkapitalzinsen}}{\text{Gesamtkapital}} \times 100 = \dfrac{211.148 + 29.700}{933.249} \times 100 = 26\,\%$

Auf der Basis des **betrieblichen Gewinns** ergeben sich an Gesamtkapitalrendite:

1992: 10 %
1991: 8 %
1990: 15 %.

> Bezieht man den Gewinn auf die Umsatzerlöse, so ergibt sich daraus die Umsatzrentabilität. Sie gibt an, wieviel Prozent Gewinn der Umsatz in einer Rechnungsperiode abwirft.

Im Beispiel ergibt sich auf der Basis des **steuerlichen Gewinns**:

1992: $\dfrac{\text{Gewinn}}{\text{Umsatzerlöse}} \times 100 = \dfrac{217.336}{1.850.800} \times 100 = 12\,\%$

1991: $\dfrac{\text{Gewinn}}{\text{Umsatzerlöse}} \times 100 = \dfrac{156.800}{1.427.400} \times 100 = 11\,\%$

1990: $\dfrac{\text{Gewinn}}{\text{Umsatzerlöse}} \times 100 = \dfrac{211.148}{1.601.300} \times 100 = 13\,\%$

Für den **betrieblichen Gewinn** ergibt sich folgende Umsatzrentabilität:
1992: 5 %
1991: 3 %
1990: 7 %.

> Die aussagefähigeren Kennzahlen der Rentabilität sind für den Betriebsinhaber die auf der Basis des betrieblichen Gewinns errechneten, weil hier die außerordentlichen und betriebsfremden Aufwendungen und Erträge sowie die kalkulatorischen Kosten berücksichtigt sind.

Der Cash-flow

Die Kennzahl „Cash-flow", die ebenfalls aus dem Jahresabschluß abgeleitet wird, informiert über den Kassenzufluß (Liquiditätszufluß) während eines Geschäftsjahres. Sie zeigt auf, welche finanziellen Mittel für Investitionen, Tilgung von Verbindlichkeiten und Entnahmen bzw. Gewinnausschüttung (bei Kapitalgesellschaften) zur Verfügung stehen.

> Der Cash-flow ergibt sich aus dem Jahresüberschuß/Jahresfehlbetrag, vermehrt um die Aufwendungen, denen keine Auszahlungen gegenüberstehen, und vermindert um Erträge, denen keine Einzahlungen gegenüberstehen.

Faltblatt 8

In dieser Bilanzauswertung erfolgt die Gliederung nicht nach den Vorschriften des Handelsrechts, sondern nach den Anforderungskriterien an eine betriebswirtschaftliche Auswertung.

Bilanzauswertung

Aktiva	31.12.1992	%	31.12.1991	%	31.12.1990	%
I. 1. Kasse, Postgiro, Bank	21 012	1,7	10 872	1,1	12 430	1,3
2. Wertpapiere	7 803	0,6	1 120	0,1	1 900	0,2
Summe zu I	28 815	2,3	11 992	1,2	14 330	1,5
II. 3. Forderungen aus Lieferungen und Leistungen	166 208	13,4	219 340	22,1	183 710	19,7
4. sonstige Forderungen	19 764	1,6	13 300	1,3	10 205	1,1
Summe zu II	185 972	15,0	232 640	23,4	193 915	20,8
Summe zu I und II	214 787	17,3	244 632	24,6	208 245	22,3
III. 5. Vorräte (Roh-, Hilfs- und Betriebsstoffe)	66 227	5,3	43 610	4,4	24 016	2,6
6. Vorräte (Unfertige Erzeugnisse und Leistungen)	172 925	14,0	114 000	11,5	178 375	19,1
7. Vorräte (Fertige Erzeugnisse und Waren)	144 333	11,6	119 700	12,0	95 633	10,3
8. Geleistete Anzahlungen an Lieferanten					281	
9. Rechnungsabgrenzungsposten aktiv	1 016	0,1	1 219	0,1	926	0,1
Summe zu III	384 501	31,0	278 529	28,0	299 231	32,1
Summe zu I, II und III	599 288	48,3	523 161	52,6	507 476	54,4
IV. 10. Grundstücke	121 030	9,8	101 928	10,3	100 250	10,7
11. Bauten	186 400	15,1	79 700	8,0	80 400	8,6
12. Bauten auf fremden Grundstücken						
13. Technische Anlagen und Maschinen	102 000	8,2	82 575	8,3	80 005	8,6
14. Betriebs- und Geschäftsausstattung, Werkzeuge	92 400	7,5	86 489	8,7	53 518	5,7
15. Fahrzeuge	137 550	11,1	117 280	11,8	111 600	12,0
16. Geleistete Anzahlungen auf Anlagevermögen						
17.						
Summe zu IV	639 380	51,7	467 972	47,1	425 773	45,6
Summe zu I–IV	1 238 668	100	991 133	99,8	933 249	100
V. 18. Darlehensforderungen			2 000	0,2		
19. Beteiligungen	300		300			
20.						
21.						
22.						
23.						
Summe zu V	300		2 300			
Summe zu I–V	1 238 968	100	993 433	100	933 249	100
24.						
25.						
26.						
27.						
28.						
29. Verlust-Vortrag						
30. Jahresfehlbetrag (Verlust) des Jahres +						
31. Entnahmen +						
32. Jahresfehlbetrag (Verlust) am Bilanzstichtag						
Summe zu I–V und Ziffer 32	1 238 968	100	993 433	100	933 249	100

Passiva	31.12.1992	%	31.12.1991	%	31.12.1990	%
I. 1. Kurzfristige Rückstellungen	16 430	1,3	4 300	0,4	14 025	1,5
2. Kurzfr. Verbindlichkeiten gegenüber Kreditinstituten	102 300	8,3	58 620	5,9	94 147	10,1
3. Erhaltene Anzahlungen	106 000	8,5	104 000	10,5	110 443	11,8
4. Verbindlichkeiten aus Lieferungen und Leistungen	216 860	17,5	191 410	19,3	183 103	19,6
5. Verbindlichkeiten aus Warenwechseln			6 805	0,7		
6. Verbindlichkeiten aus Finanzwechseln					14 016	1,5
7. Sonstige kurzfristige Verbindlichkeiten	52 904	4,3	46 817	4,7	40 032	4,3
8. Verbindlichkeiten aus betrieblichen Steuern	2 000	0,2	1 200	0,1	900	0,1
9. Verbindlichkeiten aus gesetzl. Sozialabgaben	1 116	0,1	1 050	0,1	700	0,1
10. Rechnungsabgrenzungsposten passiv			3 102	0,3		
11.						
12.						
Summe zu I	497 610	40,2	417 304	42,0	457 366	49,0
II. 13. Langfr. Verbindlichkeiten gegenüber Kreditinstituten	146 460	11,8	138 526	14,0	115 924	12,4
14. Langfristige Darlehen	63 898	5,1	61 000	6,1	59 609	6,4
15. Langfristige Hypotheken	94 000	7,6	82 400	8,3	86 750	9,3
16.						
17.						
18.						
19.						
20.						
Summe zu II	304 358	24,5	281 926	28,4	262 283	28,1
Summe zu I und II	801 968	64,7	699 230	70,4	719 649	77,1
III. 21. Langfristige Rückstellungen	13 500	1,1	4 703	0,5	9 700	1,0
22.						
23.						
24.						
25.						
26.						
27.						
Summe zu III	13 500	1,1	4 703	0,5	9 700	1,0
Summe zu I–III	815 468	65,8	703 933	70,9	729 349	78,1
IV. 28. Eigenkapital am letzten Bilanzstichtag	289 500		203 900		92 347	
29. Rücklagen +						
zusammen						
30. Jahresüberschuß (Gewinn) des Jahres +	217 336		156 800		211 148	
31. Jahresfehlbetrag (Verlust) des Jahres						
Summe	506 836		360 700		303 495	
32. Einlagen +						
33. Entnahmen –	83 336		71 200		99 595	
34. Eigenkapital am Bilanzstichtag	423 500	34,2	289 500	29,1	203 900	21,9
Summe zu I–III und Ziffer 34	1 238 968	100	993 433	100	933 249	100

Erläuterungen: **Zur Aktivseite:** Summe zu I = liquide (flüssige) Mittel 1. Ordnung; Summe zu II = liquide Mittel 2. Ordnung; Summe zu III = liquide Mittel 3. Ordnung; Summe zu I, II und III = Umlaufvermögen; Summe zu IV und V = Anlagevermögen; Summe zu I–V = Gesamtvermögen

Zur Passivseite: Summe zu I = kurzfristige Verbindlichkeiten; Summe zu II und III = langfristiges Fremdkapital; Summe zu IV, Ziffer 34 = Eigenkapital; Summe zu I–III und IV, Ziffer 34 = Gesamtkapital

Faltblatt 9

In dieser Auswertung der G+V erfolgt die Gliederung nicht nach den Gliederungsvorschriften des Handelsrechts, sondern nach den Anforderungskriterien an eine betriebswirtschaftliche Auswertung.

Auswertung der Gewinn- und Verlustrechnungen

		1992	%	1991	%	1990	%
	Umsatzerlöse	1 850 800		1 427 400		1 601 300	
−	Erlösschmälerungen	35 000		27 600		51 500	
+	außerordentliche Erträge	15 500		10 900		12 600	
+	betriebsfremde Erträge	12 000		10 700		9 800	
	Gesamt-Erlöse	1 843 300		1 421 400		1 572 200	
−	außerordentliche Erträge	15 500		10 900		12 600	
−	betriebsfremde Erträge	12 000		10 700		9 800	
	Betriebsleistung	1 815 800	100	1 399 800	100	1 549 800	100
−	Materialaufwand (Roh-, Hilfs- und Betriebsstoffe)	452 800	24,9	420 700	30,1	406 400	26,2
−	Löhne und Gehälter	627 400	34,6	479 300	34,2	541 800	35,0
−	Gesetzliche Sozialabgaben und soziale Aufwendungen	119 800	6,6	89 600	6,4	101 360	6,5
−	Strom, Gas, Wasser	24 800	1,4	21 400	1,5	21 950	1,4
−	Porto, Telekommunikation	11 661	0,6	4 990	0,4	7 910	0,5
−	Bürobedarf	3 763	0,2	2 166	0,2	3 212	0,2
−	Miete, Pacht	21 000	1,2	3 869	0,3	3 400	0,2
−	Werbe- und Repräsentationskosten	16 500	0,9	7 850	0,6	10 260	0,7
−	Fahrzeugkosten	52 240	2,9	40 150	2,9	38 760	2,5
−	betriebliche Steuern, Gebühren, Versicherungen	26 300	1,4	19 775	1,4	23 900	1,5
−	Abschreibungen	158 850	8,7	82 050	5,9	98 900	6,4
−	Zinsen	31 200	1,7	27 300	1,9	29 700	1,9
−	sonstige betriebliche Aufwendungen	63 500	3,5	51 200	3,7	58 700	3,8
−	außerordentliche Aufwendungen	7 800		8 050		7 200	
−	betriebsfremde Aufwendungen	8 350		6 200		7 600	
+	außerordentliche Erträge	15 500		10 900		12 600	
+	betriebsfremde Erträge	12 000		10 700		9 800	
	Gewinn laut Gewinn- und Verlustrechnung (steuerlicher Gewinn)	217 336	12,0	156 800	11,2	211 148	13,6
+	außerordentliche Aufwendungen	7 800		8 050		7 200	
+	betriebsfremde Aufwendungen	8 350		6 200		7 600	
−	außerordentliche Erträge	15 500		10 900		12 600	
−	betriebsfremde Erträge	12 000		10 700		9 800	
	Bereinigter Betriebsgewinn	205 986	11,3	149 450	10,7	203 548	13,1
−	Unternehmerlohn	72 000	4,0	72 000	5,1	66 000	4,3
−	Eigenkapitalzins	25 400	1,4	17 370	1,2	12 230	0,8
−	sonstige kalkulatorische Kosten	14 500	0,8	12 000	0,9	10 500	0,7
	Betrieblicher Gewinn	94 086	5,2	48 080	3,4	114 818	7,4

1.3 Betriebswirtschaftliche Auswertung

In der Praxis wird der Cash-flow für Handwerksbetriebe oft auch aus dem Jahresüberschuß/Jahresfehlbetrag und den Abschreibungen ermittelt. In einer erweiterten Form ist auch die Einbeziehung der Zinsen möglich. Dies gilt vor allem für die Bewertung verschiedener Finanzierungsalternativen.

Cash-flow im Handwerksbetrieb

Bei der Berechnung des Cash-flow muß man sich bewußt sein, daß diese Kennzahl nur Informationen über eine abgelaufene Periode vermittelt und deshalb ohne entsprechende Vorausberechnungen nicht dazu geeignet ist, zuverlässig auf den zukünftigen Kassenfluß zu schließen.

Für das Bilanzbeispiel ergeben sich folgende Cash-flow-Werte:

1992: Jahresüberschuß + Abschreibungen = 217.336 +158.850 = 376.186
1991: Jahresüberschuß + Abschreibungen = 156.800 + 82.050 = 238.850
1990: Jahresüberschuß + Abschreibungen = 211.148 + 98.900 = 310.048

1.3.3.4 Auswertung von Zwischenabschlüssen

Die Auswertung von Zwischenabschlüssen erfolgt prinzipiell nach den gleichen Grundsätzen wie die Auswertung des Jahresabschlusses, wobei je nach Anlaß für den Zwischenabschluß besondere Schwerpunkte gesetzt werden können.

Zwischenabschlüsse

1.3.4 Auswertung der Kostenrechnung

Lernziele:

- Wissen, welche Daten in welcher Weise für betriebswirtschaftliche Auswertungen der Kostenrechnung aufzubereiten sind (zum Beispiel für Kostenstruktur-Vergleiche, für die Ermittlung von Bezugsbasen, für Kostenentwicklungs-Vergleiche, für kurzfristige Erfolgsrechnungen).
- Kennen der Möglichkeit, durch die Kostenrechnung Aussagen über einzelne Betriebsbereiche zu erhalten und die Wirtschaftlichkeit einzelner Betriebsteile und des Unternehmens insgesamt durch Gegenüberstellung von Kosten- und Leistungsdaten zu beurteilen.
- Kennen und Verstehen der Möglichkeiten, durch vergleichende Analysen der Kostenstrukturen und sonstiger Kostendaten verschiedener Zeiträume oder Betriebsbereiche Erkenntnisse über kostenbeeinflussende Faktoren zu gewinnen und damit Hinweise auf Schwachstellen und Ansatzpunkte für Verbesserungsmaßnahmen sowie Unterlagen für Planungsrechnungen zu erhalten.

1.3.4.1 Aufbereitung von Kostenrechnungsunterlagen und Ermittlung informativer Kostendaten für betriebswirtschaftliche Analysen

Die Kostenrechnung als wichtiger Zweig des Rechnungswesens gibt wertvolle Anhaltspunkte für unternehmerische Dispositionen.

Dazu zählen insbesondere folgende Möglichkeiten:

Auswertung der Kostenrechnung

- Die Darstellung der Entwicklung einzelner Kostenarten anhand der Daten der Kostenrechnung (Kostenentwicklungsvergleiche).
- Die Gegenüberstellung verschiedener Kostenarten in Form von Verhältniszahlen, also etwa von Einzelkosten und Gemeinkosten, oder verschiedener Einzelkosten und Gemeinkosten untereinander oder im Verhältnis zur Bezugsbasis Gesamtkosten (Kostenstrukturvergleiche).
- Die detaillierte Analyse einzelner Kostenarten, beispielsweise die Zusammensetzung der Personalkosten.
- Die Gegenüberstellung von Kosten- und Leistungsdaten für ein Unternehmen insgesamt oder für einzelne Teilbereiche (Betriebsteile), etwa nach wichtigen Kostenstellen.

1.3.4.2 Analyse der Kostenveränderungen und kostenbeeinflussenden Faktoren

Der Betriebsabrechnungsbogen liefert in der Regel für die betriebswirtschaftliche Auswertung die wichtigsten Unterlagen. Damit sind sowohl Zeitpunkt-, wie auch Zeitraum- und kurzfristige Erfolgsrechnungen möglich.

Kostenstruktur
Kostenstrukturentwicklung

> Die im Betriebsabrechnungsbogen vorgenommene Kostenzusammenstellung bringt eine Übersicht über Kostenstruktur und Kostenstrukturentwicklung. Sie ermöglicht ferner Vergleiche hinsichtlich der Kostenarten und der Kostenstellen.
> Diese Daten sind eine wichtige Basis für die Analyse kostenbeeinflussender Faktoren im gesamten Betrieb oder einzelnen Bereichen in der abgelaufenen Rechnungsperiode und eventuell weiteren vorangegangenen Jahren.

Wenn zum Beispiel der Anteil der Personalkosten an den Gesamtkosten von Jahr zu Jahr steigt, so kann dies unter anderem mit der Zusammensetzung der Arbeitskräfte oder auch der Produktivität des Betriebes im Verhältnis zu anderen vergleichbaren Betrieben zusammenhängen.

1.3.4.3 Beurteilung von Kostendaten und Ergebnissen im Hinblick auf die künftige Kostengestaltung und Maßnahmen der Unternehmensführung

Kostenplanung

> Aus der Analyse der kostenbeeinflussenden Faktoren für eine abgeschlossene Abrechnungsperiode ergeben sich auch wichtige Erkenntnisse für die Kostenbeeinflussung und Kostenplanung in der Zukunft.

1.3.5 Kennzahlenrechnung

Lernziele:
- Erkennen des Gesamtsystems der betrieblichen Kennzahlenrechnung als entscheidendes Instrument fundierter betriebswirtschaftlicher Planung, Steuerung und Kontrolle – also eines effizienten Controlling – und damit einer besonders bedeutenden Auswertungsform der übrigen Teile des Rechnungswesens.
- Kennen der wesentlichen Arten betrieblicher Kennzahlen und ihrer Zwecke.
- Eine Kennzahlenauswahl nach betrieblichen Gegebenheiten und Erfordernissen vornehmen können.
- Wissen, welche Daten zur Bildung von Kennzahlen erforderlich sind und welchen Unterlagen diese entnommen werden können.
- Kennen der Bedeutung und der Ermittlungsweise der Haupt-Bezugsgrößen der Kennzahlenrechnung (insbesondere Betriebsleistung, betriebswirtschaftliche Wertschöpfung, bereinigte Beschäftigtenzahl, direkt verrechenbare Arbeitsstunden, Gesamtvermögen bzw. -kapital sowie branchenspezifische Bezugsgrößen).
- Kennzahlenrechnungen durchführen und interpretieren können.

1.3.5.1 Wesen und Zweck der betrieblichen Kennzahlenrechnung

Die Kennzahlenrechnung ist eines der wichtigsten Mittel, aussagefähige Daten für den Betrieb zu ermitteln und sie unternehmerischen Dispositionen in den Bereichen Planung, Steuerung und Kontrolle zugrunde zu legen. Kennzahlen sind damit ein entscheidendes Instrument für ein effizientes Controlling. *Controlling*

Die Kennzahlenrechnung ist eine der elementaren Voraussetzungen für die Durchführung von Betriebsvergleichen. Dabei sollen die Kennzahlen dazu beitragen, Verlustquellen des Betriebes aufzudecken. *Verlustquellen*

Die Ermittlung von Kennzahlen setzt
- ein ordnungsmäßiges Rechnungswesen
und
- weitere wichtige statistische Aufzeichnungen im Betrieb voraus.

Voraussetzungen

Die richtige Wahl der Bezugsgröße ist entscheidend für die Aussagefähigkeit einer Kennzahl. Absolute Zahlen allein geben zwar die Größenordnung wieder, aber sie vermitteln keine Zusammenhänge und werden leicht unübersichtlich. Deshalb sind Kennzahlen meistens Verhältniszahlen. *Verhältniszahlen*

Die Kennzahlen werden i. d. R. einmal im Jahr errechnet. Dies sollte unmittelbar im Anschluß an die Erstellung des Jahresabschlusses geschehen. *Jährliche Berechnung*

1.3.5.2 Arten bzw. Bereiche der betrieblichen Kennzahlenrechnung

Kennzahlen-
kataloge

Es gibt in der betriebswirtschaftlichen Literatur umfangreiche Kennzahlen und Kennzahlenkataloge. Wichtige Arten bzw. Bereiche von betrieblichen Kennzahlen sind:

Kennzahlen-
bereiche

- Leistung
- Kosten
- Erfolg
- Finanzwirtschaft
- Fertigung
- Lager
- Absatz
- Personal.

Wichtige Bereiche von Kennzahlen

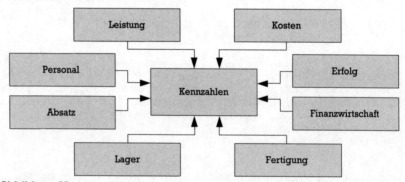

Abbildung 69

Bezugsgrößen

Prägende Größen aus diesen Bereichen sind jeweils dann auch Haupt-Bezugsgrößen der Kennzahlenrechnung, zum Beispiel Betriebsleistung, Wertschöpfung, Gesamtkosten, Gesamtvermögen, Gesamtkapital, Beschäftigtenzahl, bereinigte Beschäftigtenzahl, direkt verrechenbare Arbeitsstunden und andere.

Spezifische
Bezugsgrößen

Für einzelne Branchen gibt es ferner spezifische Bezugsgrößen, zum Beispiel Mengen- oder Volumenangaben.

Die wichtigsten Arten von betrieblichen Kennzahlen – Gliederungs- und Beziehungskennzahlen (vgl. dazu Abschnitt 1.3.2 „Zielsetzung und Methodik der Auswertung des Rechnungswesens" in diesem Band) – im einzelnen werden nachstehend, gegliedert nach Bereichen, mit Berechnungsformeln dargestellt.

1.3.5.3 Praktisches Vorgehen bei der Ermittlung und Verwendung von Kennzahlen im Handwerksbetrieb

Personalwirtschaftliche Kennzahlen

Verhältnis der Bürokräfte zu den Gesellen bzw. der Angestellten zu den Arbeitern

$$\frac{\text{Bürokräfte}}{\text{Gesellen}} \times 100 = \ldots\ldots \% \text{ bzw. } \frac{\text{Angestellte}}{\text{Arbeiter}} \times 100 = \ldots\ldots \%$$

Kaufmännische und gewerbliche Kräfte

> Aus diesen Kennzahlen erhält man einen Maßstab, ob im Verwaltungsbereich eine Über- oder Unterbesetzung besteht.

Verhältnis der einzelnen Berufsgruppen der Belegschaft zu den Gesamtbeschäftigten

$$\frac{\text{Einzelne Berufsgruppe}}{\text{Zahl der Gesamtbeschäftigten}} \times 100 = \ldots\ldots \%$$

Berufsgruppen

> Aus dieser Kennzahl läßt sich im Vergleich mit anderen Betrieben schlußfolgern, ob in einzelnen Berufsgruppen Unter- oder Überbesetzungen vorherrschen.

Altersgruppen in Prozent der Arbeitskräfte

$$\frac{\text{Bestimmte Altersgruppe}}{\text{Gesamtarbeitskräfte}} \times 100 = \ldots\ldots \%$$

Altersgruppen

> Diese Kennzahl informiert über die Altersstruktur der Arbeitskräfte und ermöglicht wichtige Schlußfolgerungen hinsichtlich der Personalpolitik. Sie ist ferner wichtig, um für den eigenen Betrieb zu ermitteln, wie er von altersabhängigen Gesetzes- und Tarifbestimmungen betroffen ist.

Verhältnis der Personalkosten zur Betriebsleistung

$$\frac{\text{Personalkosten}}{\text{Betriebsleistung}} \times 100 = \ldots\ldots \%$$

Personalkosten und Betriebsleistung

> Diese Kennzahl gibt einen wichtigen Anhaltspunkt hinsichtlich des Personalkostenanteils an der Betriebsleistung.

Verhältnis von Überstunden zu geleisteten Gesamtarbeitsstunden

$$\frac{\text{geleistete Überstunden}}{\text{geleistete Gesamtarbeitsstunden}} \times 100 = \ldots\ldots \%$$

Überstunden

> Diese Kennzahl informiert zum einen darüber, zu welchen Zeitpunkten besonders viele Überstunden anfallen. Zum anderen kann daraus abgeleitet werden, ob Neueinstellungen erforderlich werden.

Personalbewegung

Personal-
bewegung

$$\frac{\text{Zu- und Abgänge an Arbeitskräften}}{\text{gesamte Arbeitskräfte}} \times 100 = \ldots\ldots \%$$

> Diese Kennzahl informiert über die Fluktuation des Personals in einem Betrieb und läßt eventuell Rückschlüsse auf Betriebsklima u.ä. zu.

Austrittsquote

Austrittsquote

$$\frac{\text{Kündigungen im Jahr}}{\text{durchschnittliche Zahl der Beschäftigten im Jahr}} \times 100 = \ldots\ldots \%$$

> Die Austrittsquote als Teilbereich der Personalbewegung zeigt an, wieviel Prozent der Belegschaftsmitglieder im laufenden Jahr das Unternehmen verlassen haben.

Fehlzeitenquote

Fehlzeitenquote

$$\frac{\text{Fehlarbeitstage im Jahr}}{\text{mögliche Arbeitstage im Jahr}} \times 100 = \ldots\ldots \%$$

> Die Fehlzeitenquote gibt ein interessantes Bild über die versäumten Arbeitstage im Verhältnis zu den möglichen Arbeitstagen.

Fertigungswirtschaftliche Kennzahlen

Verhältnis der nicht direkt verrechenbaren zu den direkt verrechenbaren Löhnen

Produktive und
unproduktive
Löhne

$$\frac{\text{nicht direkt verrechenbare Löhne}}{\text{direkt verrechenbare Löhne}} \times 100 = \ldots\ldots \%$$

> Diese Kennzahl gibt unter anderem Aufschluß über den rationellen Einsatz der Arbeitskräfte.

Verhältnis der nicht direkt verrechenbaren Löhne zur Betriebsleistung

Nicht direkt
verrechenbarer
Lohnanteil am
Umsatz

$$\frac{\text{nicht direkt verrechenbare Löhne}}{\text{Betriebsleistung}} \times 100 = \ldots\ldots \%$$

> Diese Kennzahl gibt Aufschluß über den Anteil der nicht direkt verrechenbaren Löhne am Umsatz des Betriebes.

Verhältnis direkt verrechenbarer Löhne zur Betriebsleistung

Produktiver
Lohnanteil am
Umsatz

$$\frac{\text{direkt verrechenbare Löhne}}{\text{Betriebsleistung}} \times 100 = \ldots\ldots \%$$

> Diese Kennzahl gibt Auskunft über den Anteil der direkt verrechenbaren Löhne am Umsatz des Betriebes.

1.3 Betriebswirtschaftliche Auswertung

Betriebsleistung pro Fertigungsarbeiter

$$\frac{\text{Betriebsleistung}}{\text{Zahl der Fertigungsarbeiter}} = \ldots\ldots \text{ DM}$$

Umsatz pro Fertigungsarbeiter

> Diese Kennzahl gibt Aufschluß über den Umsatz pro Arbeitskraft im Bereich der Fertigung.

Verhältnis der effektiven Maschinenstunden zu den möglichen Maschinenstunden

$$\frac{\text{Maschinen-Iststunden}}{\text{Maschinen-Sollstunden}} \times 100 = \ldots\ldots \%$$

Maschinenauslastung

> Mit dieser Kennzahl erhält man einen Überblick über die Maschinenauslastung.

Gesamtmaschinenwert je Fertigungsarbeiter

$$\frac{\text{Gesamtmaschinenwert}}{\text{Zahl der Fertigungsarbeiter}} = \ldots\ldots \text{ DM}$$

Grad der Mechanisierung

> Diese Kennzahl gibt Aufschluß über den Grad der Mechanisierung, Technisierung und Rationalisierung eines Betriebes.

Dabei ist jedoch zu berücksichtigen, daß der Maschinenwert nicht nach steuerlichen Buchwerten, sondern nach Zeitwerten angesetzt wird.

Betriebsraum je Fertigungsarbeiter

$$\frac{\text{Werkstattfläche}}{\text{Zahl der Fertigungsarbeiter}} = \ldots\ldots \text{ m}^2$$

Betriebsraum je Arbeiter

> Diese Kennzahl gibt insbesondere im Vergleich zu anderen Betrieben Aufschluß darüber, ob im einzelnen Betrieb die m²-Fläche für den Arbeitsbereich eines jeden Fertigungsarbeiters ausreichend ist.

Lagerwirtschaftliche Kennzahlen

Verhältnis der Werkstoffkosten (Materialkosten) zur Betriebsleistung

$$\frac{\text{Werkstoffkosten}}{\text{Betriebsleistung}} \times 100 = \ldots\ldots \%$$

Werkstoffkosten in Prozent des Umsatzes

> Der Anteil der Materialkosten am Umsatz ist eine wichtige Kennzahl. Man kann gerade im Vergleich zu anderen Betrieben aus der Kennzahl herauslesen, ob im Materialbereich des Betriebes Verlustquellen liegen.

Das Verhältnis von Rabatten und Kostenvergünstigungen zu den Werkstoffkosten (Materialkosten)

Rabatte und Kostenvergünstigungen

$$\frac{\text{Rabatte und Kostenvergünstigungen}}{\text{Werkstoffkosten}} \times 100 = \ldots\ldots \%$$

Diese Kennzahl gibt bei der Überprüfung der günstigsten Einkaufsquelle interessante Hinweise.

Lagerumschlagshäufigkeit

Lagerumschlag

$$\frac{\text{Werkstoffkosten (Materialverbrauch)}}{\text{durchschnittlicher Lagerbestand}} = \ldots\ldots$$

Diese Kennzahl gibt an, wie oft sich das Lager innerhalb eines bestimmten Zeitraumes umschlägt.

Lagerdauer

Lagerdauer

$$\frac{\text{durchschnittlicher Lagerbestand}}{\text{Werkstoffkosten (Materialverbrauch)}} \times 360 = \ldots\ldots \text{ Tage}$$

Diese Kennzahl informiert darüber, wie lange sich das Material durchschnittlich im Lager befindet und ist für Dispositionen ebenso wie die Kennzahl zur Lagerumschlagshäufigkeit eine wichtige Grundlage.

Verwaltungs- und vertriebs(absatz)wirtschaftliche Kennzahlen

Verhältnis der Verwaltungskosten zur Betriebsleistung

Verwaltungskosten in Prozent des Umsatzes

$$\frac{\text{Verwaltungskosten}}{\text{Betriebsleistung}} \times 100 = \ldots\ldots \%$$

Die Kennzahl informiert über Über- oder Unterorganisation im Verwaltungsbereich.

Verhältnis der Vertriebskosten zur Betriebsleistung

Vertriebskosten in Prozent des Umsatzes

$$\frac{\text{Vertriebskosten}}{\text{Betriebsleistung}} \times 100 = \ldots\ldots \%$$

Diese Kennzahl gibt wichtige Hinweise zur Wirtschaftlichkeit im Vertriebssystem des Betriebes.

Auftragsgröße

Auftragsgrößenstreuung

$$\frac{\text{Betriebsleistung}}{\text{Zahl der Aufträge}} = \ldots\ldots \text{ DM}$$

Diese Kennzahl informiert über die durchschnittliche Größe eines Auftrages.

Angebotserfolg

$$\frac{\text{Erteilte Aufträge (Stückzahl)}}{\text{Abgegebene Angebote (Stückzahl)}} \times 100 = \ldots\ldots \%$$

Angebotserfolg

Diese Kennzahl zeigt, wie erfolgreich der Betrieb mit seinen Angeboten bei den Kunden war.

Anteil der Stammkunden

$$\frac{\text{alter Kundenbestand}}{\text{gesamter Kundenbestand}} \times 100 = \ldots\ldots \%$$

Stammkunden

Diese Kennzahl informiert über die Zusammensetzung und Entwicklung des Kundenstammes.

Finanzwirtschaftliche Kennzahlen

Anlagenintensität

$$\frac{\text{Anlagevermögen}}{\text{Gesamtvermögen (laut Bilanzsumme)}} \times 100 = \ldots\ldots \%$$

Anlagen-
intensität

Die Anlagenintensität informiert hinsichtlich der Kapitalstruktur über den Anteil des Anlagevermögens am Gesamtvermögen.

Umlaufintensität

$$\frac{\text{Umlaufvermögen}}{\text{Gesamtvermögen}} \times 100 = \ldots\ldots \%$$

Umlaufintensität

Diese Kennzahl gibt hinsichtlich der Kapitalstruktur den Anteil des Umlaufvermögens am Gesamtvermögen an.

Eigenkapitalintensität

$$\frac{\text{Eigenkapital}}{\text{Gesamtkapital}} \times 100 = \ldots\ldots \%$$

Eigenkapital-
intensität

Diese Kennzahl informiert im Rahmen der Kapitalstruktur über den Anteil des Eigenkapitals am Gesamtkapital.

Fremdkapitalintensität

Fremdkapital-
intensität

$$\frac{\text{Fremdkapital}}{\text{Gesamtkapital}} \times 100 = \ldots\ldots \%$$

> Diese Kennzahl informiert über den Anteil des Fremdkapitals am Gesamtkapital.

Verschuldungskoeffizient

Verschuldungs-
koeffizient

$$\frac{\text{Fremdkapital}}{\text{Eigenkapital}} \times 100 = \ldots\ldots \%$$

> Diese Kennzahl gibt Aufschluß darüber, in welchem Umfang ein Betrieb im Vergleich zum Eigenkapital auf fremde Mittel angewiesen ist.

Anlagendeckung I

Anlagen-
deckung I

$$\frac{\text{Eigenkapital}}{\text{Anlagevermögen}} \times 100 = \ldots\ldots \%$$

> Diese Kennzahl informiert darüber, inwieweit das Anlagevermögen durch Eigenkapital gedeckt ist.

Anlagendeckung II

Anlagen-
deckung II

$$\frac{\text{Eigenkapital + langfristiges Fremdkapital}}{\text{Anlagevermögen}} \times 100 = \ldots\ldots \%$$

> Diese Kennzahl gibt an, inwieweit das Anlagevermögen durch Eigenkapital und langfristiges Fremdkapital gedeckt ist.

Dauer der Außenstände

Durchschnitt-
liche Inan-
spruchnahme
des Zahlungs-
ziels durch
Kunden

$$\frac{\text{Durchschnittliche Bestände an Forderungen aus Lieferungen und Leistungen}}{\text{Umsatzerlöse}} \times 360 = \ldots\ldots \text{ Tage}$$

> Diese Kennzahl ist wichtig für die Überwachung der Außenstände und die Organisation des betrieblichen Mahnwesens sowie für die Finanzierung des Betriebsmittelbedarfs.

Kapitalumschlag

Kapitalumschlag

$$\frac{\text{Betriebsleistung}}{\text{betriebsnotwendiges Kapital}} = \ldots\ldots$$

> Die Kennzahl gibt an, wie oft sich das betriebsnotwendige Kapital im Jahr umschlägt.

Umschlagsdauer der Lieferantenverbindlichkeiten

$$\frac{\text{durchschnittlicher Bestand an Verbindlichkeiten aus Lieferungen und Leistungen}}{\text{Rechnungseingang im Jahr}} \times 360 = \ldots\ldots \text{ Tage}$$

Durchschnittliche Zielinanspruchnahme bei Lieferanten

> Diese Kennzahl gibt die durchschnittliche Inanspruchnahme des Zahlungsziels bei Lieferanten an.

Cash-flow

Jahresüberschuß/Jahresfehlbetrag + Abschreibungen (– Zinsen) = ... DM   Cash-flow

> Der Cash-flow zeigt auf, welche finanziellen Mittel für Investitionen, Tilgung von Verbindlichkeiten und Entnahme bzw. Gewinnausschüttung zur Verfügung stehen.

Liquidität 1. Ordnung

$$\frac{\text{Zahlungsmittel (Kasse, Postgiro, Bank, Wechsel, Scheck usw.)}}{\text{kurzfristige Verbindlichkeiten}} \times 100 = \ldots\ldots \%$$

Liquidität 1. Ordnung

Liquidität 2. Ordnung

$$\frac{\text{Zahlungsmittel + kurzfristige Forderungen}}{\text{kurzfristige Verbindlichkeiten}} \times 100 = \ldots\ldots \%$$

Liquidität 2. Ordnung

Liquidität 3. Ordnung

$$\frac{\text{Zahlungsmittel + kurzfristige Forderungen + Vorräte}}{\text{kurzfristige Verbindlichkeiten}} \times 100 = \ldots\ldots \%$$

Liquidität 3. Ordnung

> Die Liquiditätskennzahlen geben Auskunft darüber, in welchem Umfang der Betrieb seinen fälligen Verpflichtungen nachkommen kann.

Kennzahlen für die Rentabilität

Rentabilität des Eigenkapitals

$$\frac{\text{Gewinn pro Jahr}}{\text{Eigenkapital}} \times 100 = \ldots\ldots \%$$

Eigenkapitalrendite

> Die Eigenkapitalrentabilität gibt an, mit wieviel Prozent sich das Eigenkapital im Betrieb verzinst.

Rentabilität des Gesamtkapitals

$$\frac{\text{Gewinn + Fremdkapitalzinsen pro Jahr}}{\text{Gesamtkapital}} \times 100 = \ldots\ldots \%$$

Gesamtkapitalrendite

Diese Kennzahl gibt Auskunft über die Rentabilität des gesamten Kapitals, das im Betrieb investiert ist. Je höher der Gewinn und je kleiner das Eigenkapital bzw. das Gesamtkapital ist, desto höher ist die Rentabilität des Eigenkapitals bzw. des Gesamtkapitals.

Umsatzrentabilität

Umsatz-
rentabilität

$$\frac{\text{Gewinn pro Jahr}}{\text{Umsatzerlöse}} \times 100 = \ldots\ldots \%$$

Die Umsatzrentabilität zeigt auf, wieviel Gewinn der Umsatz in einer Rechnungsperiode abwirft. Die Umsatzrentabilität kann insgesamt als die wichtigste betriebswirtschaftliche Kennzahl angesehen werden.

Spezielle Kennzahlen für Sonderinformationen

In besonders gelagerten Fällen können notwendige Sonderinformationen durch die Bildung spezieller Kennzahlen ermittelt werden.

Vergleiche

Die Verwertbarkeit und Aussagefähigkeit der Kennzahlen erhöht sich, wenn man sie im Rahmen des innerbetrieblichen Vergleichs früheren Kennzahlen gegenüberstellt und im zwischenbetrieblichen Vergleich mit Branchenkennzahlen vergleicht.

1.3.6 Statistische Auswertungen

Lernziele:
– Kennen der Hauptanwendungsgebiete und der Vorgehensweise zur Ermittlung der wichtigsten betriebsstatistischen Daten nach Hauptanwendungsgebieten.

1.3.6.1 Gewinnung, Aufbereitung und Darstellung betriebsstatistischer Daten

Drei Phasen der
Betriebsstatistik

Die Betriebsstatistik baut auf drei Phasen auf:
- Datenerhebung bzw. Datengewinnung durch eigene Erhebungen oder Übernahme bereits vorhandener Daten.
- Aufbereitung der Daten durch Vorbereitung auf die Auswertung, zum Beispiel durch Zusammenstellen vergleichbarer Daten oder von solchen, die zueinander in Beziehung gesetzt werden können. Im Rahmen der Aufbereitung der Daten können heute viele Arbeiten per EDV ausgeführt werden. Zumindest ist jedoch ein geordnetes Formularwesen erforderlich.
- Darstellung der Ergebnisse. Hier unterscheidet man die Darstellung mittels Kennzahlen, durch Tabellen oder durch graphische Form (Diagramme u.ä.).

1.3.6.2 Formen und Bereiche spezieller betrieblicher Statistiken

Jeder Betrieb, auch der Kleinbetrieb, muß bestimmte statistische Aufzeichnungen vornehmen. Je größer der Betrieb, desto höher sind die Anforderungen an eine systematische betriebliche Statistik.

> Im nachstehenden sollen stichwortartig die Grundbereiche der betrieblichen Statistik aufgeführt und wichtige statistische Daten dargestellt werden, die für die Auswertung des Rechnungswesens zweckmäßig sind.

Grundbereiche

Personalstatistik

- Einteilung der Arbeitskräfte in verschiedenen Abteilungen
- Altersstruktur
- Betriebszugehörigkeit
- freiwillige soziale Aufwendungen
- Betriebsklima (wo sind am meisten Streitigkeiten; Ursachen: personelle, materielle oder organisatorische)
- Mobilität (Beweglichkeit) und Fluktuation (Wechsel) im Betrieb
- Einzugsgebiet der Arbeitskräfte
- Krankheitsstatistik
- Unfallstatistik.

Personalstatistik

Beschaffungsstatistik

- Lagerbewegung und Auftragsentwicklung
- durchschnittliche Dauer zwischen Warenbestellung und Wareneingang.

Beschaffungsstatistik

Lagerstatistik

- Lagerdauer
- Lagerumschlag.

Lagerstatistik

Umsatz- und Absatzstatistik

- nach Warengruppen (Umsatzträger)
- Umsatz mit Endverbrauchern und mit Wiederverkäufern
- Beanstandungen
- Saisonschwankungen
- Verhältnis öffentlicher Aufträge zu Privataufträgen.

Umsatz- und Absatzstatistik

Branchen- und betriebsbezogene Statistiken

Die bisher genannten Bereiche können je nach Bedarf durch zusätzliche branchen- und betriebsbezogene Statistiken ergänzt werden.

Zusätzliche Statistiken

Grundbereiche der betrieblichen Statistik

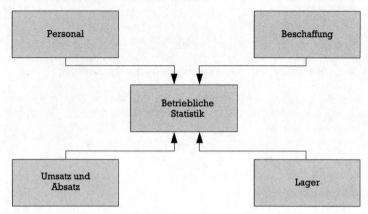

Abbildung 70

1.3.7 Betriebsvergleich

Lernziele:
- Kennen der verschiedenen Arten und Zwecke des Betriebsvergleichs (innerbetrieblicher und zwischenbetrieblicher Vergleich; Struktur-, Verfahrens- und Verfahrens-Erfolgs-Vergleich, Entwicklungsvergleich).
- Verstehen der wichtigsten Vergleichsdaten.
- Kennen der Haupt-Anwendungsgebiete des innerbetrieblichen Periodenvergleichs und wissen, welche Kennzahlen hierzu wichtig und aussagefähig sind.
- Erkennen der Grenzen des Aussagewerts innerbetrieblicher Vergleichszahlen.
- Kennen der Funktionsweise und der Hauptanwendungsgebiete des zwischenbetrieblichen Vergleichs.

1.3.7.1 Wesen und Zweck innerbetrieblicher und zwischenbetrieblicher Betriebsvergleiche

Definition Betriebsvergleich

Unter Betriebsvergleich versteht man grundsätzlich den Vergleich betrieblicher Gegebenheiten, Vorgänge und Entwicklungen mit Hilfe geeigneter Daten, insbesondere Kennzahlen.

Ein solcher Vergleich ist möglich

Innerbetrieblicher Vergleich
- innerhalb eines Betriebes (innerbetrieblicher Vergleich) oder

Zwischenbetriebl. Vergleich
- zwischen verschiedenen Betrieben einer oder vergleichbarer Branchen (zwischenbetrieblicher Vergleich).

1.3 Betriebswirtschaftliche Auswertung

Wichtige Arten des Betriebsvergleichs

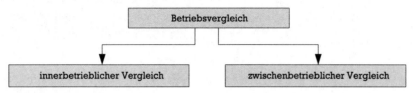

Abbildung 71

Zweck und Aufgabe von Betriebsvergleichen liegen vor allem in der Planung, Steuerung, Kontrolle und Überwachung des gesamten Betriebsgeschehens.	Ziele

Im einzelnen kann sich ein Betriebsvergleich beziehen auf

• Strukturdaten wie Vermögensstruktur und Kapitalstruktur (Strukturvergleich)	Strukturvergleich
• verschiedene zur Auswahl stehende Verfahren in Beschaffung, Produktion und Vertrieb (Verfahrensvergleich bzw. Verfahrens-Erfolgsvergleich und Entscheidung für ein Verfahren und dessen Realisierung)	Verfahrensvergleich
• die Entwicklung einzelner Größen wie Umsatz, Rentabilität, Produktivität und andere (Entwicklungsvergleich).	Entwicklungsvergleich

Die wichtigsten Vergleichsdaten ergeben sich aus Bilanz, Gewinn- und Verlustrechnung, Anhang und Lagebericht sowie den darauf aufbauenden Auswertungen von Bilanz und G+V mit den entsprechenden Kennzahlen. Zusätzliche Informationen können sich ferner aus der betrieblichen Statistik ergeben, zum Beispiel hinsichtlich des Personals, des Kundenstammes u.ä.

1.3.7.2 Auswertung betrieblicher Daten für den innerbetrieblichen Periodenvergleich

Beim innerbetrieblichen Vergleich werden die Daten des einzelnen Betriebes miteinander verglichen. Beobachtungsobjekt ist also immer nur **ein** Betrieb.	Innerbetrieblicher Vergleich

Der innerbetriebliche Vergleich wird in der Regel für Istdaten zu bestimmten Zeitpunkten oder für bestimmte Zeiträume (Periodenvergleich) durchgeführt. Daneben sind auch Soll-Ist-Vergleiche möglich, bei denen die Effektivgrößen verschiedener Perioden den Planungen gegenübergestellt werden.	Periodenvergleich

Besonders wichtige Bereiche des Vergleichs sind: • Fragen des Standorts • die Umsatzentwicklung • die Beschäftigten- und Auftragsstruktur • die Vermögens- und Kapitalstruktur • die Kostenstruktur • die Betriebsleistung • das Betriebsergebnis • die Rentabilität • die Produktivität.	Bereiche

Grenzen

> Dem innerbetrieblichen Vergleich sind dadurch enge Grenzen gesetzt, daß immer nur die Zahlen des eigenen Betriebes verglichen werden und objektive Vergleichsmaßstäbe fehlen, an denen der eigene Betrieb gemessen werden kann.

Bedenken muß man beim innerbetrieblichen Periodenvergleich außerdem, daß sich wichtige Veränderungen ergeben können, die die Vergleichbarkeit bestimmter Daten von einem Zeitpunkt zum anderen beeinträchtigen.

Beeinträchtigungen

Solche Beeinträchtigungen können liegen in:
- eingetretenen Preisschwankungen
- Änderungen im Produkt- und Dienstleistungsangebot
- Änderungen im Beschäftigtenstand oder in der Beschäftigtenstruktur.

1.3.7.3 Zwischenbetrieblicher Vergleich

Zwischenbetrieblicher Vergleich

> Beim zwischenbetrieblichen Vergleich mißt man die Daten und Kennzahlen des eigenen Betriebes mit denen vergleichbarer anderer Betriebe. Er vermittelt wesentlich aussagefähigere Aufschlüsse als der innerbetriebliche Vergleich.

Schwerpunkte

Schwerpunkte der zwischenbetrieblichen Vergleiche sind vor allem:
- die Kostenstruktur
- die Vermögens- und Kapitalstruktur
- Kennzahlen aus Fertigung, Finanzwirtschaft und Rentabilität.

Aussagefähigkeit

> Die Aussagefähigkeit zwischenbetrieblicher Vergleiche hängt wesentlich davon ab, daß nur Betriebe gleicher Größe und gleicher Struktur zum Beispiel hinsichtlich des Leistungs- und Produktionsprogramms einbezogen werden. Auch der Standort und die jeweilige Rechtsform des Betriebes müssen dabei berücksichtigt werden.

Das Institut für Handwerkswirtschaft in München führt seit Jahren Betriebsvergleiche für bestimmte Handwerksberufe durch. Das Institut hat dafür speziell ein Kennummernsystem und ein Kennzahlenprogramm entwickkelt.

Auch zahlreiche Bundes- und Landesinnungsverbände erstellen laufend Betriebsvergleiche.

Laufende Betriebsvergleiche

Die Elektronische Datenverarbeitung ermöglicht heute relativ leicht laufende (permanente) Betriebsvergleiche durch Rechenzentren oder das Institut für Handwerkswirtschaft. Der einzelne Betrieb erhält sowohl seine eigenen betriebsindividuellen Kennzahlen wie auch darüber hinaus einen aktuellen Branchenvergleich.

Wichtiges Instrumentarium

> Diese zeitnahen Ergebnisse leisten dem Betriebsinhaber wertvolle Hilfestellung bei seinen unternehmerischen Dispositionen. Deshalb sollte kein Handwerksmeister, der ein Unternehmen zu leiten hat, auf Betriebsvergleiche als wichtiges Instrumentarium einer modernen Betriebsführung verzichten.

Programmierte und textlich gestaltete, offene Übungs-, Wiederholungs- und Prüfungsfragen

1. Welche verschiedenen Auswertungsmöglichkeiten ermöglicht das Rechnungswesen?

„Siehe Seite 135 des Textteils!"

2. Was sind die wesentlichen Ziele betriebswirtschaftlicher Auswertungen?

„Siehe Seite 136 des Textteils!"

3. Welche verschiedenen Kennzahlen sind für die betriebswirtschaftliche Auswertung wichtig?

„Siehe Seite 137 des Textteils!"

4. Welche Einschränkungen muß man bedenken, wenn man die Daten des Jahresabschlusses für die betriebswirtschaftliche Auswertung heranzieht?

„Siehe Seite 138 des Textteils!"

5. Welches sind die wichtigsten Bilanzierungsgrundsätze?
- ☐ a) Bilanzklarheit, Bilanzwahrheit und Bilanzkontinuität.
- ☐ b) Die Bilanz muß unbedingt am letzten Tag des Geschäftsjahres fertiggestellt sein.
- ☐ c) Die Bilanz muß immer durch einen Steuerberater oder Wirtschaftsprüfer erstellt und ausgewertet werden.
- ☐ d) Eine Bilanz muß spätestens 10 Tage nach Ablauf des Geschäftsjahres erstellt werden.
- ☐ e) In jeder Bilanz sind sämtliche Vermögensgegenstände grundsätzlich nach dem Zeitwert anzusetzen.

„Siehe Seite 139 des Textteils!"

6. Schildern Sie ein Schema für die Aufbereitung einer Gewinn- und Verlustrechnung für die betriebswirtschaftliche Auswertung!

„Siehe Seite 140 des Textteils!"

7. Was versteht man unter Bilanzkritik?
- ☐ a) Die regelmäßige Kritik des Steuerberaters an der Betriebsführung seines Mandanten
- ☐ b) Die Kritik des Betriebsberaters der Handwerkskammer an den Bilanzen der Handwerker
- ☐ c) Die kritische Auswertung und Beurteilung der Zahlen der Bilanz für innerbetriebliche Zwecke
- ☐ d) Nur die kritische Kommentierung von Bilanzen in Wirtschaftsteilen der Tageszeitungen
- ☐ e) Die Kritik der Bundesregierung an den Bilanzen bundeseigener Unternehmen.

„Siehe Seite 140 des Textteils!"

8. Schildern Sie Zweck und Inhalt der Bilanzanalyse!

„Siehe Seite 140 des Textteils!"

9. Unter Vermögensstruktur versteht man insbesondere
- ☐ a) das Verhältnis von Privatvermögen zu Betriebsvermögen.
- ☐ b) das Verhältnis der Zahlungsmittel zu den Forderungen aus Lieferungen und Leistungen.

☐ c) das Verhältnis von Forderungen aus Lieferungen und Leistungen zu Verbindlichkeiten aus Lieferungen und Leistungen.
☐ d) das Verhältnis von Gesamtvermögen zu Gesamtschulden.
☐ e) das Verhältnis von Anlagevermögen zu Umlaufvermögen.

„Siehe Seite 142 des Textteils!"

10. Man spricht von Kapitalstruktur, wenn man insbesondere
☐ a) das Verhältnis von Privatkapital und Betriebskapital im Auge hat.
☐ b) die Forderungen aus Lieferungen und Leistungen und die Verbindlichkeiten aus Lieferungen und Leistungen einander gegenüberstellt.
☐ c) das Eigenkapital zum Fremdkapital ins Verhältnis setzt.
☐ d) die Zusammensetzung des Fremdkapitals beurteilt.
☐ e) die verschiedenen Anlageformen für Kapital gegenüberstellt.

„Siehe Seite 143 des Textteils!"

11. Was versteht man unter Liquidität?
☐ a) Das Verhältnis von Betriebsvermögen zu Kapitalvermögen
☐ b) Das Verhältnis des Gesamtvermögens zu den Gesamtverbindlichkeiten
☐ c) Die Auflösung eines Unternehmens
☐ d) Den Grad der Zahlungsbereitschaft eines Unternehmens
☐ e) Das Verhältnis von liquiden Mitteln 1. Ordnung zu liquiden Mitteln 2. Ordnung.

„Siehe Seite 145 des Textteils!"

12. Was sagt die Kennzahl „Cash-flow" aus und wie wird sie ermittelt?

„Siehe Seite 148 des Textteils!"

13. Welche der nachfolgenden Aussagen ist falsch?
Die betriebswirtschaftliche Kennzahlenrechnung ist
☐ a) eines der wichtigsten Mittel, aussagefähige Daten des Betriebes zu ermitteln.
☐ b) eine elementare Voraussetzung für die Durchführung von Betriebsvergleichen.
☐ c) eine wichtige Voraussetzung, Verlustquellen des Betriebes aufzudecken.
☐ d) in Handwerksbetrieben wegen Datenmangels nicht möglich.
☐ e) am besten auf der Basis eines Kennzahlenprogramms durchführbar.

„Siehe Seite 151 des Textteils!"

14. Kennzahlen zur Auswertung des betrieblichen Rechnungswesens werden für den Handwerksbetrieb in der Regel errechnet:
☐ a) wöchentlich
☐ b) monatlich
☐ c) vierteljährlich
☐ d) halbjährlich
☐ e) jährlich.

„Siehe Seite 151 des Textteils!"

15. Nennen Sie wichtige Kennzahlen!
  1. Aus dem Bereich der Personalwirtschaft
  2. Aus dem Bereich der Fertigungswirtschaft

„Siehe Seite 152 des Textteils!"

16. Das Verhältnis der Werkstoffkosten zur Betriebsleistung ergibt sich aus folgender Formel:

☐ a) $\dfrac{\text{Betriebsleistung}}{\text{Werkstoffkosten}} \times 100$

☐ b) $\dfrac{\text{Betriebsleistung}}{\text{Werkstoffkosten}} : 100$

☐ c) $\dfrac{\text{Werkstoffkosten}}{\text{Betriebsleistung}} : 100$

☐ d) $\dfrac{\text{Werkstoffkosten}}{\text{Betriebsleistung}} \times 100$

☐ e) $\dfrac{\text{Werkstoffkosten} - \text{Betriebsleistung}}{\text{Betriebsleistung} - \text{Werkstoffkosten}} \times 100$

„Siehe Seite 155 des Textteils!"

17. Die durchschnittliche Lagerdauer des Materials im Betrieb ergibt sich aus folgender Kennzahl:

☐ a) $\dfrac{\text{Wareneingang}}{\text{Warenausgang}}$

☐ b) $\dfrac{\text{Warenausgang}}{\text{Warenbestand}}$

☐ c) $\dfrac{\text{Lagerbestand}}{\text{Werkstoffkosten (Materialverbrauch)}} \times 100$

☐ d) $\dfrac{\text{Lagerbestand}}{\text{Umsatzerlöse}} \times 360$

☐ e) $\dfrac{\text{durchschnittlicher Lagerbestand}}{\text{Werkstoffkosten (Materialverbrauch)}} \times 360$

„Siehe Seite 156 des Textteils!"

18. Die Anlagendeckung II ergibt sich aus folgender Formel:

☐ a) $\dfrac{\text{Eigenkapital}}{\text{Anlagevermögen}}$

☐ b) $\dfrac{\text{Eigenkapital} + \text{langfristiges Fremdkapital}}{\text{Anlagevermögen}} \times 100$

☐ c) $\dfrac{\text{Anlagevermögen}}{\text{langfristiges Fremdkapital}}$

☐ d) $\dfrac{\text{Fremdkapital}}{\text{Eigenkapital}}$

☐ e) $\dfrac{\text{Anlagevermögen}}{\text{kurzfristiges Fremdkapital}}$

„Siehe Seite 158 des Textteils!"

19. Die Umsatzrentabilität eines Unternehmens ergibt sich aus folgender Formel:

☐ a) $\dfrac{\text{Rohgewinn}}{\text{Umsatzerlöse}} \times 100$

☐ b) $\dfrac{\text{Gewinn}}{\text{Umsatzerlöse}} \times 100$

☐ c) $\dfrac{\text{betriebliches Eigenkapital}}{\text{Umsatzerlöse}} \times 100$

☐ d) $\dfrac{\text{Reinvermögen}}{\text{Umsatzerlöse}} \times 100$

☐ e) $\dfrac{\text{Gewinn + Fremdkapitalzinsen}}{\text{durchschnittliches Gesamtkapital}} \times 100$

„Siehe Seite 160 des Textteils!"

20. Nennen Sie die wichtigsten Bereiche der Betriebsstatistik, die für unternehmerische Dispositionen von Bedeutung sind!

„Siehe Seite 161 des Textteils!"

21. Worin liegen die Grenzen des Aussagewerts innerbetrieblicher Vergleiche?

„Siehe Seite 164 des Textteils!"

22. Worauf zielt der zwischenbetriebliche Vergleich ab?
☐ a) Auf den Vergleich einzelner Größen verschiedener Abteilungen eines Betriebes
☐ b) Auf den Vergleich der eigenen Größen mit denen anderer vergleichbarer Unternehmen
☐ c) Auf den Vergleich einzelner Größen von Betrieben aus unterschiedlichen Branchen
☐ d) Auf den Vergleich der Größen des einzelnen Betriebes über einen längeren Zeitraum hinweg
☐ e) Auf den Vergleich der Qualität der Erzeugnisse verschiedener Unternehmen im Rahmen von Warentests.

„Siehe Seite 164 des Textteils!"

2 Wirtschaftslehre

2.0 Volkswirtschaftliche Grundbegriffe und Zusammenhänge

Jeder Handwerker, der die Selbständigkeit anstrebt, sollte wenigstens mit den nachfolgenden volkswirtschaftlichen Grundbegriffen und gesamtwirtschaftlichen Zusammenhängen vertraut sein.

2.0.1 Bedürfnisse, Bedarf, Wirtschaft

Seit eh und je haben die Menschen grundlegende Bedürfnisse zur Bewältigung ihres Lebens. Neben den Mindestbedürfnissen an Nahrung, Kleidung und Wohnung entstanden je nach Kultur- und Entwicklungsstand der Menschen eines Landes darüber hinaus weitere Bedürfnisse auf allen möglichen Gebieten bis hin zu den geistigen Bedürfnissen und Luxusbedürfnissen.

Bedürfnisse

Alle Bedürfnisse des Menschen wecken einen bestimmten Bedarf an Gütern und Dienstleistungen. Die Herstellung und Verteilung von Gütern und Dienstleistungen bezeichnet man als Wirtschaft. Die Wirtschaft eines Landes (auch Volkswirtschaft genannt) stellt also Güter und Dienstleistungen zur Befriedigung der menschlichen Bedürfnisse her und übernimmt deren Verteilung.

Bedarf

Wirtschaft
Volkswirtschaft

2.0.2 Das Sozialprodukt als Ausdruck volkswirtschaftlicher Gesamtleistung

Zusammenwirken der Produktionsfaktoren

Die Grundlagen für die Gütererzeugung sind die Produktionsfaktoren Rohstoffe, Arbeit und Kapital.

Die drei Produktionsfaktoren

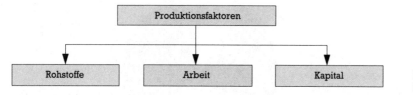

*Produktions-
faktoren*

Abbildung 72

Die Natur bietet uns die notwendigen Rohstoffe. Durch den Einsatz der Arbeit werden Rohstoffe der Natur zu gebrauchsfertigen Waren umgewandelt.
Um Rohstoffe verarbeitungsfähig zu machen und den Produktionsfaktor Arbeit in den meisten Bereichen einer modernen Wirtschaft wirksam werden zu lassen, benötigt man Kapital, und zwar im Sinne von Sachkapital (Werkzeuge, Maschinen, Betriebsanlagen usw.). Das gesamte Sachkapital wird durch die „Produktion" abgenutzt und verliert an Wert. Zur

Rohstoffe
Arbeit

Kapital

Investitionen

Sparen

Erhaltung und zur Steigerung der Leistungsfähigkeit des Wirtschaftens muß das Sachkapital immer wieder durch Investitionen erneuert und erweitert werden. Dies setzt eine laufende Kapitalbildung voraus. Kapital kann aber nur gebildet werden, wenn nicht das gesamte Sozialprodukt verbraucht wird, sondern ein Teil davon über das Sparen wieder in die Investition fließt.

Unternehmerisches Können

> Um die drei Produktionsfaktoren in bester Weise wirksam werden zu lassen, ist unternehmerisches Können erforderlich. Jedes Unternehmen ist also innerhalb der Volkswirtschaft eine Einheit, die durch die Verbindung der Produktionsfaktoren zur volkswirtschaftlichen Leistung beiträgt.

Sozialprodukt

Die Entstehung des Sozialprodukts

Güter und Dienstleistungen

> Unter Sozialprodukt versteht man alle durch das Wirtschaften innerhalb einer Volkswirtschaft entstandenen Güter und Dienstleistungen, die in Geld bewertet werden.

Wirtschaftswachstum

Durch Wirtschaftswachstum, das unter anderem durch mehr Leistungen pro Arbeitskraft erreicht wird, wird das Sozialprodukt erhöht.

Der Anteil der einzelnen Wirtschaftszweige am Sozialprodukt

Anteil des Handwerks

Der Anteil der verschiedenen Wirtschaftszweige bei der Herstellung des Sozialprodukts ist unterschiedlich. Das Handwerk ist mit rund 9,0 Prozent beteiligt. Der Anteil der einzelnen Wirtschaftszweige ergibt sich aus Abbildung 73 (Daten für die alten Bundesländer).

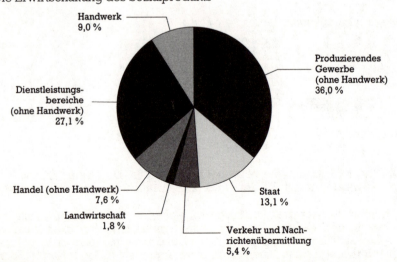

Abbildung 73

Die Verwendung des Sozialprodukts

Abbildung 74

Der Anteil des privaten Verbrauchs am Sozialprodukt dient der Steige- Privater
rung des Lebensstandards. Ein weiterer, nicht verbrauchter Teil des Sozi- Verbrauch
alprodukts wird investiert (Kauf von Maschinen, Fabriken und Anlagen) Investitionen
und trägt dazu bei, die Produktion für die Zukunft zu erhalten und nach
Möglichkeit zu steigern. Das vom Bürger gesparte Geldkapital wird also
wieder teilweise in Sachkapital umgewandelt.

Ein dritter Teil des Sozialprodukts wird vom Staat für die Erfüllung seiner Staatsverbrauch
Aufgaben beansprucht. Abbildung 75 gibt eine Übersicht über die Ver-
wendung des Sozialprodukts in der Bundesrepublik Deutschland (alte
Bundesländer):

Die Verwendung des Sozialprodukts in Zahlen

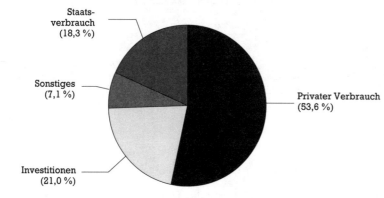

Abbildung 75

2.0.3 Geld und Währung

Früher funktionierte der Ablauf der Güterverteilung durch Tausch von Tausch
Waren. Über den Tausch von Edelmetallen entstand zunächst Metallgeld, Metallgeld
später entwickelte sich daraus das Papiergeld. Neben seiner Funktion als Papiergeld
Tauschmittel hat das Geld als Recheneinheit und als Wertaufbewahrungs-
mittel Bedeutung.

Die Geldformen

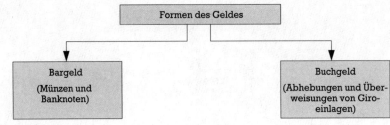

Abbildung 76

Banknoten — Die Banknoten werden durch die Deutsche Bundesbank in Frankfurt/Main ausgegeben.
Münzen — Das Recht der Münzprägung liegt bei der Bundesregierung; die Bundesbank übt jedoch das Recht aus, die Münzen in Umlauf zu bringen.

Erhaltung des Geldwertes

> Die Bundesbank hat die wichtige Aufgabe, den Geldwert stabil zu halten.

Geldpolitik — Die nachstehende Abbildung 77 gibt einen Überblick über die Möglichkeiten der Deutschen Bundesbank, Geldpolitik zu betreiben.

Geldpolitische Instrumente der Bundesbank

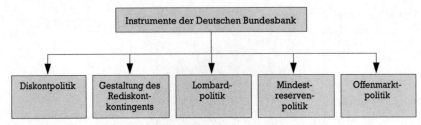

Instrumente der Bundesbank

Abbildung 77

Die Instrumente funktionieren wie folgt:
- Diskontpolitik: Gestaltung des Diskontsatzes, der beim Ankauf eines Wechsels durch eine Bank berechnet wird.
- Rediskontkontingent: Festlegung des Umfanges, in dem sich eine Bank bei der Bundesbank durch Verkauf von Wechseln refinanzieren kann (Geld beschaffen kann).
- Lombardpolitik: Festlegung des Zinssatzes, zu dem die Bundesbank den Geschäftsbanken Kredite gegen Verpfändung von Wertpapieren gewährt.
- Mindestreservepolitik: Festlegung der Prozentsätze über den Anteil der Einlagen, den Kreditinstitute zinsfrei bei der Deutschen Bundesbank halten müssen.
- Offenmarktpolitik: An- und Verkauf von Wertpapieren durch die Bundesbank zur Steuerung der Geldmenge.

Kaufkraft des Geldes

> Der Wert des Geldes spielt eine wichtige Rolle: Er beruht auf seiner Kaufkraft.

2.0 Volkswirtschaftliche Grundbegriffe und Zusammenhänge

Die Kaufkraft wiederum hängt unter anderem davon ab, wieviel Geldvorrat dem Gütervorrat gegenübersteht. Der Geldvorrat soll dem Gütervorrat wertmäßig entsprechen. Bleibt die Warenmenge gleich und das Geldvolumen steigt, läßt der Geldwert nach und man spricht von einer inflationären Entwicklung. Würde die Warenmenge gleichbleiben und das Geldvolumen sinken, steigt die Kaufkraft des Geldes. Man spricht dann von einer deflatorischen Entwicklung.

Inflation
Deflation

> Unter Währung versteht man die Ordnung des Geldwesens innerhalb eines Landes sowie die Wertbeziehungen zu den Geldsystemen anderer Länder.

Währung

Der Begriff Währung bezieht sich also sowohl auf eine volkswirtschaftliche Größe eines Landes als auch auf das Verhältnis zu den Währungen anderer Länder.

2.0.4 Wirtschaftssysteme

Die zwei extremen Formen des Systems der Wirtschaft sind die freie Marktwirtschaft und die Planwirtschaft. Nach dem Zusammenbruch der östlichen Planwirtschaften kommen sie in ihrer Reinform allerdings nur noch selten vor. Weit größere Bedeutung haben die entsprechenden Abwandlungen zwischen beiden Formen.

Abbildung 78 gibt einen Überblick über die wichtigsten Wirtschaftssysteme:

Die wichtigsten Wirtschaftssysteme

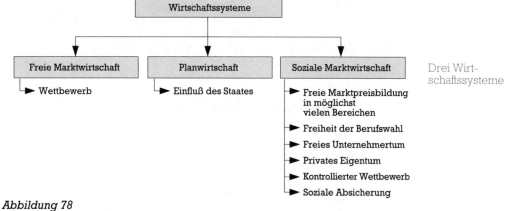

Drei Wirtschaftssysteme

Abbildung 78

Die freie Marktwirtschaft

> In der freien Marktwirtschaft vollziehen sich Herstellung, Verteilung und Verbrauch von Gütern ohne Vorschriften und Maßnahmen des Staates. Der Preis wird durch Angebot und Nachfrage bestimmt.

Preisbildung

Wird mehr Ware angeboten als nachgefragt, zeigt der Preis eine sinkende Tendenz. Ist das Angebot dagegen bei einer großen Nachfrage

Uneingeschränkter Wettbewerb

gering, so steigt der Preis. Entscheidendes Merkmal der freien Marktwirtschaft ist der uneingeschränkte Wettbewerb, also die vollkommene Konkurrenz.

Die Planwirtschaft

Planung des Staates

> Die Planwirtschaft, auch gelenkte Wirtschaft genannt, ist dadurch gekennzeichnet, daß allein der Staat und nicht der einzelne festlegt, was erzeugt wird und wie die erzeugten Güter zur Verteilung gelangen.

Der Staat bestimmt also durch Plan, was und wieviel hergestellt wird und nimmt somit Einfluß auf Preis-, Spar-, Lohn- und Eigentumspolitik. Dieses staatswirtschaftliche System läßt die persönliche Initiative und das freie Unternehmertum nicht wirksam werden.

Die soziale Marktwirtschaft

Das in der Bundesrepublik praktizierte System der sozialen Marktwirtschaft geht davon aus, daß die Gemeinschaft und der einzelne vor Auswüchsen in der Preisgestaltung und vor sozialen Unsicherheiten geschützt werden.

> Die soziale Marktwirtschaft enthält vorwiegend die Elemente der freien Marktwirtschaft, denen aber durch Gesetze und Einwirkungen des Staates, beispielsweise durch wettbewerbs- und durch sozialpolitische Maßnahmen, Grenzen gesetzt sind.

Wichtige Bestandteile

Freie Marktpreisbildung in möglichst vielen Bereichen, Freiheit der Berufswahl und Berufsausübung, freies Unternehmertum, privates Eigentum an Produktionsmitteln und Freiheit des selbständigen wirtschaftlichen Handelns sind Wesensbestandteile der sozialen Marktwirtschaft.

2.0.5 Aufgaben der Wirtschaftspolitik

Es gibt vier zentrale Aufgaben der staatlichen Wirtschaftspolitik, die aus der folgenden Abbildung ersichtlich sind:

Wirtschaftspolitische Aufgaben

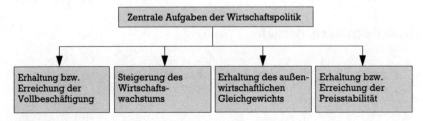

Abbildung 79

2.1 Grundfragen der Betriebs- und Geschäftsgründung

Die bei der Betriebsgründung durchzuführenden Einzelmaßnahmen werden in verschiedenen Prüfungsfächern und Fachgebieten behandelt. Daher wird in den nachstehenden Ausführungen häufiger als sonst innerhalb dieses Lehrbuches auf Darstellungen in anderen Kapiteln hingewiesen.

2.1.1 Grundsätze zur Gesamtplanung eines Unternehmens nach dem Unternehmensziel

Lernziele:
- Erkennen der Notwendigkeit, auch im Handwerk die Gesamtplanung eines Betriebes in systematischem Vorgehen unter Berücksichtigung von Markterkundungsergebnissen durchzuführen.
- Kennen der wichtigsten Planungsgrundsätze (wie Flexibilitätsbeachtung) und Vorgehensweisen bei der Planung.
- Kennen und Verstehen der Bedeutung und Notwendigkeit einer strategisch langfristigen Planung des Gesamt-Unternehmensziels sowie bestimmter Teilziele für die Gesamtplanung und für Teilplanungen des Unternehmens.
- Kennen und Verstehen der wesentlichen, auch in der Planung zu beachtenden Kriterien zur Beurteilung der für ein Unternehmen bei bestimmten Gegebenheiten (wie Absatzchancen, Finanzierungsmöglichkeiten, persönliche Unternehmer-Voraussetzungen) geeigneten Betriebsgröße.

2.1.1.1 Notwendigkeit einer Gesamtplanung und der Planung einzelner Aufgabenbereiche

In jedem Handwerksbetrieb besteht die Notwendigkeit einer betrieblichen Planung unter Anwendung betriebswirtschaftlicher Hilfsmittel. Dabei ist eine langfristig angelegte Gesamtplanung von großer Bedeutung, die die voraussichtliche Betriebsgrößenentwicklung berücksichtigt. *Betriebsgrößenentwicklung*

In der Betriebswirtschaftslehre gibt es verschiedene Verfahren, nach denen die optimale Betriebsgröße ermittelt werden kann. Vor allem kommt es dabei darauf an, die anfallenden Kosten und Erträge bei zunehmender Betriebsgröße zu vergleichen.

Man bezeichnet die Betriebsgröße als optimal (bei wachsender Betriebsgröße), bei der die Kostenzunahme gleich Ertragszunahme ist (günstigste Kostenlage). *Optimale Betriebsgröße*

Im Rahmen einer abgestimmten Gesamtplanung werden Teilpläne für die einzelnen Aufgabenbereiche festgelegt. *Teilpläne*

2.1.1.2 Planungsbereiche, Planungsphasen und Planungsschritte

Planungsbereiche

Folgende Planungsbereiche sind in einem Handwerksbetrieb besonders zu beachten:
- Einkaufsplanung
- Produktionsplanung
- Absatzplanung
- Lagerplanung
- Verwaltungsplanung
- Personalplanung
- Kostenplanung
- Finanzplanung
- Investitionsplanung
- Gewinnplanung
- Bilanzplanung.

Planungsphasen

Bei der Gesamtplanung kann nach folgenden Planungsphasen vorgegangen werden:

Die Gesamtplanung im Handwerksbetrieb

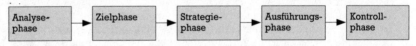

Abbildung 80

- Analysephase: Wie war die bisherige Entwicklung? Wie sieht es gegenwärtig aus?
- Zielphase: Was wird angestrebt?
- Strategiephase: Wie können die gesteckten Ziele erreicht werden?
- Ausführungsphase: Welche Wege sind im einzelnen zu beschreiten?
- Kontrollphase: Sind die Ziele erreicht worden? Was ist noch zu verbessern?

Planungsschritte

Im allgemeinen baut eine erfolgreiche betriebliche Planung auf folgenden Schritten auf:

Einzelne Schritte betrieblicher Planung

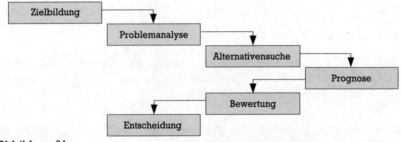

Abbildung 81

2.1 Grundfragen der Betriebs- und Geschäftsgründung

Bei jeder Art von betrieblicher Planung ist es von großer Bedeutung, auf veränderte äußere Einflüsse flexibel zu reagieren (Planungsflexibilität).

Planungsflexibilität

2.1.1.3 Festlegung des Unternehmensziels

Der Sinn betrieblicher Betätigung besteht in der Bereitstellung der zur Bedarfsdeckung erforderlichen Sachgüter, Arbeits- und Dienstleistungen.

> In der sozialen Marktwirtschaft gilt als oberstes Unternehmensziel, daß das investierte Kapital unter gleichzeitigem Einsatz der Faktoren Arbeit und Werkstoffe einen möglichst hohen Gewinn erzielt.

Unternehmensziel

Daneben gibt es für den Unternehmer weitere Ziele, die zumeist der Gewinnerzielung untergeordnet oder deren Teilziele sind.

Die wichtigsten Unternehmensziele

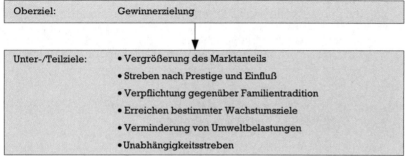

Abbildung 82

2.1.1.4 Betriebliche Tätigkeitsbereiche und Aufgabenschwerpunkte

In Abhängigkeit des Bereiches der Leistungserstellung (Dienstleistung oder Produktion) gilt es vor der Betriebsgründung, die Aufgabenschwerpunkte abzugrenzen und zu fixieren.
Dabei unterscheidet man nach der Art des Einsatzes der Produktionsfaktoren zwischen folgenden Bereichen:

Aufgabenschwerpunkte

Charakterisierung des Handwerksbetriebs nach Produktionsfaktoren

Abbildung 83

Beispiel:
Ausrichtung eines lohnintensiven Betriebes nach den Möglichkeiten einer bestmöglichen Versorgung mit Personal.

Tätigkeits-
bereiche

Die betrieblichen Tätigkeitsbereiche beziehen sich im Handwerk meist auf die Ausübung eines oder mehrerer Vollhandwerke oder Teilhandwerke im Sinne der Handwerksordnung.

Berufsbild

Anhand des Berufsbildes werden die vorgesehenen Arbeitsgebiete zusammengestellt. Im besonderen kommt es darauf an festzulegen, ob sich der Betrieb schwerpunktmäßig auf die Dienstleistung oder Produktion oder beide Bereiche konzentriert.

2.1.2 Markt- und Standortanalyse

Lernziele:
- Kennen der wichtigsten Möglichkeiten zur Erkundung und Beurteilung des Absatzmarktes und des Beschaffungsmarktes.
- Kennen der Bedeutung einer sorgfältigen Prüfung des Betriebsgrundstücks bezüglich Erschließung, Ver- und Entsorgung, insbesondere unter rechtlichen und kostenmäßigen Aspekten (siehe auch Abschnitt 2.1.4).
- Kennen der wesentlichen Kriterien und sonstigen Orientierungshilfen für die Wahl eines Betriebs- bzw. Geschäfts-Standortes.
- Wissen, wie ein aussagefähiger Standortvergleich, eine Standortanalyse bzw. eine vergleichende Standortkalkulation durchzuführen ist.

Standortwahl

> Von der richtigen Standortwahl hängt in den meisten Handwerkszweigen der langfristige wirtschaftliche Erfolg ab.

Bei jeder Betriebsgründung ist die Frage zu klären, welche Beziehungen zwischen Betrieb und Markt entstehen, sowohl auf der Beschaffungsseite als auch auf der Absatzseite.

Optimaler
Standort

> Die Wahl des günstigsten Standorts bezeichnet man als optimalen Standort.

2.1.2.1 Erkundung des Absatzgebietes und Beurteilung der Absatzmöglichkeiten und Konkurrenzverhältnisse

Bestimmungsfaktoren der Absatzmöglichkeiten

Absatz-
möglichkeiten

Abbildung 84

2.1 Grundfragen der Betriebs- und Geschäftsgründung

Das Absatzpotential wird auch von den Möglichkeiten, Absatzkontakte an einem bestimmten Ort herzustellen, beeinflußt.

Förderung von Absatzkontakten

Förderliche Träger von Absatzkontakten sind
- Werbeagenturen
- Marktforschungsinstitute
- Zeitungen und Zeitschriften
- Messen
- Börsen u.v.m.

2.1.2.2 Beschaffungsmöglichkeiten und Beschaffungswege am vorgesehenen Standort

Bestimmungsfaktoren der Beschaffungsmöglichkeiten

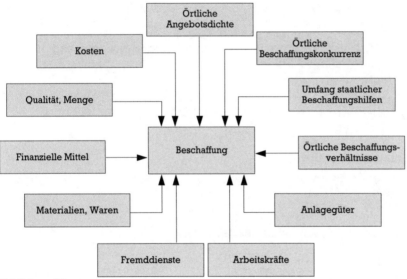

Beschaffungsmöglichkeiten

Abbildung 85

2.1.2.3 Erschließung, Ver- und Entsorgung des Betriebsgrundstücks

Ein wichtiger Punkt im Rahmen der Standortanalyse ist die Erschließung des in Frage kommenden Betriebsgrundstücks.

> Unter Erschließung sind hier die Infrastrukturmaßnahmen der Kommunen im Umfeld des Grundstücks zu verstehen.

Dies sind insbesondere:
- öffentliche Wege, Straßen
- Parkmöglichkeiten
- Beleuchtungsanlagen
- Ver- und Entsorgungsanlagen.

Erschließungsaufgaben

Zur Versorgung gehören Strom-, Gas-, Wasser- und Fernwärmeanschluß. Die Entsorgung umfaßt Entwässerungsanlagen und Müllabfuhr.

Staatliche Vorleistungen

Vor allem Ver- und Entsorgungsanlagen stellen wichtige staatliche Vorleistungen für die private Produktion dar.

Erschließungsbeiträge

> Zur Erschließung der Grundstücke sind die Gemeinden nach dem Bundesbaugesetz verpflichtet. Sie haben aber dafür auch das Recht, Erschließungsbeiträge zu erheben.

Letztendlich müssen die Betriebe dadurch bezüglich ihres Betriebsgrundstücks die erstmalige Herstellung der Erschließungsanlagen zu einem erheblichen Teil mitfinanzieren.

Bei bereits erschlossenen Grundstücken ist genau zu prüfen, ob die zur Verfügung stehenden Ver- und Entsorgungskapazitäten für den Betriebszweck ausreichen.

Abfallwirtschaft

Von großer Bedeutung ist, daß die Betriebe nach den entsprechenden Gesetzen für viele Bereiche vor allem der Entsorgung (zum Beispiel Altöle, Sondermüll) und für eine geordnete Abfallwirtschaft (Wiederverwertung) selbst viele Vorleistungen erbringen müssen. Im Rahmen einer Markt- und Standortanalyse muß deshalb auch geprüft werden, in welchem Umfang und in welcher Entfernung diese entsprechenden Entsorgungseinrichtungen zur Verfügung stehen.

2.1.2.4 Zusammenfassende Standortbeurteilung und Standortvergleich

Standortorientierung

Bei der Standortwahl kann man sich nach verschiedenen Faktoren orientieren.

Orientierungshilfen bei der Standortwahl

Orientierungshilfen

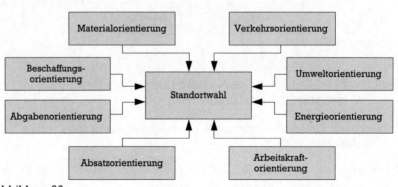

Abbildung 86

Staatliche Begrenzung der Standortwahl

Gesetzliche Beschränkungen

Jede Errichtung eines Betriebes bedarf der Zustimmung der öffentlichen Hand. Hinsichtlich der Genehmigung zur Errichtung eines Betriebes können erhebliche Einschränkungen durch Gesetze und Verordnungen bestehen, die sich auf ganze Wirtschaftszweige oder aber auf eine ganz bestimmte Art eines Betriebes erstrecken.

Neben den Bestimmungen der Länder und Gemeinden sind insbesondere zu nennen:
- Bauplanungsrecht nach dem Baugesetzbuch und der Baunutzungsverordnung (Bauleitplan, Flächennutzungsplan und Bebauungsplan)
- Gewerbeordnung
- Bundesimmissionsschutzgesetz (Umweltschutz)

Bauplanungsrecht

Ermittlung des optimalen Standorts

Je nachdem, nach welchem Gesichtspunkt sich ein Betrieb im wesentlichen bei der Standortwahl orientiert, ergeben sich unterschiedliche Bedingungen für den optimalen Standort.

Beispiel:
Stellt die Beschaffung das wichtigste Merkmal für die Standortwahl dar, sind die möglichen Standorte nach ihren Faktoren für den Beschaffungsbereich zu untersuchen.
Der Standort, der die besten Beschaffungsmöglichkeiten und die günstigsten Transportbedingungen bietet, wird dann als optimaler Standort bezeichnet.

Beschaffung

Beispiel:
Steht bei der Standortwahl die Absatzorientierung im Vordergrund, müssen die möglichen Standorte nach Transport und Abnehmerkreis untersucht werden.
Als optimal gilt dann der Standort, der diesbezüglich die besten Bedingungen aufweist.

Absatzorientierung

> In jedem Fall muß untersucht werden, wie sich die Kosten und Erträge an den betreffenden Standorten voraussichtlich entwickeln werden (vergleichende Standortkalkulation).

Standortkalkulation

Beschaffung von Informationen für die Standortwahl

Wichtige Informationsquellen für die Beurteilung eines Standortes sind:
- regionale Beschaffungs- und Absatzmarkterfahrung des Unternehmers
- Marktforschung durch systematische Beobachtung und Analyse der regionalen Beschaffungs- und Absatzmärkte
- Markterkundung ohne besondere Systematik (zum Beispiel Gespräche und Briefwechsel mit Kunden und Lieferanten, Erfahrungsberichte von Bekannten, Auskünfte amtlicher und nichtamtlicher Einrichtungen)
- Informationen aus Wirtschaftszeitungen, Fachzeitschriften sowie Mitteilungen der Fach- und Berufsverbände.

Informationsquellen

2.1.3 Wahl der Rechtsform

Rechtsform

> **Lernziele:**
> - Kennen der Rechtsformen sowie ihrer wesentlichen Eigenheiten und Möglichkeiten (zum Beispiel Vertretungsbefugnis, Haftungsumfang).
> - Kennen der Haupt-Entscheidungskriterien für die Wahl der Rechtsform des Unternehmens (zum Beispiel Steuerbelastung und Finanzierungsmöglichkeiten).

2.1.3.1 Überblick über mögliche Rechtsformen und deren Vor- und Nachteile

Die für einen Handwerksbetrieb möglichen Rechtsformen mit den jeweiligen Hauptmerkmalen sowie Vor- und Nachteilen sind im Abschnitt 3.2.2.5 „Die Handelsgesellschaften" im Band 2 behandelt.

2.1.3.2 Entscheidungskriterien für die Wahl der Rechtsform

Die wichtigsten Entscheidungsmerkmale zur Wahl der Rechtsform

Entscheidungsmerkmale

Abbildung 87

2.1.4 Rechtsvorschriften zur Gründung und Errichtung eines Handwerksbetriebes

Lernziele:
- Kennen der wesentlichen Rechtsvorschriften, die bei Gründung und Errichtung eines Handwerksbetriebes von Bedeutung sind.
- Wissen, welche Vorschriften die Berufsausübung im Handwerk regeln.
- Kennen der rechtlichen Voraussetzungen zur selbständigen Berufsausübung im Handwerk.
- Kennen der wichtigsten besonderen Vorschriften des Baurechts, des Umweltschutzes und des Arbeitsschutzes, die bei der Errichtung eines Handwerksbetriebes maßgebend sind.

2.1.4.1 Allgemeine Vorschriften

Bei der Gründung und Errichtung eines Handwerksbetriebes sind im wesentlichen sechs Rechtsbereiche zu berücksichtigen:

Wesentliche Rechtsgebiete
- das bürgerliche Recht
- das Handwerksrecht
- das Gewerberecht
- das Handelsrecht
- das Steuerrecht
- wichtige Teile des öffentlichen Rechts.

Nähere Einzelheiten zu den genannten Rechtsgebieten in den Abschnitten 3.1 „Bürgerliches Recht", 3.2 „Handwerksrecht, Gewerberecht, Handelsrecht" und 3.6 „Steuerwesen" im Band 2.

2.1.4.2 Vorschriften zur Berufsausübung im Handwerk

Die Vorschriften zur Berufsausübung werden in Abschnitt 3.2.1 „Handwerks- und Gewerberecht" im Band 2 behandelt.

2.1.4.3 Vorschriften des Baurechts, des Umweltschutzes und des Arbeitsschutzes

Baurecht

Bei der Neugründung eines Handwerksbetriebes ist, sofern die Betriebsräume nicht auf Mietbasis beschafft werden, die Errichtung eines Betriebsgebäudes notwendig. Hierbei sind die Vorschriften des Bauplanungsrechts zu beachten. Jeder Neubau muß von der zuständigen Baubehörde genehmigt werden. Zu den genehmigungspflichtigen Maßnahmen gehören auch Nutzungsänderungen und der Abbruch baulicher Anlagen.

> Nach dem Baugesetzbuch müssen Bauvorhaben nach dem Flächennutzungsplan und dem Bebauungsplan ausgerichtet sein.   *Baugesetzbuch*
> Der Flächennutzungsplan teilt das Gebiet einer Gemeinde in verschiedene Nutzungsbereiche ein (zum Beispiel Wohnen, Gewerbe, Mischgebiete).   *Flächennutzungsplan*
> Die Zulässigkeit gewerblicher Betriebe in verschiedenen Bebauungsgebieten richtet sich nach der Baunutzungsverordnung.   *Bebauungsplan*
> Die Bebauungsplanung legt dann fest, wie zum Beispiel Gebäude, die in einem bestimmten Gebiet erstellt werden sollen, aussehen dürfen.
> Nach Vorlage des Bebauungsplans wird dann in der Regel der Bauantrag genehmigt. Dieser ist schriftlich bei der Gemeinde einzureichen, in deren Gebiet das Bauvorhaben durchgeführt werden soll. Zu einem Bauantrag gehören Unterlagen wie zum Beispiel Bauzeichnungen, Baubeschreibungen, Lageplan usw.   *Bauantrag*
> Weitere wichtige Vorschriften auf diesen Gebieten sind unter anderem die Baunutzungsverordnung und das Modernisierungs- und Energieeinsparungsgesetz.

Recht des Umweltschutzes

> Bei jedem Neubau von Werkstätten eines Handwerksbetriebes müssen die immissionsschutzrechtlichen Vorschriften (Bundesimmissionsschutzgesetz unter anderem) geprüft werden.   *Immissionsschutz*

In diesem Zusammenhang sind die Einwirkungen eines Betriebsgrundstücks auf die Nachbargrundstücke hinsichtlich erheblicher Nachteile oder Belästigungen zu prüfen. Darüber hinaus ist es von Bedeutung, ob erhebliche Gefahren, Belästigungen oder Nachteile für die Allgemeinheit entstehen können.
Das Bundesimmissionsschutzgesetz unterscheidet grundsätzlich zwischen genehmigungsbedürftigen und nicht genehmigungsbedürftigen Anlagen. Darüber hinaus ist noch auf das Gesetz zur Bekämpfung der Umweltkriminalität hinzuweisen.

Recht des Arbeitsschutzes

Arbeitsstätten-
verordnung

> Bei der Gestaltung der Arbeitsstätte ist die Arbeitsstättenverordnung zu beachten.

Betriebs-
genehmigung

Geklärt werden muß ferner, ob bestimmte Maschinen und Anlagen zulassungs- oder überwachungspflichtig und vom TÜV abzunehmen sind, so daß erst dann die Betriebsgenehmigung erteilt werden kann.

2.1.5 Maßnahmen zur Förderung der Gründung von Handwerksbetrieben

> **Lernziele:**
> - Kennen der Möglichkeiten der Inanspruchnahme spezieller Finanzierungshilfen (Existenzgründungsprogramme, Handwerkskreditprogramme) sowie
>   entsprechender Beratungsmöglichkeiten, insbesondere durch organisationseigene Betriebsberatungsstellen des Handwerks (siehe auch die Abschnitte 2.5 und 2.6).
> - Informiert sein über die Betriebsbörsen der Handwerksorganisation.

Handwerks-
kredit-
programme

Betriebsbera-
tungsstellen

Betriebsbörsen

Existenz-
gründungs-
programme

Zur Förderung der Selbständigmachung im Handwerk sowie zur Förderung bestehender Betriebe gibt es auf Bundes- und Landesebene Handwerkskreditprogramme, die sich durch ihre günstigen Zinskonditionen auszeichnen. Es ist unbedingt empfehlenswert, daß sich Handwerksmeister vor ihrer Betriebsgründung von den Betriebsberatungsstellen der Handwerkskammer oder von einem freiberuflichen Unternehmensberater eingehend beraten lassen. Informieren sollten Sie sich ferner bei den Betriebsbörsen der Handwerkskammern, wo Betriebe gespeichert werden, die übernommen werden können. Hinsichtlich näherer Einzelheiten der Förderungsmaßnahmen darf auf die Abschnitte 2.5 „Finanzwirtschaftliche Grundfragen" und 2.6 „Gewerbeförderungsmaßnahmen" in diesem Band verwiesen werden. In einigen Ländern der Bundesrepublik gibt es besondere Existenzgründungsprogramme, die zahlreiche Hilfen für die Schaffung neuer Betriebe vorsehen. Auch die Bundesregierung hat verschiedene Programme geschaffen.

Die wichtigsten Förderungsmaßnahmen für Existenzgründungen

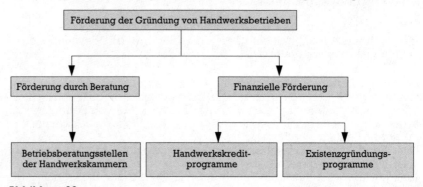

Abbildung 88

2.1.6 Durchführung der Betriebsgründung

Lernziele:
- Wissen, wie eine sinnvolle zeitliche Planung der Betriebsgründung erfolgen kann und welche Daten und Fakten diese enthalten soll.
- Die wichtigsten Kapitalbeschaffungsmöglichkeiten und -quellen kennen und beurteilen können (in Abstimmung mit Abschnitt 2.5).
- Wissen, welche Formvorschriften bei einer Betriebsgründung zu beachten sind (schwerpunktmäßig im Abschnitt „3.2.1 im Band 2 behandelt).
- Kennen der bei der Eröffnung und Einführung eines Betriebes notwendigen Maßnahmen, zum Beispiel die Maßnahmen zur Gewährleistung der Betriebsbereitschaft, wirksame Werbemaßnahmen zur Betriebs- bzw. Geschäftseröffnung.
- Kennen der Besonderheiten einer Existenzgründung durch Betriebsübernahme oder -beteiligung.

2.1.6.1 Zeitliche Planung der Betriebsgründung

Zur zeitlichen Planung gehört ein Terminplan, aus dem alle Maßnahmen zur Betriebsgründung mit festgelegten Zeitpunkten ersichtlich sind. — *Terminplan*

Der Zeitpunkt der Betriebseröffnung steht als zentraler Termin im Vordergrund. Zur grundsätzlichen Gestaltung der Planung darf auf den Abschnitt 2.1.1 „Grundsätze zur Gesamtplanung eines Unternehmens nach dem Unternehmensziel" in diesem Band verwiesen werden.

2.1.6.2 Kapitalbeschaffung

Wichtig ist, daß in der Gründungsperiode die Kapitalbeschaffung entsprechend dem aufgestellten Finanzierungsplan reibungslos erfolgt. — *Finanzierungsplan*

In diesem Zusammenhang darf auf Abschnitt 2.5 „Finanzwirtschaftliche Grundfragen" in diesem Band verwiesen werden.

2.1.6.3 Beachtung der Formvorschriften zur Betriebsgründung

Hierzu darf auf Abschnitt 3.2 „Handwerksrecht, Gewerberecht, Handelsrecht" im Band 2 verwiesen werden.

2.1.6.4 Eröffnung und Einführung eines Betriebes

Unter Betriebseröffnung versteht man den Zeitpunkt des Beginns der Produktion oder der Dienstleistung und die Aufnahme der Betriebsbereitschaft. — *Betriebseröffnung*

Nachfolgende Maßnahmen sind im besonderen geeignet, einen in der Einführungsphase bestehenden Marktwiderstand zu überwinden:
- Anzeigen in Zeitungen und Zeitschriften
- Betriebseröffnungsanzeige
- Betriebseröffnungsschreiben
- Werbung in verschiedenen Werbeträgern
- sonstige Maßnahmen, die geeignet sind, den Betrieb bekanntzumachen.

2.1.6.5 Betriebsübernahme und Betriebsbeteiligung

Betriebsübernahme

Wichtige Vorprüfungen bei Betriebsübernahme

Bei einer Betriebsübernahme müssen folgende Bereiche einer gründlichen und kritischen Prüfung unterzogen werden:
- Gründe für die Betriebsveräußerung
- bisherige Umsatz- und Gewinnentwicklung
- künftige Entwicklungschancen
- zusätzliche Kosten nach der Übernahme (zum Beispiel Miete, Pacht)
- Personalübernahme
- Bewertungsprobleme (Sachwerte, Geschäftswert)
- Kaufpreis oder Pachtzins
- Bestehende Rechte und Verträge
- Vertragsgestaltung
- Haftung für Verbindlichkeiten des Vorgängers

Betriebsberatung wichtig

Eine eingehende Beratung durch die Betriebsberater der Handwerkskammern, vor allem hinsichtlich des Kaufpreises für einen Betrieb (Ermittlung des Firmenwertes), ist hier vor rechtsverbindlichen Entscheidungen unbedingt erforderlich.

Betriebsbeteiligung

Betriebsbeteiligung

Neben der Übernahme kompletter Betriebe kann auch die Beteiligung an Betrieben durch teilweisen Erwerb in Erwägung gezogen werden. Die dabei entstehenden Rechte und Pflichten sind von der Rechtsform des betreffenden Betriebes abhängig. Auch in diesem Fall wird eine Beratung durch einen Betriebsberater der Handwerkskammer unbedingt empfohlen.

Programmierte und textlich gestaltete, offene Übungs-, Wiederholungs- und Prüfungsfragen

1. Wie wirken die volkswirtschaftlichen Produktionsfaktoren zusammen?

„Siehe Seite 171 des Textteils!"

2. Unter Sozialprodukt versteht man
- ☐ a) alle innerhalb einer Volkswirtschaft entstandenen Güter und Dienstleistungen.
- ☐ b) alle Bar- und Sachleistungen der gesetzlichen Krankenversicherung.
- ☐ c) nur die Sachleistungen der gesetzlichen Krankenversicherung.
- ☐ d) alle Leistungen der gesetzlichen Sozialversicherungszweige.
- ☐ e) das Wirtschaftswachstum in einer Volkswirtschaft, bezogen auf die Leistungen pro Arbeitskraft.

„Siehe Seite 172 des Textteils!"

3. Was wissen Sie über die Verwendung des Sozialprodukts?

„Siehe Seite 173 des Textteils!"

4. Was ist die wichtigste Aufgabe der Deutschen Bundesbank und welche Instrumente stehen ihr zur Verfügung?

„Siehe Seite 174 des Textteils!"

5. Wovon hängt die Kaufkraft des Geldes unter anderem ab?

„Siehe Seite 175 des Textteils!"

6. Unter Währung versteht man
- ☐ a) die Kaufkraft des Geldes, bezogen auf den Gütervorrat in einer Wirtschaft.
- ☐ b) das in einer Volkswirtschaft umlaufende Metallgeld.
- ☐ c) das in einer Volkswirtschaft umlaufende Papiergeld.
- ☐ d) die Ordnung des Geldwesens eines Landes sowie die Wertbeziehung zu dem anderer Länder.
- ☐ e) den geldlichen Bereich der Wirtschaftspolitik.

„Siehe Seite 175 des Textteils!"

7. Welche Wirtschaftssysteme kennen Sie?

„Siehe Seite 175 des Textteils!"

8. Wesentliche Elemente einer sozialen Marktwirtschaft sind
- ☐ a) umfassende Investitionslenkung in allen Bereichen durch den Staat und die sonstigen Gebietskörperschaften öffentlichen Rechts.
- ☐ b) weitgehende Verstaatlichung der Grundstoffgüterindustrie und geringes Eigentum an Produktionsmitteln.
- ☐ c) Verstaatlichung des gesamten Bankensystems und eingehende Regelung der Zinspolitik durch die Bundesregierung.
- ☐ d) weitgehende Einschränkung der Tarifautonomie der Sozialpartner sowie Lenkung der Berufswahl und Berufsausübung.
- ☐ e) freie Marktpreisbildung, freies Unternehmertum und Freiheit des selbständigen wirtschaftlichen Handelns.

„Siehe Seite 176 des Textteils!"

9. Die zentralen Aufgaben der staatlichen Wirtschaftspolitik in der sozialen Marktwirtschaft sind:

☐ a) Maßnahmen zum bestmöglichen Einsatz der Produktionsfaktoren Arbeit, Rohstoffe und Kapital.
☐ b) Die Einrichtung von staatlichen Unternehmensberatungsstellen zur Förderung von Rationalisierungsmaßnahmen.
☐ c) Die Verteilung des Sozialprodukts für Verbrauchs- und Investitionszwecke sowie für den Staatsverbrauch.
☐ d) Die Erreichung von Vollbeschäftigung, Wirtschaftswachstum, Preisstabilität und außenwirtschaftlichem Gleichgewicht.
☐ e) Einflußnahme auf Preisbildung, Lohn- und Tarifpolitik sowie auf die Führung großer Unternehmen.

„Siehe Seite 176 des Textteils!"

10. Beschreiben Sie die wichtigsten Planungsbereiche, Planungsphasen und Planungsschritte bei der Gesamtplanung eines Betriebes:

„Siehe Seite 178 des Textteils!"

11. Wie kann man bei der Festlegung des Unternehmensziels und bei der Planung der Tätigkeitsbereiche und Aufgabenschwerpunkte vorgehen?

„Siehe Seite 179 des Textteils!"

12. Nennen Sie wichtige Bestimmungsfaktoren für die Beurteilung der Absatzmöglichkeiten am Standort.

„Siehe Seite 180 des Textteils!"

13. Durch welche Faktoren werden die Beschaffungsmöglichkeiten eines Betriebes am vorgesehenen Standort bestimmt?

„Siehe Seite 181 des Textteils!"

14. Nennen Sie die Kriterien und Orientierungshilfen für die Wahl eines Betriebsstandortes.

„Siehe Seite 182 des Textteils!"

15. Welches sind die wichtigsten Entscheidungsmerkmale für die Wahl der Rechtsform eines Betriebes?

„Siehe Seite 184 des Textteils!"

16. Welche Rechtsgebiete und Rechtsvorschriften sind bei der Gründung und Errichtung eines Handwerksbetriebes zu beachten?

„Siehe Seite 184 des Textteils!"

17. Welche besonderen Vorschriften des Baurechts und des Umweltschutzes sind bei betrieblichen Bauvorhaben zu beachten?

„Siehe Seite 185 des Textteils!"

18. Welche finanziellen Förderungen und welche Beratungsmöglichkeiten kennen Sie im Zusammenhang mit der Betriebsgründung?

„Siehe Seite 186 des Textteils!"

19. Schildern Sie die wichtigsten Schritte bei der Durchführung der Betriebsgründung.

„Siehe Seite 187 des Textteils!"

20. Welche betriebswirtschaftlichen und rechtlichen Bereiche müssen bei einer Betriebsübernahme einer besonders gründlichen und kritischen Prüfung unterzogen werden?

„Siehe Seite 188 des Textteils!"

2.2 Betriebswirtschaftliche Aufgaben im Handwerksbetrieb

2.2.1 Überblick über die betriebswirtschaftlichen Aufgaben im Handwerksbetrieb

Lernziel:
- Kennen und Überblicken der betriebswirtschaftlichen Hauptaufgabenbereiche in ihrem Zusammenwirken.

Um das Unternehmensziel bestmöglich zu erreichen, muß der Handwerksmeister in seiner Leitungsfunktion darauf hinwirken, daß Planung, Organisation und Kontrolle aller betriebswirtschaftlichen Aufgaben bzw. Funktionen wirtschaftlich und reibungslos gestaltet werden.

Die Betriebswirtschaftslehre teilt die Aufgabenbereiche wie folgt ein:

Die betriebswirtschaftlichen Aufgabenbereiche

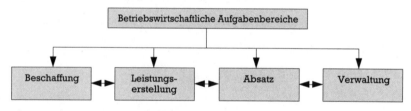

Betriebswirtschaftliche Aufgabenbereiche

Abbildung 89

Im Hinblick auf die innerbetrieblichen Leistungsverflechtungen wirken die Aufgabenbereiche in gegebener Abhängigkeit zusammen, worauf bei den einzelnen Aufgabenbereichen hingewiesen wird.

2.2.2 Beschaffung

Lernziele:
- Kennen der verschiedenartigen Aufgabengebiete der Beschaffung als Teil der Unternehmenslogistik (wie Beschaffungsplanung, Beschaffungsmarkterkundung, Einkauf, Beschaffungs-Transport) und der Besonderheiten der wichtigsten Beschaffungsmärkte (für Anlagen, Roh- und Hilfsstoffe, Handelswaren, Energie usw.).
- Erkennen der auch für kleinere Handwerksbetriebe bestehenden Notwendigkeit der Beschaffungsmarktbeobachtung und -analyse sowie der Einkaufsplanung.
- Kennen geeigneter Vorgehensweisen der Beschaffungsmarkterkundung.
- Erkennen der Bedeutung einer systematischen Beschaffung von Informationen als zunehmend wichtige Voraussetzung erfolgreicher Unternehmensführung auch im Handwerk.

- Kennen der Möglichkeiten und der Notwendigkeit eines systematischen Vorgehens bei der Auswahl geeigneter Beschaffungsobjekte und Bezugsquellen sowie bei der Festlegung zweckmäßiger Bezugsmengen und klarer Vereinbarungen geeigneter Liefertermine.
- Kennen der wichtigsten Lieferungs- und Zahlungsbedingungen in ihrer praktischen Bedeutung.
- Wissen, worauf bei der Material- und Rechnungskontrolle zu achten ist.
- Kennen und Verstehen der Funktionen einer wirtschaftlichen Lagerhaltung.
- Wissen, was bei der Lagerhaltung und bei sonstigen logistischen Dispositionen besonders zu beachten ist (wie Vorrats-Verfügbarkeit einerseits und Auswirkungen der Bestandshöhe andererseits).

2.2.2.1 Erkundung des Beschaffungsmarktes und allgemeine Planung des Einkaufs

Aufgabe der Beschaffung

Aufgabe der Beschaffung ist die Deckung des Bedarfs eines Betriebes an Gütern und Dienstleistungen, die für die Erreichung des Betriebszweckes benötigt werden.

Folgende Beschaffungsmärkte sind dabei von vorrangiger Bedeutung:

Beschaffungsmärkte

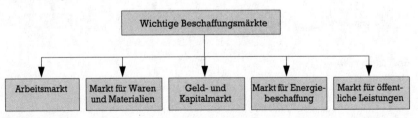

Abbildung 90

Einkaufsplanung

Der Betrieb ist aufgrund der Verflechtung mit den verschiedenen Beschaffungsmärkten erheblich vom Marktgeschehen abhängig. Durch eine gute Einkaufsplanung müssen günstige Marktpositionen ausgenutzt werden. Sie ist für den nachhaltigen wirtschaftlichen Erfolg eines Betriebes von großer Bedeutung.

Marktbeobachtung

Systematische Informationsbeschaffung und eingehende Kenntnisse über die Verhältnisse auf den Beschaffungsmärkten sind für erfolgreiches betriebliches Handeln unabdingbar. Daher ist die fortlaufende Markterkundung und Marktbeobachtung für den Handwerksmeister eine wichtige Aufgabe.

Marktanalyse

Hinzu kommt in bestimmten Zeitabständen der Einsatz fundierter Marktanalysen.

Beschaffungsmarkterkundung

Die Beschaffungsmarkterkundung erstreckt sich vor allem auf folgende Gebiete:
- Preisentwicklung
- technische Neuerungen

- qualitative Veränderungen
- grundsätzliche Marktveränderungen
- Bezugsquellen
- Liefertermine
- Transportwege
- Liefer- und Zahlungskonditionen u.v.m.

Zweckmäßigerweise erfolgt die Beschaffungsmarkterkundung durch folgende Vorgehensweise: Vorgehen
- Materialsammlungen und Datenbanken über wichtige Marktdaten
- Informationen auf Messen und Ausstellungen
- Einholung von konkreten Angeboten
- Karteimäßige bzw. EDV-gestützte Erfassung der wichtigsten Lieferanten
- Beschaffung von Mustern und Proben
- Auswertung von Veröffentlichungen verschiedenster Art.

Aus einer erfolgreichen Beschaffungsmarkterkundung ergibt sich dann die spezifische Einkaufsplanung des Handwerksbetriebes. Als Hilfsmittel können dabei zweckentsprechende Formulare und Unterlagensammlungen verwendet werden. Spezifische Einkaufsplanung

Für eine erfolgreiche Unternehmensführung ist vor allem die Beschaffung von Informationen auf den verschiedensten Gebieten notwendig. Informationsbeschaffung

2.2.2.2 Auswahl der Bezugsquellen und Beschaffungsobjekte, Dispositionen der Bezugsmengen und Liefertermine

Bezugsquellen und Beschaffungsobjekte

Die wichtigsten Beschaffungsobjekte

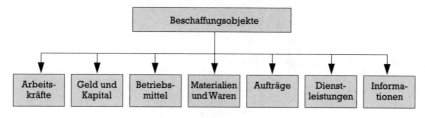

> Die Beschaffung sämtlicher Objekte sollte von dem Grundsatz getragen sein: „Schon im Einkauf liegt der Gewinn."

Aus diesem Grund gilt es für den Betriebsinhaber, Ausschau zu halten nach den günstigsten Beschaffungsobjekten und Bezugsquellen.

Dies geschieht vor allem durch:
- Preisvergleich
- Mengenvergleich
- Qualitätsvergleich

Preis-, Mengen- und Qualitätsvergleich

Wichtige Informationsquellen für die Erkundung des günstigsten Beschaffungsmarktes sind in erster Linie:
- Fachzeitschriften

Informationsquellen

- Wirtschaftsteil der Tageszeitungen
- Informationen der Berufsorganisationen
- Marktberichte
- Angebote
- Preislisten
- Kataloge usw.

Bezugsquellen-
katalog

In Branchen mit einem umfangreichen Beschaffungssortiment empfiehlt sich die Anlage eines Bezugsquellenkatalogs.

Dispositionen der Bezugsmengen

Mengen-
feststellung

Die Bezugsmengen richten sich nach dem Bedarf an einzelnen Beschaffungsobjekten. Für die Mengenfeststellung ergeben sich unterschiedliche Methoden, die je nach den Beschaffungsobjekten ausgerichtet sind.

Auf die Personalbeschaffung und die Kapitalbeschaffung wird in den Abschnitten 2.4 „Personalorganisation" und 2.5 „Finanzwirtschaftliche Grundfragen" in diesem Band eingegangen.

Liefertermine

Termine

Die Liefertermine sind so festzulegen, daß der pünktliche Einsatz der Beschaffungsobjekte gewährleistet ist und von der Beschaffungsseite her gesehen keine Störungen im Betriebsablauf auftreten.

2.2.2.3 Vereinbarung von Lieferungs- und Zahlungsbedingungen

Besonderheiten der Lieferungsbedingungen ergeben sich aus der vertragsrechtlichen Gestaltung (zum Beispiel Kaufvertrag, Werkvertrag). Einzelnen Bedingungen kommt hierbei je nach Branche besondere Bedeutung zu (zum Beispiel Transport, Fracht).

Wesentliche Lieferungsbedingungen

Lieferungs-
bedingungen

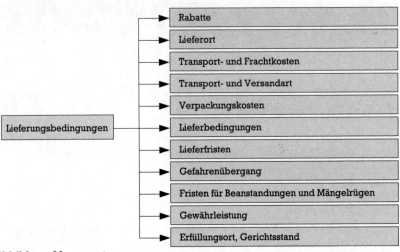

Abbildung 92

2.2 Betriebswirtschaftliche Aufgaben im Handwerksbetrieb

Bei den Zahlungsbedingungen ist im besonderen zu beachten:

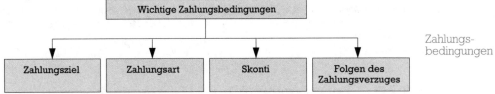

Zahlungsbedingungen

Abbildung 93

Ein Vergleich der oben aufgeführten Lieferungs- und Zahlungsbedingungen der einzelnen Anbieter vermittelt einen Überblick und erleichtert die Entscheidung für die Beschaffungsdisposition.

2.2.2.4 Material- und Rechnungsprüfung

> Nach Eintreffen der beschafften Waren und Materialien im Betrieb ist eine Materialkontrolle erforderlich.

Materialkontrolle

Diese bezieht sich im besonderen auf
- Zahl
- Menge
- Qualität.

Nach der Materialprüfung ist eine Rechnungskontrolle notwendig. Dabei werden die berechneten Positionen mit der eingegangenen Ware verglichen.
Die Durchführung einer Material- und Rechnungsprüfung ist erforderlich, um Rechtsnachteile zu vermeiden und Verluste zu verhindern.

Rechnungskontrolle

2.2.2.5 Vorratshaltung und Lagerdisposition (Logistik)

> Die Vorratshaltung ist so abzustimmen, daß einerseits nur wirtschaftliche Niederstbestände auf Lager sind (Vermeidung einer zu hohen Kapitalbindung), andererseits aber Rohstoffe und Materialien in ausreichendem Maße vorhanden sind (Vermeidung der Behinderung von Fertigung und Leistungserstellung).

Wirtschaftliche Niederstbestände

Im Rahmen der Vorratshaltung ist dafür zu sorgen, daß die Vorratsgüter fachgerecht gelagert sind und entsprechende Vorkehrungen gegen Diebstahl getroffen sind.
Die Alternative zur Vorratshaltung bildet die sogenannte „Just-in-time Produktion". Hierbei wird die Lagerhaltung beinahe völlig abgebaut und durch genau abgestimmte Beziehungen zu Vorlieferanten und ein umfangreiches und zuverlässiges Transportwesen ersetzt. Die Just-in-time Produktion ist jedoch nicht für alle Fertigungs- und Leistungsbereiche geeignet.

Fachgerechte Lagerung

> Im Rahmen der Lagerhaltung ist auf eine ausreichende Kontrolle der Materialausgabe zu achten um Verlustquellen wie Materialverschwendung und Diebstahl zu verhindern.

Kontrolle der Materialausgabe

Dazu bedarf es des Einsatzes entsprechender Formulare (zum Beispiel Materialentnahme- und Materialausgabescheine) und der Organisation der entsprechenden Arbeitsabläufe. Bei entsprechender Betriebsgröße erscheint es sinnvoll, eine Person mit der verantwortlichen Betreuung des Lagers zu beauftragen.

2.2.3 Leistungserstellung (Fertigungsbereich)

Lernziele:
- Kennen und Verstehen der betriebswirtschaftlichen Aufgabenschwerpunkte der einzelnen Leistungsbereiche wie Produktion, Montage, Reparatur, Dienstleistung, Handel sowie branchentypische Kombinationen.
- Verstehen der Notwendigkeit und Kennen der Vorgehensweise einer rechtzeitigen Anpassung der Leistungserstellung an die Betriebsgegebenheiten und einzelne Marktverhältnisse durch flexible Planung und Organisation.
- Verstehen der Bedeutung und Kennen der Möglichkeiten einer laufenden kritischen Leistungs- und Ergebniskontrolle, unter anderem auch anhand realistischer nachvollziehbarer Ziel- und Planungsvorgaben.

2.2.3.1 Betriebswirtschaftliche Aufgabenschwerpunkte im Bereich der Leistungserstellung

Leistungs-
programm

Das Leistungsprogramm eines Handwerksbetriebes ist ein wesentlicher Faktor für die Unternehmensführung. Im Handwerk wird das Leistungsprogramm in der Regel durch die Berufsbilder der jeweiligen Handwerksberufe in etwa vorgegeben.

Innerhalb eines Berufsbilds kann das Leistungsprogramm des Handwerksbetriebs verschiedeneSchwerpunkte aufweisen:

Schwerpunkte im Leistungsprogramm eines Handwerksbetriebs

Schwerpunkte

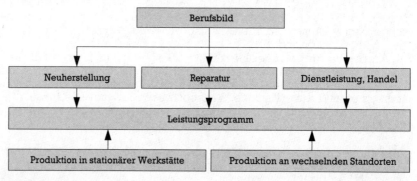

Abbildung 94

2.2 Betriebswirtschaftliche Aufgaben im Handwerksbetrieb

Bei Einsatz an wechselnden Standorten ist eine sorgfältige Planung und Überwachung erforderlich, damit die Kosten in vertretbaren Grenzen gehalten werden können.

> Bei einer Kombination des Leistungsprogramms, die in vielen Handwerksbetrieben notwendig ist, erscheint die Bildung von Arbeitsgruppen zweckmäßig, weil dann die einzelnen Arbeitsbereiche in Disposition und Kostengestaltung übersichtlicher werden.

Kombination des Leistungsprogramms

In kleinen Handwerksbetrieben werden jedoch dieselben Arbeitskräfte in verschiedenen Leistungsbereichen eingesetzt. Dies wirft zusätzliche kostenrechnerische und kalkulatorische Probleme auf.
Hinsichtlich der Organisation der Produktion bzw. Fertigung darf auf Abschnitt 2.3 „Betriebs- und Arbeitsorganisation" in diesem Band verwiesen werden.

2.2.3.2 Die Planung der Leistungserstellung und deren Anpassung an Marktbedingungen und innerbetriebliche Verhältnisse

In diesem Bereich ergeben sich für den Handwerksmeister vor allem Probleme von technischer und arbeitsorganisatorischer Natur.

Auftragsplan

> Der Auftragsplan hat das Ziel, eine termingerechte Auftragsdurchführung zu ermöglichen.

Termingerechte Auftragsdurchführung

Nicht selten kommt es in der betrieblichen Praxis vor, daß zu viele Aufträge angenommen werden und die betriebliche Leistungskapazität für deren termingerechte Durchführung nicht mehr ausreicht.
Das Ergebnis ist dann meist:
- Verärgerung der Kunden
- finanzielle Nachteile durch Konventionalstrafen
- Rückgängigmachung von Aufträgen
- kostenlose Nacharbeiten
- Schadenersatz bei schlechter Ausführung.

Risiken

Die genannten Risiken sind nie ganz auszuschließen, lassen sich durch eine entsprechende Auftragsplanung jedoch auf ein vertretbares Maß zurückführen.

Fertigungsplan

> Dem Fertigungsplan kommt zentrale Bedeutung zu, weil im Handwerk die individuelle Fertigung und/oder Leistung im Vordergrund steht.

Zentrale Bedeutung

Die genaue Feststellung von Maßen und die Erstellung entsprechender Zeichnungen ist für eine fachgerechte und qualitativ einwandfreie Produktionsleistung unumgänglich. Für deren reibungslose und rationale Abwicklung sind entsprechende Materiallisten und Arbeitsbegleitpapiere sowie eine zielgerichtete Arbeitsverteilung eine wichtige Voraussetzung.
Bei Betrieben mit Serienfertigung lassen sich pro Zeiteinheit herzustellende Stückzahlen als Planungsgrundlage ziemlich genau ermitteln. Bei

Maße Zeichnungen

	der im Handwerk jedoch vorherrschenden Individualfertigung sowie bei Dienst- und Reparaturleistungen dagegen ist eine genaue Planung schwieriger. Sie ist im wesentlichen auf Erfahrungswerten für einzelne Aufträge oder auf der Leistungskapazität von Arbeitskräften oder Arbeitsgruppen aufgebaut. Diese Erfahrungswerte werden um so genauer, je
Arbeitszeitstudien	häufiger Arbeitszeitstudien über gleichgelagerte Vorgänge durchgeführt werden.

Für die Betriebspraxis wurden zahlreiche Planungsgeräte entwickelt, die unterschiedliche Gestaltungen aufweisen, je nachdem ob für Serienfertigung, Individualfertigung oder Reparaturbetriebe geplant werden soll. Es gibt auch Planungsgeräte auf elektronischer Grundlage. Ergänzend wird auf Abschnitt 2.3 „Betriebs- und Arbeitsorganisation" in diesem Band hingewiesen.

Werkstattorganisation

Werkstattorganisation	Wichtiges Element für einen reibungslosen Betriebsablauf ist eine sinnvolle Werkstattorganisation. Diese bezieht sich auf Art und Größe der eingesetzten Maschinen und auf die Eignung der Betriebsräume.
Verlustzeiten	Leerlauf und gegenseitige Behinderung der Arbeitskräfte, unzweckmäßige Werkzeugablagen und dergleichen verursachen Verlustzeiten, die für den Betriebsinhaber hohe Kosten zur Folge haben.
Verteilung von Arbeitsvorgängen	Die organisatorischen Aufgaben im Fertigungsbereich beziehen sich ferner auf die personelle Verteilung von Arbeitsvorgängen.

„Der richtige Mann muß immer am richtigen Platz stehen!"

Hierzu darf auf Abschnitt 2.4 „Personalorganisation" in diesem Band verwiesen werden.

Anpassung an innerbetriebliche Verhältnisse und Marktbedingungen

Flexibilität Erfahrung	Die rechtzeitige Anpassung der Leistungserstellung an die Betriebsgegebenheiten und an einzelne Marktverhältnisse erfolgt durch Flexibilität in Planung und Organisation. Dabei spielen die Erfahrungen des Betriebsinhabers eine vorrangige Rolle.

2.2.3.3 Beurteilung des Ablaufs und der Ergebnisse der Leistungserstellung im Hinblick auf die Zielsetzung und Planung des Betriebes

Kontrolle Betriebsinhaber Mitarbeiter	Die Beurteilung und Kontrolle des Betriebsablaufs und der hergestellten Produkte sind im kleineren Handwerksbetrieb Aufgaben des Betriebsinhabers. Bei zunehmender Betriebsgröße werden diese Aufgaben auf Mitarbeiter des Betriebs übertragen.

Im Bereich Leistungserstellung unterscheidet man zwischen
- Mengenkontrollen
- Zeitkontrollen
- Qualitätskontrollen.

Mengen-, Zeit- und Qualitätskontrollen

> Aus der Gegenüberstellung von geplanten und erreichten Ergebnissen (Soll-Ist-Vergleiche) werden Anhaltspunkte für realistische und nachvollziehbare Ziel- und Planvorgaben gewonnen, die zur Steigerung der Effizienz in der betrieblichen Leistungserstellung führen.

Soll-Ist-Vergleiche

Die Qualitätssicherung als umfassender Prozeß, der alle organisatorischen und technischen Maßnahmen zur Schaffung und Erhaltung eines hohen Qualitätsstandards einschließt, gewinnt – nicht zuletzt aufgrund gesetzlicher Regelungen wie der Produkthaftpflicht – immer mehr an Bedeutung.
Die Einrichtung von Qualitätszirkeln und die Vergabe von Gütesiegeln können dabei hilfreich sein.

Qualitätssicherung

2.2.4 Absatz

Lernziele:

- Wissen, was Marketing beinhaltet und bedeutet.
- Wissen, welche Teilfunktionen des Absatzes für die Zielsetzungen des Marketing relevant sind (Absatzvorbereitung, Absatzanbahnung/Absatzpolitik, Absatzdurchführung, Absatzfinanzierung).
- Wissen, welches Instrumentarium die Teilfunktionen des Absatzes für die Marketingaufgaben des Unternehmens beinhalten.
  (Absatzvorbereitung: Markterkundung, Absatzplanung, Absatzwege und Absatzvermittler;
  Absatzanbahnung/Absatzpolitik: Werbung, Verkaufsförderung, Sortimentsgestaltung, Produktgestaltung, Preispolitik, Kundendienst;
  Absatzdurchführung: Vertragsabschluß, Auftragsbearbeitung, Auftragsabwicklung, Beachtung von Wettbewerbsregelungen, Sicherung von Forderungen;
  Absatzfinanzierung: Teilzahlungskredit, Factoring, Forfaitierung, Franchising).
- Kennen und Verstehen des Zweckes einer laufenden Absatzmarktbeobachtung sowie einzelner eingehender Absatzmarkt-Analysen (siehe auch Abschnitt 2.1.2).
- Kennen der im Handwerk anwendbaren Vertriebsformen.
- Kennen der Bedeutung und des Vorgehens einer systematischen Vertriebsplanung unter Berücksichtigung der Markterkundungsergebnisse.
- Kennen der Ziele der Werbung.
- Wissen, welche Arten der Werbung (insbesondere Einzel- und Gemeinschaftswerbung – auch in Form der „Sammelwerbung") und welche Werbewege und Werbemittel – mit welcher Bedeutung – für den Handwerksbetrieb und speziell für die eigene Branche in Frage kommen.
- Wissen, welche Grundsätze bei der Werbung zu beachten sind.
- Kennen des Vorgehens einer systematischen Werbeplanung in Verbindung mit den Erkenntnissen der Markterkundung.

- Wissen, wodurch das Image eines Betriebes maßgebend geprägt wird, welche wichtigen Verhaltensregeln für Betriebsinhaber und Mitarbeiter im Umgang mit den Kunden gelten und welche Merkmale für die äußere Produkt- und Leistungsgestaltung wichtig sind.
- Kennen und Verstehen der Begriffe „Corporate Identity" und „Handwerksdesign" und deren Bedeutung für das Unternehmen.
- Kennen der außerbetrieblichen Hilfen (zum Beispiel Fachberater, Handwerksorganisationen), die der Handwerksbetrieb für seine Werbeaufgaben und sonstigen Marketing-Aufgaben nutzen kann.
- Kennen wesentlicher Grundsätze (zum Beispiel Flexibilitätswahrung in vertretbarem Rahmen) sowie Formen und Möglichkeiten der Absatzorganisation.
- Wissen, welche Arten des Vertriebs im Handwerk und insbesondere in der eigenen Branche von Bedeutung sind.
- Kennen der Absatzmöglichkeiten über Messen und Ausstellungen.
- Kennen der Möglichkeit der Beteiligung an Gemeinschaftsständen.
- Wissen, welche Hilfestellungen dem handwerklichen Unternehmer zu den Fragen der Absatzorganisation und der Vertriebseinrichtungen gegeben werden können durch neutrale Fachberater der fachlichen und überfachlichen Handwerksorganisationen oder durch andere Stellen.
- Kennen und Verstehen der Vertriebsaufgaben und der Bedeutung wesentlicher Grundsätze der Verkaufsverhandlungen und -vereinbarungen bzw. Vertragsabschlüsse sowie Lieferungs- und Zahlungsbedingungen.
- Wissen, welche Faktoren bei der Preisgestaltung nach absatzpolitischen Aspekten (Preispolitik) zu berücksichtigen sind (zum Beispiel Preise der Konkurrenz, Wertempfinden der Kunden).
- Verstehen der besonderen Bedeutung der Gewährleistungsregelungen und eines guten Kundendienstes für den Vertriebs- und den Unternehmererfolg.

2.2.4.1 Begriff und Aufgaben des Absatzes

Absatz

> Der Absatz ist die letzte Stufe des gesamten betrieblichen Leistungsprozesses. Man versteht darunter den Verkauf aller hergestellten Produkte und Handelswaren sowie der erbrachten Dienst- und Reparaturleistungen.

Vertrieb

Vielfach werden in diesem Zusammenhang auch die Begriffe Vertrieb und Marketing verwendet. Der Vertrieb kennzeichnet in der Regel jedoch nur einen Teilbereich des Absatzes, nämlich dessen technische Ausgestaltung.

Der Stellenwert des Absatzes wird heute angesichts der sich rasch wandelnden Märkte immer größer. Jeder Betriebsinhaber muß daher die Sicherung des Absatzes als ständige Aufgabe betrachten. Diese Aufgabe umschreibt das Marketing, das auch aus dem Handwerk nicht mehr wegzudenken ist.

> Der Begriff Marketing umfaßt viel mehr als der Begriff Werbung, mit dem er manchmal gleichgesetzt wird. Marketing (vom englischen market = Markt) bedeutet die Ausrichtung aller unternehmerischen Entscheidungen am Absatz. Sie konzentrieren sich insbesondere auf die tatsächlichen und möglichen Bedürfnisse der Kunden, die der einzelne Betrieb in Kaufentscheidungen für die eigenen Produkte und Dienstleistungen umwandeln muß.
> Marketing zu betreiben bedeutet aktive Absatzpolitik und nicht nur Reagieren auf den Markt.
> Ziel des Marketing ist unter anderem die Absatzsicherung für die Gegenwart und die Zukunft.

Marketing

Absatz-
sicherung

Wesentliche Ziele des Marketing

Abbildung 95

2.2.4.2 Wichtige Teilbereiche und Instrumente des Absatzes

Der gesamte Absatz läßt sich in folgende wichtigen Teilbereiche untergliedern:

- Absatzvorbereitung durch
  - Markterkundung
  - Absatzplanung
  - Absatzwege
  - Absatzvermittler

Absatz-
vorbereitung

- Absatzanbahnung und Absatzpolitik durch
  - Werbung
  - Verkaufsförderung
  - Sortimentsgestaltung
  - Produktgestaltung
  - Preispolitik
  - Kundendienst

Absatz-
anbahnung

- Absatzdurchführung über
  - Vertragsabschluß
  - Auftragsbearbeitung
  - Auftragsabwicklung
  - Beachtung von Wettbewerbsregelungen
  - Sicherung von Forderungen

Absatz-
durchführung

- Absatzfinanzierung durch
  - Teilzahlungskredit
  - Factoring
  - Forfaitierung
  - Franchising.

Absatz-
finanzierung

Wichtige Teilbereiche und Instrumente des Absatzes

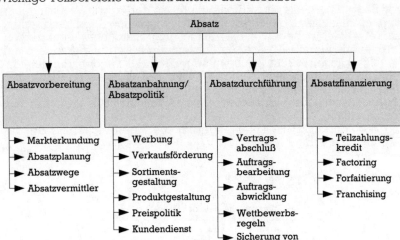

Abbildung 96

Auf Teilfunktionen und Instrumente, die für Handwerksbetriebe besonders wichtig sind, wird im folgenden ausführlicher eingegangen.

2.2.4.3 Erkundung des Absatzmarktes und allgemeine Planung des Vertriebs

Erkundung des Absatzmarktes

Unabdingbare Voraussetzung für gute absatzpolitische Entscheidungen sind umfassende Informationen über den gesamten Absatzmarkt, das heißt über den Markt, auf dem der einzelne Betrieb als Anbieter von Produkten und Dienstleistungen auftritt und sie verkaufen will.

Marktforschung

Marktanalyse

Marktbeobachtung

Der Betriebsinhaber muß daher den Absatzmarkt durch eine intensive Marktforschung beobachten und analysieren. Die Marktforschung umfaßt zwei wichtige Teilbereiche, nämlich
- die Marktanalyse und
- die Marktbeobachtung.

Die Marktanalyse ist eine eingehende Untersuchung des für den jeweiligen Betrieb räumlich und sachlich abgegrenzten Marktes. Sie ist nur in größeren Zeitabschnitten erforderlich. (Nähere Einzelheiten siehe Abschnitt 2.1.2 „Markt- und Standortanalyse" in diesem Band.)
Die Erkundung bzw. Beobachtung des Marktes muß dagegen laufend erfolgen. Sie dient der ständigen Verfolgung der Entwicklung und Veränderung des Marktes für bestimmte Produkte und Dienstleistungen und soll neue Trends rechtzeitig sichtbar machen sowie die Ursachen für Veränderungen aufzeigen.

2.2 Betriebswirtschaftliche Aufgaben im Handwerksbetrieb

Wichtige Faktoren, die eine ständige Anpassung des Betriebes an die Entwicklungen auf dem Absatzmarkt erforderlich machen, sind unter anderem:

- Mode- und Geschmackswandel
- Veränderungen in den Käufer- und Verbrauchergewohnheiten
- geänderte Ansprüche hinsichtlich der Formgebung
- technische Neuerungen
- Veränderungen in der Aufmachung
- neue Werbemethoden
- aktuelle Preisentwicklungen
- Veränderungen in den Wettbewerbsverhältnissen.

Änderungen auf dem Absatzmarkt

Methoden der Marktforschung

Abbildung 97

Vertriebsformen

Im Handwerk ist sowohl der
- direkte Vertrieb
  wie auch der
- indirekte Vertrieb

als Vertriebsform anzutreffen.

Direkter Vertrieb

Indirekter Vertrieb

> Unter direktem Vertrieb versteht man den unmittelbaren Verkauf an den Verbraucher oder an Weiterverarbeiter (zum Beispiel Zulieferungen an die Industrie). Indirekter Vertrieb ist der Verkauf an Zwischenhändler (Groß- und Einzelhandel).

Vertriebsformen im Handwerk

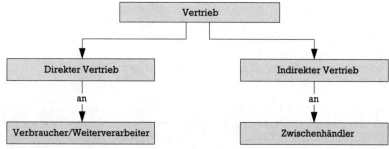

Abbildung 98

Systematische Absatz-/Vertriebsplanung

Die Ergebnisse der Marktforschung sind Voraussetzung und Grundlage für eine systematische Absatzplanung bzw. Vertriebsplanung.

Aufgabe der Absatzplanung

Die Absatzplanung hat grundsätzlich die Aufgabe, den zukünftigen Absatz und die dafür erforderlichen Mittel festzulegen.

Sie ist damit auch Voraussetzung für zahlreiche andere betriebliche Planungsbereiche wie Beschaffung, Produktion, Investitionen und Finanzierung.

Eine Absatzplanung erfolgt zumeist in drei Stufen:

Absatzplanung im Handwerksbetrieb

Stufen der Absatzplanung

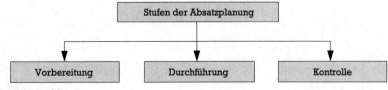

Abbildung 99

Zur Vorbereitungsstufe gehört insbesondere die Marktforschung. Bei der Durchführung werden die Pläne so abgestimmt, daß der Betrieb das bestmögliche Ergebnis erzielen kann. Die Kontrolle erfolgt durch Vergleich des tatsächlichen und des geplanten Absatzes.

2.2.4.4 Werbung und Imagepflege

Begriff und Ziele der Werbung

Werbung

Unter Werbung versteht man generell den Versuch, die Meinung der Verbraucher durch besondere Maßnahmen so zu beeinflussen, daß sie von sich aus in einer bestimmten Art und Weise handeln, beispielsweise ein bestimmtes Produkt des Betriebes erwerben.

Jeder Betrieb verfolgt mit seiner Werbung ganz bestimmte Zielsetzungen, wie zum Beispiel:

Werbeziele

- Einführung neuer Produkte und Dienstleistungen
- Erhalt und Sicherung des Absatzes
- Erweiterung von Umsatz und Marktanteilen
- Ansprache ganz bestimmter Zielgruppen
- Steigerung des Absatzes in verkaufsschwachen Gebieten
- Weckung neuen Bedarfs.

Auch für jeden Handwerksbetrieb hat die Werbung einen hohen Stellenwert. Jeder Betrieb ist auf Kunden angewiesen. Er muß daher bestrebt sein, einen Kundenkreis zu erwerben, zu sichern und auszuweiten. Dazu zwingt ihn nicht zuletzt auch die Konkurrenz.

Ziele der Werbung

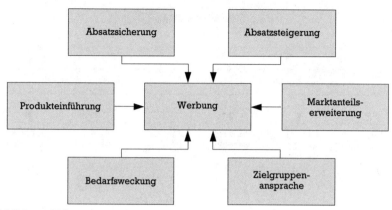

Abbildung 100

Arten der Werbung

Je nach Blickwinkel ergeben sich unterschiedliche Arten der Werbung. Hat man die jeweiligen Adressaten im Blick, so lassen sich unterscheiden:
- die direkte Werbung
  und
- die indirekte Werbung.

Arten der Werbung

> Von Direktwerbung spricht man, wenn der Werbeadressat, insbesondere der Endverbraucher ganz persönlich angesprochen wird. Diese Werbeart wird immer stärker eingesetzt.
> Als indirekte Werbung dagegen werden allgemeine verkaufsfördernde Maßnahmen bezeichnet, vor allem solche der Produzenten gegenüber Händlern. Ein Beispiel dafür sind Verkäuferschulungen.

Direktwerbung

Indirekte Werbung
Verkäuferschulungen

Geht man von der anderen Seite, den Werbenden aus, so sind wichtige Unterscheidungskriterien

- die Einzelwerbung
  und
- die Gemeinschaftswerbung.

Einzelwerbung

Gemeinschaftswerbung

> Einzelwerbung bedeutet, daß jeder Betrieb seine Werbeaktivitäten selbst organisiert bzw. für sich durch eine Agentur betreiben läßt.
> Bei der Gemeinschaftswerbung dagegen schließen sich mehrere Unternehmen der gleichen Wirtschaftsstufe zur Durchführung gemeinsamer Werbemaßnahmen zusammen.

Eng verbunden damit sind

- die Verbundwerbung, bei der mehrere Unternehmen verschiedener Wirtschaftsstufen (zum Beispiel Hersteller und Handwerker oder Händler) zusammenarbeiten und
- die Sammelwerbung als gemeinsame Aktivität beispielsweise aller Handwerker in einem Wohngebiet oder in einer Straße.

Verbundwerbung

Sammelwerbung

Arten der Werbung

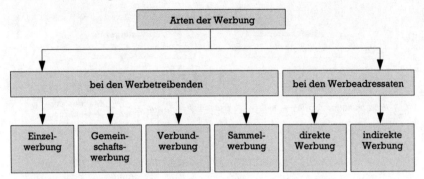

Abbildung 101

Werbewege und Werbemittel

Werbewege

Die häufigsten Werbewege, auch aus der Sicht des Handwerksbetriebes, sind:
- die Printmedien, also Druckerzeugnisse
- die elektronischen Medien, also Funk, Fernsehen, Filme und Video
- die Medien der Außenwerbung wie Litfaßsäule u.ä.

Wichtige Werbewege

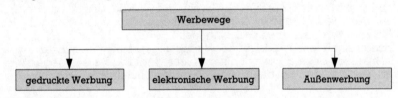

Abbildung 102

Werbemittel

Im Rahmen dieser Werbewege kommen jeweils spezifische Werbemittel zum Einsatz, wobei in einzelnen Fällen Werbeweg und Werbemittel nicht exakt zu trennen sind.

Gedruckte Werbung

Elektronische Werbung
Außenwerbung

Die wichtigsten Werbemittel sind
- bei der gedruckten Werbung (Printwerbung): Anzeigen, Plakate, Beilagen, Prospekte, Kataloge, Handzettel, Werbebriefe, Adreßbücher, Branchenfernsprechbücher
- bei der elektronischen Werbung: Fernseh- und Rundfunkspots, Kinowerbung durch Dia oder Werbefilm, Bildschirmtext
- bei der Außenwerbung: Litfaßsäulen, Anschlagtafeln, öffentliche Verkehrsmittel, Leuchtschriften, Firmenfahrzeuge, Banden bei Sportplätzen, Trikots, Sponsoring, Schaufenster, lebende Werkstätten, spezielle Werbeveranstaltungen, Preisausschreiben.

Für einzelne Werbemittel, die gerade auch im Handwerk von Bedeutung sind, sollte der Betriebsinhaber folgende Grundsätze und Anwendungsregeln beachten:

Anzeigenwerbung

Hier sind für den Handwerker, dessen Absatzgebiet zumeist regional und lokal begrenzt ist, insbesondere

- Lokalzeitungen und
- Anzeigenblätter

von Bedeutung. Bei branchenbezogenen Angeboten kommen auch Fachzeitschriften in Frage.

Anzeigenwerbung

> Anzeigen sollen kurz, knapp, aber nicht zu klein und gut lesbar gestaltet sein. Wiederholte Anzeigen in gleicher Form, bei denen auch das Firmenzeichen und eventuell ein branchen- oder firmenspezifischer Slogan besonders herausgestellt werden, prägen sich besser ein.

Anzeigengestaltung

Werbebrief

> Der Werbebrief muß klar, überzeugend, geschmackvoll und übersichtlich gestaltet sein und damit aus der Alltagspost hervorstechen, um die Kunden direkt und gezielt ansprechen zu können.

Werbebrief

Werbe- und Handzettel

> Werbe- und Handzettel dienen zur kurzen und sprachlich aufgelockerten Information über das Dienstleistungs- bzw. Warenangebot eines Betriebes, vor allem aber zum Hinweis auf besonders interessante oder Sonder-Angebote.

Werbe- und Handzettel

Neben der Auslage im Ladengeschäft selbst sollten Werbe- und Handzettel durch Verteilung von Hand zu Hand, in Form der Zeitungsbeilage oder als Postwurfsendung im gesamten Einzugsgebiet des Betriebes verteilt werden. Denn nur so können auch mögliche neue Kunden erreicht werden.

Verteilung

Prospekt

> Prospekte sind ausführlicher gestaltet als Werbe- und Handzettel und weisen oftmals auch bildliche Elemente auf. Es sollte darauf geachtet werden, daß Prospekte nicht marktschreierisch wirken, sondern über das Wesentliche informieren.

Prospekt

Die Verbreitungswege für Prospekte sind dieselben wie für Werbe- und Handzettel.

Plakat

> Plakate werden einerseits in bestimmten Branchen als Motivplakate eingesetzt. Andererseits werden sie von den einzelnen Betrieben als sogenannte Preisplakate genutzt, um insbesondere auf Sonderangebote aktuell hinweisen zu können.

Plakat

Plakate eignen sich vor allem für das Schaufenster sowie für Litfaßsäulen und andere Werbeflächen.

Hörfunkwerbung, Kinowerbung

Hörfunk, Kino

Unter den elektronischen Werbemitteln kommen für den Handwerksbetrieb in der Regel nur die Hörfunkwerbung und die Kinowerbung in Frage.

Lokale Rundfunksender

Besonders interessant gerade für lokal und regional orientierte Betriebe sind die lokalen Rundfunksender. Damit lassen sich die Kunden vor Ort gezielt, schnell und preisgünstig ansprechen.

Schaufenster

Schaufenster

Schaufenster sind sozusagen die Visitenkarte eines Betriebes und sollten genutzt werden, das jeweilige Angebot optimal zur Geltung zu bringen. Insbesondere sind Schaufenster geeignet, erste Eindrücke über das Sortiment eines Geschäfts zu vermitteln und dessen Leistungsfähigkeit darzustellen.

Schaufenstergestaltung

Wichtige Grundsätze für die Gestaltung eines Schaufensters sind:
- Übersichtlichkeit
- Erzielung eines hohen Aufmerksamkeitswerts, zum Beispiel durch Gegensätze in Form und Farbe, Beleuchtung und Gestaltung eines Blickfangs
- Wechsel der ausgestellten Waren, eventuell entsprechend der jeweiligen Saison.

Schaukasten Verkaufsräume

Wer über keine Schaufenster verfügt, kann seine Waren auch in einem Schaukasten oder in einer Vitrine anbieten. Im übrigen wirken die Verkaufs- und Arbeitsräume ebenfalls als Schaufenster. Es sollte deshalb in diesen Räumen auf besondere Sauberkeit und Ordnung geachtet werden.

Leuchtreklame

Leuchtreklame

Die Beleuchtung („ins rechte Licht setzen") spielt bei der Werbung insgesamt eine sehr wichtige Rolle. Besondere Effekte lassen sich hier durch die Beleuchtung des Firmenschildes bzw. des Firmenzeichens und durch die helle, indirekte Beleuchtung des Ladens sowie die gezielte Bestrahlung von Waren im Schaufenster erreichen.

Maßnahmenbündel

In der Praxis wird selten eines dieser Werbemittel allein eingesetzt. Vielmehr lassen sich durch ein abgestimmtes Bündel verschiedener Werbemittel in der Regel bessere Erfolge erzielen.

Grundsätze bei der Werbung

Jeder Betriebsinhaber sollte bei seinen Werbemaßnahmen vor allem auf drei wichtige Grundsätze achten.

Werbegrundsätze

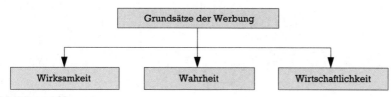

Abbildung 103

Wirksamkeit bedeutet, daß die Werbung auch tatsächlich den beabsichtigten Zweck erreichen soll.

Wirksamkeit

Nach dem Grundsatz der **Wahrheit** darf Werbung nicht irreführend sein und auch nicht gegen die guten Sitten verstoßen. Diese Anforderung wird nicht nur durch rechtliche Bestimmungen gestützt (vgl. dazu auch die entsprechenden Ausführungen im Abschnitt 3.2.3 „Wettbewerbsrecht" im Band 2), sondern liegt auch im Eigeninteresse jedes Betriebsinhabers, da bei Verstößen sein guter Ruf auf dem Spiel stehen kann.

Wahrheit

> Schon aus diesem Eigeninteresse muß darauf geachtet werden, daß alle in der Werbung zugesicherten Eigenschaften auch tatsächlich in den Lieferungen und Leistungen enthalten sind.

Wirtschaftlich ist eine Werbung dann, wenn sie zu einem meßbaren Werbeerfolg führt. Der Erfolg durch Werbung läßt sich allerdings nur sehr schwer exakt sachlich und zeitlich abgrenzen.
Hilfsmaßstäbe sind:

Wirtschaftlichkeit

- die Absatzentwicklung
- die Entwicklung des Marktanteils
- Daten aus Kundenbefragungen.

Wegen dieser Erfolgsmeßprobleme verdienen die Kosten der Werbung besondere Aufmerksamkeit. Wichtige Anhaltspunkte über die Wirtschaftlichkeit der Werbung können sich bereits daraus ergeben, daß insbesondere in Branchen, die werbeintensiv sind, die Werbekosten des einzelnen Betriebes den durchschnittlichen Umfang vergleichbarer Betriebe nicht auf Dauer überschreiten.

Werbekosten

Systematische Planung der Werbung

> Angesichts der wachsenden Bedeutung der Werbung wird es immer wichtiger, diese systematisch zu planen; das heißt Werbewege und Werbemittel genau auf die Werbeziele auszurichten.

Eine systematische Werbeplanung baut auf folgenden Schritten auf:

- Erkundung des Marktes
- Festlegung der Werbeziele
- Bestimmung der Werbeadressaten
- Festlegung des Werbeetats
- Festlegung der Werbewege und Werbemittel (Werbestrategie)
- Erfolgskontrolle.

Werbeplanung

Aufbau einer systematischen Werbeplanung

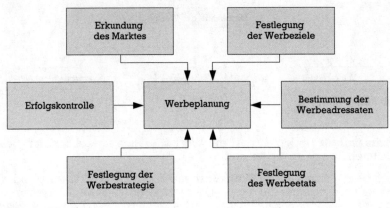

Abbildung 104

Imagepflege

Image

> Das Bild bzw. die Vorstellung, die Kunden und Öffentlichkeit von einem Betrieb haben, nennt man auch Image.

Persönliche Erfahrungen

Diese Einstellungen werden in der Regel durch persönliche Erfahrungen gewonnen und fortentwickelt. Solche Erfahrungen wiederum hängen maßgeblich

Erscheinungsbild
Umgang mit dem Kunden

- vom Erscheinungsbild des Handwerksbetriebes und
- vom direkten Umgang des Handwerkers und seiner Mitarbeiter mit dem Kunden ab.

> Jeder selbständige Handwerker und seine Mitarbeiter werben also für die Erhaltung und für die Erweiterung eines Betriebes durch ihre fachliche Leistung und durch ihr Verhalten gegenüber dem Kunden.

Dazu gehören insbesondere

- Kundendienst
- Kundenbetreuung
- qualifizierte fachliche Beratung.

Kein Handwerker sollte diesen Bereich vernachlässigen; denn heute gilt mehr denn je die Devise:

Mund-zu-Mund-Werbung

> Zufriedene Kunden sind für einen Betrieb die beste Werbung (Mund-zu-Mund-Werbung).

Gerade für den Handwerker, der besonders intensiven Kontakt zum Endverbraucher hat, kommt es deshalb ganz besonders darauf an, zum Kunden eine gute Vertrauensbasis herzustellen.

Handwerksimage

> Dabei prägt der einzelne Betrieb durch Erscheinungsbild und Umgang mit dem Kunden nicht nur sein eigenes Image, sondern zugleich das Image des gesamten Wirtschaftsbereichs Handwerk.

Betriebsinterne Voraussetzung für die Entwicklung eines guten Image ist insbesondere, daß sich die Mitarbeiter voll mit dem Betrieb und mit dem Firmenziel identifizieren. Dazu ist es notwendig, alle Mitarbeiter ständig so zu motivieren, daß ihre Gemeinsamkeit für das Unternehmen nach innen und außen demonstriert wird.   *Motivation*

Wichtige Verhaltensregeln für Betriebsinhaber und Mitarbeiter im Umgang mit den Kunden

Für das richtige Verhalten von Betriebsinhaber, Gesellen und Lehrlingen sowie anderen Mitarbeitern lassen sich folgende Regeln aufstellen:

Am Telefon

- Klar und deutlich sprechen   *Am Telefon*
- Stets Firmennamen und persönlichen Namen nennen sowie Grußformel (Guten Tag, Grüß Gott u.ä.) verwenden
- Höflichkeit und Geduld zeigen, insbesondere den Sprechpartner ausreden lassen
- Mit dem Kunden bzw. Interessenten konkrete Vereinbarungen treffen, um ihm das Gefühl zu geben, daß seine Anliegen ernst genommen werden (zum Beispiel Terminvereinbarung, Zusenden von Prospekten, Beratung u.ä.) bzw. Rückruf zusichern, falls dem Anliegen des Kunden nicht sofort entsprochen werden kann.

Im Betrieb und Ladengeschäft

- Sauber, gepflegt, korrekt und freundlich auftreten   *Im Betrieb*
- Alle Kunden höflich begrüßen, soweit bekannt mit Namen
- Ausführlich und bereitwillig beraten, zum Beispiel anhand von Prospekten, Katalogen, Mustern oder ggf. der Gebrauchsanleitung gekaufter Produkte, Plänen, Skizzen und Zeichnungen; dem Kunden muß dabei immer das Gefühl vermittelt werden, daß man ihn auch als Laien ernst nimmt und seine Fragen für angebracht und berechtigt hält
- Zusicherung geben, daß der Kunde sich bei Fragen jederzeit wieder an den Betrieb wenden kann.

Beim Kunden (zum Beispiel bei Arbeiten in Wohnungen, im Kundenbetrieb, auf Baustellen u.ä.)

- Pünktlich sein und vereinbarte Termine exakt einhalten; bei unerwarteter Verhinderung sofortige Benachrichtigung des Kunden mit dem Angebot von Ersatzterminen   *Beim Kunden*
- Sauber und ordentlich auftreten (zum Beispiel Einschränkung von Musikhören, Rauchen, Trinken und nicht-sachbezogenen Gesprächen)
- Auf Sauberkeit und umweltgerechtes Verhalten bei der Arbeit achten (Beseitigung von Unrat, Materialresten und Verpackungsabfall mit entsprechender Entsorgung, besenreine Übergabe von Wohnungen u.ä.).

Weitere empfehlenswerte Maßnahmen

- Sicherstellung der ständigen Erreichbarkeit für den Kunden, zum Beispiel durch Anrufbeantworter, Telefax sowie Mobilfunk   *Zusätzliche Maßnahmen*
- Annahme und schnelle Ausführung auch von Kleinaufträgen (bei Zufriedenheit des Kunden folgen diesen oft größere Aufträge)

- Jeder Reklamation sofort nachgehen und fehlerhafte Arbeit ohne Wenn und Aber ausbessern
- Eine Kundenkartei anlegen, um Kunden eventuell auch regelmäßig zum Geburtstag oder anderen Jubiläen gratulieren zu können, sowie sie über Sortimentsänderungen und Sonderangebote auf dem laufenden zu halten (Kundenpflege)
- Eine offensive Öffentlichkeitsarbeit, beispielsweise durch Tage der offenen Tür und Pressemeldungen
- Kostenvoranschläge so sorgfältig anfertigen, daß sie betragsmäßig auch eingehalten werden können; bei Betragsüberschreitungen Abweichungen verständlich begründen
- Vereinbarte Preise einhalten
- Dem Kunden Angebote, ggf. Kostenvoranschläge, Stundenverrechnungssatz und Rechnungen auf Verlangen ausführlich erläutern.

Die wichtigsten Verhaltensregeln im Umgang mit Kunden

Gesamtüberblick

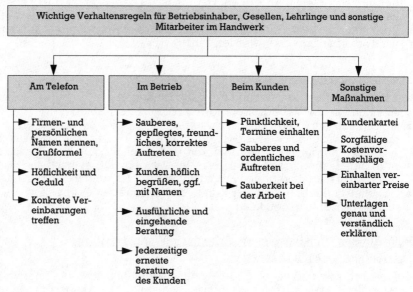

Abbildung 105

Verrechnungssatz für eine Handwerkerstunde

Nur wenige Kunden und auch nicht alle Mitarbeiter können ohne genauere Information nachvollziehen, wie der Verrechnungssatz für eine Handwerkerstunde zustandekommt. Deshalb gibt es auch vielfach bei der Bevölkerung ungerechtfertigte Vorurteile gegenüber dem Handwerk.

Wie sich der durchschnittliche Verrechnungssatz für eine Handwerkerstunde zusammensetzt, kann der Betriebsinhaber seinen Kunden und Mitarbeitern gegenüber anhand des folgenden Schemas erläutern:

Schema für die Zusammensetzung des Verrechnungssatzes für eine Handwerkerstunde

Kostenart	Prozentualer Anteil am Verrechnungssatz	Betrag in DM
Durchschnittlicher Bruttostundenverdienst eines männlichen Vollgesellen	35 %	22,00
Lohnzusatzkosten (Arbeitgeberanteile zur Renten-, Kranken- und Arbeitslosenversicherung, Unfallversicherung, Lohnfortzahlung im Krankheitsfall, Urlaubsentgelt, zusätzliches Urlaubsgeld, Entgelt für gesetzliche Feiertage, Fahrtkostenersatz, Schwerbehindertenabgabe, Weihnachtsgeld, Vermögensbildung und anderes)	30 %	19,00
Gemeinkosten (Betriebsräume, Fahrzeuge, Strom, Gas, Wasser, Heizung, Treibstoffe, Telefon, Porto, Steuern, Gebühren, Abgaben, Beiträge, Versicherungen, Gehälter für die kaufmännische und technische Verwaltung, Büromaterial, Werbung, Rechts- und Steuerberatung, Zinsen und anderes)	25 %	15,70
Gewinn und Wagnis	10 %	6,30
Insgesamt	100 %	63,00
+ Gesetzliche Umsatzsteuer (15 %)		9,45
		72,45

Schema

Dabei sind bei den verschiedenen Handwerksbetrieben und Handwerkszweigen Abweichungen von Einzelansätzen und vom Durchschnittswert selbstverständlich.

Wichtige Merkmale für die äußere Produkt- und Leistungsgestaltung

Eine stark werbende Kraft geht auch von der Produkt- und Leistungsgestaltung, der äußeren Form und Ausstattung aus. Nicht nur die technische Ausstattung, sondern auch die „Aufmachung" der Produkte ist ein wichtiger absatzpolitischer Faktor.

Bei der äußeren Produkt- und Leistungsgestaltung sind besonders wichtig:
- Präsentation
- Material
- Farbe
- Formgebung
- Paßform
- Handhabung
- Verpackung
- Transportfähigkeit
- Haltbarkeit.

Äußere Merkmale

Erscheinungsbild des Betriebes

Erscheinungs-
bild

Für ein attraktives Image des Betriebes ist dessen Erscheinungsbild eine wichtige Voraussetzung. Dabei kommt es nicht nur auf das Äußere des Betriebes an. Das Erscheinungsbild des Betriebes ist viel umfassender zu verstehen und bezieht sich sowohl auf den Betrieb wie auch auf die Produkte, Leistungen und Mitarbeiter.

Corporate
Identity
Unternehmens-
kultur

Man spricht in diesem Zusammenhang von Corporate Identity (= Unternehmens- und Firmenidentität). Noch umfassender ist der Begriff Unternehmenskultur, zu der nicht nur eine zielgerichtete Gestaltung des äußeren Erscheinungsbildes, sondern auch bestimmte Einstellungen und Werthaltungen gehören.

Daraus ergeben sich bestimmte betriebliche Leitgrundsätze, die unter anderem nach folgenden Fragestellungen aufzustellen sind:

Leitgrundsätze
- Wer sind wir?
- Was sind wir?
- Wer sind unsere Partner?
- Wer sind unsere Konkurrenten?
- Von wem wollen wir uns positiv abheben?
- Worin bestehen die besonderen Leistungen unseres Betriebes?

Firmenzeichen

Eine wichtige Rolle für die Corporate Identity spielt das Firmenzeichen. Es sollte aus einem für Verbraucher und Kunden einprägsamen und unverwechselbaren Firmensymbol mit firmentypischem Schriftzug bestehen. Für die Gestaltung und optische Linie kommt es insbesondere auf Schriftart, Farben, Farbkombinationen und Raumaufteilung an.

Effekte

Bei der Entwicklung eines Firmenzeichens muß besonders auf
- den Signaleffekt
- den Erkennungseffekt
- den Erinnerungseffekt
- den Qualitätseffekt

geachtet werden.

Besondere Anforderungen an das Firmenzeichen

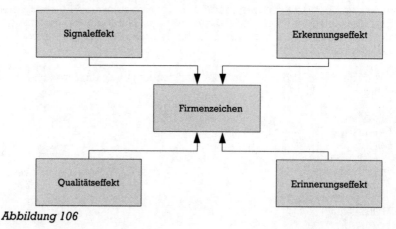

Abbildung 106

2.2 Betriebswirtschaftliche Aufgaben im Handwerksbetrieb

Zur raschen Durchsetzung und Bekanntmachung sollte das Firmenzeichen möglichst überall eingesetzt werden, so insbesondere

- am Betrieb und Geschäft sowie im Schaufenster
- auf der Kleidung der Beschäftigten
- auf Visitenkarten, Briefbogen, Briefumschlägen und Rechnungsformularen sowie Firmenstempeln
- auf Firmenfahrzeugen
- als Aufkleber auf den Produkten
- auf allen Werbematerialien wie Prospekten und Zeitungsanzeigen
- bei Messen und Ausstellungen
- auf Werbeartikeln.

Einsatzmöglichkeiten

Neuere Bestrebungen gehen dahin, auch für das gesamte Handwerk als Handwerks-Design ein einheitliches Gestaltungsmerkmal durchzusetzen, das von der Öffentlichkeit unverwechselbar mit dieser wichtigen Wirtschafts- und Gesellschaftsgruppe verbunden wird. Ein solches Zeichen für das Handwerk – für jeden Handwerksbetrieb, für jede Handwerksorganisation, für Handwerksprodukte und -dienstleistungen – ist das neue Handwerksachteck.

Handwerks-Design

Außerbetriebliche Hilfen für Werbung und Imagepflege

Das gesamte Gebiet der Werbung und Imagepflege ist sehr umfangreich, erfordert vielfach spezielle Kenntnisse und ist oft mit hohem finanziellem Aufwand verbunden. Deshalb ist eine umfassende Beratung vor der Umsetzung von Werbemaßnahmen für den Betriebsinhaber sehr wichtig. Neben den Beratern der Handwerksorganisationen stehen ihm dabei auch freie Berater sowie Spezialisten, etwa in Form von Werbeagenturen, zur Verfügung.

Beratungsmöglichkeiten

2.2.4.5 Absatzorganisation und Vertriebseinrichtungen

Unter Absatzorganisation versteht man zweierlei, nämlich

- die Innenorganisation, das heißt die Einordnung der mit dem gesamten Absatz verbundenen Steuerungsaufgaben in die gesamte Betriebsorganisation
sowie
- die spezielle, mehr technische Gestaltung des eigentlichen Absatzes und Vertriebs.

Innenorganisation

Außenorganisation

Bei der Innenorganisation des Absatzes muß wie in allen Organisationsbereichen eine bestimmte Ordnung für einen geregelten Ablauf geschaffen werden. Allerdings muß es möglich bleiben, auf Marktänderungen und Konkurrenz auch flexibel reagieren zu können.

Flexibilität

In Abhängigkeit vom Absatzweg – direkter oder indirekter Absatz (siehe dazu auch Abschnitt 2.2.4.1 „Begriff und Aufgaben des Absatzes" in diesem Band) – gilt es den Absatz entsprechend durch die für die Organisation zuständigen Personen zu gestalten.

Diese Absatzorganisation betrifft Fragen
- der personellen
und
- der institutionellen

Einrichtungen für die Anbahnung und die Abwicklung des Verkaufs.

Personelle Fragen

Hinsichtlich des Personaleinsatzes muß geklärt werden, über wen die Geschäftskontakte abgewickelt werden sollen. Dies kann geschehen durch
- Betriebsinhaber
- Bedienungspersonal
- Außendienstmitarbeiter
- Zwischenhändler.

Neue Vertriebswege

Dabei sind im einzelnen auch verschiedene Kombinationen denkbar. Eine besondere Form des Außendienstes stellen neue Vertriebswege wie die sogenannten „rollenden Verkaufswagen" dar. Die institutionelle Regelung der Absatzorganisation betrifft zunächst die Frage, ob der Verkauf

Institutionelle Regelungen

- zentralisiert (über einen Betrieb oder ein Ladengeschäft) oder
- dezentralisiert (über Filialen)

erfolgen soll und wo der geeignete Standort dafür liegt.

Ausstattung der Geschäfts- und Ladenräume

Im weiteren ist dann zu klären, wie Geschäfts- und Ladenräume unter absatzpolitischen Erwägungen eingerichtet werden sollen. Hier sind Faktoren von Bedeutung wie
- Raumausstattung
- Raumgestaltung
- Kassenanordnung
- Parkmöglichkeiten.

Geschultes Personal

Zu einer erfolgreichen Verkaufsorganisation gehört ferner geschultes Personal, das eine entsprechende Fachberatung durchführen kann. Eine systematische Verkaufsorganisation ist sowohl
- beim Absatz von selbst hergestellten Waren als auch
- bei ausschließlicher Handelstätigkeit notwendig.

Branchenspezifische Unterschiede

Absatzorganisation und Vertriebseinrichtungen können branchenspezifisch so unterschiedlich sein, daß sie hier nicht im Detail behandelt werden können. Die Absatzorganisation eines Bauunternehmens ist beispielsweise völlig anders als die eines Bäckereibetriebes oder die eines Zulieferers an die Industrie.

Messen und Ausstellungen

Für den Absatz spielen heute Messen und Ausstellungen eine immer wichtigere Rolle. Sie sind hervorragende Möglichkeiten für Information und Anbahnung von Marktkontakten sowie für den direkten Verkauf.

Gemeinschaftsstände

Für den einzelnen, vor allem kleineren Handwerksbetrieb eignen sich dazu insbesondere die Gemeinschaftsstände und Gemeinschaftsbeteiligungen, die oftmals auch öffentlich gefördert werden.
(Siehe auch Abschnitt 2.6.6 „Messen, Ausstellungen, Sonderschauen" in diesem Band)

Wesentliche Fragen der Absatzorganisation und Vertriebseinrichtungen

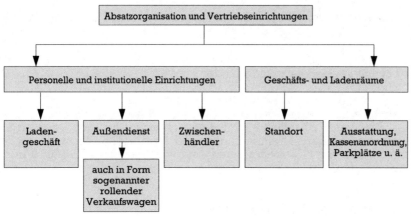

Abbildung 107

Auch in Fragen der Absatzorganisation und der Vertriebseinrichtungen sollte sich der Betriebsinhaber bei Problemen grundsätzlich von kompetenten Partnern Rat holen. Ansprechpartner dafür sind sowohl die Berater der Handwerksorganisation wie auch freiberufliche Berater.

2.2.4.6 Verkaufsverhandlungen, Verkaufsvereinbarungen und Vertragsabschlüsse, Lieferungs- und Zahlungsbedingungen, Preispolitik

Verkaufsverhandlungen

Verkaufsverhandlungen bzw. Verkaufsgespräche haben in erster Linie das Ziel, den Kunden im persönlichen Gespräch zum Kaufabschluß zu bewegen.	Verkaufsverhandlungen

Sie richten sich vielfach nach den in einer Branche üblichen Grundsätzen, müssen aber dennoch mit jedem Kunden individuell geführt werden. Wichtige Hilfsmittel dafür sind Prospekte und andere Unterlagen. Von Personen, die Verkaufsverhandlungen führen, sind dafür insbesondere
- Fachkenntnisse
- rechtliche Kenntnisse
- psychologisches Geschick

gefordert.

Voraussetzungen

Das Verkaufspersonal sollte für den richtigen Umgang mit dem Kunden, der selbst immer anspruchsvoller wird, regelmäßig in den neuesten Verhandlungstechniken geschult werden.	Schulung

Dazu gehören vor allem das Kennenlernen der verschiedenen Käufertypen und der Grundsätze der Verkaufspsychologie, das heißt wie man auf den Kunden eingeht und ihn, ohne daß er es aufdringlich findet, zu einem Kaufabschluß hinführen kann.

Käufertypen
Verkaufspsychologie

Verkaufsvereinbarungen und Vertragsabschlüsse

Vertrags-
abschlüsse

> Alle Verkäufe von Waren und Leistungen schlagen sich rechtlich gesehen in Vertragsabschlüssen nieder.

Sie können in
- Form (zum Beispiel mündlich oder schriftlich)
und
- Art (zum Beispiel Werkvertrag oder Kaufvertrag)

unterschiedlich ausgestaltet sein. (Siehe dazu auch die entsprechenden Ausführungen in Abschnitt 3.1.3.3 „Die wichtigsten Verträge" im Band 2.) Auch bei Vertragsvereinbarungen und Vertragsabschlüssen spielen branchenbedingte Besonderheiten eine wichtige Rolle. Hierfür wurden auch Standardvertragsformulare entwickelt.

Standard-
formulare

Lieferungs- und Zahlungsbedingungen

Lieferungs- und
Zahlungs-
bedingungen

> Die Lieferungs- und Zahlungsbedingungen sollten grundsätzlich einzelbetrieblich festgelegt werden, wobei allerdings die in der Branche üblichen Regeln als Anhaltspunkte genommen werden können.

Die Ausgestaltung dieser Bedingungen erfolgt heute immer mehr unter werbepolitischen Gesichtspunkten. Bieten zwei Betriebe ein Produkt oder eine Leistung zum gleichen Preis an, so können für die Wahl des Käufers die Lieferungs- und Zahlungsbedingungen die entscheidende Rolle spielen. Bezüglich der einzelnen Instrumente und Ausgestaltungsmöglichkeiten wird auf die Ausführungen unter Abschnitt 2.2.2.3 „Vereinbarung von Lieferungs- und Zahlungsbedingungen" in diesem Band verwiesen.

Preispolitik

Marktsituation

> Wesentliches Orientierungsdatum für den Betriebsinhaber bei der Preisgestaltung sind selbstverständlich die Ergebnisse der Kostenrechnung und Kalkulation. Er muß jedoch auch die jeweilige Marktsituation (insbesondere die Preise der Mitwettbewerber) berücksichtigen und kann dabei die Preisgestaltung zum Zwecke des Marketing einsetzen.

Wertempfinden

Psychologische
Preisschwellen

Ein wichtiger Faktor ist auch das Preis- oder Wertempfinden der Kunden. Um dem Kunden das Gefühl besonderer Preiswürdigkeit zu vermitteln, können sogenannte psychologische Preisschwellen eingesetzt werden. Man verlangt dabei beispielsweise für ein Produkt oder eine Leistung anstelle von 100,00 DM nur 99,90 DM.

2.2.4.7 Gewährleistung und Kundendienst

> Die Gewährleistung bzw. Garantie für Produkte und Leistungen richtet sich nach
> - allgemeinen (Bürgerliches Gesetzbuch)
>   oder
> - besonderen (zum Beispiel VOB für Bauleistungen)
> Rechtsvorschriften.

2.2 Betriebswirtschaftliche Aufgaben im Handwerksbetrieb

Es sind ferner die Regelungen über die verschuldensunabhängige Produkthaftung zu beachten. — *Produkthaftung*

Die Gewährleistungsbedingungen können darüber hinaus durch betriebliche (betriebseigene) Lieferungsbedingungen ergänzt oder in besonderen Einzelfällen vertraglich entsprechend festgelegt werden. — *Ergänzungen*

In Grenzfällen sollte jeder Betriebsinhaber überlegen, inwiefern er Gewährleistungsbestimmungen kulant auslegen kann. Auch damit können Kunden gehalten und durch darauf aufbauende Mund-zu-Mund-Propaganda neue gewonnen werden. — *Kulanz*

> Ein wichtiges Marketinginstrument sind auch die Zusatzleistungen, die der Verkäufer seinem Abnehmer während und nach dem Kauf anbietet, um den Erwerb, Einsatz und Gebrauch eines Produktes oder einer Leistung zu ermöglichen bzw. zu erleichtern. — *Zusatzleistungen*

Wichtige Kundendienstleistungen sind beispielsweise
- technische Leistungen
  - Installation
  - Wartung
  - Reparatur
  - Ersatzteilversorgung
- kaufmännische Leistungen
  - Finanzierungsvermittlungen (Kredit, Leasing)
  - Zahlungserleichterungen (Teilzahlung)
- Transportleistungen
  - Abhol- und Auslieferungsdienst
- Entsorgungsleistungen
  - Mitnahme und sachgerechte Entsorgung alter Geräte, Materialien.

Technische Kundendienstleistungen
Kaufmännische Kundendienstleistungen
Transportleistungen
Entsorgungsleistungen

Für die Erbringung dieser Leistungen sind Mitarbeiter erforderlich, die über Zuverlässigkeit, Gewissenhaftigkeit, Schnelligkeit, Ideenreichtum sowie psychologisches und technisches Einfühlungsvermögen verfügen. Kundendienstleistungen kosten zwar Geld; sie sind jedoch wichtige Investitionen in Kunden, Produkte und Verfahren. — *Anforderungen an Mitarbeiter*

> Kundendienstleistungen steigern die Kundenzufriedenheit, fördern die Marken- und Herstellertreue und helfen mit, einen engen und intensiven Kontakt zum Kunden aufzubauen und ihn zum Stammkunden zu machen. Sie sind so eine wichtige Voraussetzung für eine insgesamt erfolgreiche Produkt- und Leistungsgestaltung. — *Teil der Produkt- und Leistungsgestaltung*

2.2.5 Zwischenbetriebliche Zusammenarbeit (Kooperation)

Lernziele:

- Kennen der wichtigsten Gebiete der Kooperation im Handwerk und speziell der eigenen Branche, ihrer Ziele und ihres Inhalts, ihrer Chancen und Risiken sowie der zu beachtenden Haupt-Voraussetzungen und -Grundsätze. (Neben den wichtigen Formen von Kooperationen im Handwerk auf den Gebieten der Beschaffung, der Produktion, des Vertriebs und der Verwaltung sind u. a. auch der systematische zwischenbetriebliche Gruppen-Erfahrungsaustausch sowie die Gemeinschaftswerbung von besonderer Bedeutung.)

2.2.5 Zwischenbetriebliche Zusammenarbeit (Kooperation)

Möglichkeiten für die Aufgabendurchführung im Handwerksbetrieb

Die Schwerpunkte der aufgezeigten betriebswirtschaftlichen Aufgaben im Handwerksbetrieb und die daraus entstehenden Aufgabenbereiche des Handwerksmeisters als Unternehmer sind in den einzelnen Handwerkszweigen und Betriebsgrößen verschieden.

Je nach den Kenntnissen des Betriebsinhabers, der Betriebsgröße und der Branche wird der Handwerksmeister einen Teil der dargelegten Aufgaben auf Arbeitskräfte im Betrieb (zum Beispiel Werkmeister, Buchhalter usw.) übertragen (= Zusammenarbeit im Betrieb).

Darüber hinaus besteht die Möglichkeit, bestimmte Aufgaben von zwischenbetrieblichen Einrichtungen durchführen zu lassen.

Kooperationen im Handwerk werden in der Zukunft in vielen Bereichen notwendiger werden.

2.2.5.1 Möglichkeiten, Voraussetzungen und Schwerpunkte der zwischenbetrieblichen Zusammenarbeit im Handwerk

Freiwillige Zusammenarbeit
Ziele

Unter zwischenbetrieblicher Kooperation versteht man die freiwillige Zusammenarbeit zwischen rechtlich selbständigen Unternehmen. Wichtige Ziele der zwischenbetrieblichen Kooperation sind im folgenden dargestellt.

Zwischenbetriebliche Kooperation

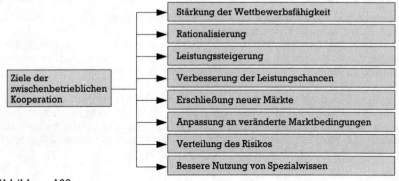

Abbildung 108

Komplettangebote

Kooperationen sind vielfach notwendig, um den Kundenerwartungen für gebündelte Handwerksleistungen als Komplettangebot „aus einer Hand" gerecht werden zu können (zum Beispiel im Bau- und Ausbaubereich).

Wirtschaftliche Entscheidungsfreiheit

Ein wichtiges Merkmal der betrieblichen Zusammenarbeit liegt darin, daß die wirtschaftliche Entscheidungsfreiheit der einzelnen Betriebe weitgehend erhalten bleibt.

Die kooperierenden Betriebe ordnen sich nicht einer einheitlichen Leitung unter, sondern treffen nur zur Durchführung bestimmter Aufgaben gemeinsame Entscheidungen. Eine solche vertraglich geregelte Zusammenarbeit zwischen kleinen und mittleren Unternehmen ist vom Gesetzgeber im Gesetz gegen Wettbewerbsbeschränkungen (GWB) ausdrücklich erlaubt worden, sofern sie sich nicht auf reine Preisabsprachen bezieht.

Zu näheren Einzelheiten wird auf den Abschnitt 3.2.3 „Wettbewerbsrecht" im Band 2 verwiesen.

Die wichtigsten Voraussetzungen für eine erfolgreiche Kooperation sind: Wichtigste Voraussetzungen
- gegenseitiges Vertrauen der Kooperationsmitglieder
- fachliche Qualifikation der Kooperationspartner
- reibungslose verwaltungsmäßige Abwicklung (Kooperationsmanagement).

Eine zwischenbetriebliche Kooperation erfolgt insbesondere in folgenden Bereichen: Schwerpunkte
- Beschaffung
- Produktion
- Dienstleistungen
- Absatz
- Marketing
- Verwaltung
- Finanzierung
- Forschung und Entwicklung
- Rechnungswesen.

Die Förderung der Kooperation ist eine wesentliche Aufgabe der Handwerksorganisationen.   Förderung der Kooperation
Angesichts der fortschreitenden wirtschaftlichen Integration in Europa gewinnt auch die Kooperation mit ausländischen Partnern an Bedeutung.

2.2.5.2 Formen der Kooperation in den betriebswirtschaftlichen Aufgabenbereichen

Horizontale und vertikale Kooperation

Grundsätzlich unterscheidet man zwischen horizontaler und vertikaler Kooperation.   Kooperationsformen

> Unter horizontaler (branchengleicher) Kooperation versteht man die Zusammenlegung gleichgearteter Kapazitäten mehrerer Unternehmen mit dem Ziel, größere Aufträge durchführen zu können.   Horizontale Kooperation
>
> Unter vertikaler Kooperation versteht man die Zusammenfügung mehrerer Unternehmen unterschiedlicher Fertigungsstufen mit dem Ziel, Aufträge durchführen zu können, die mehrere Fertigungsstufen umfassen.   Vertikale Kooperation

Beispiele für vertikale Kooperationen sind:
- Generalunternehmen, die die Erstellung von kompletten Bauprojekten vornehmen   Generalunternehmen
- Subunternehmen, die Teilfunktionen bei der Durchführung von Bauprojekten im Auftrag eines Generalunternehmers übernehmen   Subunternehmen
- Kombinationen beider Kooperationsformen.

Kooperationsformen

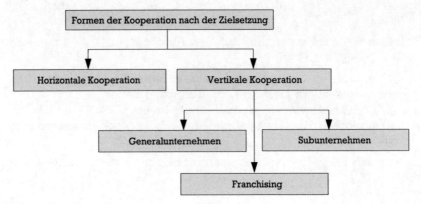

Abbildung 109

Wichtigste Formen und Einrichtungen

Die wichtigsten Formen und Einrichtungen der Kooperation sind im einzelnen:

Beschaffungssektor

- Auf dem Sektor der Beschaffung mit dem Ziel, durch den Einkauf größerer Mengen günstigere Konditionen und Preise zu erhalten:

  Einkaufsgenossenschaften, Kreditgenossenschaften und Einkaufsgemeinschaften.

Leistungserstellung

- Auf dem Gebiet der Leistungserstellung zur Verbesserung der Produktionsverhältnisse (Schaffung optimaler Betriebsgrößen):

  Einschaltung von Subunternehmen (Fremdfertigung und Fremdleistung), Bildung von Arbeitsgemeinschaften zur Durchführung größerer Aufträge, Leistungsgemeinschaften, Zulieferverträge, Errichtung von Handwerkerhöfen.

  Leistungsgemeinschaften bieten insbesondere im Bau- und Ausbaubereich den Kunden verschiedenartige Handwerksleistungen nach dem Grundsatz „Alles aus einer Hand" an.

  Weitere Kooperationen können eingegangen werden zum gemeinsamen Einsatz von teuren Fertigungs-, Meß- und Prüfungseinrichtungen (bessere Auslastung, Verbesserung der Kosten-Nutzen-Relation).

Vertrieb

- Im Bereich des Vertriebs zur Schaffung kostengünstiger Vertriebsorganisationen und zum Aufbau einer stärkeren Marktposition:

  Verkaufsgenossenschaften, Vertriebsgesellschaften, Ladengemeinschaften, Handwerkermärkte, Kundendienst, Montage, Einführung von Neuheiten, einheitliche Marketingkonzeptionen oder Marketinggesellschaften, örtliche oder überregionale Werbegemeinschaften, Messekooperationen.

Verwaltung

- Auf dem Gebiet der Verwaltung zur Erhöhung der Wirtschaftlichkeit:

  Buchstellen, Rechenzentren, Betriebsberater, Steuerberater, Erfahrungsaustauschgruppen, Qualitätszirkel usw.

Von besonderem Vorteil für die Beteiligten ist der systematische zwischenbetriebliche Erfahrungsaustausch.

2.2 Betriebswirtschaftliche Aufgaben im Handwerksbetrieb

Die nachstehende Abbildung zeigt die wichtigsten Kooperationseinrichtungen in den einzelnen Aufgabenbereichen im Überblick.

Kooperationseinrichtungen

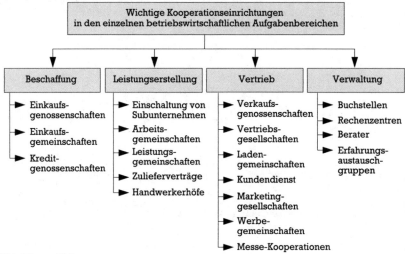

Abbildung 110

Franchising

Ein Kooperationsmodell besonderer Art, das neben dem Handels- und Gaststättenbereich auch im Handwerk vereinzelt Anwendung findet, ist „Franchising".

Franchising

> Unter Franchising versteht man ein vertikal-kooperativ organisiertes Absatzsystem rechtlich selbständiger Unternehmen auf der Basis eines vertraglichen Dauerschuldverhältnisses.

Vertikal-kooperativ organisiertes Absatzsystem

Der **Franchisenehmer** ist im Handwerk als selbständiger Handwerker im eigenen Namen und für eigene Rechnung tätig. Er hat das Recht und die Pflicht zur Nutzung des „Franchisepakets" gegen Entgelt.

Franchisenehmer

Der **Franchisegeber** richtet zum Beispiel den Verkaufsraum ein, sorgt für ein einheitliches Marketing, liefert Werbemittel, Produkte und Vorprodukte, gibt Richtlinien für die Verarbeitung und den Vertrieb.

Franchisegeber

Ferner sorgt er für überregionale Werbe- und Absatzstrategien.
Da sich ein selbständiger Handwerksmeister als Franchisenehmer in eine sehr weitgehende wirtschaftliche Abhängigkeit und langfristige Bindung mit erheblichen Risiken begibt, sollte er sich vor einer solchen Entscheidung gründlich beraten lassen.

Risiken

> In der Regel führen Franchisesysteme zu einer Uniformierung von Waren- und Dienstleistungsangeboten und damit weg von den eigentlichen Stärken des Handwerks, die in der individuellen Leistung und Bedarfsdeckung liegen.

Kooperationsangeboten in Form von Franchisesystemen sollte der Handwerksmeister daher mit allergrößter Vorsicht entgegentreten.

2.2.5.3 Bewertung der zwischenbetrieblichen Kooperation

Wandel zwischenbetrieblicher Kooperation

> Sowohl die Formen als auch die Methoden der zwischenbetrieblichen Kooperation sind einem ständigen Wandel unterworfen und müssen daher laufend den veränderten Gegebenheiten wirtschaftlicher und technischer Art angepaßt werden.

Heimwerkerbewegung

Im Hinblick auf den ständig zunehmenden Umfang der Heimwerkerbewegung (unter anderem auch wegen der weiteren Verkürzung der Arbeitszeit) stellt sich für einige Handwerksberufe auch die Frage nach der Zusammenarbeit mit den Heimwerkern bzw. nach einer Betreuung von Eigenleistungen.

Der jährliche Umfang des sogenannten „Do-it-yourself" wird auf über 45 Mrd. DM geschätzt und erreicht damit ein beträchtliches Marktvolumen. Am meisten betroffen sind die Bereiche Bau und Ausbau.

Für eine Zusammenarbeit von Handwerkern und Heimwerkern sprechen folgende Argumente:

Argumente für Zusammenarbeit

- Das beträchtliche Marktvolumen läuft ohne Zusammenarbeit ganz am Handwerk vorbei.
- Eine Zusammenarbeit eröffnet Chancen zu zusätzlichen Materiallieferungen.
- Über eine intensive Beratung können weitere Aufträge erreicht werden.
- Die Zusammenarbeit ermöglicht im Interesse des Kunden die Gewährleistung von Sicherheit und die Vermeidung von Bauschäden.

Gegen eine Zusammenarbeit sprechen folgende Argumente:

Argumente gegen Zusammenarbeit

- Durch die Zusammenarbeit erhält das „Do-it-yourself" eventuell weiteren Auftrieb.
- Infolge „Do-it-yourself" gehen mehr Aufträge verloren, als durch eine Zusammenarbeit zusätzlich gewonnen werden.
- Mit Beratungsleistungen können oft keine kostendeckenden Einnahmen erzielt werden.
- Es besteht die Gefahr, daß der Heimwerker nur die Beratungsleistungen in Anspruch nimmt, Materialien jedoch in Baumärkten kauft.

Eine allgemeingültige Empfehlung für oder gegen eine Zusammenarbeit kann nicht gegeben werden. Die Situation muß jeweils entsprechend dem Handwerkszweig, dem Handwerksbetrieb und dem Standort beurteilt werden.

Vorteile der qualifizierten Handwerksleistung

> Betriebe und Handwerksorganisationen müssen in Zukunft in der Öffentlichkeit verstärkt darauf hinweisen, daß nur der ausgebildete Handwerker fachgerechte und qualitativ hochwertige Arbeit leisten kann. Laienarbeit führt oft zu Pfuscherei, bringt Gefahren mit sich und kann letztlich sehr teuer werden.

Programmierte und textlich gestaltete, offene Übungs-, Wiederholungs- und Prüfungsfragen

1. **Welches sind die betriebswirtschaftlichen Aufgabenbereiche im Handwerksbetrieb?**

   „Siehe Seite 193 des Textteils!"

2. **Welche Aufgabe hat die Beschaffung im Rahmen der betriebswirtschaftlichen Aufgaben?**
   - ☐ a) Den Einkauf von Materialien, Betriebsmitteln und Dienstleistungen
   - ☐ b) Nur den Einkauf von Materialien für die Be- und Verarbeitung im Betrieb
   - ☐ c) Nur die Einstellung von Personal für den einzelnen Betrieb
   - ☐ d) Vorwiegend die Einstellung von Personal für den einzelnen Betrieb
   - ☐ e) Insbesondere die Versorgung mit Kapital für Investitionen.

   „Siehe Seite 194 des Textteils!"

3. **Wie kann man bei der Erkundung des Beschaffungsmarktes vorgehen?**

   „Siehe Seite 194 des Textteils!"

4. **Zur Feststellung der günstigsten Beschaffungsobjekte ist vor allem notwendig**
   - ☐ a) einen eigenen Einkäufer im Betrieb einzustellen.
   - ☐ b) die Beschaffung einer Einkaufsgenossenschaft zu übertragen.
   - ☐ c) sich über Rabatte und Sonderaktionen zu informieren.
   - ☐ d) Preisvergleiche durchzuführen.
   - ☐ e) Preis-, Mengen- und Qualitätsvergleiche anzustellen.

   „Siehe Seite 195 des Textteils!"

5. **Nennen Sie:**
   a) wichtige Lieferungsbedingungen
   b) wichtige Zahlungsbedingungen!

   „Siehe Seite 196 des Textteils!"

6. **Worauf ist bei der Material- und Rechnungskontrolle zu achten?**

   „Siehe Seite 197 des Textteils!"

7. **Was ist bei einer wirtschaftlichen Vorratshaltung und Lagerdisposition besonders zu beachten?**

   „Siehe Seite 197 des Textteils!"

8. **Wo liegen betriebswirtschaftliche Aufgabenschwerpunkte in den einzelnen Leistungsbereichen des Handwerksbetriebes?**

   „Siehe Seite 198 des Textteils!"

9. **Wie kann bei der Fertigungsplanung im Handwerksbetrieb vorgegangen werden?**

   „Siehe Seite 199 des Textteils!"

10. **Wie kann man bei der Leistungs- und Ergebniskontrolle im Handwerk vorgehen?**

    „Siehe Seite 200 des Textteils!"

11. Was bedeutet Marketing?
☐ a) Den Versuch, nur die Meinung der Verbraucher durch besondere Maßnahmen zu beeinflussen
☐ b) Die eingehende Untersuchung des für einen Handwerksbetrieb räumlich und sachlich abgegrenzten Marktes
☐ c) Die Ausrichtung aller den Absatz betreffenden unternehmerischen Entscheidungen an den tatsächlichen und den möglichen Bedürfnissen der Kunden
☐ d) Die laufende Beobachtung des Absatzmarktes
☐ e) Die Ausrichtung aller unternehmerischen Entscheidungen am Absatz.

„Siehe Seite 202 des Textteils!"

12. Welche Teilfunktionen des Absatzes sind für die Zielsetzung des Marketing wichtig und welches Instrumentarium ist jeweils für diese Teilfunktionen geeignet?

„Siehe Seite 203 des Textteils!"

13. Unter Erkundung des Absatzmarktes versteht man:
☐ a) Die fortlaufende Beobachtung des Absatzmarktes für bestimmte Produkte und Leistungen.
☐ b) Nur das Lesen von Marktberichten in einschlägigen Zeitungen und Zeitschriften.
☐ c) Die fortlaufende Beobachtung der Aktivitäten anderer Unternehmen.
☐ d) Ausschließlich das Gespräch mit Meinungs- und Marktforschern.
☐ e) Vorwiegend die Prüfung von Lieferungs- und Zahlungsbedingungen.

„Siehe Seite 204 des Textteils!"

14. Welche Vertriebsformen spielen im Handwerk eine wichtige Rolle?

„Siehe Seite 205 des Textteils!"

15. Wie ist eine systematische Vertriebsplanung aufgebaut?

„Siehe Seite 206 des Textteils!"

16. Welches sind die wichtigsten Ziele und Arten der Werbung für einen Handwerksbetrieb?

„Siehe Seite 206 des Textteils!"

17. Nennen Sie die wichtigsten Werbemittel, die für einen Handwerksbetrieb in Frage kommen können!

„Siehe Seite 208 des Textteils!"

18. Wodurch wird das Image eines Betriebes maßgeblich geprägt?
☐ a) Im wesentlichen durch das Verhalten des Betriebsinhabers
☐ b) Durch Berichterstattung in Presse, Funk und Fernsehen
☐ c) Im wesentlichen durch das Verhalten der Mitarbeiter
☐ d) Durch Werbemaßnahmen
☐ e) Durch das Verhalten des Betriebsinhabers und der Mitarbeiter.

„Siehe Seite 212 des Textteils!"

19. Nennen Sie wichtige Verhaltensregeln für Betriebsinhaber und Mitarbeiter im Handwerk im Umgang mit den Kunden!

„Siehe Seite 213 des Textteils!"

2.2 Betriebswirtschaftliche Aufgaben im Handwerksbetrieb

20. Was versteht man unter „Corporate Identity"?
- ☐ a) Die Mitgliedschaft mehrerer Betriebe in einer Kooperation
- ☐ b) Das Erscheinungsbild eines Betriebes
- ☐ c) Das Verhältnis von Betriebsinhaber und Betriebsrat
- ☐ d) Die Regelung der vertraglichen Beziehungen in einer Personengesellschaft
- ☐ e) Die Teilnahme an Gemeinschaftsbeteiligungen.

„Siehe Seite 216 des Textteils!"

21. Mit welchen Fragestellungen hat sich der Betriebsinhaber im Rahmen der Absatzorganisation zu befassen?

„Siehe Seite 217 des Textteils!"

22. Welche Institutionen helfen dem Betriebsinhaber bei seinen Werbeaufgaben sowie bei Problemen in den Bereichen Absatzorganisation und Vertriebseinrichtungen?

„Siehe Seite 217 des Textteils!"

23. Welche Aussage ist falsch?
- ☐ a) Verkaufsverhandlungen richten sich vielfach nach den in einer Branche üblichen Grundsätzen.
- ☐ b) Verkaufsverhandlungen sollten mit jedem Kunden individuell geführt werden.
- ☐ c) Verkaufsverhandlungen haben das Ziel, den Kunden zum Verkaufsabschluß zu bewegen.
- ☐ d) Verkaufsverhandlungen setzen bestimmte Fachkenntnisse voraus.
- ☐ e) Verkaufsverhandlungen sind im Handwerk durch vereinheitlichte Kaufverträge ausgeschlossen.

„Siehe Seite 219 des Textteils!"

24. Lieferungs- und Zahlungsbedingungen
- ☐ a) richten sich nach den Vorgaben der Handwerkskammer.
- ☐ b) sollten einzelbetrieblich festgelegt werden.
- ☐ c) werden zwischen Betriebsinhaber und Betriebsrat vereinbart.
- ☐ d) sind nur bei Großbetrieben üblich.
- ☐ e) müssen von der Gewerbeaufsicht genehmigt werden.

„Siehe Seite 220 des Textteils!"

25. Welche Faktoren sind bei der betrieblichen Preispolitik besonders zu berücksichtigen?
- ☐ a) Höhe des Umsatzsteuersatzes
- ☐ b) Preisempfehlungen der Berufsverbände
- ☐ c) Preise der Konkurrenz und Werteempfinden der Kunden
- ☐ d) Merkmale der äußeren Produkt- und Leistungsgestaltung
- ☐ e) Rechtsform und Haftungsverhältnisse des Betriebes.

„Siehe Seite 220 des Textteils!"

26. Ein zuverlässiger Kundendienst ist
- ☐ a) heutzutage nicht mehr möglich, weil er dem Handwerker zu wenig materielle Vorteile bringt.
- ☐ b) eine wichtige Voraussetzung für eine erfolgreiche Produkt- und Leistungsgestaltung.
- ☐ c) heute wenig gefragt, weil Gegenstände nur mehr selten repariert werden.
- ☐ d) für die meisten Kunden uninteressant, weil Reparaturleistungen zu teuer sind.
- ☐ e) nur bei größeren Betrieben möglich, die dafür Personal abstellen können.

„Siehe Seite 220 des Textteils!"

27. Zwischenbetriebliche Zusammenarbeit ist
- ☐ a) im Bereich des Handwerks überall selbstverständlich.
- ☐ b) im Bereich des Handwerks in der Zukunft noch notwendiger.
- ☐ c) im Handwerk wirtschaftlich uninteressant.
- ☐ d) im Handwerk kaum möglich, weil zwischenbetriebliche Einrichtungen fehlen.
- ☐ e) dem Handwerker aus Konkurrenzgründen nicht zu empfehlen.

„Siehe Seite 222 des Textteils!"

28. Nennen Sie wichtige Ziele und Bereiche der zwischenbetrieblichen Kooperation!

„Siehe Seite 222 des Textteils!"

29. Erläutern Sie wichtige Formen der Kooperation und Kooperationseinrichtungen in den einzelnen betriebswirtschaftlichen Aufgabenbereichen!

„Siehe Seite 223 des Textteils!"

2.3 Betriebs- und Arbeitsorganisation

2.3.1 Überblick über Organisationsgrundsätze, -bereiche, -pläne und -mittel

Lernziele:
- Kennen der wichtigsten Grundsätze und Mittel der Betriebsorganisation und speziell der Arbeitsorganisation (eines besonders wichtigen Teilbereichs im Handwerksbetrieb).
- Kennen der Hauptorganisationsbereiche und deren Aufgaben.
- Wissen, wie eine Aufbauorganisation und eine Ablauforganisation zu gestalten sind.
- Ein einfaches betriebliches Organisationsschema, das einen Überblick über die einzelnen Aufgabenbereiche des Betriebes gibt, erstellen können.

Unter Betriebsorganisation versteht man in erster Linie die bestmögliche Organisation und Abstimmung aller Produktionsfaktoren des Betriebes zur Herstellung von Produkten oder zur Erbringung von Leistungen im Sinne der betrieblichen Zwecksetzung.

Betriebsorganisation

2.3.1.1 Organisationsgrundsätze

Aus einer Vielzahl von Organisationsgrundsätzen für einen Betrieb sind als wichtigste zu nennen:

- **Allgemeine Anweisungen**
  Allgemeine Anweisungen sollen, wenn möglich, Entscheidungen für Einzelfälle ersetzen (Substitutionsgesetz der Organisation).

  Allgemeine Anweisungen

  Beispiel:
  Es wird angeordnet, daß bei allen Fragen, die Ausbildungsprobleme betreffen, zuerst der Ausbildungsleiter und nicht der Personalchef oder die Geschäftsleitung eingeschaltet wird.

- **Stellenbeschreibung**
  Jede Stelle (Arbeitsplatz) muß durch eine genaue Stellenbeschreibung (Darstellung der Aufgaben) abgegrenzt werden.
  Zugleich müssen Verantwortungs- und Zuständigkeitsbereich geregelt sein.

  Stellenbeschreibung

- **Fachliche Eignung**
  An jedem Arbeitsplatz muß der von seiner fachlichen Eignung her gesehen beste Mitarbeiter stehen.

  Fachliche Eignung

- **Eigenschaften der Führungskräfte**
  Langfristig gesehen sollte eine Führungskraft (zum Beispiel der von der Geschäftsleitung eingesetzte Abteilungsleiter) auch im Rahmen seiner Kompetenzen nicht von den Vorstellungen der Geschäftsleitung abweichen.
  Weiterhin sollte die Führungskraft versuchen, daß ihre Führungspraxis eine positive Gruppenarbeit innerhalb der Abteilung mit allen Mitarbeitern ermöglicht.

  Eigenschaften der Führungskräfte

Durchführung der Aufgaben
- Durchführung der Aufgaben
  In den einzelnen Organisationseinheiten müssen folgende Fragen geregelt werden:
  – Wie sollen die Aufgaben gegliedert werden?
  – Wie sollen die Aufgaben gelöst werden?
  – Womit sollen die Aufgaben erledigt werden?
  – Wo sollen die Tätigkeiten stattfinden?
  – Wann sollen die Aufgaben erledigt werden?

Die wichtigsten Organisationsgrundsätze

Abbildung 111

2.3.1.2 Organisationsbereiche, Organisationspläne und Organisationsmittel

Man unterscheidet zwei wichtige Gruppen von Organisationsbereichen.

Organisationsbereiche

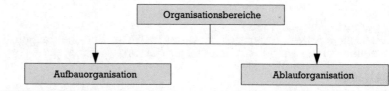

Abbildung 112

Aufbauorganisation Ablauforganisation

Die Aufbauorganisation beschäftigt sich grundsätzlich mit der Organisationsstruktur, während die Ablauforganisation versucht, die einzelnen Arbeitsprozesse aufeinander abzustimmen, um mit minimalem Aufwand ein maximales Ergebnis zu erzielen.

Aufbauorganisation

Stelle

Die kleinste Einheit der Aufbauorganisation ist die Stelle.

Abteilungsbildung

Mehrere Stellen können zu einer Abteilung zusammengefaßt werden, wobei in der Regel nach folgenden Funktionen unterschieden wird:
- Beschaffung
- Fertigung
- Vertrieb
- Verwaltung.

(Siehe auch Betriebliches Organisationsschema, Abbildung 121)

2.3 Betriebs- und Arbeitsorganisation

> Unter einer Stelle versteht man eine Zusammenfassung von Teilaufgaben zum Arbeitsbereich einer Person unter gleichzeitiger Regelung von Verantwortung und Zuständigkeiten. Um eine Stelle bilden zu können, bedarf es einer Aufgabenanalyse und der Aufgabensynthese.

Voraussetzung für eine Stellenbildung

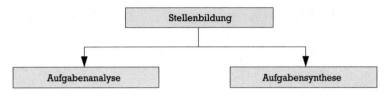

Abbildung 113

Aufgabenanalyse

> Unter Aufgabenanalyse versteht man die Aufgliederung der Aufgaben eines Unternehmens.

Aufgaben-
analyse

Die Aufgabenanalyse kann erfolgen:
- nach dem Verrichtungsprinzip (das heißt welche Verrichtungen werden durchgeführt?)

Verrichtungs-
prinzip

Beispiel:

Metallbearbeitung

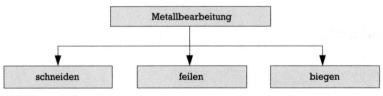

Abbildung 114

- nach Art der Objekte

Gliederung
nach Objekten

Beispiel:

Metallbearbeitung

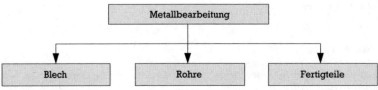

Abbildung 115

Arbeits- und Hilfsmittel
- nach den notwendigen Arbeits- und Hilfsmitteln

  Beispiel:
  Metallbearbeitung

  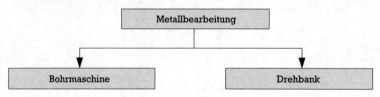

  Abbildung 116

Rangfolge
- nach dem Rang

  Beispiel:
  Metallbearbeitung

  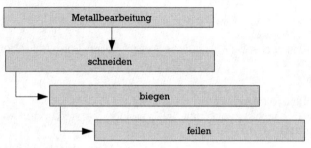

  Abbildung 117

Phase
- nach der Phase

  Beispiel:
  Metallbearbeitung

  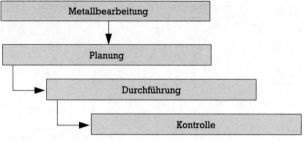

  Abbildung 118

Aufgabensynthese

Aufgabensynthese
Unter Aufgabensynthese versteht man die Zusammenfassung der Aufgaben eines Unternehmens.

Im Anschluß an die Aufgabenanalyse erfolgt die Aufgabensynthese nach folgenden Prinzipien:

- Prinzip des Verteilungszusammenhangs
  Verschiedene Aufgaben werden so auf einzelne Stellen verteilt, daß ein sinnvolles Konzept entsteht, das heißt Aufgaben, die zusammenhängen, müssen möglichst einer Stelle zugeordnet werden.
- Prinzip des Leitungszusammenhangs
  Bei der Stellenbildung muß deutlich werden, in welchem Über-, Unter- und Nebenordnungsverhältnis die verschiedenen Stellen untereinander sind (Kompetenzen, Verantwortung).
- Prinzip des Arbeitszusammenhangs
  Die Stellen müssen so gebildet werden, daß sie einen funktionsfähigen Arbeitsprozeß ermöglichen.

Beispiel:

Für die Aufgabensynthese und Stellenbildung:

Stelle des Lageristen in einem Betrieb:
- Beschreibung der Aufgaben (Aufgabensynthese nach dem Verteilungszusammenhang):
  Beratung des Einkäufers, Auspacken, Sortieren usw.
- Anforderungen:
  Beschreibung der geforderten Vorbildung, Kenntnisse, Fertigkeiten
- Instanzenbildung (Aufgabensynthese nach Leitungszusammenhang):
  Beschreibung der Einordnung der Stelle (Über- und Unterordnung)

Ablauforganisation

Die Ablauforganisation versucht Arbeitsprozesse so zu kombinieren, daß rationell gewirtschaftet wird. Sie besteht aus:
- Prozeßanalyse, das heißt Überlegungen, wie Arbeitsprozesse aufgespalten werden können,
  und
- Prozeßsynthese, das heißt Überlegungen, wie Arbeitsprozesse kombiniert werden können.

Bestandteile der Ablauforganisation

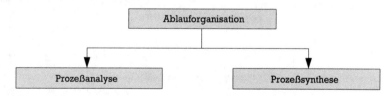

Abbildung 119

Prozeßanalyse

Beispiel:

Ein Betrieb beschäftigt zwei Gesellen und fertigt Inneneinrichtungen.

Folgende Arbeitsprozesse wären denkbar:
- Geselle A fertigt nur Tische und Stühle, während Geselle B sich auf die Herstellung von Einbauschränken spezialisiert.
- Die Gesellen A und B fertigen beide je nach Arbeitsanfall Stühle, Tische und Einbauschränke.

Nachfolgendes Schema zeigt die standardisierte Prozeßanalyse nach REFA aus dem Bereich der Holzverarbeitung.

Prozeßanalyse nach REFA

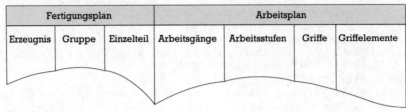

Abbildung 120

Mit vorstehendem Schema werden die gefertigten Produkte und die dafür erforderlichen Arbeitsgänge ersichtlich gemacht.

Prozeßsynthese

Die Prozeßsynthese erfolgt nach folgenden Prinzipien:
- Prinzip der inhaltlichen Verteilung: Welche Arbeitsgänge finden statt?
- Prinzip der personalen Arbeitsverteilung: Welche Person erledigt welche Arbeitsvorgänge?
- Prinzip der zeitlichen Verteilung: Wann findet welcher Arbeitsgang statt?
- Prinzip der räumlichen Verteilung: Wo findet welcher Arbeitsgang statt?

> Die Arbeitsverteilung sollte grundsätzlich so erfolgen, daß eine optimale inhaltliche, personelle, zeitliche und räumliche Abstimmung gewährleistet ist.

Betriebliches Organisationsschema

Das nachstehende einfache Schema vermittelt einen Überblick über die einzelnen Aufgabenbereiche des Betriebes.

Betriebliches Organisationsschema

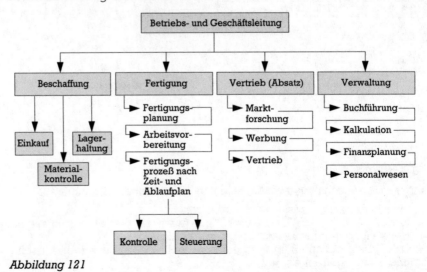

Abbildung 121

2.3.2 Organisationsbereich „Betriebsstätte"

Lernziele:
- Kennen und Verstehen des wesentlichen Inhalts der in den Abschnitten „Betriebsstätte" und „Betriebsmittel" des Rahmenstoffplanes aufgezählten Aufgabenbereiche (Bauvorschriften siehe auch Abschnitt 2.1.4)
- Wissen, worauf bei der Organisation der Betriebsstätte besonders zu achten ist.
- Kennen der wesentlichen grundsätzlichen Möglichkeiten eines sinnvollen betrieblichen EDV-Einsatzes über den Verwaltungsbereich hinaus, insbesondere bei größeren Handwerksbetrieben bestimmter Branchen.

Im Mittelpunkt der Organisationsbereiche „Betriebsstätte" und „Betriebsmittel" stehen in erster Linie technische Fragen. Sie unterscheiden sich von Handwerkszweig zu Handwerkszweig sehr stark.
Aufgrund der in den verschiedenen Handwerkszweigen sehr unterschiedlichen Ausprägungen können die nachfolgenden Ausführungen lediglich grundsätzlichen Charakter haben. Jedem Betriebsinhaber wird empfohlen, sich vor Durchführung solcher Vorhaben mit dem technischen Betriebsberater der Handwerkskammer oder des Fachverbands in Verbindung zu setzen.

Vorwiegend technische Fragen

Grundsätzlich müssen die Werkstatträume betriebsgerecht geplant werden.

Planung der Betriebsräume

Im einzelnen wird die Planung von nachfolgenden Faktoren beeinflußt:
- Grundstückszuschnitt
- Verkehrslage
- Nachbarschaft
- Bauvorschriften (siehe auch Abschnitt 2.1.4 „Rechtsvorschriften zur Gründung und Errichtung eines Handwerksbetriebs" in diesem Band
- sonstige örtliche behördliche Vorschriften
- Raumanordnung und Raumfolge
- Lichtverhältnisse
- raumklimatische Gegebenheiten
- Transportmittel
- Maschinen- und Geräteaufstellungsplan
- Betriebsablauf
- Bewegungs-, Verkehrs- und Abstellflächen.

Schwerpunkte der Planung

Darüber hinaus muß die Betriebsstätte so angelegt sein, daß die Betriebsräume rationell genutzt werden können und die Instandhaltung der Gebäude möglichst geringe Kosten verursacht.

Nutzung Instandhaltung

Die Bauplanung sollte so gestaltet sein, daß eine Erweiterung der Betriebsräume entsprechend der Betriebsgrößenentwicklung jederzeit mit geringen Kosten möglich ist.

Erweiterung

2.3.3 Organisationsbereich „Betriebsmittel"

Auswahl

Die Auswahl der Betriebsmittel (zum Beispiel Maschinen, Werkzeuge usw.) ist mit dem Betriebszweck abzustimmen.

Rationeller Einsatz

Die Planung der Einrichtung der eingesetzten Betriebsmittel hat nach rationellen Gesichtspunkten zu erfolgen und auch modernen arbeitsmedizinischen Erkenntnissen Rechnung zu tragen.

Instandhaltung

Darüber hinaus hat die Organisation der Betriebsmittel eine kostengerechte Instandhaltung und Pflege zu gewährleisten.

Ergänzungen

Eine Berücksichtigung von vorhersehbaren zukünftigen technischen Entwicklungen und Neuerungen, vor allem im Bereich des betrieblichen EDV-Einsatzes über den Verwaltungsbereich hinaus, ist unbedingt erforderlich, um die technische und wirtschaftliche Konkurrenzfähigkeit des Handwerksbetriebes zu erhalten.

Wichtige Grundsätze für die Organisation der Betriebseinrichtung lassen sich der folgenden Abbildung entnehmen.

Die Organisation der Betriebseinrichtung

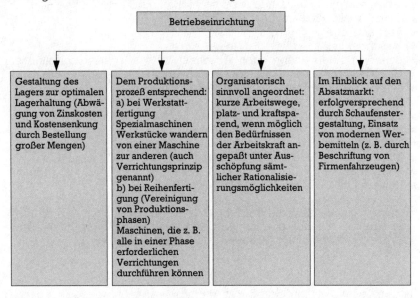

Abbildung 122

2.3.4 Organisation des Arbeitsablaufs

Lernziele:
- Verstehen der Notwendigkeit einer klaren schriftlichen Auftragsfixierung und einer klaren Auftragsbestätigung.
- Kennen der Ziele der Arbeitsvorbereitung.
- Wissen, in welche Teilgebiete sich die Arbeitsvorbereitung gliedert, welche Aufgaben die Teilgebiete zu erfüllen haben und welche Hilfsmittel zur Erfüllung der Aufgaben in den einzelnen Teilgebieten angewendet werden können.
- Kennen der Ziele und der Hauptgebiete einer systematischen Auftragsabwicklung (vgl. auch die Abschnitte 2.2.2, 2.2.3 und 2.2.4), sowie einer zweckentsprechenden Vorgehensweise.
- Wissen, welche Faktoren bei der Organisation des Lager- und Transportwesens besonders zu beachten sind.

2.3.4.1 Festlegung, Kennzeichnung und Bestätigung des Auftrages

Aufträge sind in ihrer Gesamtheit und in den genannten Einzelheiten festzulegen und zu kennzeichnen.

Die Auftragsbestätigung sollte unbedingt schriftlich erfolgen und hat sich genau an die Daten des Angebots zu halten, um das Ansehen des Betriebes auf dem Markt positiv zu beeinflussen.

Auftragsbestätigung

2.3.4.2 Arbeitsvorbereitung

Die Arbeitsvorbereitung dient der Organisation des Produktionsprozesses (Planung, Ausführung, Kontrolle).

Arbeitsvorbereitung

Zweck der Arbeitsvorbereitung

Abbildung 123

Ablaufplanung

Die Ablaufplanung kann mittels sogenannter Laufkarten erfolgen, die mit dem zu bearbeitenden Werkstück weitergereicht werden und auf denen vermerkt ist, welche Bearbeitungsvorgänge erledigt sind und welche noch durchzuführen sind.

Ablaufplanung

Zur Ablaufplanung gehören:
- Auftragsvorbereitung
- Beschaffungsplanung
- Lagervorbereitung.

Zeitplanung

Zeitplanung

Die Zeitplanung wird mittels Arbeitszeitermittlungen vorgenommen. Diese können einerseits selbst durchgeführt werden, andererseits können aber auch bekannte Ergebnisse von REFA-Untersuchungen, die Aussagen über Vorgabezeiten zulassen, Verwendung finden.

Vorkalkulation

Näheres zur Vorkalkulation ist dem Abschnitt 1.2.5 „Kostenträgerrechnung (Kalkulation)" in diesem Band zu entnehmen.

2.3.4.3 Auftragsabwicklung

Auftrags-
abwicklung

Die Auftragsabwicklung umfaßt sämtliche Planungs-, Steuerungs-, Durchführungs- und Kontrolltätigkeiten bei der Produkt- bzw. Leistungserstellung.

Somit hängt die Auftragsabwicklung eng mit den Dispositionen des Beschaffungsbereichs und des Absatzsektors zusammen, ist aber auch abhängig von der Fertigungsplanung.

Für die Planung der Auftragsabwicklung ergeben sich daher folgende zentrale Fragen:

Zentrale Fragen
- Was muß in bezug auf die Leistungserstellung beschafft oder bereitgestellt werden? (Personal, Material, Maschinen)
- Wie kann der Prozeß der Leistungserstellung organisiert werden? (Arbeitsvorbereitung, Personaleinsatz, Fertigungsverfahren, Kontrolle)
- Welche Beziehung ist zwischen dem einzelnen Auftrag und dem Sektor Vertrieb herzustellen? (Koordinierung der Auftragsbestände, Abstimmung der Leistungserstellung mit dem Vertrieb)

Der Prozeß der Leistungserstellung setzt sich aus einer Vielzahl verschiedener Einzelaufgaben zusammen, die in der Ablaufplanung berücksichtigt werden müssen.

Kontrolle

Wichtig ist es, die Ablaufplanung um die Kontrolle (Steuerung, Überwachung) zu ergänzen.

Steuerung

Die **Steuerung** zielt darauf ab, die Fertigungszeiten je Leistungseinheit möglichst gering zu halten.

Überwachung

Der Überwachung fällt die Aufgabe zu, die einzelnen Verrichtungen sachlich wie zeitlich nach den im Ablaufplan festgelegten Zielen zu überprüfen, um bei entstehenden Abweichungen die Steuerung neu auszurichten.

Überblick

Die folgende Abbildung zeigt die dargelegten Zusammenhänge nochmals im Überblick:

Die Organisation des Arbeitsablaufs

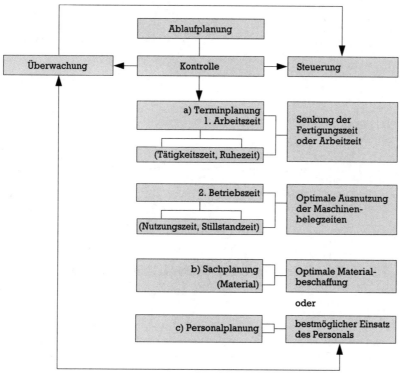

Abbildung 124

2.3.4.4 Organisation des Lager- und Transportwesens

Das Lagerwesen

> Zielsetzung der Organisation des Lagerwesens ist die Ermittlung eines optimalen Lagerbestandes und daraus ableitend einer optimalen Bestellmenge.

Zielsetzungen

Dabei entsteht folgendes Problem:
Mit zunehmenden Lagermengen erhöhen sich die Lagerkosten, zu geringe Lagermengen können zu einer Hemmung der Produktionstätigkeit führen.

Lagermengen
Lagerkosten

Die Betriebswirtschaftslehre hat zur Lösung dieses Problems verschiedene mathematische Verfahren entwickelt, deren Darstellung aber an dieser Stelle zu weit führen würde.

Folgende Faktoren haben in jedem Fall Berücksichtigung zu finden:
- Betriebsgröße
- Sortimentsgröße
- Fertigungsart (Massen- oder Einzelfertigung).

Orientierungsfaktoren

> In der Praxis wird sich der Unternehmer aus seiner Erfahrung heraus so orientieren, daß die Lagerhaltungskosten möglichst gering sind, aber Mengenrabatte ausgenutzt werden können.

Das Transportwesen

Minimierung der Transportkosten

> Zielsetzung des Transportwesens ist die Minimierung der Transportkosten.

Transportmittel

Die wichtigsten Transportmittel beziehen sich auf Aufgabengebiete wie:
- Greifen
- Heben
- Transportieren
- Stapeln

> Für den Unternehmer stellt sich vorrangig die Frage, welche Transportaufgaben unter Ausnutzung moderner fördertechnischer Einrichtungen selbst übernommen werden und welche Aufgaben an Fremdbetriebe übertragen werden.

2.3.5 Organisation der Verwaltungsarbeiten

Lernziele:
- Gewinnen eines Überblicks über die wesentlichen verwaltungstechnischen Aufgaben, Vorgehensweisen und Hilfsmittel des Handwerksbetriebes (in Abstimmung mit den entsprechenden Stoffgebieten der Teile „Rechnungswesen", „Betriebswirtschaftliche Aufgaben im Handwerksbetrieb" und „Finanzwirtschaftliche Grundfragen").
- Kennen branchen- und betriebsgrößengeeigneter Einsatzmöglichkeiten von Computern und sonstigen EDV-Anlagen im Unternehmen.
- Wissen, zu welchen wesentlichen Einsatzgebieten branchengeeignete EDV-Standardprogramme bzw. spezielle Branchenlösungen angeboten werden und wirkungsvoll eingesetzt werden können.
- Kennen der Möglichkeiten und der Bedeutung der Ausgliederung von Verwaltungsaufgaben, wie zum Beispiel der Finanz- und Lohnbuchhaltung, auf Buchstellen bzw. sonstige Rechenzentren („EDV außer Haus").
- Kennen geeigneter Beratungs- und sonstiger Informationsmöglichkeiten auf diesem Gebiet für Handwerksbetriebe.
- Kennen der Grundregeln für die formale und inhaltliche Gestaltung von Geschäftsbriefen.
- Grundsätzliche Kenntnis der Möglichkeit des Einsatzes elektronischer Textverarbeitung und der Anwendung von standardisierter und programmierter Korrespondenz für die Fälle, in denen die betrieblichen Gegebenheiten dies sinnvoll erscheinen lassen.
- Kennen der wesentlichen, für den Handwerksbetrieb geeigneten Telekommunikationsmittel wie Telefaxgeräte (Fernkopierer) und anderer verwaltungstechnischer Hilfen (Bürokopierer, Anrufbeantworter und dergleichen).
- Kennen der Hauptzwecke betrieblicher Formulare und der Bereiche, in denen Formulare eine wichtige Rolle spielen sowie wesentliche Grundsätze der Formulargestaltung.
- Informiert sein über die Möglichkeit, Standardformulare zu verwenden.

2.3 Betriebs- und Arbeitsorganisation

- Kennen
  - der Bedeutung eines systematischen Informationswesens – und in größeren Handwerksbetrieben, auch der Zweckmäßigkeit einer sinnvollen Kommunikationsplanung,
  - der Gründe für die Notwendigkeit einer systematisch geordneten Ablage,
  - der Ablage- und der Ordnungsarten.
- Kennen der wichtigsten Organisationshilfsmittel in der Verwaltung (insbesondere der neueren elektronischen Hilfsmittel, die speziell für kleinere und mittlere Betriebe geeignet sind).

2.3.5.1 Rationelle verwaltungstechnische Abwicklung der einzelnen Geschäftsvorfälle und des Rechnungswesens

Die kaufmännische Verwaltung ist ein wichtiger Bereich der betrieblichen Organisation und hat die Aufgabe, einen reibungslosen Betriebsablauf zu gewährleisten.

Ihre wesentlichen Teilbereiche sind im Regelfall
- Organisation
- Rechnungswesen
- Finanzwirtschaft
- Personalwesen
- Materialverwaltung
- Anlagenverwaltung.

Wesentliche Teilbereiche

Wesentliche Teilbereiche der kaufmännischen Verwaltung im Handwerksbetrieb

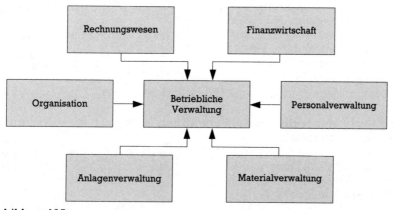

Abbildung 125

Wichtige Vorgehensweisen und Hilfsmittel der Verwaltung werden in diesem Band im einzelnen in den Abschnitten 1.1 „Buchhaltung und Jahresabschluß", 1.2 „Kostenrechnung und Kalkulation", 1.3 „Betriebswirtschaftliche Auswertung", 2.2 „Betriebswirtschaftliche Aufgaben im Handwerksbetrieb" und 2.5 „Finanzwirtschaftliche Grundfragen" bei diesen Teilbereichen behandelt.

EDV

> Ein aus der modernen betrieblichen Praxis nicht mehr wegzudenkendes Hilfsmittel ist die Elektronische Datenverarbeitung (EDV) mit ihren verschiedenartigen Anwendungsgebieten.

Das System der EDV für betriebliche Zwecke

> Schon fast zwei Drittel der Handwerksbetriebe nutzen die EDV; bis zu einem weiteren Fünftel erwägt den Einsatz in naher Zukunft.

EDV auch für Kleinbetriebe

Durch die rasche Fortentwicklung der EDV-Technik in den letzten Jahren und durch zum Teil erhebliche Preissenkungen wurde der EDV-Einsatz auch für viele Klein- und Kleinstbetriebe wirtschaftlich. Außerdem erweitern sich die Anwendungsmöglichkeiten der EDV für die Betriebe ständig.

Einsatz in Büro und Werkstatt

Instrument der Rationalisierung

Die EDV kann sowohl
- im Büro wie auch
- in der Werkstatt

als Instrument der Rationalisierung eingesetzt werden.

Kaufmännische Verwaltung

Mögliche Anwendungsbereiche auf dem Gebiet der **kaufmännischen Verwaltung**, also im Büro, sind unter anderem:
- Angebotserstellung
- Auftragsbearbeitung
- Fakturierung (Rechnungsausstellung, Verbuchung der Eingänge, Mahnwesen)
- Führung von Kunden-, Lieferanten-, Auftrags- und Bestellkarteien
- Lohn- und Gehaltsabrechnung
- Textverarbeitung und Schriftverkehr
- Anlagen- und Finanzbuchhaltung, Jahresabschluß, Kennzahlenauswertung, Betriebsvergleiche
- Steuervoranmeldungen
- Datenarchivierung
- Kommunikation (zum Beispiel Bildschirmtext, Telex).

Technische Verwaltung

Im Rahmen der **technischen Verwaltung** lassen sich mit Hilfe der EDV vor allem durchführen:
- technische Berechnungen
- technische Zeichnungen
- Konstruktionen
- komplette Planerstellungen.

Computergesteuerte Maschinen

Auf den Einsatz computergesteuerter Maschinen im Bereich der Fertigung wird ferner in Abschnitt 2.3.7 „Einfluß der Automatisierung und anderer Technologien auf die Betriebsorganisation" in diesem Band näher eingegangen.

2.3 Betriebs- und Arbeitsorganisation

Einsatzbereiche der EDV

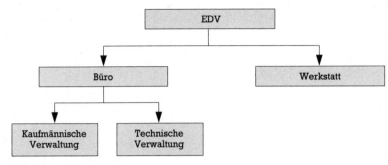

Abbildung 126

Der Aufbau eines EDV-Systems

Ein EDV-System besteht technisch aus
- Hardware
und
- Software.

Aufbau eines EDV-Systems

> Unter Hardware versteht man die zur Datenverarbeitung erforderlichen technischen Geräte.

Dies sind als Mindestbestandteile:
- die Tastatur zur Eingabe von Daten und Befehlen, eventuell ergänzt um die sogenannte Maus zur Steuerung über Bildschirmsymbole
- die Zentraleinheit mit dem Rechen- und Steuerwerk sowie dem Arbeitsspeicher zur Verarbeitung der Daten
- der Bildschirm zur Kontrolle der Eingaben und zur Darstellung der Ergebnisse
- der Drucker zur Wiedergabe der Ergebnisse der EDV
- Disketten oder eine Festplatte als Speichermedium für die Daten.

Hardware

Hardware einer EDV-Anlage

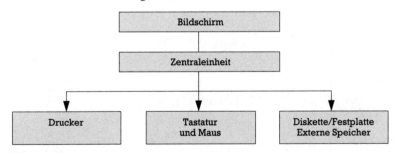

Abbildung 127

> In der überwiegenden Mehrzahl werden heute in der betrieblichen Praxis sogenannte PCs (= Personal Computer) eingesetzt. Sie sind das Kernstück der EDV-Anlage.

Personal Computer

Großrechner Arbeitsspeicher	Moderne PCs haben eine Leistungsfähigkeit, die noch vor wenigen Jahren nur von Großrechnern erreicht wurde. Personal Computer verfügen heute in der Regel bereits über Arbeitsspeicher (auch Hauptspeicher genannt) mit einer Kapazität von 4 MB (1 MB = 1 Megabyte = rund 1 Million Bytes). Ein Byte beschreibt die Informationsmenge (auch Bit genannt), die zur Speicherung eines Zeichens erforderlich ist. Ein Byte umfaßt 8 Bits.
Festplatte	Als externe Speicher weisen Festplatten eine enorme Speicherkapazität auf. Bei PCs sind mindestens 60 MB bereits die Regelausstattung. Es sind jedoch auch schon Festplatten auf dem Markt, die eine Kapazität von über 1000 MB (= über ein Gigabyte) haben.
Diskette	Disketten sind für die Speicherung großer Datenmengen nicht geeignet, da ihre Kapazität im Vergleich zu Festplatten eng begrenzt ist.
Vernetzung	PCs werden im Handwerk zumeist einzeln eingesetzt. Sie können jedoch auch vernetzt, also untereinander verbunden werden.
Stationärer, mobiler Einsatz	PCs bieten darüber hinaus den Vorteil, daß sie sich nicht nur zum • stationären, sondern auch zum • mobilen Einsatz eignen.
Laptop Notebook	Sogenannte Laptops oder Notebook-Computer sind tragbare netzunabhängige Rechner für den Einsatz unterwegs, die in ihrer Leistungs- und Einsatzfähigkeit den stationären Geräten kaum nachstehen.
Notepad	Eine weitere Neuentwicklung sind sogenannte Notepad-Computer, die keine Tastatur brauchen, sondern als tafelartige elektronische Notizbücher mit einem elektronischen Griffel beschrieben werden können. Der Notepad-Computer kann diese Handschrift erkennen und verarbeiten. Diese mobilen Rechner erweisen sich als besonders vorteilhaft im Lager oder direkt beim Kunden.
Drucker	Bei der Wahl des Druckers stehen dem Handwerksbetrieb drei Alternativen zur Verfügung.

Die verschiedenen Arten der Drucker

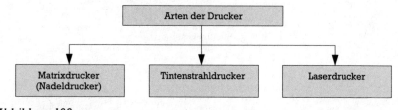

Abbildung 128

Zusatzgeräte	Mögliche Zusatzausstattungen im Bereich der Hardware sind • Plotter (spezielle Grafikdrucker) und • Scanner, die eine automatische Eingabe von Texten, Zeichnungen und Fotos durch Abtasten und Digitalisieren ermöglichen.

2.3 Betriebs- und Arbeitsorganisation

> Die Software besteht zum einen aus den für den Betrieb der EDV notwendigen Programmen (Systemsoftware) und zum anderen aus den Programmen für die verschiedenen Einsatzgebiete der EDV (Anwendungssoftware).

Software

Für die Erstellung der Software gibt es spezielle Programmiersprachen wie Basic, Cobol oder Logo. Mit Hilfe von Übersetzern (sogenannte Compiler und Assembler) wird der Programmcode in die für den Computer verständliche Maschinensprache übersetzt.

Programmiersprachen

Der Computer versteht dabei nur sogenannte Binärzeichen; das heißt er arbeitet nicht mit den üblichen Buchstaben und Ziffern, sondern kann eigentlich nur zwei Zustände unterscheiden, nämlich „es fließt Strom" oder „es fließt kein Strom" bzw. magnetisiert oder nicht magnetisiert. Dies wird dargestellt als „1" und als „0".

Binärzeichen

In der Regel braucht sich der Benutzer der EDV um diese Einzelheiten nicht zu kümmern, weil er die Software bereits als Fertigpaket von deren Herstellern beziehen kann.

> Aufgabe der Systemsoftware ist es, die Hardware zu steuern. Dafür gibt es das sogenannte Betriebssystem und Hilfsprogramme.

Systemsoftware

Zu den bekannten Betriebssystemen zählen MS-DOS, DR-DOS, OS/2 oder Sinix. Nützliche Hilfsprogramme sind beispielsweise sogenannte „Benutzeroberflächen", die die Arbeit durch Symbole, die per Maus bedient werden können, wesentlich erleichtern.

Betriebssystem

Einheiten mit unterschiedlichen Betriebssystemen können nicht zusammengekoppelt werden. Es ist daher auf die Kompatibilität der Betriebssysteme zu achten.

Kompatibilität

> Die Anwendungssoftware dient der Lösung betriebswirtschaftlicher und technischer Probleme.

Anwendungssoftware

Dabei ist zu unterscheiden zwischen

- Standardprogrammen, zum Beispiel Works oder Word
- Branchenlösungen
- Individualprogrammen.

Standardprogramme eignen sich insoweit, als sich die Anwendungsfälle in den einzelnen betrieblichen Teilbereichen ähnlich sind (sogenannte Basisaufgaben). Viele Software-Hersteller bieten heute umfangreiche „Anwendungssoftware-Familien" an, im Rahmen derer einzelne Anwendungsbereiche integriert und aufeinander abgestimmt sind (zum Beispiel Textverarbeitung, Tabellenkalkulation, Datenbank, Lohn- und Gehaltsabrechnung, Buchhaltung).

Standardprogramme

Integrierte Arbeitsgebiete

Auf Individual- oder zumindest Branchenlösungen muß zurückgegriffen werden, wenn betriebliche oder branchenmäßige Besonderheiten vorliegen, die im Rahmen von Standardprogrammen nicht berücksichtigt und

Individuallösungen

gelöst werden können, sondern maßgeschneiderte Programme erfordern. Dies ist vor allem im technischen Bereich der Fall.

Branchenlösungen

Für viele Handwerksberufe wurden bereits Branchenlösungen erarbeitet. Für die aktuellen Angebote informiert der alljährlich neu erscheinende Software-Katalog des Instituts für Technik der Betriebsführung im Handwerk. Dieser Katalog enthält derzeit rund 180 unterschiedliche Programm-Angebote für den EDV-Einsatz in den Klein- und Mittelbetrieben des Handwerks.

Standardsoftware weist verständlicherweise gegenüber Branchen- oder Individuallösungen deutliche Kostenvorteile auf.

Verschiedene Arten der Software

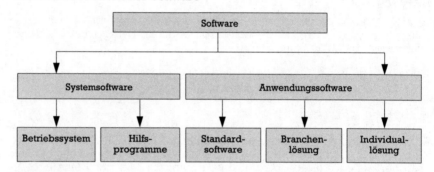

Abbildung 129

Durch die optimal aufeinander abgestimmte Hardware und Software sind dann die Voraussetzungen für die elektronische Verarbeitung von Daten nach dem Prinzip „Eingabe – Verarbeitung – Ausgabe" gegeben.
Unter Daten sind grundsätzlich Informationen zu verstehen wie

Daten
- Zahlen (numerische Daten)
- Texte (alphabetische Daten)
- Kombinationen aus Zahlen und Texten (alphanumerische Daten).

Man unterscheidet ferner:

Stammdaten
- Stammdaten

  Daten, die sich nicht oder nur selten verändern, wie Kunden- und Artikelliste

Bewegungsdaten
- Bewegungs- oder Änderungsdaten

  Daten, die sich von einer Abrechnungsperiode zur anderen verändern können, wie Preislisten

Eingabedaten
- Eingabedaten

  Aktuelle Daten, die mit den Stamm- und Bewegungsdaten verknüpft werden, wie Bestellmengen

Referenzdaten
- Referenzdaten

  Daten, die regelmäßig auf andere Daten bezogen werden, wie Umsatzsteuersätze.

2.3 Betriebs- und Arbeitsorganisation

Die unterschiedlichen Arten von Daten bei der EDV

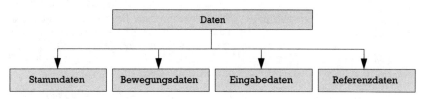

Abbildung 130

Einführung der EDV im Handwerksbetrieb

Auch wenn die Anwendungsmöglichkeiten der EDV sich laufend verbessern und die Preise deutlich niedriger sind als noch vor wenigen Jahren, müssen bei der Einführung der EDV wichtige Punkte beachtet werden, um keine Fehlinvestitionen zu tätigen.

> Der Entscheidung über den EDV-Einsatz sollte in jedem Fall eine sorgfältige Problem- und Wirtschaftlichkeitsanalyse vorausgehen. Sie sollte folgende Punkte enthalten:

Problem- und Wirtschaftlichkeitsanalyse

- Allgemeine Information
  - Fachzeitschriften und Prospekte sowie Broschüren von Computerherstellern und -händlern
  - Besuch von Messen, Vorträgen, Seminaren und anderen Informationsveranstaltungen
  - Unternehmensberater
  - Berufsorganisationen

Information

- Analyse des Ist-Zustandes
  - Erfassung des betrieblichen Datenmengengerüstes (zum Beispiel Mitarbeiterzahl, Lohnarten, Kundenzahl, Lieferantenzahl, Sachkontenzahl, monatliche Eingangs- und Ausgangsrechnungen, Anzahl der Buchungen, Anzahl der Angebote, Lagerartikel, monatliche Lagerzugänge und -abgänge, Kostenstellen und anderes)
  - Erfassung der Arbeitsabläufe
  - Ermittlung von Schwachstellen im Betrieb

Datenmengengerüst

Arbeitsabläufe

- Entwurf einer Soll-Konzeption
  - Abfassung eines Pflichtenheftes (Zweck der EDV-Einführung, Anwendungsbereiche, Form und Inhalt der angestrebten Ergebnisse, Anforderungen an die Hardware, Anforderungen an das Betriebssystem, Anforderungen an die Anwendersoftware, künftige Datenmengen, Ausbaufähigkeit, Nebenbedingungen)

Pflichtenheft

- Ausschreibung
  - Einholung von Angeboten bei den in Frage kommenden EDV-Anbietern auf der Grundlage des Pflichtenheftes
  - Vorführung einzelner EDV-Systeme
  - Einholung von Referenzen

Ausschreibung

Referenzen

- Prüfung der Angebote/Kosten-Nutzen-Abwägung/Systementscheidung
  - Kosten für Hardware einschließlich Lieferung und Installation sowie Software, Zubehör, Schulung, eventuell Programmanpassungen usw.
  - laufende Kosten (zum Beispiel Personalkosten, Verbrauchsmaterial)

Einmalige und laufende Kosten

- direkt bewertbare Einsparungen durch die EDV (Rationalisierungseffekte)

Bewertbarer und nicht bewertbarer EDV-Nutzen
- nicht direkt bewertbarer EDV-Nutzen (zum Beispiel Informationsverbesserung, schnellere Angebotsabgaben, Verbesserung der Materialdisposition, schnellere Rechnungsstellung, Entscheidungen auf der Basis besserer betrieblicher Daten)
- Vorhandensein geeigneter Anwendersoftware

Wartung Serviceleistungen
- Wartung und Service, Programmpflege
- Qualität der Bedienungsunterlagen, Unterstützung bei Einarbeitung und Schulung
- Kompatibilität mit anderen Anlagen, Ausbaufähigkeit des Systems
- Benutzerfreundlichkeit

Vertragsgestaltung
- Vertragsgestaltung (zum Beispiel Liefertermin, Garantie, Zahlungsvereinbarungen, Zusicherung der im Pflichtenheft dargestellten Anforderungen, Rücktrittsmöglichkeit)

- Organisatorische Vorbereitung

Organisatorische Vorbereitung
- geeignete Räumlichkeiten
- personelle Voraussetzungen (Einführungsschulungen)
- sachliche Voraussetzungen (Beleggestaltung, Stammdatenerfassung u.ä.)
- Information der Mitarbeiter

- Installierung

Installierung
- Testläufe
- Dokumentation von Anlaufschwierigkeiten
- Umsetzung.

Zu den Kosten der Einführung der EDV im Betrieb ist festzustellen, daß die Anschaffungskosten für Hardware in den letzten Jahren beträchtlich gesunken sind. Zudem sind hersteller- und händlerbedingt sowie regional oft sehr starke Preisunterschiede festzustellen. Für den Kleinbetrieb taugliche Personal Computer sind bereits ab 2.000,00 DM (für Zentraleinheit, Tastatur, Bildschirm und Betriebssystem) erhältlich. Bei entsprechender Ausstattung und Leistungsfähigkeit steigen die Preise allerdings noch merklich an.

Preisunterschiede

Für einen Drucker müssen zwischen etwa 800,00 DM und über 3.000,00 DM angesetzt werden, wobei für die modernen und leistungsfähigen Laserdrucker der höhere Preis zu zahlen ist.

Anschaffungskosten

Zu den reinen Anschaffungskosten für die Geräte müssen allerdings hinzugerechnet werden:
- laufende Kosten wie Schulung, Wartung, Versicherung, Materialien
- die Beschaffung der Software und eventuell deren Installation.

Vor allem, wenn es sich um Individualsoftware handelt, muß davon ausgegangen werden, daß für die Software mindestens genauso hohe Kosten anfallen wie für die Hardware.

Kauf-Leasing

Im Zusammenhang mit der Finanzierung einer EDV-Anlage stellt sich dann die Frage, ob sie gekauft oder geleast werden soll.

Für diese Entscheidung sind vor allem folgende Faktoren von Bedeutung:
- Kapitalverfügbarkeit
- Liquiditätsbelastung
- steuerliche Wirkung.

Technischer Verschleiß

Ferner muß bedacht werden, daß EDV-Anlagen in der Regel sehr schnell veralten und damit auch nur einen sehr geringen Wiederverkaufswert

2.3 Betriebs- und Arbeitsorganisation

besitzen. Man geht heute gerade noch von einer technologischen Lebensdauer der PCs von höchstens drei Jahren aus.
Deshalb muß man sich beim Kauf einer EDV-Anlage darüber im klaren sein, daß man den Typ über längere Zeit im Betrieb einsetzen wird.

Ein Leasingvertrag bietet demgegenüber feste Laufzeiten sowie die Möglichkeit zur ständigen Systemerweiterung.

Mit Leasingverträgen sind allerdings oftmals auch kostensteigernde Wartungsverträge verbunden. Die Wahl zwischen Leasing und Kauf besteht jedoch nicht generell. Im Billigbereich werden kaum Leasingverträge angeboten. — Wartungsverträge

Die verschiedenen Stufen zur Einführung der EDV im Handwerksbetrieb

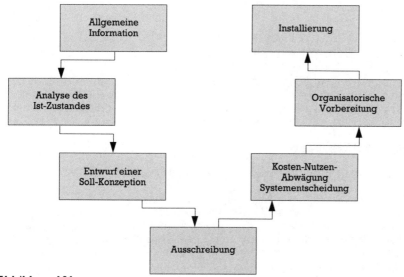

Abbildung 131

Um die für den jeweiligen Handwerksbetrieb geeignetste Lösung zu finden, ist eine ausführliche Beratung durch unabhängige Stellen unentbehrlich. Geeignete Beratung und Information gibt es beispielsweise durch die technischen, betriebswirtschaftlichen und EDV-Beratungsstellen der Handwerksorganisationen sowie durch freiberufliche Berater. — Beratung

Der Betriebsinhaber sollte auch regelmäßig für sich entsprechende Artikel in seinen Fachzeitschriften auswerten.
Daneben bieten auch Organisationsmittelfirmen komplette Service-Konzepte für das gesamte Spektrum der EDV-Dienstleistungen aus einer Hand an (moderne Hardware, anwendungsgerechte Software, Software-Änderungsdienst usw.). — EDV-Dienste aus einer Hand

Möglichkeiten und Grenzen des Einsatzes der EDV in Handwerksbetrieben

Zu den Vorteilen, die mit dem Einsatz der EDV verbunden sein können, gehören:
- Rationalisierungseffekte mit Kosten- und Personaleinsparungen
- geringere Fehlerquoten

Vorteile

- höheres Arbeitstempo
- weniger Schreibarbeiten (zum Beispiel durch einfachere Korrekturmöglichkeiten)
- platzsparendere Speicher- und Ablagemöglichkeiten
- rascherer Zugriff auf benötigte Daten
- zeitnahere Daten („Chefdaten") für betriebliche Dispositionen.

Ausgliederung der EDV-Arbeiten

Sofern ein Betriebsinhaber wegen seiner besonderen betrieblichen Gegebenheiten oder wegen seiner Betriebsgröße Bedenken hat, die EDV einzusetzen oder optimal auslasten zu können, gibt es für ihn auch die Möglichkeit, bestimmte Verwaltungsaufgaben wie etwa die Finanz- und Lohnbuchhaltung auszugliedern, zum Beispiel an Buchstellen, Steuerberater oder sonstige Rechenzentren (siehe dazu auch die Ausführungen in Abschnitt 1.1.9 „Ausgliederung von Buchführungsarbeiten" in diesem Band).

2.3.5.2 Schriftverkehr, Formularwesen, Kommunikationsmittel

Der Handwerksbetrieb steht mit anderen Unternehmen, Behörden, Kunden usw. in ständiger Verbindung bzw. Kommunikation. Diese Kommunikation findet in der Regel auf schriftlichem oder mündlichem Weg statt. Dabei können verschiedene Mittel eingesetzt werden.

Der Schriftverkehr

<u>Bedeutung des Schriftverkehrs für den Unternehmer im Handwerk</u>

Geschäftsbrief

> Eines der wichtigsten Hilfsmittel für die Abwicklung aller möglichen Handlungsweisen eines Unternehmens mit seiner betrieblichen „Umwelt" ist neben anderen Kommunikationsmitteln (zum Beispiel Telefon, Telex, Telefax, Bildschirmtext usw.) der Geschäftsbrief.

Durch den Geschäftsbrief werden wesentliche Sachverhalte schriftlich erfaßt, festgehalten und weitergegeben. So gesehen ist er auch im rechtlichen Sinne oft ein wichtiges Beweismittel.

Beweismittel

Visitenkarte des Unternehmens

Der Betriebsinhaber sollte sich immer wieder vor Augen führen, daß der Geschäftsbrief die Visitenkarte seines Unternehmens ist. Häufig werden durch den Geschäftsbrief das Bild und das Ansehen des Unternehmens bei Geschäftspartnern, Behörden und anderen Stellen geprägt.

Chefsache

> Die Geschäftsleitung hat somit der auslaufenden Korrespondenz eine besondere Aufmerksamkeit zuzuwenden und sollte wichtige Gestaltungsmerkmale beachten.

Gestaltungsmerkmale des Geschäftsbriefs

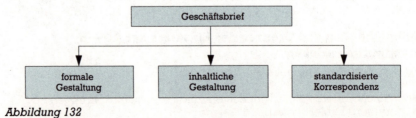

Abbildung 132

Formale Gestaltung von Geschäftsbriefen

> Jeder Geschäftsbrief soll in der äußeren Form sauber und übersichtlich sein.

Übersichtlichkeit

Dies wird unter anderem durch den Einsatz von Schreibmaschinen, PCs oder Druckern gewährleistet; handschriftliche Briefe kommen auch für einen selbständigen Handwerksmeister nicht in Betracht.

Für Form, Größe, Einteilung und Beschriftung des Briefblattes gibt es DIN-Normen. Der formale Inhalt eines Geschäftsbriefes erstreckt sich im wesentlichen auf folgende wichtige Punkte (teilweise schon im Vordruck enthalten):

- Briefrand
- Briefkopf
- Anschrift des Empfängers
- Postanschrift des Absenders
- Raum für Eingangs- und Bearbeitungsvermerke des Empfängers
- Bezugszeichenzeile mit Leitwörtern (zum Beispiel Ihr Zeichen, Ihre Nachricht vom, Unser Zeichen, Datum)
- Betreffangabe (ohne Nennung des Wortes „Betreff")
- Straße, Hausnummer, ggf. Postfach, Postleitzahl, Ort
- Behandlungsvermerke (zum Beispiel „Eilt")
- Falt- und Lochmarken
- Anrede
- Brieftext
- Briefabschluß (Grußformel, Unterschrift)
- Anlagen- und Verteilvermerke
- Telefon, Telex, Telefax, Bankverbindungen

Formale Gestaltungsmerkmale

Der sprachliche Inhalt eines Geschäftsbriefes hängt im wesentlichen von den Kenntnissen des Briefschreibers in der deutschen Sprache ab.

Sprachlicher Inhalt

Bei der sprachlichen Gestaltung sollten folgende Grundsätze in jedem Fall Berücksichtigung finden:

- kurze und klare Formulierungen
- Beginn eines neuen Absatzes bei jedem neuen Sachverhalt
- Vermeidung von Rechtschreib- und Tippfehlern.

Sprache

Inhaltliche Gestaltung von Geschäftsbriefen

> Der fachliche Inhalt des Geschäftsbriefes richtet sich nach der jeweiligen Aufgabenstellung.

Fachlicher Inhalt Aufgabenstellung

Für Unternehmen des Handwerks sind folgende Gebiete des Schriftverkehrs von besonderer Bedeutung:

- Briefe bei der Betriebsgründung (zum Beispiel Anmeldung bei Gewerbeamt, Handwerkskammer, Finanzamt)
- Schriftverkehr bei der Auftragsbeschaffung und bei Verträgen (zum Beispiel Werbebrief, Bestellung, Mängelrüge)
- Mahnbriefe (zum Beispiel bei Lieferungs- oder Zahlungsverzug)
- Briefe im Verkehr mit Banken (zum Beispiel Kreditantrag, Wechsel- und Scheckverkehr, Auskunftsansuchen)
- Schriftverkehr mit dem Finanzamt (zum Beispiel Stundungsantrag)
- Briefe im Verkehr mit der Belegschaft (zum Beispiel Bewerbungsschreiben, Kündigungsschreiben).

Wichtige Gebiete

Einsatz standardisierter und programmierter Korrespondenz

Programmierte Korrespondenz
Musterbriefe

Textverarbeitung

Zur Vereinfachung und Rationalisierung des Schriftverkehrs bei häufig wiederkehrenden gleichen oder ähnlichen Vorgängen ist die Anwendung der standardisierten „programmierten Korrespondenz" zweckmäßig.
Dazu wurden in der Geschäftspraxis Musterbriefe entwickelt, die der Handwerksmeister bei Bedarf einsetzen kann, um sich und seine Mitarbeiter von Routinebriefen zu entlasten. Darüberhinaus werden in immer größerem Umfang Speicherschreibmaschinen und Personal Computer für die Textverarbeitung eingesetzt. Diese Geräte bieten einerseits neue Gestaltungsmöglichkeiten (zum Beispiel Blocksatz, Fettdruck, Zentrieren usw.) und somit ein besseres Schriftbild und andererseits die Möglichkeit von Arbeitserleichterungen durch den Einsatz von Textbausteinen u.ä.

Telekommunikationsmittel

Telefon

Telefon

Das Telefon ist der verbreitetste und einer der ältesten Fernübertragungsdienste sowie das im Geschäftsbereich beliebteste Kommunikationsinstrument.

Maßgeschneiderte Anlagen

Durch maßgeschneiderte Anlagen (Integration von Nebenstellen, Anrufbeantwortern, Wähl- und Rückrufautomatik, Zusammenschaltung zu Telefonkonferenzen etc.) kann das Telefon auf die individuellen Bedürfnisse des einzelnen Betriebes abgestimmt werden.

ISDN

Durch die Einführung des sogenannten ISDN-Netzes (Integrated Services Digital Network = dienstintegriertes digitales Netz) können über eine einzige Anschlußleitung gleichzeitig Sprache, Texte, Bilder und Daten in hoher Geschwindigkeit übertragen werden und Anrufe weitergeschaltet werden.

Die mit den genannten Maßnahmen verbundenen Kosten können für Handwerksbetriebe mit hohem Kommunikationsbedarf eine lohnende Investition darstellen.

Telegramm

Telegramm

Das Telegramm ist eine Nachricht in Schriftform zur eiligen Beförderung an den Empfänger.

Die Bedeutung des Telegramms im Geschäftsbereich ist aufgrund neuer technischer Entwicklungen zur Übermittlung schriftlicher Nachrichten rückläufig.

Telex (Fernschreiben) / Teletex

Das Telex-Netz der Bundespost bietet die Möglichkeit, zeichenweise schriftliche Informationen ins In- und Ausland zu übertragen.

Aufgrund des begrenzten Zeichenvorrats und der geringen Übertragungsgeschwindigkeit ebenfalls rückläufig.

Die Weiterentwicklung des Telex, das Teletex, erlaubt die Nutzung des Zeichenvorrats einer Büroschreibmaschine und zeichnet sich durch höhere Übertragungsgeschwindigkeit aus.	Telex Teletex

Telefax (Fernkopieren)

Telefax bietet die Möglichkeit, Vorlagen von geeigneten Fernkopierern über das öffentliche Telefonnetz (auch ISDN) an den vorgesehenen Empfänger zu übermitteln.	Telefax

Am Markt sind bereits Geräte für den kleinen Bedarf erhältlich, die gleichzeitig als Telefon und Telefax genutzt werden können.

Das Telefax hat sich neben dem Telefon in den letzten Jahren zu dem bedeutendsten Kommunikationsmittel entwickelt.

Telebox

In einer Art „elektronischem Briefkasten" können über das Telefon- und Datex-Netz Nachrichten bereitgestellt und abgerufen werden.	Elektronischer Briefkasten

Bildschirmtext (Btx)

Bildschirmtext ist eines der neuen Informations- und Kommunikationsmittel, an dem jeder teilnehmen kann.

Das Verfahren baut auf der Kombination der bereits vorhandenen Medien Telefon (auch ISDN) und Farbfernseher auf. Als Zusatzgeräte sind lediglich ein Modem zur Anpassung des Fernsehers an das öffentliche Telefonnetz und ein Decoder sowie eine Fernbedienung oder eine alphanumerische Tastatur erforderlich. Somit ist eine Verbindung des Teilnehmers mit von der Deutschen Bundespost zur Verfügung gestellten elektronischen Datenspeichern möglich.	Bildschirmtext-verfahren

Die Industrie hat auch bereits komfortable Btx-Endgeräte entwickelt, die aus der Kombination von Komforttelefon und Btx-Terminal in Form eines kompakten Tischgeräts bestehen (Bildschirmtelefon – multifunktionales Telefon).

Bildschirmtext-telefon

Für den Handwerksbetrieb würden sich als Btx-Nutzer beispielsweise folgende Möglichkeiten ergeben:
- Rückgriff auf aktuelle und umfassende Informationsquellen
- Vereinfachung der Informationsübermittlung
- Nutzung externer Rechnerkapazitäten für technische und betriebswirtschaftliche Einsatzzwecke
- Abwicklung des Bestellwesens mit Lieferanten

Btx-Nutzungs-möglichkeiten

Btx hat in der Praxis bisher nicht die Rolle übernehmen können, die man aufgrund der vielfältigen Einsatzmöglichkeiten, auch für den Handwerksbetrieb, hätte erwarten können.	

City-Ruf

City-Ruf
Übermittlung von Tonsignalen, Ziffern und Texten

City-Ruf ermöglicht über Telefon, Btx, Telex oder Teletexgeräte die Übermittlung von Tonsignalen, Ziffern oder kurzen Texten, die auf einem scheckkartenähnlichen Empfänger dann auf dem Display dargestellt werden.

Der City-Ruf ergänzt den bestehenden flächendeckenden Personenfunkruf-Dienst „Eurosignal" und ist infolge seiner regionalen Begrenzung für das Handwerk ein interessantes Angebot, da sich die Möglichkeit bietet, Mitarbeitern auf Baustellen, bei Montagetätigkeiten oder in Kundendienstfahrzeugen Informationen zu übermitteln.

International gibt es zwischenzeitlich den Personenrufdienst „Euromessage".

Seit 1992 ist ein EG-weites einheitliches Funkrufsystem geplant, so daß beispielsweise für City-Ruf und Eurosignal dieselben Empfangsgeräte benutzt werden können.

Mobilfunk

Der Mobiltelefondienst im C-Netz und inzwischen bereits im D-Netz der Deutschen Bundespost hat in den vergangenen Jahren eine sprunghafte Entwicklung genommen, die in den nächsten Jahren voraussichtlich noch verstärkt wird.

Autotelefon

Die bekanntesten Arten des Mobilfunks sind einerseits das Autotelefon, das sich je nach Art des Geräts mit wenigen Handgriffen in ein tragbares Telefon umfunktionieren läßt, zum anderen schnurlose Telefone im Büro als sinnvolle Ergänzung zu herkömmlichen stationären Telefonanlagen.

Für Handwerksbetriebe, die ihre Dienstleistungen an wechselnden Einsatzorten erbringen, ergeben sich in den kommenden Jahren vielfältige Möglichkeiten verbesserter Kommunikationswege.

Die folgende Abbildung zeigt nochmals eine Übersicht über die wichtigsten Kommunikationsmittel für den Handwerksbetrieb.

Die wichtigsten Telekommunikationsmittel

Gesamt-
übersicht

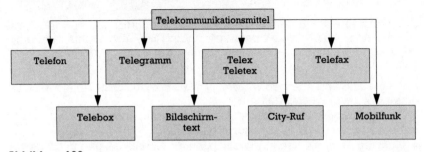

Abbildung 133

PC-Einsatz

Der Einsatz der genannten Telekommunikationsmittel wird durch die Verwendung von Personal Computern (PCs), die über die erforderlichen Anschlußmöglichkeiten verfügen, noch erleichtert.

Formularwesen

> Mit Hilfe von Formularen werden Arbeitsabläufe vereinfacht, Entscheidungen somit erleichtert und die eingeleiteten Maßnahmen besser kontrollierbar.

Hauptziele

Wichtige Formulare für den Einsatz im Betrieb sind:
- Der Personalbogen im Bereich des Personalwesens
- Formulare für die Fertigungsablaufplanung (Arbeitsvorbereitung, Durchführung und Kontrolle)
- Zeitaufnahmebögen
- Wochen- und Tagesarbeitszettel für die Lohnabrechnung
- Formulare für Mitarbeitervorschläge
- Lagerkartei bzw. Ausgabeformulare
- Formulare im Bereich des Rechnungswesens
- Formulare im Bereich des betrieblichen Kredit- und Zahlungsverkehrs
- Formulare im Bereich des Schriftverkehrs
- Laufzettel im Bereich der Fertigungsabwicklung.

Wichtige Formulare

Formulare können handschriftlich, per Schreibmaschine oder computergerecht gestaltet sein.

Gestaltung der Formulare

> Für die meisten Zwecke kann sich der Betriebsinhaber geeigneter Standardformulare bedienen, da diese eine erhebliche Arbeitserleichterung mit sich bringen.

Standardformulare

2.3.5.3 Organisation des Informationswesens und der Ablage

Organisation des Informationswesens

In der Betriebswirtschaftslehre spielt die Informationstheorie heute eine große Rolle, da man erkannte, daß in der Informationsübertragung ein mögliches, großes Konfliktpotential liegt.
Konflikte können entstehen durch:
- Weitergabe von zu wenig Information
- Weitergabe falscher Information
- Weitergabe von unwichtiger Information.

Bedeutung des innerbetrieblichen Informationswesens

> Informationen sind die wichtigsten Voraussetzungen für die betriebliche Kommunikation.

Die Weitergabe von Informationen kann erfolgen durch:
- EDV-gestützte Informationsübermittlung
- Rundschreiben, Hausmitteilungen
- Mitarbeiterbesprechungen u.v.m.

Formen der Informationsübermittlung

Vor allem über die EDV lassen sich schnell und einfach viele Informationen zusammenstellen und ausdrucken, so daß jeder Mitarbeiter im Betrieb die Information rechtzeitig erhält, die für einen möglichst reibungslosen Arbeitsablauf notwendig ist.
Regelmäßige Mitarbeiterbesprechungen haben den Vorteil, daß nicht nur von oben nach unten informiert wird, sondern daß gleichzeitig der Informationsfluß von unten nach oben in ausreichendem Umfang verläuft.
Bei allen Informationsübermittlungsmöglichkeiten ist darauf zu achten, daß die „Informationskrankheit Nr. 1", das Gerücht, so weit als möglich ausgeschaltet wird.

Vorteile der EDV

Es ist also wichtig, darauf zu achten, daß der Informationsfluß gegenseitig und gegenläufig stattfindet.

Der gegenseitige Informationsfluß

Abbildung 134

Sammlung von Informationen

Die Sammlung von Informationen erfolgt durch die Ablage.

Je schneller eine Information auffindbar ist, desto geringer sind die durch die Informationsbeschaffung entstehenden Kosten.

Organisation der Ablage

Grundsatz

Der oben genannte Grundsatz gilt für die gesamte Ablageordnung in einem Betrieb.

Schriftgutablagen

Die Schriftgutablage oder auch Registratur genannt, ist die Aufbewahrungsstelle für alle wichtigen Unterlagen des Betriebes und die Durchschriften bzw. Kopien des Schriftverkehrs.

Aktenplan

Aus Gründen der Übersichtlichkeit der Aktenablage ist die Erstellung eines Aktenplanes zu empfehlen.

Aktenordnung

Die Aktenordnung kann folgendermaßen aufgebaut werden:

Der Aufbau der Aktenordnung

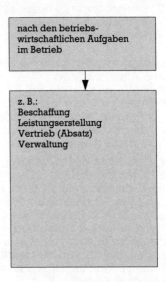

Abbildung 135

Organisation der Registratur

Bei der Organisation der Registratur kann sich der Betriebsinhaber für die zentrale oder die dezentrale Möglichkeit entscheiden.

Die Organisationsformen der Registratur

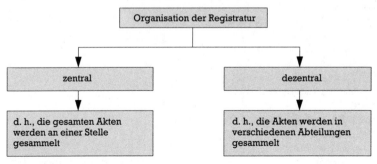

Abbildung 136

Organisation der Aktenablage

Die Aktenablage kann nach folgenden Gesichtspunkten organisiert werden:

Die Organisation der Aktenablage

Abbildung 137

Daneben sind Kombinationen der genannten Aktenablagen möglich (zum Beispiel Alphanummernordnung und Nummern-Alphaordnung).
Bei der Alphanummernordnung werden alphabetische Gruppen gebildet und innerhalb dieser die dazugehörigen Akten nach Nummern gekennzeichnet. Bei der Nummern-Alphaordnung ist der Aufbau umgekehrt.

Kombinierte Systeme

> Für alle Organisationsformen der Aktenablage ist wichtig, daß eine gute Übersicht ein schnelles Auffinden der Schriftstücke gewährleistet.

Technische Lösung der Aktenordnung

Für die technische Lösung der Aktenordnung sind folgende Organisationsformen möglich:
- horizontale Anordnung
- vertikale Anordnung
- Ordnersystem
- Systeme durch platzsparende Speicherung, wie zum Beispiel Mikrofilme.

Techniken der Aktenordnung

2.3.5.4 Organisationshilfsmittel in der Verwaltung

Folgende Organisationshilfsmittel sind zu nennen:
- Ablagesystem
- Planungsgeräte

Organisationshilfsmittel

- Büromaschinen und Geräte aller Art
- Brieföffner
- Briefsortierer
- Diktiergeräte
- Rechenmaschinen
- Schreibmaschinen
- Textverarbeitungsgeräte
- Personal Computer (PC)
- Fotokopiergeräte
- Vervielfältiger
- Frankiergeräte
- Adressiermaschinen
- Hefter
- gutes Formularwesen
- zweckentsprechende Karteien
- graphische Darstellungen
- Diagramme
- Terminuhren
- Terminmappen
- Rohrpostleitungen
- zweckmäßig eingerichtete Büroräume (zum Beispiel Möbel etc.).

2.3.6 Spezielle Aufgaben, Formen und Hilfsmittel der Rationalisierung

Lernziele:
- Wissen, was unter Rationalisierung zu verstehen ist und welche Hilfsmittel und Methoden zur Durchführung der Rationalisierung dem Unternehmer zur Verfügung stehen.
- Kennen der wesentlichen Formen und Maßnahmen der Rationalisierung in den verschiedenen Unternehmensbereichen.
- Wissen, was die Begriffe RKW und REFA bedeuten.
- Kennen der wichtigsten Aufgabenschwerpunkte und Maßnahmen des REFA-Verbandes.

2.3.6.1 Aufgaben der Rationalisierung

Rationalisieren

Rationalisieren bedeutet einfach ausgedrückt verstandesgemäß durchdacht der Vernunft entsprechend handeln und das zweckmäßigste Verfahren anzuwenden. Die Übertragung dieser Grundsätze auf das Wirtschaften im Betrieb führt zu folgenden Prinzipien:

Maximalprinzip
- Maximalprinzip: Erzielung größtmöglicher Leistung bei vorgegebenem Aufwand

Minimalprinzip
- Minimalprinzip: Erreichen einer vorgegebenen Leistung mit geringstmöglichem Aufwand

Wirtschaftlichkeit
Planung
Betriebsorganisation

Zielsetzung der Rationalisierung ist somit die Erreichung größtmöglicher Wirtschaftlichkeit im technischen und im kaufmännischen Bereich eines Unternehmens.
Dieses Ziel kann durch bestmögliche Maßnahmen der Planung und Betriebsorganisation und eine reibungslose Abstimmung der wesentlichen betrieblichen Funktionen erreicht werden.

2.3 Betriebs- und Arbeitsorganisation

Hierzu bedarf der Unternehmer zahlreicher Methoden und Hilfsmittel, die in den obigen Ausführungen dargestellt sind und in den Abschnitten 1.1.9 „Ausgliederung von Buchführungsarbeiten", 1.3 „Betriebswirtschaftliche Auswertung" und 2.1.1 „Grundsätze zur Gesamtplanung eines Unternehmens nach dem Unternehmensziel" in diesem Band behandelt sind.

Methoden
Hilfsmittel

Zur Stärkung der Wettbewerbsfähigkeit ist jedem Betrieb grundsätzlich zu empfehlen, alle Rationalisierungsreserven konsequent auszuschöpfen.

Rationalisierungsreserven

2.3.6.2 Formen und Maßnahmen der Rationalisierung

Die folgende Abbildung zeigt wichtige Maßnahmen der Rationalisierung in bedeutenden Bereichen des Betriebes:

Rationalisierungsmöglichkeiten im Betrieb

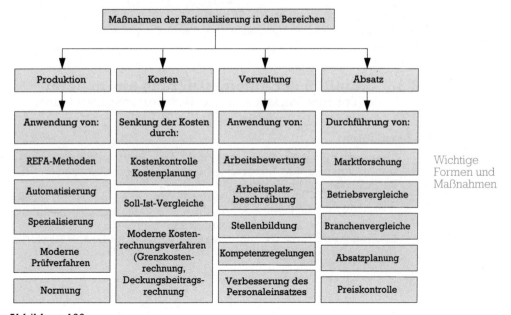

Wichtige Formen und Maßnahmen

Abbildung 138

2.3.6.3 Einrichtungen zur Förderung von Rationalisierungsbestrebungen

Rationalisierungs-Kuratorium der deutschen Wirtschaft e.V. (RKW)

Das Rationalisierungs-Kuratorium der deutschen Wirtschaft (RKW) hat als Hauptaufgabe die Einführung von Rationalisierungsmaßnahmen in die betriebliche Praxis mit dem Ziel planmäßiger Steigerung der Produktivität der deutschen Wirtschaft.
Es leistet im Rahmen der überbetrieblichen Förderung eine wichtige Grundlagenarbeit.

RKW

REFA

Verband für Arbeitszeitstudien und Betriebsorganisation e.V. (REFA)

Früher beschäftigte sich dieser Verband hauptsächlich mit Arbeitszeitermittlungsstudien.

> Hauptaufgabe ist heute die Entwicklung praktikabler Methoden zur Verbesserung der Wirtschaftlichkeit und Humanisierung der Arbeit.

Wichtige Aufgaben

Im einzelnen ist der Verband auf folgenden Gebieten tätig:
- Rationalisierung der menschlichen Arbeitskraft
- Methoden der Arbeitsunterweisung
- Methoden der Arbeitsbewertung
- Methoden der Arbeitsgestaltung
- Wertanalyse
- Gruppentechnologie
- Planung, Steuerung und Überwachung von Produktionsprozessen
- Methoden zur Produktivitätssteigerung, zum Beispiel durch organisatorische Maßnahmen und EDV-Einsatz.

Veröffentlichungen, Seminare

Der Verband gibt Veröffentlichungen heraus und führt Lehrgänge und Seminare durch.

2.3.7 Einfluß der Automatisierung und anderer Technologien auf die Betriebsorganisation

> **Lernziele:**
> - Kennen der Begriffe „Mechanisierung" und „Automatisierung" sowie der Bedeutung von Mechanisierung und Automatisierung für die Rationalisierung im Handwerksbetrieb.
> - Informiert sein über wichtige Begriffe der neueren Technologien (NC-, CNC-Maschinen, CAD, CAM, CAQ, CIM) und deren Einsatzmöglichkeiten – soweit branchenrelevant.
> - Informiert sein über Technologietransferstellen der Handwerksorganisation und deren technisches und betriebswirtschaftliches Beratungsangebot.

Handwerk und Technologie

> Die Entwicklung neuer Technologien, neuer Werkstoffe und neuer industrieller Vorprodukte sowie Veränderungen im Nachfrageverhalten der Verbraucher führen auch im Handwerksbetrieb ständig zu neuen Arbeitsabläufen, Arbeitsverfahren, Fertigungstechniken und zum Einsatz neuer Steuerungsmittel.

Technologiebereiche

Wichtige neue Technologien, von denen das Handwerk berührt wird, sind:
- Mikroelektronik
- Roboter- und Sensortechnik
- Oberflächentechnik
- Telekommunikationstechnik
- Bio- und Gentechnik
- Lasertechnik
- Werkstofftechnik

2.3 Betriebs- und Arbeitsorganisation

- Energietechnik
- Hydraulik und Pneumatik

> Das Handwerk spielt sowohl als Erfinder und Entwickler wie auch als Anwender und Umsetzer neuer Verfahren und Techniken eine bedeutende Rolle.

Rolle des Handwerks

Im Bereich der Betriebs- und Arbeitsorganisation führt dies zu folgenden Entwicklungen:
- Weiter zunehmende Mechanisierung
- Einsatz von numerisch oder computergesteuerten Maschinen
- Einsatz elektronischer Meß- und Prüfgeräte.

Entwicklungen

> Mechanisierung ist die Zusammenfassung gleichartiger Verrichtungen und Funktionen unter Zuhilfenahme des Einsatzes von technischen Hilfsmitteln (Maschinen) an bestimmten Arbeitsplätzen.

Mechanisierung

Die Tätigkeit des Menschen beschränkt sich dann vorwiegend auf Steuerungs- und Kontrollaufgaben.
Folgende Voraussetzungen sind für die Mechanisierung notwendig:
- konsequente Arbeitsvorbereitung
- sinnvolle Arbeitsplatzgestaltung
- die Verwendung von Normteilen.

> Von Automatisierung spricht man, wenn Steuerung und Kontrolle zunehmend von Maschinen übernommen werden. Dies ist mit Hilfe numerisch gesteuerter (rechnergesteuerter) Maschinen möglich.

Automatisierung

Stufen der Automatisierung

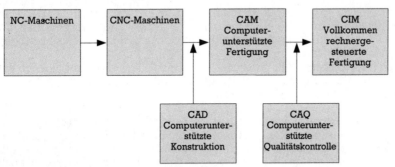

Stufen

Abbildung 139

NC-Maschinen:
Mit Hilfe von NC (Numerical-Controlled)-Maschinen werden Bewegungsabläufe durch digitale Informationen aus Datenträgern (zum Beispiel Magnetband, Lochstreifen) gesteuert.

NC-Maschinen

CNC-Maschinen:
Mit Hilfe von CNC (Computer Numerical Controlled)-Maschinen werden Bewegungsabläufe durch direkt eingebaute Computer gesteuert.

CNC-Maschinen

Folgende Einsatzmöglichkeiten von CNC-Maschinen sind denkbar:
- Metallbearbeitung und -verarbeitung (Fräsen, Bohren, Schneiden)

Einsatzmöglichkeiten

- Holzverarbeitung
- Backwaren- und Teigaufbereitung.

Computergesteuerte Maschinen eignen sich insbesondere auch für die Einzel- und Kleinserienfertigung.

Der Einsatz von CNC-Maschinen bietet folgende Vorteile:

Vorteile
- größere Genauigkeit
- höhere Flexibilität
- geringerer Ausschuß
- selbsttätige Arbeitsausführung
- kürzere Produktions- und Umrüstzeiten.

CAD

CAD:
Mit Hilfe von CAD (Computer Aided Design) lassen sich rechnerunterstützt Entwicklungs- und Konstruktionsarbeiten sowie technische Zeichnungen für neue Produkte ausführen.

CAM

CAM:
Als CAM (Computer Aided Manufacturing) bezeichnet man die Speicherung einer über CAD gestalteten Neuentwicklung auf einem Datenträger, der wiederum als Programm in den Rechner einer CNC-Maschine eingegeben wird. Diese führt dann die Arbeitsvorgänge zur Herstellung des geplanten Produktes aus.

Viele Zulieferbetriebe erhalten bereits von ihrem industriellen Auftraggeber maschinenlesbare Datenträger, die sie dann nur noch mit ihren Maschinen in Verbindung bringen müssen.

CAQ

CAQ:
CAQ (Computer Aided Quality Assurance) ist eine computerunterstützte Qualitätssicherung und -kontrolle.

CIM

CIM:
Als CIM (Computer Integrated Manufacturing) bezeichnet man die Ergänzung von CAD und CAM durch CAQ.

Zunehmender Computereinsatz

Der Einsatz von Computern nimmt auch im Fertigungsbereich des Handwerks immer mehr zu. Vorrangig im Maschinen- und Werkzeugbau, aber auch für andere Handwerksberufe werden ständig neue Einsatzmöglichkeiten erschlossen.

Elektronische Meß- und Prüfgeräte

Auch der Einsatz elektronischer Meß- und Prüfgeräte, vor allem im Elektro- und Kfz-Bereich, nimmt zu. Bereits jeder vierte Betrieb arbeitet mit solchen Geräten.

Produktivitäts- und Wirtschaftlichkeitssteigerung

> Der Einsatz neuer Technologien ist für viele Handwerksbetriebe inzwischen ein wesentlicher Faktor des wirtschaftlichen Erfolgs. Rationalisierung und Produktivitäts- bzw. Wirtschaftlichkeitssteigerung entsteht für den einzelnen Betrieb allerdings nur dann, wenn die Kosten der anzuschaffenden Maschinen und Anlagen, bezogen auf ihre Nutzungsdauer, kleiner sind als der zusätzliche Erfolg, der mit ihrer Hilfe erzielt werden kann.

Chancen

Neben neuen Chancen durch die Erhaltung und Erhöhung der Wettbewerbsfähigkeit beinhalten die neuen Techniken auch Risiken.
Die Risiken bestehen vor allem:

Risiken
- in mangelndem oder hinter dem jeweiligen Stand liegendem Wissen und beruflichem Können
- in der Finanzierung neuer Maschinen und Geräte, die zudem immer rascher veralten und von Klein- und Mittelbetrieben nicht immer optimal ausgelastet werden können

2.3 Betriebs- und Arbeitsorganisation

- in der mangelnden Anpassung der Betriebsorganisation und der Unternehmensführung.

Die Handwerksorganisationen bieten dem Betriebsinhaber bei der Einführung neuer Technologien wesentliche Hilfestellungen. — Hilfestellungen

Eine besonders wichtige Rolle nehmen hierbei die Berufsbildungs- und Technologie-Transfer-Zentren der Handwerksorganisationen ein, die einerseits im Rahmen der überbetrieblichen Lehrlingsunterweisung und andererseits im Rahmen von Fort- und Weiterbildungsveranstaltungen das erforderliche Wissen über die neuen Techniken vermitteln. — Berufsbildungs- und Technologietransferzentren

Die betriebswirtschaftlichen und technischen Berater der Handwerkskammern und der Fachverbände beraten die Betriebe bei der Umsetzung neuer Technologien.

Die Beratung erfolgt sowohl auf betriebswirtschaftlichem Gebiet, weil die Anschaffungskosten der genannten Geräte relativ hoch sind, als auch im technischen Bereich durch eine auf den Einzelfall bezogene Anwendungshilfe in Form von Beratung, Information und Vermittlungsdiensten (Datenbanken). — Beratungsangebot

Wichtig sind auch entsprechende öffentliche Hilfen bei der Förderung des Technologietransfers. — Öffentliche Hilfen

Programmierte und textlich gestaltete, offene Übungs-, Wiederholungs- und Prüfungsfragen

1. Nennen Sie die wichtigsten Grundsätze für die Betriebs- und Arbeitsorganisation!

„Siehe Seite 231 des Textteils!"

2. Welches sind die betrieblichen Hauptorganisationsbereiche und deren Aufgaben?

„Siehe Seite 232 des Textteils!"

3. Wie kann im Handwerksbetrieb die Aufbau- und Ablauforganisation gestaltet werden?

„Siehe Seite 232 des Textteils!"

4. Die kleinste Einheit der Aufbauorganisation innerhalb der Betriebsorganisation ist
- ☐ a) die Stelle.
- ☐ b) eine Maschine.
- ☐ c) ein Arbeitsplatz.
- ☐ d) das Betriebsbüro.
- ☐ e) das Personalbüro.

„Siehe Seite 232 des Textteils!"

5. Unter Aufgabenanalyse in der Betriebsorganisation versteht man
- ☐ a) die Zusammenfassung von Aufgaben eines Unternehmens
- ☐ b) die Verbindung von Aufgaben eines Unternehmens
- ☐ c) die Aufstockung von Aufgaben eines Unternehmens
- ☐ d) die Aufgliederung von Aufgaben eines Unternehmens
- ☐ e) die Beschreibung von Aufgaben eines Unternehmens.

„Siehe Seite 233 des Textteils!"

6. Welche der nachfolgenden Antworten ist falsch?
Die Aufgabenanalyse kann erfolgen
- ☐ a) nach dem Verrichtungsprinzip.
- ☐ b) nach der Art der Objekte.
- ☐ c) nach dem Rang.
- ☐ d) nach der Phase.
- ☐ e) nach dem Ort.

„Siehe Seite 233 des Textteils!"

7. Erläutern Sie wichtige Prinzipien der Prozeßsynthese im Rahmen der betrieblichen Ablauforganisation!

„Siehe Seite 236 des Textteils!"

8. Auf was muß man bei der Planung, Errichtung, Nutzung und Instandhaltung von Betriebsräumen besonders achten?

„Siehe Seite 237 des Textteils!"

9. Welche Grundsätze sind bei Auswahl, Einsatz, Instandhaltung und Pflege der Betriebsmittel besonders zu beachten?

„Siehe Seite 238 des Textteils!"

10. Warum ist eine schriftliche Auftragsbestätigung notwendig?

„Siehe Seite 239 des Textteils!"

11. Die Arbeitsvorbereitung dient
☐ a) der Einweisung der Arbeitskräfte.
☐ b) der Organisation des Produktionsprozesses.
☐ c) nur der Personalorganisation im Betrieb.
☐ d) nur der Arbeitszeitermittlung.
☐ e) vorwiegend der Zwischenkalkulation.

„Siehe Seite 239 des Textteils!"

12. Nennen Sie die zentralen Probleme, die bei der Auftragsabwicklung entstehen und wie man sie lösen kann!

„Siehe Seite 240 des Textteils!"

13. Nach welchen Faktoren muß das betriebliche Lager- und Transportwesen ausgerichtet sein?

„Siehe Seite 241 des Textteils!"

14. Nennen Sie die wesentlichen Teilbereiche der kaufmännischen Verwaltung!

„Siehe Seite 243 des Textteils!"

15. Nennen Sie wichtige Anwendungsbereiche der EDV im Handwerksbetrieb!

„Siehe Seite 244 des Textteils!"

16. Wie werden die zur elektronischen Datenverarbeitung notwendigen Geräte in der Fachsprache bezeichnet?
☐ a) EDV-Anlage
☐ b) Software
☐ c) Datenträger
☐ d) Rechenzentrum
☐ e) Hardware.

„Siehe Seite 245 des Textteils!"

17. Wozu dient eine Diskette?
☐ a) Zum Diktieren
☐ b) Zur Datenspeicherung
☐ c) Zur Steuerung der Zentraleinheit
☐ d) Zur Herstellung der Kompatibilität
☐ e) Zur Umsetzung in die Maschinensprache.

„Siehe Seite 245 des Textteils!"

18. Mobil einsetzbare Computer nennt man
☐ a) Laserdrucker
☐ b) Plotter
☐ c) Scanner
☐ d) Notebook
☐ e) Mobile Rechner.

„Siehe Seite 246 des Textteils!"

19. Was versteht man unter Software im Zusammenhang mit der EDV?
☐ a) Die zur Datenverarbeitung erforderlichen Programme
☐ b) Die zur Datenerfassung erforderlichen Datenträger
☐ c) Die vorgeschriebenen Maßnahmen zum Datenschutz
☐ d) Die Zusammenarbeit mit Servicezentren
☐ e) Die zur Datenverarbeitung notwendigen Geräte.

„Siehe Seite 247 des Textteils!"

20. Die Software zur Steuerung der Geräte nennt man
☐ a) Standardsoftware
☐ b) Betriebssystem
☐ c) Computer
☐ d) Branchenlösung
☐ e) Individualsoftware.

„Siehe Seite 247 des Textteils!"

21. Wie soll bei der Einführung der EDV in einem Handwerksbetrieb vorgegangen werden?

„Siehe Seite 249 des Textteils!"

22. Welche Faktoren sind bei der Entscheidung zu bedenken, ob eine EDV-Anlage über Kauf oder Leasing erworben werden soll?

„Siehe Seite 250 des Textteils!"

23. Welches sind für einen Handwerksbetrieb die besonderen Vorteile des Einsatzes der EDV?

„Siehe Seite 251 des Textteils!"

24. Welches ist der wichtigste formale Inhalt eines Geschäftsbriefes?

„Siehe Seite 253 des Textteils!"

25. Bietet die Anwendung von Musterbriefen Vorteile?
☐ a) Ja, Musterbriefe können als Drucksache versandt werden.
☐ b) Ja, alle Mitarbeiter des Betriebes werden von Routinebriefen entlastet.
☐ c) Nein, Musterbriefe sollten nicht verwendet werden, weil sie zu schematisch sind, um allen Gegebenheiten des Betriebes zu entsprechen.
☐ d) Nein, Musterbriefe werden von Empfängern heutzutage immer als unpersönlich und befremdend aufgenommen.
☐ e) Nein, weil die Kosten für die Entwicklung von Musterbriefen zu hoch sind und deshalb für Handwerksbetriebe nicht in Frage kommen.

„Siehe Seite 254 des Textteils!"

26. Welche Telekommunikationsmittel können im Handwerksbetrieb eingesetzt werden?

„Siehe Seite 254 des Textteils!"

27. Auf der Kombination welcher bereits vorhandenen Medien baut der Bildschirmtext auf?
☐ a) Telefon und Farbfernseher
☐ b) Fernschreiber und hauseigene EDV-Anlage
☐ c) Telefon und Videorecorder
☐ d) Farbfernseher und Videorecorder
☐ e) Telefon und Rundfunkgerät.

„Siehe Seite 255 des Textteils!"

2.3 Betriebs- und Arbeitsorganisation

28. Welche Vorteile bietet der City-Ruf für einen Handwerksbetrieb?
- [ ] a) Er ermöglicht die Erreichbarkeit des Teilnehmers überall in der Bundesrepublik.
- [ ] b) Infolge der regionalen Begrenzung ist er besonders für den Einsatz auf Baustellen und in Kundendienstfahrzeugen sowie bei Montagetätigkeiten geeignet.
- [ ] c) Er ermöglicht preisgünstig die Übermittlung von mündlichen Nachrichten zu Baustellen und Betriebsfahrzeugen.
- [ ] d) Er ist vielseitig einsetzbar, weil er sowohl die Übermittlung von mündlichen wie auch von schriftlichen Nachrichten gestattet.
- [ ] e) Der City-Ruf bietet nur den Betrieben Vorteile, die über ein Btx-Gerät verfügen.

„Siehe Seite 256 des Textteils!"

29. Nennen Sie wichtige Zwecke und Bereiche, in denen betriebliche Formulare eingesetzt werden können!

„Siehe Seite 257 des Textteils!"

30. Wie können notwendige Informationen innerbetrieblich vermittelt werden?

„Siehe Seite 257 des Textteils!"

31. Wie können Aktenordnung, Registratur und Aktenablage im Handwerksbetrieb organisiert sein?

„Siehe Seite 258 des Textteils!"

32. Welche wichtigen Organisationshilfsmittel in der Verwaltung des Handwerksbetriebes kennen Sie?

„Siehe Seite 259 des Textteils!"

33. Man spricht von Rationalisierung, wenn
- [ ] a) man Material so einteilt, daß der Vorrat reicht.
- [ ] b) man einen möglichst hohen Lagerbestand hält.
- [ ] c) man neue Maschinen für den Betrieb anschafft.
- [ ] d) man das zweckmäßigste Arbeitsverfahren anwendet.
- [ ] e) Personal abgebaut wird.

„Siehe Seite 260 des Textteils!"

34. Nennen Sie wichtige Formen und Maßnahmen der Rationalisierung!

„Siehe Seite 261 des Textteils!"

35. Was bedeutet der Begriff RKW?
- [ ] a) Rationalisierungskuratorium für Wirtschaftswachstum
- [ ] b) Rationalisierungskuratorium Westdeutschland
- [ ] c) Rationalisierungskuratorium der Deutschen Wirtschaft
- [ ] d) Rationalisierungskuratorium des wettbewerbsorientierten Wirtschaftssystems
- [ ] e) Rationalisierungsforum der Kreditwirtschaft.

„Siehe Seite 261 des Textteils!"

36. Nennen Sie die wichtigsten Aufgaben des REFA-Verbandes!

„Siehe Seite 262 des Textteils!"

37. Was versteht man unter Mechanisierung?
- [ ] a) Die Beschaffung neuer Maschinen und Anlagen mit dem Ziel der Einsparung von Personal
- [ ] b) Jeden Einsatz der EDV in Werkstatt und Büro

☐ c) Den Einsatz technischer Hilfsmittel zur Zusammenfassung gleichartiger Verrichtungen und Funktionen
☐ d) Die Vornahme von Investitionen, um die Produktionsmenge weiter steigern zu können
☐ e) Den Einsatz technischer Hilfsmittel zur Zusammenfassung gleichartiger Verrichtungen und Funktionen sowie zur Steuerung und Kontrolle.

„Siehe Seite 263 des Textteils!"

38. Was versteht man unter Automatisierung?
☐ a) Die Steuerung und Kontrolle wird zunehmend von Maschinen übernommen.
☐ b) Die Beschaffung neuer Maschinen und Anlagen zur Einsparung von Arbeitskräften
☐ c) Den Einsatz der EDV in Werkstatt und Büro
☐ d) Den Einsatz technischer Hilfsmittel zur Zusammenfassung gleichartiger Verrichtungen
☐ e) Die Umstellung des Vertriebs auf Warenautomaten.

„Siehe Seite 263 des Textteils!"

39. Nennen Sie wichtige Begriffe aus den neuesten Technologien, die beiden verschiedenen Stufen der Automatisierung in bestimmten Handwerksbetrieben eingesetzt werden können!

„Siehe Seite 263 des Textteils!"

40. Wie werden bei CNC-Maschinen die Bewegungsabläufe gesteuert?
☐ a) Über Funk
☐ b) Über Telefon
☐ c) Über Lochstreifen
☐ d) Über Bildschirmtext
☐ e) Über Computer.

„Siehe Seite 263 des Textteils!"

41. Welche Einrichtungen sind für das Handwerk besonders wichtige Technologie-Transfer-Zentren?
☐ a) Universitäten und Fachhochschulen
☐ b) Volkshochschulen
☐ c) Berufsschulen
☐ d) Berufsbildungs- und Technologietransferzentren
☐ e) Gewerbehöfe.

„Siehe Seite 265 des Textteils!"

2.4 Personalorganisation

2.4.1 Die menschliche Arbeit als Leistungs- und Kostenfaktor im Handwerksbetrieb

Lernziele:
- Erkennen der großen Bedeutung des Produktionsfaktors Arbeit und damit auch des besonderen Gewichts des Kostenfaktors Personalkosten im Handwerk.
- Kennen der Besonderheiten des Personalbedarfs im Handwerk und der Methoden der Personalplanung mit Personalbedarfsplanung.
- Kennen der Leistungsmerkmale der menschlichen Arbeitskraft und der Maßnahmen zur Erhaltung und Förderung der menschlichen Arbeitskraft (wie Arbeitsplatzgestaltung).
- Kennen der wesentlichen Voraussetzungen, die die menschliche Arbeitsleistung nachhaltig bestimmen, insbesondere der Bedeutung der Leistungsanerkennung.
- Wissen, welche Faktoren bei der Ermittlung einer leistungsgerechten Entlohnung zu berücksichtigen sind.

Die folgende Abbildung zeigt die drei Produktionsfaktoren in einer Volkswirtschaft:

Die volkswirtschaftlichen Produktionsfaktoren

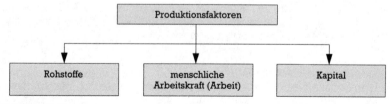

Rohstoffe
Arbeit
Kapital

Abbildung 140

Die Produktionsfaktoren Rohstoffe und Kapital beeinflussen zu einem erheblichen Teil die volkswirtschaftliche Leistung.
Der Produktionsfaktor „menschliche Arbeitskraft" ist aber von überragender Bedeutung, da der Mensch letztlich über den Einsatz von Material und Kapital entscheidet.

Menschliche Arbeitskraft

2.4.1.1 Besonderheiten des Personalbedarfs und der Personalstruktur im Handwerk

Der Anteil der menschlichen Arbeitskraft an der Gesamtleistung ist im Handwerk wesentlich größer als in anderen Wirtschaftszweigen. Aufgrund dieser Arbeitsintensität, die beinahe für alle Handwerkszweige gilt, nehmen Personalfragen eine bedeutende Stellung ein. Aufgrund ständiger Lohnsteigerungen und der enormen Erhöhung der Lohnzusatzkosten ist die menschliche Arbeitskraft zum bedeutendsten Kostenfaktor im Handwerk geworden.

Personalintensives Handwerk
Kostenfaktor
Personalkosten

Für den Unternehmer ist es daher wichtig, möglichst genaue Personalbedarfsplanungen folgenden Inhalts zu erstellen:

Personalbedarfsplanung

- Quantität (Anzahl) der erforderlichen Arbeitskräfte
- qualitative Struktur der Arbeitskräfte
- zeitlicher Einsatz der Arbeitskräfte
- örtlicher Einsatz der Arbeitskräfte.

Personalentwicklungsmaßnahmen

Angesichts des zunehmenden Fachkräftemangels im Handwerk gewinnen Personalentwicklungsmaßnahmen, zum Beispiel Weiterbildung von förderungswilligen und förderungswürdigen Mitarbeitern, ebenso an Bedeutung wie die Erstellung von individuellen Personalentwicklungs- bzw. Karriereplänen, die den Mitarbeitern entsprechende Perspektiven aufzeigen.

> Oberstes Ziel muß es sein, die Attraktivität des Betriebes für die Mitarbeiter zu erhalten.

2.4.1.2 Leistungsmerkmale, Leistungsvoraussetzungen und Leistungsförderung

Leistungsmerkmale

Körperliche und geistige Anforderungen

> Der technische Wandel hat für den arbeitenden Menschen Veränderungen gebracht. In den meisten Bereichen sind die körperlichen Anforderungen an die Arbeitskraft durch gezielten Maschinen- und Geräteeinsatz geringer geworden. Die Anforderungen an die geistigen Fähigkeiten sind dagegen vor allem im Handwerk durch die Ausführung individueller und verantwortungsvoller Tätigkeiten sowie durch den Einsatz neuer Techniken enorm gewachsen.

Arbeitsmedizin, Arbeitspsychologie

Ebenso ist durch erhöhtes Arbeitstempo, unter anderem verursacht durch Arbeitszeitverkürzungen, die nervliche Belastung stärker geworden. In diesem Zusammenhang sind zusätzliche Aufgaben in der Menschenführung entstanden. Ferner sind neue wissenschaftliche Disziplinen wie Arbeitsmedizin und Arbeitspsychologie entstanden, die auch auf die Förderung der Arbeitsbedingungen und eines guten Betriebsklimas ausgerichtet sind.

Gestaltung der Arbeitsbedingungen

> Oberstes Ziel der Menschenführung im betriebswirtschaftlichen Sinn ist es, die Arbeitsbedingungen so zu gestalten, daß der für den Betrieb bestmögliche Erfolg verwirklicht werden kann.

Bestimmungsgrößen der Arbeitsleistung

Zu unterscheiden sind folgende Faktoren:

Arbeitsleistungsfaktoren

- äußere Voraussetzungen
- innere Voraussetzungen.

Äußere Voraussetzungen

Äußere Bestimmungsfaktoren
Technische Mittel

Wichtige äußere Bestimmungsfaktoren für die Arbeitsleistung sind:
- Einsatz und Gestaltung technischer Hilfsmittel
- Einsatz und Gestaltung von Maschinen und Werkzeugen

2.4 Personalorganisation

- Gestaltung und Ausstattung des Arbeitsplatzes
- Gestaltung und Ausstattung des Arbeitsraumes (Platzangebot, Lärmbelastung, Beleuchtung, Klimaführung, Farbgestaltung usw.)
- innerbetriebliche Organisation
- Verhältnis zu Vorgesetzten und Mitarbeitern (Betriebsklima).

Arbeitsplatz
Arbeitsräume

Betriebsklima

Innere Voraussetzungen

Die Abbildung zeigt die wichtigsten inneren Bestimmungsfaktoren zur Erbringung guter Arbeitsleistung:

Innere Bestimmungsfaktoren der Arbeitsleistung

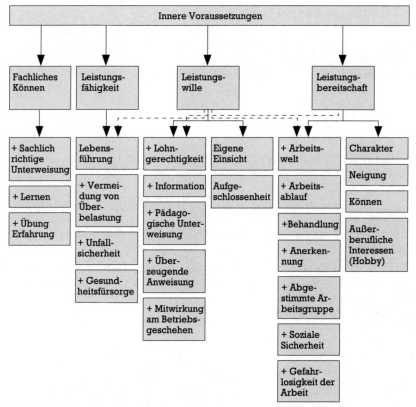

Innere Bestimmungsfaktoren

Abbildung 141

Wie die obige Abbildung zeigt, hängt die Arbeitsleistung in erster Linie vom fachlichen Können, der Leistungsfähigkeit, dem Leistungswillen und der Leistungsbereitschaft ab.

Unter **Leistungsfähigkeit** versteht man in diesem Sinne die durch Körperkräfteanlagen und Fertigkeiten bestimmte mögliche Höchstleistung.
Leistungswille ist der bewußte Beitrag zum Arbeitserfolg.
Leistungsbereitschaft umfaßt Faktoren, die vom Gefühl gesteuert werden und wird vor allem durch Leistungsanerkennung gefördert.

Leistungsfähigkeit
Leistungswille
Leistungsbereitschaft

Ursachen für mangelnde Leistungsbereitschaft sind:
- Verstimmungen und Verärgerungen
- beginnende Krankheit
- häusliche Sorgen
- finanzielle Notlage usw.

> Die wichtigste Aufgabe durchdachter Personal- und Menschenführung ist die Abstimmung aller Leistungsvoraussetzungen.

Leistungsförderung

Folgende Faktoren können die Leistung des Mitarbeiters fördern:

Faktoren der Leistungsförderung
- Leistungsgerechte und marktgerechte Entlohnung
- Schaffung humaner Arbeitsbedingungen
- Sinnfindung und Sinnverwirklichung in der betrieblichen Arbeit
- Identifikation mit den Arbeitsinhalten
- Identifikation mit dem Betrieb
- Leistungsanerkennung durch den Vorgesetzten bzw. Betriebsinhaber.

2.4.1.3 Leistungsgerechte Entlohnung

> Das Problem der leistungsgerechten Entlohnung besteht darin, die menschliche Arbeit und Leistung zu messen.

Nur in bestimmten Berufen lassen sich Normal- und Standardleistungen erfassen und messen.

Arbeitsbewertung
In Berufen, in denen dies nicht möglich ist, spielt die Arbeitsbewertung eine große Rolle.

Mit Hilfe eines Punkteschemas wird hierbei ausgehend von einem Tariflohn (Ecklohn) unter anderem folgendes bewertet und gewichtet:
- Arbeitsanforderungen
- Arbeitsschwierigkeiten
- Fachkönnen
- Belastung
- Verantwortung
- Umgebungseinflüsse.

Lohnstufen Lohnschema
Unter Berücksichtigung der sich ergebenden Wertsummen können dann Lohnstufen festgelegt werden, die ein leistungsgerechtes Lohnschema ergeben.
Der Gewichtung der verschiedenen Faktoren kommt hierbei besondere Bedeutung zu.

In kleineren Handwerksbetrieben richtet sich die Lohnhöhe häufig nach der Ausbildung sowie den allgemeinen und besonderen Berufserfahrungen und Leistungen des Mitarbeiters. Die Entlohnung wird dabei nach der Zeiteinheit, meist in Stunden, festgelegt.

Marktgerechte Entlohnung
Um die Fluktuation (Betriebswechsel der Arbeitskräfte) in einem Betrieb möglichst klein zu halten, ist es von Bedeutung, Vergleiche anzustellen, wie dieselbe Stelle oder Art der Tätigkeit in anderen Betrieben entlohnt wird (marktgerechte Entlohnung).

2.4.2 Personalbedarfsermittlung und Stellenbesetzung

Lernziele:
- Kennen der wesentlichen Faktoren, die den Gesamt-Personalbedarf und die Personal-Struktur bestimmen.
- Wissen, welchem Zweck Stellenplan, Stellenbesetzungsplan und Stellenbeschreibungen dienen und wie diese in einfacher Form zu erstellen sind.
- Kennen der wichtigsten Maßnahmen der Personalbeschaffung, der Bearbeitung von Bewerbungen und der Personalerhaltung.

2.4.2.1 Analyse des Personalbedarfs

Die Personalplanung muß, um alle Notwendigkeiten zu berücksichtigen, auf Beschaffung von Arbeitskräften, Arbeitskräfteeinsatz sowie die Planung der Ausbildung und Fortbildung ausgerichtet sein.

Hauptziel der Personalplanung

Die Zahl der in einem Handwerksbetrieb benötigten Meister, Facharbeiter, Hilfskräfte, kaufmännischen und sonstigen Kräfte hängt einzelbetrieblich gesehen von folgenden Faktoren ab:
- Betriebszweck
- Betriebsgröße
- Betriebsausstattung
- innerbetriebliche Organisation
- Qualitätsanforderungen an die betriebliche Leistung.

Bestimmungsgrößen des Personalbedarfs

Gesamtwirtschaftlich betrachtet kommen noch folgende Gesichtspunkte hinzu:
- konjunkturelle Entwicklungen
- strukturelle Entwicklungen
- Angebot am Arbeitsmarkt.

Im Rahmen der Personalpolitik spielt die Personalbedarfsplanung eine wichtige Rolle. Gemäß dem Grundsatz „Gesamtplan vor Einzelplan" wird zunächst die Planung des Produktions- und Leistungsvolumens erstellt. Aus dieser wird dann auch unter Beachtung der unter Abschnitt 2.4.1.1 „Besonderheiten des Personalbedarfs und der Personalstruktur im Handwerk" in diesem Band aufgeführten Einflußfaktoren die Personalbedarfsplanung abgeleitet.

2.4.2.2 Stellenplan und Stellenbeschreibung

In jedem Handwerksbetrieb mit mehreren Beschäftigten sollte grundsätzlich ein Stellenplan vorhanden sein, aus dem die jeweiligen Stellenbeschreibungen hervorgehen.

Stellen entstehen aus der Zusammenfassung einzelner Teilaufgaben zu einer von einer Person überschaubaren und bewältigbaren Aufgabe. Der Stellenplan zeigt die im Betrieb vorhandenen Stellen im Überblick.

Stelle

Stellenplan

Stellenbeschreibung

Die Stellenbeschreibung enthält unter anderem:
- Tätigkeitsbeschreibung für den Aufgabenträger
- organisatorische Einordnung der Stelle

- spezifische Leistungsanforderungen
- Informationen
- Kontrollen.

2.4.2.3 Stellenbesetzung

Maßnahmen der Personalbeschaffung

Interne oder externe Besetzung

> Bei der Neubesetzung einer Stelle muß zunächst folgende Entscheidung getroffen werden:
> - Interne Besetzung der Stelle durch Umsetzung eines bereits vorhandenen Mitarbeiters
> oder
> - externe Besetzung der Stelle durch Neueinstellung eines Mitarbeiters.

Stellenbesetzungsplan Stellenangebot

Aufgrund dieser Entscheidungen wird ein Stellenbesetzungsplan erstellt. Der externen Stellenbesetzung geht das Stellenangebot voraus; es kann auch eine Meldung der offenen Stelle an das Arbeitsamt erfolgen.

Bearbeitung von Bewerbungen

Bearbeitung von Bewerbungen

Folgende Grundsätze sind bei der Ausschreibung und Bearbeitung von Bewerbungen besonders zu beachten:
- Erstellung eines klaren Anforderungsprofils
  - keine übertriebenen Forderungen stellen
  - klare Darlegung der sachlichen und persönlichen Anforderungen
- Attraktive, auf die jeweilige Zielgruppe ausgelegte, werbliche Gestaltung
- Rasche Bearbeitung von Bewerbungen
  - unter Umständen Versand von Zwischenbescheiden
  - Rücksendung der Unterlagen von nicht zum Zuge gekommenen Bewerbern
  - keine Abwertung von Bewerbern, die nicht angenommen wurden
- Diskrete Behandlung von Bewerbungen.

Die nachstehende Abbildung enthält die wichtigsten Unterlagen zur Beurteilung von Stellenbewerbern:

Unterlagen zur Beurteilung von Bewerbern

Bewerbungsunterlagen

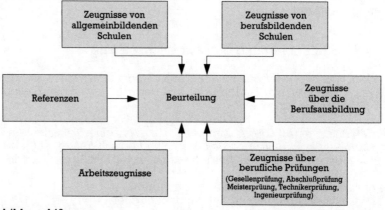

Abbildung 142

Weitere Entscheidungshilfen zur Personalauswahl können sein:
- Beurteilung der Handschrift durch graphologische Gutachten
- Einsatz verschiedener Eignungstests
  - fachbezogene Tests
  - psychologische Tests
- Beratung durch Personal- und Unternehmensberater
- persönlicher Eindruck im Vorstellungsgespräch.

Weitere Entscheidungshilfen

Personalerhaltung

> Die Personalerhaltung beinhaltet alle Maßnahmen, die notwendig sind, das vorhandene Personal weiterhin an den Betrieb zu binden.

Mögliche Maßnahmen sind:
- leistungsgerechte Entlohnung der Mitarbeiter
- Schaffung eines angenehmen Betriebs- und Arbeitsklimas
- Möglichkeiten der Selbstentfaltung der Mitarbeiter
- Zugeständnis von größtmöglicher Selbständigkeit der Mitarbeiter
- Einbindung der Mitarbeiter in betriebliche Entscheidungsprozesse usw.

Maßnahmen zur Personalerhaltung

> Die Personalerhaltung ist für den Handwerksbetrieb von großer Bedeutung, um einerseits Kosten für die Neubesetzung von Arbeitsstellen und Einarbeitung zu vermeiden und andererseits ein angenehmes Betriebsklima zu erhalten.

Bedeutung

2.4.3 Personaleinsatz und Mitarbeiterführung

Lernziele:
- Kennen der wesentlichen psychologischen Grundlagen einer aufgabenbezogenen Menschenführung.
- Wissen, welche Arten der Weisung unterschieden werden und für welche Fälle sich die eine oder andere Art der Weisung anbietet.
- Kennen der Hauptelemente rationeller Arbeitsgestaltung.
- Wissen, nach welchen Grundsätzen sich die Arbeitsverteilung bzw. der Arbeitsablauf nach dem REFA-Verfahren vollzieht, nach welchen grundsätzlichen Tätigkeiten die menschliche Arbeitsleistung unterschieden wird.
- Kennen der bedeutendsten Führungsstile in ihren Merkmalen.
- Kennen der Haupt-Grundsätze der Menschenführung sowie der wesentlichen Verhaltensgrundlagen und Maßnahmen zur Konfliktvermeidung und -lösung.
- Wissen, welche Bedeutung der Arbeitsüberwachung und der Leistungskontrolle zukommt.
- Kennen der Kontrollmöglichkeiten durch Arbeitszeit- und Leistungserfassung in Verbindung mit Leistungsvorgaben.

2.4.3.1 Psychologische Grundlagen der menschlichen Zusammenarbeit im Handwerksbetrieb

Psychologische Grundlagen einer aufgabenbezogenen Menschenführung

Die Eignung eines Menschen zur Führungskraft hängt von seinen persönlichen Voraussetzungen und Anlagen ab. Notwendige Voraussetzungen zur Eignung eines Menschen als Führungskraft sind:

Voraussetzungen für eine Führungskraft

- Selbstdisziplin
- innere Autorität im Sinne von Anerkennung
- Vertrauen
- Überzeugungskraft
- Kontaktfähigkeit
- Fähigkeit der Unterdrückung impulsiver Launen und Stimmungen
- Fähigkeit, Sorgen und Nöte von Mitarbeitern anzuhören und brauchbare Ratschläge zu geben.

Arten von Weisungen und deren Einsatz

Wichtig ist, daß die Führungskraft klare Weisungen innerhalb der Zuständigkeitsbereiche trifft.

Folgende Arten von Weisungen sind grundsätzlich zu unterscheiden:

Weisungsarten

Arten von Weisungen

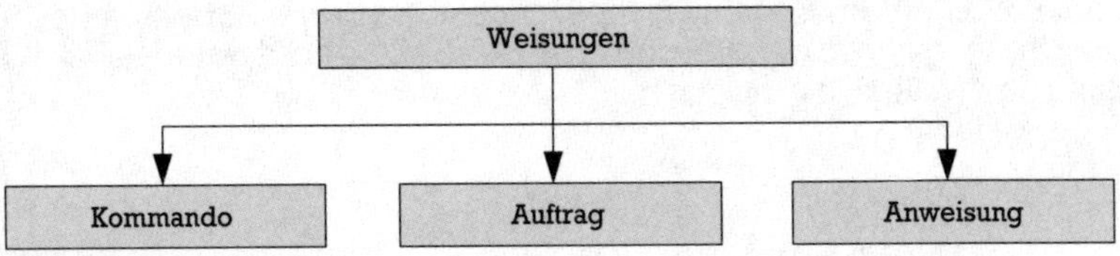

```
                    Weisungen
          ┌────────────┼────────────┐
      Kommando       Auftrag     Anweisung
```

Abbildung 143

Kommando
- Kommando
  - knappste Art der Weisung
  - ohne Begründung und Höflichkeitsform
  - mit erhobener Stimme

Auftrag
- Auftrag
  - Gegenstück zum Kommando
  - wird mit Begründung und Höflichkeitsform erteilt
  - Der Beauftragte übernimmt für die Erledigung des Auftrages Verantwortung und entwickelt Eigeninitiative.
  - Der Mitarbeiter wird vom Objekt zum denkenden Subjekt.
  - häufigste Form der Weisung

Anweisung
- Anweisung
  - Mittelweg zwischen Kommando und Auftrag.

Der Einsatz der aufgezeigten Möglichkeiten hängt von verschiedenen Faktoren ab:

Einsatzmöglichkeiten

- Art der zu verrichtenden Tätigkeit, bei Richtarbeiten eines Hauses zum Beispiel ist das Kommando unerläßlich
- Ton, in dem die jeweilige Weisung erteilt wird

- Zeitpunkt der Erteilung der Weisung
- Mentalität des Menschen, der angewiesen wird.

Zusammenfassend kann festgehalten werden, daß der Auftrag die geeignetste Form der Weisung darstellt, situationsgebunden aber dennoch Anweisung oder Kommando zum Einsatz kommen können und manchmal auch müssen.

Menschenführung sollte sich nicht allein von den Eigenschaften des Führenden ableiten. In vielen Fällen beeinflussen sich Führer und Geführte – abhängig von der jeweiligen Situation – gegenseitig.

2.4.3.2 Arbeitsgestaltung und Arbeitsverteilung

Arbeitsgestaltung

Arbeitsgestaltung

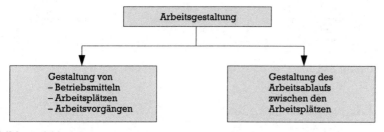

Arbeitsgestaltung

Abbildung 144

Die Arbeitsplatzgestaltung betrifft die Ausrüstung der einzelnen Arbeitsstelle.
Die Ausrüstung hat so zu erfolgen, daß ein zweckentsprechendes, kostengünstiges Arbeiten möglich ist.

Ausrüstung der Arbeitsstelle

Näheres hierzu im Abschnitt 2.4.1.2 „Leistungsmerkmale, Leistungsvoraussetzungen und Leistungsförderung" in diesem Band.

Arbeitsverteilung

Die Arbeitsverteilung betrifft den Arbeitsablauf.

Arbeitsverteilung

Dieser vollzieht sich nach REFA-Verfahren grundsätzlich nach folgenden Größen:
- Einsatz der menschlichen Arbeitskraft
- Verwendung der Betriebsmittel
- Behandlung der Arbeitsgegenstände.

Die einzelnen Tätigkeiten (Haupttätigkeiten, Nebentätigkeiten und zusätzliche Tätigkeiten) müssen im Betriebsablauf grundsätzlich nach Verteilung und zeitlicher Abstimmung so gestaltet sein, daß dieser insgesamt gesehen ohne wesentliche Störung erfolgen kann.

Arbeitsablauf

2.4.3.3 Arbeitsunterweisung und Arbeitsanleitung – Führungsstile und Führungsmittel

Führungsstile

Kriterien der Führungsstile

> Das Hauptkriterium für die Unterscheidung der Führungsstile zeigt sich im Grad der Einbeziehung der Mitarbeiter in den Entscheidungsprozeß.

Die Abbildung zeigt die grundsätzlich zu unterscheidenden Führungsstile im Überblick:

Die unterschiedlichen Führungsstile

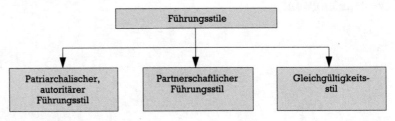

Abbildung 145

Autoritärer Führungsstil

Der patriarchalische oder autoritäre Führungsstil

Vereinfachend kann der autoritäre Führungsstil mit folgenden Merkmalen beschrieben werden:

Grundsätze
- alleinige Anweisungs- und Entscheidungskompetenz des Vorgesetzten
- die Mitarbeiter können die Anweisungen nur akzeptieren und ausführen
- Einsatz der legitimierten Macht des Vorgesetzten
- Kontrolle des Vorgesetzten, ob die Anweisungen ausgeführt sind, ohne Ankündigung
- keine Delegation des Vorgesetzten an die Mitarbeiter.

Partnerschaftlicher Führungsstil
Wesentliche Inhalte

Der partnerschaftliche oder kooperative Führungsstil

Der kooperative Führungsstil beinhaltet im wesentlichen:
- Beteiligung der Mitarbeiter an Entscheidungen
- Verlagerung bestimmter Entscheidungen auf die Mitarbeiter
- Selbstkontrolle des Mitarbeiters statt Fremdkontrolle
- der Vorgesetzte setzt insbesondere seine Expertenmacht ein
- zeitgerechte Autorität zum Zwecke der gemeinsamen Aufgabenerfüllung.

Gleichgültigkeitsstil

Der Gleichgültigkeitsstil

Merkmale

Wichtige Merkmale des Gleichgültigkeitsstils sind:
- weitgehende Freiheit der Mitarbeiter bei Entscheidungen
- Selbständigkeit der Mitarbeiter bei der Durchführung von Aufträgen
- Informationen durch den Vorgesetzten nur auf Verlangen der Mitarbeiter.

2.4 Personalorganisation

Der Gleichgültigkeitsstil spielt in der betrieblichen Praxis eine untergeordnete Rolle.

> Bei einer Abwägung der Führungsstile stellt man fest, daß der partnerschaftliche Führungsstil den heutigen Verhältnissen und Anforderungen am besten gerecht wird, weil er Eigenverantwortung und Motivation der Mitarbeiter stärkt.

Bester Führungsstil

Je nach der Art des Betriebes und nach den Aufgaben, die zu erfüllen sind, können auch die Elemente einzelner Führungsstile kombiniert und in abgewandelter Form angewendet werden.

Kombination

Grundregeln der Mitarbeiterbehandlung

Nachfolgende Abbildung zeigt die von einer internationalen Forschungsgruppe aufgestellten Grundregeln zur Behandlung von Mitarbeitern:

Die richtige Mitarbeiterbehandlung

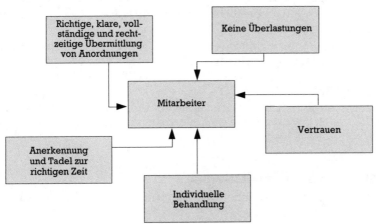

Grundregeln der Mitarbeiterbehandlung

Abbildung 146

Grundsätze der Menschenführung

Verschiedene internationale Gremien haben Grundsätze der Menschenführung aufgestellt. Nachfolgende Aufzählung stellt die wichtigsten kurz dar:

Grundsätze der Menschenführung

- Menschliche Behandlung
  Jede Führungskraft sollte die Achtung und den Glauben an den Mitmenschen nicht verlieren, den Mitarbeiter auch als Mensch akzeptieren und nicht nur als Produktionsfaktor betrachten.

- Persönlichkeit des Chefs
  Die Persönlichkeit des Chefs hängt von dessen menschlichen und fachlichen Eigenschaften ab, wobei im Verhältnis zu den Mitarbeitern die menschliche Seite im Vordergrund steht.

- Sachaufgabe – Atmosphäre
  Der Blick des Vorgesetzten richtet sich nach der Sachaufgabe aus, der Mitarbeiter dagegen erlebt vorrangig die Atmosphäre, in der er arbeitet.

- Geben und Nehmen
  Die Anstrengung bringt dem Menschen dann echte Befriedigung, wenn es sich um ein erstrebenswertes Ziel handelt. Will man von anderen etwas verlangen, so muß man auch bereit sein, ihnen etwas zu geben.

- Der richtige Mann/die richtige Frau muß am richtigen Platz stehen
  Jede Arbeitskraft soll ihren Fähigkeiten entsprechend eingesetzt werden.

- Selbständigkeit
  Jeder Mitarbeiter muß einen Bereich selbständigen Handelns haben, in dem er allein zuständig ist und über den er seinem Vorgesetzten Rechenschaft schuldet. Die Selbständigkeit ist meist Grundlage für Verantwortungsbewußtsein und Initiative.

- Fehlerkritik
  Die Kritik bei Fehlern sollte stets sachlich sein und den Fehler kritisieren, nicht den Menschen.

- Disziplin durch Information
  Diszipliniert sein heißt, das auszuführen, was der Chef will. Dies setzt voraus, daß der Vorgesetzte den Mitarbeiter umfassend informiert.

- Teamprinzip
  Die Überzeugungskraft des Vorgesetzten ist dann am größten, wenn es ihm gelingt, ein Team zu schaffen, in dem sich jeder wohlfühlt. Das Teamprinzip eignet sich hervorragend zur Pflege zwischenmenschlicher Beziehungen.

Personalführung und Motivation erhalten einen immer höheren Stellenwert. Dies erfordert verstärkt Weiterbildung des Betriebsinhabers und des Führungspersonals.

Maßnahmen zur Konfliktlösung

Lösung menschlicher Schwierigkeiten

Bei der Lösung menschlicher Schwierigkeiten kann man folgende Wege gehen:

Die Aussprache

Eine gegenseitige Aussprache wird fast immer die richtige Ebene für die Beseitigung von Schwierigkeiten sein.

Dabei ist folgendes zu beachten:

Regeln für die Aussprache

- Wahl des richtigen und günstigen Zeitpunkts
- Wahl der angemessenen räumlichen Umgebung (zum Beispiel nicht zwischen Tür und Angel)
- die Aussprache sollte nach Möglichkeit unter vier Augen stattfinden
- der Vorgesetzte sollte Bereitschaft zum Zuhören zeigen
- während der Aussprache sollten keine Nebenbeschäftigungen durchgeführt werden (zum Beispiel Unterschreiben der Post).

Der Erfolg der Aussprache hängt wesentlich davon ab, daß man dem Mitarbeiter gegenüber freundlich auftritt und ihm die Befangenheit nimmt.

Die 5-Stufen-Methode zur Beseitigung menschlicher Schwierigkeiten

Die folgende Abbildung zeigt eine zweckmäßige Vorgehensweise zur Beseitigung zwischenmenschlicher Schwierigkeiten:

2.4 Personalorganisation

Methoden der Konfliktlösung

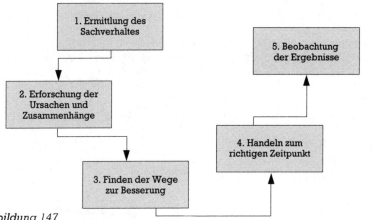

5-Stufen-Methode

Abbildung 147

2.4.3.4 Arbeitsüberwachung und Leistungskontrolle

Zu einer sachgerechten Mitarbeiterführung gehört, daß die Arbeit nach Maßgabe der gesetzten Ziele überwacht wird.
Der Vorgesetzte soll zur rechten Zeit auf Fehler hinweisen und Lösungsmöglichkeiten zu deren Abstellung geben.

Überwachung nach Zielen

Es gibt verschiedene Arten von Kontrollmöglichkeiten. Wichtig sind im besonderen die Arbeitszeit- und die Leistungserfassung vor allem in Verbindung mit Leistungsvorgaben.
Die Kontrolle der Leistung sollte sich auf drei Gebiete erstrecken:
- Zeitkontrolle
- Qualitätskontrolle
- Mengenkontrolle

Kontrollmöglichkeiten

Kontrollgebiete

Auf Gebieten, in denen die Leistungserstellung delegiert wird, sollte auch ein Teil der Kontrolle „nach unten" delegiert werden.

Delegation

Ein wichtiges Kontrollprinzip besagt, daß das, was delegiert wird, auch kontrolliert werden muß.

Kontrollprinzip

Die durchgeführten Kontrollen können auf verschiedene Art und Weise durchgeführt werden:
- Regelmäßige Soll-Ist-Vergleiche
- Stichproben

Arten der Kontrolle

2.4.4 Entlohnung und Personalverwaltung

Lernziele:
- Wissen, welche wesentlichen Entlohnungsformen und Leistungslohnarten für den Handwerksbetrieb relevant sind.
- Kennen der Techniken der Lohnabrechnung.
- Kennen der wichtigsten Arbeitsgebiete der Personalverwaltung und ihrer Aufgaben.

2.4.4.1 Entlohnungsformen

Folgende Anforderungen sind an ein Lohnsystem zu stellen:
- Lohngerechtigkeit
- Vorteilhaftigkeit für das Unternehmen
- Angemessenheit hinsichtlich der Besonderheiten der einzelbetrieblichen Leistung und Fertigung (Art der Fertigung, Arbeitsablauf usw.)

Arbeits- und Leistungsbewertung

Voraussetzung hierfür ist eine zweckentsprechende Arbeits- und Leistungsbewertung.

Nachfolgende Abbildung zeigt die wichtigsten Lohnformen im Überblick:

Die unterschiedlichen Lohnformen

Lohnformen

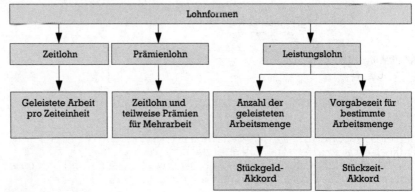

Abbildung 148

Zeitlohn

Zeitlohn

Der Zeitlohn geht von der Dauer der Arbeitszeit ohne Rücksicht auf die dabei geleistete Arbeit aus.

Vorteile

Vorteile des Zeitlohns:
- sorgfältige Arbeitsausführung
- Einfachheit der Lohnberechnung und -verrechnung.

Nachteile

Nachteile des Zeitlohns:
- geringere Produktivität
- höhere Stückkosten
- fehlender Anreiz zu größerer Arbeitsleistung
- strengere Überwachung der Arbeitskräfte erforderlich.

Leistungslohn

Leistungslohn

Der Leistungslohn bezieht sich auf die Anzahl der geleisteten Arbeitsmenge (Stückgeldakkord) oder auf eine bestimmte, durch Zeitstudien ermittelte Vorgabezeit für eine bestimmte Arbeitsmenge, in welcher die Arbeit verrichtet sein muß (Stückzeitakkord).

Der Lohnbetrag je Leistungseinheit bleibt in der Regel gleich, weshalb der Lohn im gleichen Umfang steigt.

Vorteile

Vorteile des Leistungslohns sind:
- höhere Produktivität
- geringere Stückkosten

2.4 Personalorganisation

- Anreiz zu größerer Arbeitsleistung
- geringere Überwachung erforderlich.

Nachteile des Leistungslohns sind:
- oftmals weniger sorgfältige Arbeitsausführung
- Schwierigkeiten bei der Lohnberechnung und -verrechnung.

Nachteile

Prämienlohn

> Der Prämienlohn nimmt eine Mittelstellung zwischen Zeitlohn und Leistungslohn ein. Zusätzlich zum Zeitlohn wird dem Arbeitnehmer die Mehrarbeit in Form von Prämien vergütet.
> Beim Prämienlohn steigt das Lohnniveau über das Zeitlohnniveau, jedoch in geringerem Umfang als die zusätzliche Leistung.

Prämienlohn

In der betrieblichen Praxis wurde eine Vielzahl von Prämienlohnsystemen entwickelt.

2.4.4.2 Lohnabrechnung

Techniken der Lohnabrechnung

Die Lohnabrechnung erfolgt in der Regel in organisatorischer Verbindung mit der Buchführung; dort wird für jeden Arbeitnehmer ein Lohn- bzw. Gehaltskonto geführt.

Techniken der Lohnabrechnung sind:
- Durchschreibeverfahren
- EDV-gestützte Lohnabrechnungssysteme.

Durchschreibeverfahren
EDV-Technik

Die verschiedenen Techniken sollten vor allem für den Arbeitnehmer wichtige Informationen wie Lohnhöhe und Zusammensetzung der Abzüge enthalten.

Unterlagen der Lohnabrechnung

Wichtige Unterlagen für die Lohnabrechnung sind:
- Tagesarbeitszettel
- Wochenarbeitszettel
- Laufkarten
- Lohn- und Akkordscheine
- Arbeitszeitkarten usw.

Wichtige Unterlagen

Zahlungsmodalitäten

Zahlungsmodalitäten

Zahlungsarten

Abbildung 149

| Bargeldlose Zahlung | Die große Mehrheit der Betriebe ist aus Rationalisierungsgründen zur bargeldlosen Zahlung übergegangen. |

Zahlungsrhythmus

Zahlungsrhythmus

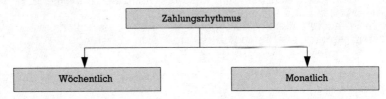

Zahlungs-
rhythmus

Abbildung 150

Bei Angestellten ist die monatliche Gehaltsabrechnung und -zahlung üblich.

Monatliche
Abrechnung
und Zahlung

Bei den übrigen Arbeitnehmern war es früher üblich, die Lohnabrechnung und -zahlung wöchentlich vorzunehmen; im Interesse der Vereinfachung gehen jedoch immer mehr Handwerksbetriebe dazu über, nur noch monatliche Lohnabrechnungen und -zahlungen durchzuführen.

2.4.4.3 Organisation der Personalverwaltung

Die Hauptaufgabengebiete der Personalverwaltung sind:

Hauptaufgabengebiete der Personalverwaltung

- Personalstatistik
  - Stundenstatistik
  - Leistungsstatistik
  - Lohnstatistik
  - Beschäftigungsstatistik
  - Krankheitsstatistik usw.

- Personalbetreuung
  - Pflege des zwischenmenschlichen Kontakts
  - Einsatz für soziale Belange.

2.4.5 Betriebliches Sozialwesen

Lernziele:

- Kennen der wichtigsten Arten der Sozialleistungen und ihrer Bedeutung für den Betrieb.
- Kennen der Bedeutung der Arbeitssicherheit und des Unfallschutzes (siehe auch Abschnitt 3.3.6 im Band 2).
- Kennen und Verstehen wichtiger Faktoren zur Förderung des Betriebsklimas, insbesondere eines entsprechenden Führungsstils.

2.4.5.1 Betriebliche Sozialleistungen

> Umfang und Höhe der betrieblichen Sozialleistungen beeinflussen das Leistungsverhalten der Arbeitnehmer, das Betriebsklima, den Betriebswechsel und die Stellung des Betriebs am Arbeitsmarkt.

Bedeutung der Sozialleistungen

Als wichtigste betriebliche Sozialleistungen sind zu nennen:
- Essenszuschüsse
- Arbeitskleidung
- Beschaffung oder Vermietung preisgünstiger Wohnungen
- Betriebliche Altersversorgung
- Fahrtkostenersatz
- Weihnachtsgeld
- Urlaubsgeld
- Weiterbildungsangebote
- Betriebsfeiern
- Zuwendungen für bestimmte Anlässe (zum Beispiel Jubiläumsgeschenke).

Arten

2.4.5.2 Arbeitssicherheit und Unfallschutz

> Ausreichende Sicherheit und Unfallschutz am Arbeitsplatz wirken positiv auf Arbeitsleistung und Personalkosten.

Positive Wirkungen

Eine wichtige Rolle spielen die Unfallverhütungsvorschriften der Berufsgenossenschaften mit folgenden Zielsetzungen:
- Verhütung des Eintritts von Schäden
- Verhütung von Berufskrankheiten.

Unfallverhütung

Die Aufsichtsbeamten der Berufsgenossenschaften haben folgende Aufgaben:
- Aufsicht über die Einhaltung der Unfallverhütungsvorschriften
- Beratung der Betriebe und der Arbeitnehmer, um Unfällen vorzubeugen.

Berufsgenossenschaften

Bezüglich näherer Einzelheiten darf auf den Abschnitt 3.4.3.7 „Unfallverhütung" im Band 2 verwiesen werden.

2.4.5.3 Maßnahmen zur Förderung eines guten Betriebsklimas

> Unter Betriebsklima versteht man, vereinfacht ausgedrückt, das zwischenmenschliche Verhältnis der Mitarbeiter untereinander und zu dem jeweiligen Vorgesetzen. In diesem Zusammenhang spricht man heute häufig von „human relations".

Qualität des betrieblichen Zusammenlebens

Die zentrale Frage bei jeder Maßnahme zur Verbesserung des Betriebsklimas stellt sich wie folgt:
Wie kann es gelingen, bei den einzelnen Mitarbeitern innerhalb des Betriebs
- ein Zusammengehörigkeitsgefühl
- einen kollegialen Stil
- die bestmögliche Leistung
- Vertrauen und Verantwortungsgefühl

zu erreichen?

Zentrale Frage

Faktoren zur Förderung des Betriebsklimas

Nachstehend werden einige Faktoren aufgeführt, die geeignet sind, das Betriebsklima zu beeinflussen und für den Betriebsinhaber Leitfaden sein können, das Betriebsklima zu verbessern:

- Eignung – Anforderung

    Welche Anforderungen werden an den einzelnen Mitarbeiter an dem entsprechenden Arbeitsplatz gestellt, und wie geeignet ist der Mitarbeiter, um diese Anforderungen zu erfüllen?

- Mitarbeiter – Vorgesetzter

    Was erwartet ein Mitarbeiter in bezug auf Führungsstil von seinem Vorgesetzten, und in welcher Weise entspricht der Vorgesetzte diesen Erwartungen?

    Was erwartet der Vorgesetzte von seinem Mitarbeiter, und wie verhält sich dieser ihm gegenüber?

- Arbeit – Arbeitsplatz

    Welche Arbeiten muß ein Mitarbeiter verrichten, und sind die Voraussetzungen am entsprechenden Arbeitsplatz gegeben?

- Arbeitsplatz – Zuständigkeit

    Welche Kompetenzen sind mit einer Arbeitsstelle verbunden, und welche sollte ein Mitarbeiter zur bestmöglichen Erfüllung seiner Aufgaben besitzen? Ergeben sich Kompetenzüberschneidungen zwischen den einzelnen Arbeitsplätzen?

- Leistung – Lohn

    Welche Erwartungen in bezug auf die Lohnhöhe sind vom Mitarbeiter an eine bestimmte Leistung geknüpft (leistungsgerechter Lohn)?

- Einzelner – Gruppe

    Welchen Einfluß hat die Arbeitsmoral einer bestimmten Gruppe auf den einzelnen und umgekehrt?

- Mitarbeiter – Autorität

    Welche Autorität besitzt ein Vorgesetzter bei den Mitarbeitern, und welche sollte er besitzen?

- Gruppe – Gruppenführer

    Entspricht der formelle Leiter der Gruppe auch dem informellen Gruppenführer (wird zum Beispiel der Ausbildungsleiter, also die von der Geschäftsleitung als Gruppenführer eingesetzte Person, auch von der Gruppe der Auszubildenden als Führungsperson angenommen)?

- Kreativität – Freiheitsspielraum

    Ist der Freiheitsspielraum so groß, daß der Mitarbeiter eigene schöpferische Gedanken zum Nutzen des Betriebes entwickeln kann? Dieser Bereich ist heute sehr wichtig, weil bei vielen Mitarbeitern die Möglichkeiten zur Selbstverwirklichung die Bindung an den Betrieb fördern.

2.4 Personalorganisation

Die Abbildung zeigt die dargestellten Zusammenhänge nochmals im Überblick:

Einflußfaktoren auf das Betriebsklima

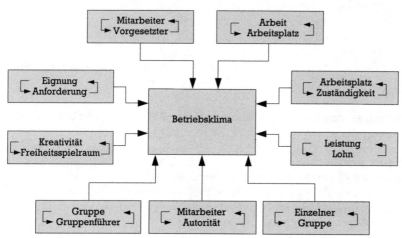

Abbildung 151

Programmierte und textlich gestaltete, offene Übungs-, Wiederholungs- und Prüfungsfragen

1. Oberstes Ziel der Menschenführung im betriebswirtschaftlichen Sinn ist
- ☐ a) optimale Arbeitsbedingungen zu gestalten.
- ☐ b) die Fehlzeiten so genau als möglich aufzuzeichnen.
- ☐ c) den Arbeitskräften rechtzeitig viel Disziplin beizubringen.
- ☐ d) sich mit allen Mitteln absolute Autorität zu verschaffen.
- ☐ e) bei der Fehlerkritik die Person des Mitarbeiters in den Vordergrund zu stellen.

„Siehe Seite 272 des Textteils!"

2. Die Erkenntnisse der Arbeitsmedizin und der Arbeitspsychologie dienen
- ☐ a) zur Ermittlung der leistungsgerechten Entlohnung.
- ☐ b) unter anderem der Förderung eines guten Betriebsklimas und günstiger Arbeitsbedingungen.
- ☐ c) vorwiegend der einzelbetrieblichen Gesundheitsvorsorge.
- ☐ d) der Steigerung des Arbeitstempos im Betrieb um jeden Preis.
- ☐ e) in erster Linie laufenden psychologischen Tests und Reihenuntersuchungen in den Betrieben.

„Siehe Seite 272 des Textteils!"

3. Welche äußeren Faktoren im Betrieb beeinflussen hauptsächlich die Arbeitsleistung?
- ☐ a) Die Höhe des Essenszuschusses an die Arbeitnehmer
- ☐ b) Die Höhe des Urlaubsgeldes an die Arbeitnehmer
- ☐ c) Dauer und Zeitpunkt des Jahresurlaubs des Arbeitnehmers
- ☐ d) Technische Hilfsmittel, Gestaltung von Arbeitsplatz und -raum
- ☐ e) Anlagen und Fertigkeiten des Arbeitnehmers.

„Siehe Seite 272 des Textteils!"

4. Nennen Sie die wichtigsten inneren Faktoren, die die Arbeitsleistung beeinflussen.

„Siehe Seite 273 des Textteils!"

5. Welche Maßnahmen bestimmen die Leistungsförderung?

„Siehe Seite 274 des Textteils!"

6. Eine leistungsgerechte Entlohnung kann insbesondere erreicht werden
- ☐ a) durch schematische Erfassung von Normal- und Standardleistungen.
- ☐ b) durch schematische Messung von Normal- und Standardleistungen.
- ☐ c) durch ein für alle Arbeitsleistungen in gleicher Weise geltendes Lohnschema.
- ☐ d) durch Arbeitsbewertung, die die unterschiedlichen Anforderungen berücksichtigt.
- ☐ e) durch einen pauschalen Zuschlag auf die Tariflöhne.

„Siehe Seite 274 des Textteils!"

7. Nennen Sie wichtige Bestimmungsgrößen zur Ermittlung des Personalbedarfs.

„Siehe Seite 275 des Textteils!"

2.4 Personalorganisation

8. Bei der Beurteilung von Stellenbewerbern für einen Handwerksbetrieb ist in der Regel eine Gruppe der nachstehend aufgeführten Bewerbungsunterlagen im Vergleich zu den anderen von geringer Bedeutung. Welche ist dies?
- ☐ a) Zeugnisse von berufsbildenden Schulen
- ☐ b) Zeugnisse von beruflichen Prüfungen
- ☐ c) Zeugnisse von allgemeinbildenden Schulen
- ☐ d) Arbeitszeugnisse
- ☐ e) Ergebnisse von Tests und Arbeitsproben.

„Siehe Seite 276 des Textteils!"

9. Welche Maßnahmen zur Personalerhaltung sind für den Handwerksbetrieb besonders wichtig?

„Siehe Seite 277 des Textteils!"

10. Welche Eigenschaften soll eine Führungskraft haben?

„Siehe Seite 278 des Textteils!"

11. Welche Arten von Weisungen gegenüber Mitarbeitern gibt es und nach welchen Gesichtspunkten werden sie eingesetzt?

„Siehe Seite 278 des Textteils!"

12. Nach welchen Hauptelementen hat eine rationelle Arbeitsgestaltung zu erfolgen?

„Siehe Seite 279 des Textteils!"

13. Nennen Sie die wichtigsten Grundsätze, nach denen sich die Arbeitsverteilung bzw. der Arbeitsablauf nach REFA-Verfahren vollzieht.

„Siehe Seite 279 des Textteils!"

14. Hinsichtlich der Arbeitsverrichtung im Rahmen des Arbeitsablaufs unterteilt man in
- ☐ a) Haupttätigkeiten und Nebentätigkeiten
- ☐ b) Haupttätigkeiten und zusätzliche Tätigkeiten
- ☐ c) Nebentätigkeiten und zusätzliche Tätigkeiten
- ☐ d) Hilfstätigkeiten, Ersatztätigkeiten und Haupttätigkeiten
- ☐ e) Haupttätigkeiten, Nebentätigkeiten und zusätzliche Tätigkeiten.

„Siehe Seite 279 des Textteils!"

15. Welche Führungsstile kennen Sie und nach welchen Kriterien werden sie eingesetzt?

„Siehe Seite 280 des Textteils!"

16. Können Elemente einzelner bzw. aller Führungsstile kombiniert und in abgewandelter Form angewendet werden?
- ☐ a) Nein, weil dies keine klare Konzeption der Mitarbeiterführung mehr ermöglichen würde.
- ☐ b) Nein, weil sich die Mitarbeiter an einem klaren Führungsstil orientieren wollen.
- ☐ c) Nein, weil die Elemente der verschiedenen Führungsstile zu unterschiedlich sind.
- ☐ d) Ja, je nach der Art des Betriebes und auch nach den Aufgaben, die zu erfüllen sind.
- ☐ e) Nein, weil dies den Betriebsinhaber im Regelfalle überfordern würde.

„Siehe Seite 281 des Textteils!"

17. Welche der nachfolgenden Grundregeln der Mitarbeiterbehandlung ist falsch?
- ☐ a) Die Anordnungen müssen dem Mitarbeiter richtig, klar und vollständig übermittelt werden.
- ☐ b) Die Anordnungen müssen dem Mitarbeiter rechtzeitig übermittelt werden.
- ☐ c) Jeder Mitarbeiter kann in gleicher Weise behandelt werden.
- ☐ d) Jeder Mitarbeiter muß individuell behandelt werden.
- ☐ e) Ständige Überbelastung der Mitarbeiter führt zu Unzufriedenheit.

„Siehe Seite 281 des Textteils!"

18. Welcher der nachfolgenden Grundsätze ist richtig?
- ☐ a) Ein Arbeitnehmer mit nachgewiesener Fachprüfung ist für alle Arbeiten gleich gut geeignet.
- ☐ b) Fehlende Fertigkeiten können in jedem Fall durch großen Fleiß ausgeglichen werden.
- ☐ c) Fehlende Kenntnisse können in jedem Fall durch Arbeitsanstrengungen ausgeglichen werden.
- ☐ d) Der richtige Mann bzw. die richtige Frau muß am richtigen Platz stehen (Einsatz nach Fähigkeiten).
- ☐ e) Jeder Arbeitnehmer kann nur entsprechend seiner Erstausbildung eingesetzt werden.

„Siehe Seite 282 des Textteils!"

19. Bei der Lösung menschlicher Schwierigkeiten sollte man
- ☐ a) eine Aussprache vor allen Mitgliedern der Abteilung oder des Arbeitsteams herbeiführen.
- ☐ b) die Aussprache nach Möglichkeit unter vier Augen vollziehen.
- ☐ c) die Aussprache nach Möglichkeit in die Arbeitspause legen.
- ☐ d) die Aussprache im unteren Bereich der Tagesleistungskurve durchführen.
- ☐ e) darauf bedacht sein, nichts zu unternehmen, damit sich die Sache von selbst erledigt.

„Siehe Seite 282 des Textteils!"

20. Welcher der nachfolgenden Grundsätze zur Beseitigung von menschlichen Schwierigkeiten ist falsch?
- ☐ a) Den Sachverhalt ermitteln
- ☐ b) Ursachen und Zusammenhänge feststellen
- ☐ c) Wege zur Besserung suchen
- ☐ d) Zum richtigen Zeitpunkt verantwortungsvoll handeln
- ☐ e) Auch Vermutungen in die Entscheidung einschließen.

„Siehe Seite 283 des Textteils!"

21. Welche Bedeutung kommt der Arbeitsüberwachung und der Leistungskontrolle zu und welche Kontrollmöglichkeiten kennen Sie?

„Siehe Seite 283 des Textteils!"

22. Nennen Sie die wichtigsten Entlohnungsformen für den Handwerksbetrieb.

„Siehe Seite 284 des Textteils!"

23. Der Leistungslohn
- ☐ a) bezieht sich auf die geleistete Arbeitsmenge oder Vorgabezeit.
- ☐ b) bewirkt, daß der Lohnbetrag pro Leistungseinheit stärker steigt als die Arbeitsleistung.
- ☐ c) bewirkt, daß der Lohnbetrag langsamer steigt als die Arbeitsleistung.

2.4 Personalorganisation

☐ d) beinhaltet die Entlohnung für die geleistete Arbeit pro Zeiteinheit.
☐ e) beinhaltet die Gewährung von Leistungszuschlägen zusätzlich zum Zeitlohn.

„Siehe Seite 284 des Textteils!"

24. Unter Prämienlohn versteht man:
☐ a) Eine Entlohnung auf der Basis der pro Zeiteinheit erbrachten Leistung.
☐ b) Ein Lohnsystem, bei dem zusätzlich zum Zeitlohn Prämien gezahlt werden.
☐ c) Ein Lohnsystem, das ausschließlich auf geleisteter Arbeitsmenge aufbaut.
☐ d) Ein Lohnsystem, das auf einer bestimmten Vorgabezeit für eine Arbeitsmenge aufbaut.
☐ e) Ein Lohnsystem, das sich nach der Dauer der Betriebszugehörigkeit richtet.

„Siehe Seite 285 des Textteils!"

25. Wie können im Handwerksbetrieb durch die Gestaltung des Lohnabrechnungszeitraumes und unter Würdigung der Interessen der Gesellen am besten Kosten eingespart werden?
☐ a) Durch tägliche Lohnabrechnung und Lohnzahlung
☐ b) Durch wöchentliche Lohnabrechnung und tägliche Abschlagszahlungen
☐ c) Durch wöchentliche Lohnabrechnung und Lohnzahlung
☐ d) Durch monatliche Lohnabrechnungen und wöchentliche Abschlagszahlungen
☐ e) Durch monatliche Lohnabrechnungen und Lohnzahlungen.

„Siehe Seite 286 des Textteils!"

26. Welches sind die Hauptaufgabengebiete der Personalverwaltung im Handwerksbetrieb?

„Siehe Seite 286 des Textteils!"

27. Welche betrieblichen Sozialleistungen kennen Sie?

„Siehe Seite 287 des Textteils!"

28. Welchen betrieblichen Zwecken dienen die Unfallverhütungsvorschriften?

„Siehe Seite 287 des Textteils!"

29. Nennen Sie wichtige Faktoren zur Förderung des Betriebsklimas!

„Siehe Seite 288 des Textteils!"

2.5 Finanzwirtschaftliche Grundfragen

2.5.1 Grundsätzliches zur Finanzwirtschaft eines Betriebes

> **Lernziele:**
> - Kennen und Verstehen der Hauptaufgaben und Begriffe der Finanzierung im Überblick und Zusammenhang.
> - Kennen der im Handwerk bedeutsamen Finanzierungsanlässe (zum Beispiel Betriebsgründung, Betriebserweiterung und sonstige größere Baumaßnahmen, Standortverlagerung) und ihrer typischen Besonderheiten.
> - Verstehen der wichtigsten betriebswirtschaftlichen Finanzierungsregeln und ihrer praktischen Bedeutung in bezug auf Stabilität, Liquidität und Verschuldung eines Unternehmens.
> - Kennen der Beratungs- und sonstigen Informationsmöglichkeiten für Handwerksbetriebe in Finanzierungsfragen.

2.5.1.1 Begriff und Hauptaufgaben

Jeder Betrieb braucht zur Erreichung des geplanten Betriebszwecks Kapital.

Unter Finanzierung versteht man nicht nur die Kapitalbeschaffung und Kapitalrückzahlung, sondern neben dem richtigen Einsatz des Kapitals alle sonstigen betrieblichen Dispositionen, die der finanziellen Leistungsbereitschaft eines Betriebes dienen. *Begriff*

Die zentrale Aufgabe der Finanzwirtschaft ist, alle benötigten Mittel bereitzustellen und die Liquidität (Zahlungsfähigkeit) eines Unternehmens zu erhalten. *Zentrale Aufgabe*

2.5.1.2 Finanzierungsanlässe

Eine Übersicht über die wichtigsten Finanzierungsanlässe zeigt die folgende Abbildung:

Die wichtigsten Finanzierungsanlässe

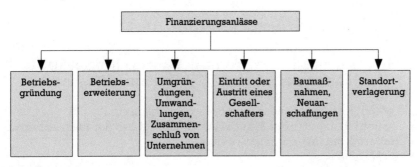

Abbildung 152

2.5.1.3 Betriebswirtschaftliche Finanzierungsregeln

Folgende Finanzierungsregeln sind zu beachten:

Finanzierungsregeln

- Kurzfristige Investitionen sind mit kurzfristigen Mitteln zu finanzieren (zum Beispiel Warenbeschaffung auf Wechselbasis).

- Langfristige Investitionen sind mit langfristigen Mitteln zu finanzieren (zum Beispiel Neubau eines Betriebsgebäudes mit langfristigen Darlehen).

- Die Laufzeit des Fremdkapitals sollte bei Investitionen in etwa der Nutzungsdauer der anzuschaffenden Gegenstände entsprechen.

- Das Anlagevermögen sollte durch Eigenkapital und langfristiges Fremdkapital finanziert werden.

- Die für den Einzelbetrieb errechnete, betriebswirtschaftlich noch vertretbare Kapitaldienstgrenze darf nicht überschritten werden.

Durch Berücksichtigung dieser Finanzierungsregeln kann eine stabile, die Zahlungsbereitschaft des Betriebes erhaltende Finanzierung erreicht werden, die auch notwendige Verschuldungs- und Kapitaldienstgrenzen beachtet.

Die optimale Finanzierung des Betriebs

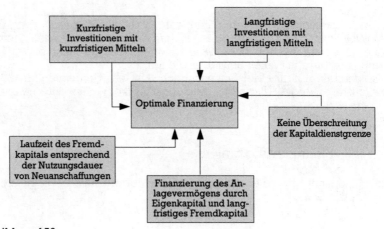

Abbildung 153

2.5.1.4 Beratungs- und Informationsmöglichkeiten für Handwerksbetriebe in Finanzierungsfragen

Beratung
Information

Die wichtigsten Informations- und Beratungsstellen sind:
- die Betriebsberater der Handwerkskammern bzw. der Fachverbände
- freiberufliche Unternehmensberater
- die Hausbank
- berufsständisch orientierte Versicherungsgesellschaften.

2.5.2 Arten der Finanzierung

Lernziele:
- Kennen der grundsätzlich zu unterscheidenden Arten der Kapitalbildung und -beschaffung.
- Verstehen der wesentlichen Besonderheiten dieser Finanzierungsarten (einschließlich Zessionskredit).
- Kennen der Risiken des Leasing gegenüber anderen Finanzierungsarten.
- Kennen der Vor- und Nachteile des Franchising.

Kapitalherkunft

Nach der Kapitalherkunft unterscheidet man zwischen Außenfinanzierung und Innenfinanzierung.

Die Kapitalherkunft bei der Finanzierung

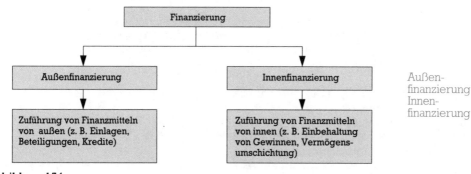

Außenfinanzierung
Innenfinanzierung

Abbildung 154

Kapitalbildung

Nach der rechtlichen Zugehörigkeit des zugeführten oder im Betrieb gebildeten Kapitals teilt man ein in Eigen-, Selbst- und Fremdfinanzierung. Weitere Finanzierungsarten sind: Leasing, Factoring, Franchising.

Die Finanzierungsarten zur Kapitalbildung

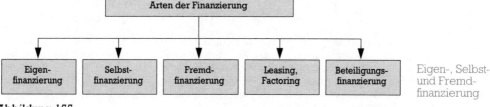

Eigen-, Selbst- und Fremdfinanzierung

Abbildung 155

2.5.2.1 Eigenfinanzierung

Eigene Mittel

Unter Eigenfinanzierung versteht man den Einsatz von Mitteln des Privatvermögens für betriebliche Zwecke.

Die Ansammlung des Kapitals kann erfolgt sein durch Sparen, Erbschaft, Heirat und Schenkung.

Jeder gut finanzierte Betrieb sollte über eine vertretbare Eigenkapitalbasis verfügen, da diese die persönliche Kreditwürdigkeit und die sachliche Kreditfähigkeit erhöht. Daher ist es für einen jungen Handwerker empfehlenswert zu sparen, um sich einen finanziellen Grundstock für eine spätere Betriebsgründung zu schaffen.

Beteiligungsfinanzierung

Eine besondere Art der Eigenfinanzierung bzw. der Zuführung von Eigenkapital durch Kapitaleinlagen von vorhandenen oder neu hinzukommenden Gesellschaftern ist die Beteiligungsfinanzierung. Sie kommt nur für größere Handwerksbetriebe in Frage.

Nähere Einzelheiten zur Sparförderung und Vermögensbildung siehe Abschnitt 3.5 „Vermögensbildungsrecht" im Band 2.

2.5.2.2 Selbstfinanzierung

Sparen im Betrieb

Bei der Selbstfinanzierung erfolgt die Kapitalbildung durch „Sparen im Betrieb" bzw. dadurch, daß der Betrieb die Mittel selbst aus erzielten und nicht entnommenen bzw. nicht ausgeschütteten Gewinnen aufbringt.

Die Selbstfinanzierungsquote errechnet sich wie folgt:

Selbstfinanzierungsquote

Gewinn
+ Abschreibungen (Abschreibungserlöse!)
− Privatentnahmen und Privateinlagen
− Gewinnausschüttungen
= Selbstfinanzierungsquote.

Die Selbstfinanzierung hat gegenüber der Fremdfinanzierung den Vorteil, daß keine periodischen Zins- und Tilgungsleistungen anfallen und die Liquiditätslage somit positiv beeinflußt wird.

Die Selbstfinanzierung ist die volkswirtschaftlich wünschenswerteste Finanzierungsart. Sie wird erheblich von der staatlichen Steuerpolitik beeinflußt.

Zu beachten ist, daß die Selbstfinanzierung nicht zur Überfinanzierung führt, da das brachliegende Kapital dann die Rentabilität schmälern würde.

2.5.2.3 Fremdfinanzierung

Kreditbeschaffung

Unter Fremdfinanzierung versteht man die Geld- und Kapitalbeschaffung von dritter Seite in Form von Krediten.

Das Fremdkapital verursacht Zahlungsverpflichtungen für Verzinsung und Rückzahlung (Tilgung). Die gezahlten Zinsen mindern – als steuerlich abzugsfähige Betriebsausgaben – den Gewinn.

Für Fremdkapital müssen in der Regel Sicherheiten gegeben werden. Die wichtigsten Kreditarten werden unter Abschnitt 2.5.4 „Der Kredit als Finanzierungsmittel" in diesem Band erläutert.

2.5.2.4 Factoring

Eine im Handwerk relativ seltene Finanzierungsart ist das „Factoring".

> Factoring bedeutet den Verkauf aller Außenstände (Kundenforderungen = Forderungen aus Lieferungen und Leistungen) an eine Spezialbank.

Verkauf von Forderungen

Diese Spezialbank übernimmt das Mahnwesen und den Einzug der Forderungen, in manchen Fällen auch die ganze Buchhaltung, welche sich auf die Außenstände bezieht (Debitorenbuchhaltung).
Sie zahlt die verkauften Kundenforderungen nach Abzug einer bestimmten Vergütung für Gebühren, Risiko und Zinsen sofort an den Betrieb aus.

2.5.2.5 Leasing

Eine immer mehr an Bedeutung gewinnende Finanzierungsart ist das in den USA entwickelte, aber auch in Deutschland weit verbreitete Leasing.

Leasing

Begriff

> Beim Leasing werden Gebäude, Maschinen, Werkzeuge, Betriebs- und Geschäftseinrichtungen, EDV-Anlagen, Fahrzeuge usw. von Leasinggesellschaften oder direkt vom Produzenten einzelnen Unternehmen gegen Vergütung (Zahlung in Raten) zum Gebrauch bzw. zur Nutzung überlassen. Die Leasingverträge können auch Wartung und Service einschließen.

Nutzungsüberlassung gegen Vergütung

Rechtsgrundlagen

Grundlage des Leasinggeschäftes ist immer ein Vertrag zwischen Leasinggeber („Überlasser") und Leasingnehmer, der seiner Rechtsnatur nach als Mietvertrag einzustufen ist, aber in seiner Ausgestaltung je nach Einzelbedingungen erheblich von den Grundsätzen des Mietvertragsrechts nach BGB abweichen kann (Bandbreite vom normalen Mietvertrag bis zum verdeckten Ratenkaufvertrag).

Leasingvertrag

Mögliche Gestaltungen von Leasingverträgen

Grundsätzlich wird das Leasingobjekt nach Ablauf der Grundmietzeit vom Leasingnehmer an die Leasinggesellschaft zurückgegeben. In vielen Fällen wird dem Leasingnehmer jedoch ein Anrecht (Option) eingeräumt, die Nutzung des Leasinggegenstandes nach Ablauf der Grundmietzeit fortzusetzen.

Gestaltungsmöglichkeiten

Folgende Varianten werden praktiziert:

- Kaufoption:
  Dem Leasingnehmer wird das Recht eingeräumt, den Leasinggegenstand nach Ablauf der Grundmietzeit zum Restwert zu kaufen.
- Mietoption:
  Dem Leasingnehmer wird das Recht eingeräumt, die Mietzeit des Gegenstandes zu verlängern.

Kaufoption

Mietoption

Vorteile des Leasing aus finanzwirtschaftlicher Sicht

Vorteile

- Ein entscheidender Vorteil des Leasing besteht darin, daß die Nutzung des Leasinggegenstandes sofort möglich ist, die Zahlungen dagegen werden auf die betriebswirtschaftlich sinnvolle Nutzungsdauer verteilt.

- Leasing schont die Kreditfähigkeit durch Freihalten der Sicherheiten für andere Anschaffungen.

- Die Beschaffung von Investitionsgegenständen auf der Basis eines Leasingvertrages erscheint insbesondere dann sinnvoll, wenn das notwendige Kapital nicht oder nur zu sehr ungünstigen Bedingungen aufgenommen werden kann bzw. die Liquidität des Betriebes geschont werden soll.

- Darüber hinaus können steuerliche Überlegungen für das Leasing maßgebend sein, da die Leasingraten umgehend steuermindernd als Betriebsausgaben abgesetzt werden können.

- Außerdem kann Leasing dann vorteilhaft sein, wenn Gegenstände beschafft werden sollen, die technisch schnell veralten, oder wenn besondere Maschinen oder Geräte nur für die Durchführung seltener Aufträge benötigt werden.

Nachteile des Leasing aus finanzwirtschaftlicher Sicht

Nachteile

- Die Summe der anfallenden Leasingraten übersteigt die Anschaffungskosten des betreffenden Gegenstandes (höhere Finanzierungskosten!).

- Außerdem engt das Leasing den Unternehmer in seiner Dispositionsfreiheit ein und führt ihn in eine rechtliche und wirtschaftliche Abhängigkeit zum Leasinggeber.

2.5.2.6 Franchising

Franchising

Die Erklärung und Beurteilung des Franchising ist im Abschnitt 2.2.5.2 „Formen der Kooperation in den betriebswirtschaftlichen Aufgabenbereichen" in diesem Band dargestellt.

2.5.3 Kapitalbedarfsermittlung, Investitionsplan und Finanzierungsplan

> **Lernziele:**
>
> - Kennen des Zwecks und der Grundlagen der Kapitalbedarfsrechnung.
> - Einen Investitionsplan erstellen können.
> - Wissen, welche Teile des Betriebsvermögens nach betriebswirtschaftlichen Grundsätzen im Regelfalle langfristig und welche Teile kurzfristig zu finanzieren sind.
> - Einen einfachen Finanzierungsplan erstellen können.
> - Den Kapitaldienst und die Kapitaldienstgrenze ermitteln können.

2.5.3.1 Die Kapitalbedarfsrechnung

Bei jedem Finanzierungsanlaß ist auf der Grundlage eines Investitionsplanes eine Kapitalbedarfsrechnung aufzustellen.

> Die Kapitalbedarfsrechnung hat den Zweck der vollständigen Erfassung und Berechnung des Gesamtkapitalbedarfs.

Kapitalbedarfsrechnung

Die Abbildung zeigt die Aufteilung des Gesamtkapitalbedarfs in zwei Bereiche, nämlich in den langfristigen und den kurzfristigen Bereich.

Die Verteilung des Gesamtkapitalbedarfs

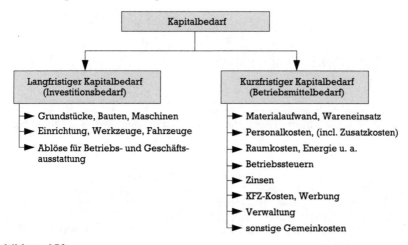

Abbildung 156

Aus der Abbildung wird deutlich, welche Teile des Betriebsvermögens nach betriebswirtschaftlichen Grundsätzen in der Regel langfristig und welche Teile kurzfristig zu finanzieren sind. (Siehe auch Finanzierungsregeln unter Abschnitt 2.5.1.3 „Betriebswirtschaftliche Finanzierungsregeln" in diesem Band.)

Lang- und kurzfristiger Bedarf

Investitionsbedarf

> Zum langfristigen Kapitalbedarf (Investitionsbedarf) gehören insbesondere:
> - Grundstücksbeschaffung, bauliche und maschinelle Investitionen
> - Beschaffung von Einrichtungsgegenständen und Werkzeugen sowie Fahrzeugen
> - Bei Betriebsübernahmen Ablöse für Betriebs- und Geschäftsausstattungen, Fahrzeuge, Material und Waren sowie Firmenwert
> - Sonstige (zum Beispiel Mietkaution).

Langfristiger Bedarf

Betriebsmittelbedarf

Betriebsmittel-
bedarf

Bei der Ermittlung des Betriebsmittelbedarfs für mehrere Monate sind insbesondere zu erfassen:
- Materialaufwand und Wareneinsatz
- Personal- und Personalzusatzkosten
- Raumkosten, Energiekosten, Versicherungen, Gebühren, Beiträge, Porto, Telefon
- Reparaturen
- Steuerzahlungen (Betriebssteuern), Buchführung, Steuerberatung
- Zinsen für Fremdkapital
- Kfz-Kosten, Reisekosten, Werbung
- Verwaltungskosten und sonstige Gemeinkosten

2.5.3.2 Der Investitionsplan

Der Investitionsplan beinhaltet die kurz-, mittel- und langfristigen Investitionen in kostenmäßiger Hinsicht für einen bestimmten Zeitraum.

Investitions-
rechnung

Grundlage dafür sind zum einen die betrieblichen Erfordernisse und zum anderen die Ergebnisse der Investitionsrechnung, mit deren Hilfe die Vorteilhaftigkeit einer Investition oder mehrerer Alternativen beurteilt wird. Geht man vom Investitionsvolumen einer Periode aus, so ergibt sich die in der nachfolgenden Abbildung dargestellte Gliederung für die Investitionsplanung.

Die Investitionsplanung

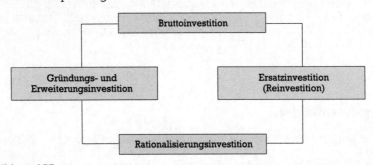

Abbildung 157

Aufgrund dieser Grobeinteilung kann der individuelle Investitionsplan erstellt werden.

2.5.3.3 Der Finanzierungsplan

Der Gesamtkapitalbedarf muß durch die Gesamtfinanzierung gedeckt sein. Für die Gesamtfinanzierung wird daher ein Finanzierungsplan erstellt, der hauptsächlich nachfolgende Positionen enthält:
- Eigenfinanzierung (eigene Mittel und Eigenleistungen)
- Langfristige Fremdmittel (Darlehen aus Handwerkskreditprogrammen und sonstigen Förderprogrammen, Darlehen der Hausbank, Versicherungsdarlehen, Verwandtendarlehen)
- Kurzfristige Fremdmittel (Lieferantenkredit, Wechselkredit, Kontokorrentkredit der Hausbank)

Gesamtfinanzierung

2.5.3.4 Kapitaldienst und Kapitaldienstgrenze

Als Kapitaldienst für ein Vorhaben bezeichnet man die in den kommenden Jahren zusätzlich entstehenden jährlichen Zins- und Tilgungsleistungen.

Kapitaldienst

Um die betriebswirtschaftliche Vertretbarkeit eines Vorhabens und dessen Finanzierung abschließend beurteilen zu können, ist eine Berechnung des in den kommenden Jahren zusätzlich entstehenden Kapitaldienstes erforderlich.

Der ermittelte Kapitaldienst des Planungszeitraumes muß der vertretbaren Kapitaldienstgrenze gegenübergestellt werden.

Kapitaldienstgrenze

Vereinfacht läßt sich die Kapitaldienstgrenze wie folgt berechnen:

Voraussichtlicher Umsatz
+ Sonstige ordentliche Erträge
− Betriebliche Gesamtaufwendungen (ohne Abschreibungen)
− Ersatzinvestitionen
− Einkommensteuerzahlungen
− Sonderausgaben
− Sonstige Privatentnahmen

= Kapitaldienstgrenze

Berechnung

2.5.3.5 Sicherheitsreserve

Sowohl bei der Ermittlung des Kapitalbedarfs und der Erstellung des Finanzierungsplans als auch bei der Kapitaldienst- und Kapitaldienstgrenzberechnung empfiehlt es sich, eine Sicherheitsreserve für unvorhersehbare Veränderungen vorzusehen.

Sicherheitsreserve

2.5.4 Der Kredit als Finanzierungsmittel

Lernziele:
- Kennen der wichtigsten Kreditarten und ihrer Fristigkeit.
- Kennen der wesentlichen Besonderheiten der einzelnen Kreditarten und ihrer Eignung für den Handwerksbetrieb im Hinblick auf die wichtigsten Finanzierungsanlässe.
- Kennen der Bedeutung einer guten Verbindung zu einem Kreditinstitut für den Handwerksbetrieb.
- Kennen der wichtigsten Kreditsicherheiten.

2.5.4.1 Die wichtigsten Kreditarten

Kreditarten Gliederung nach Laufzeit

Nach der Laufzeit können Kreditarten wie folgt eingeteilt werden:
- Kurzfristige Kredite: Laufzeit bis zu einem Jahr
- Mittelfristige Kredite: Laufzeit bis zu vier Jahren
- Langfristige Kredite: Laufzeit von mehr als vier Jahren.

Die für den Handwerksbetrieb wichtigsten Kreditarten ergeben sich aus folgender Abbildung:

Wichtige Kreditarten

Gliederung nach Einsatzmöglichkeiten

Abbildung 158

Kontokorrentkredit

Kredit in laufender Rechnung

Der Kontokorrentkredit ist ein Kredit in laufender Rechnung, ist kurzfristig und dient dem Betrieb als Liquiditätsstütze zur Aufrechterhaltung der betrieblichen Zahlungsbereitschaft und zur Finanzierung wesentlicher Teile des Umlaufvermögens (zum Beispiel Waren- und Materialbestand, Forderungen).

Höchstgrenze

Je nach Bedarf kann der Kontokorrentkredit in wechselndem Umfang bis zur vereinbarten Höchstgrenze in Anspruch genommen werden; der jeweils in Anspruch genommene Kreditbetrag muß verzinst werden.

Kosten

Die Kosten für den Kontokorrentkredit belaufen sich je nach allgemeinem Zinsniveau auf ca. 10 bis 15 % und beinhalten verschiedene Positionen (Zinsen, eventuell anfallende Überziehungszinsen, Kreditprovisionen, Umsatzprovisionen, verschiedene Auslagen usw.).
Grundlage für den laufenden Kredit ist ein Kontokorrentkreditvertrag mit der Hausbank.

Lieferantenkredit

Der Lieferantenkredit besteht darin, daß man die von den Lieferanten eingeräumten Zahlungsziele bei der Beschaffung von Waren, Materialien und Leistungen ausnutzt und an den Lieferanten erst nach Ablauf des Zahlungsziels oder manchmal auch später zahlt.

Eingeräumte Zahlungsziele

Der Lieferantenkredit verursacht wie alle Kredite Kosten, weil Lieferanten im Falle der Bezahlung innerhalb einer bestimmten Frist in der Regel Skontoabzug gewähren.

Kosten

Je häufiger sich die Verbindlichkeiten aus Lieferungen und Leistungen im Jahr „umschlagen", desto größer ist der Gewinn, der durch Skontoabzug entsteht.

Verzicht auf Skontoabzug bedeutet entgangenen Gewinn.

Skontoabzug

Der Zusammenhang wird im folgenden Beispiel deutlich:
Wir kaufen Ware zum Rechnungsbetrag von 10.000,00 DM, zahlbar innerhalb von 10 Tagen mit 3 % Skonto oder nach 30 Tagen ohne Abzug.
Die Bezahlung am 10. Tag durch Überziehung des Bankkontos erbringt einen Skontoabzug in Höhe von 300,00 DM.
Die Inanspruchnahme des Kontokorrentkredits ergibt folgenden Zinsaufwand:

$$\text{Zinsaufwand} = \frac{\text{Überweisungsbetrag} \times \text{Zinssatz} \times \text{Anzahl der Tage}}{100 \times 360 \text{ Tage}}$$

Bei einem Zinssatz von 12 % ergibt sich somit:

$$= \frac{9.700,00 \times 12 \times 20}{36.000} = \underline{64,67 \text{ DM}}$$

Die Einsparung beträgt im Beispiel somit 235,66 DM.

Das Beispiel zeigt, daß es durchaus vorteilhaft sein kann, zur Ausnutzung eines Skontoabzugs einen kurzfristigen Bankkredit aufzunehmen, nämlich dann, wenn die Kreditkosten innerhalb eines bestimmten Zeitraums geringer sind, als die durch Skontoabzug erzielten Erträge.

Wechselkredit

Man unterscheidet nach der Verwendung zwischen
- Handels- und Warenwechseln, die der Finanzierung von Waren und Materialien dienen, und
- Finanzwechseln, die reine Kreditgeschäfte darstellen.

Handelswechsel
Finanzwechsel

Die Banken kaufen in erster Linie Handelswechsel an, da nur diese ihnen die Möglichkeit bieten, im Rahmen ihrer Kontingente eine Refinanzierung bei der Bundesbank durchzuführen. Bundesbankfähige Wechsel werden daher von den Banken deshalb auch zu günstigeren Bedingungen angenommen als andere Wechsel.

Außerdem kann man beim Wechselkredit folgende Unterscheidung treffen:

Diskontkredit
- Diskontkredit
  Ankauf von Kundenwechseln

Akzeptkredit
- Akzeptkredit
  Betrieb zieht Wechsel auf seine Bank, die ihn akzeptiert.

Kundenanzahlungskredit

Anzahlungen

> Der Kreditvorgang beim Kundenanzahlungskredit besteht darin, daß der Kunde bezahlt, bevor der die Zahlung empfangende Unternehmer die Leistung abschließend ausgeführt hat.

In verschiedenen Branchen ist es üblich, daß Kunden vor oder während der Auftragsdurchführung Anzahlungen bzw. Vorauszahlungen im Wege der Vorfinanzierung zu leisten haben.

Darlehen

Festgelegte Zins- und Tilgungsraten

> Das Darlehen ist ein mittel- oder langfristiger Kredit mit festgelegten Zins- und Tilgungsraten.

Der Restbetrag des Darlehens muß jeweils verzinst werden. Die Zinsen betragen in der Regel je nach Laufzeit und allgemeinem Zinsniveau zwischen 7 und 11 %.

Die Bedeutung der Bankverbindung

Bedeutung der Hausbank

Kreditwürdigkeit Kreditfähigkeit

Für jede Kreditgewährung ist es wichtig, eine gute Bankverbindung (Hausbank) zu haben. Im Laufe der Zeit entsteht ein wichtiges Vertrauensverhältnis. Dennoch wird die Kreditgewährung immer von der persönlichen Kreditwürdigkeit des Antragstellers und der materiellen Kreditfähigkeit abhängen.

Die persönliche Kreditwürdigkeit hängt unter anderem ab vom Fleiß, fachlicher Tüchtigkeit, Zuverlässigkeit, Sparsamkeit und persönlichem Ansehen.

Die Kreditfähigkeit wird abgeleitet von den geordneten betrieblichen Verhältnissen, von der Ertragslage und von der Angemessenheit des Vorhabens, das durch den Kredit mitfinanziert werden soll.

2.5.4.2 Die wichtigsten Kreditsicherheiten

Personalkredite

Reine Personalkredite werden nur in geringem Umfang gewährt. In der Regel sind für Kredite Kreditsicherheiten zu stellen.

Zweck der Sicherheiten

> Kreditsicherheiten haben den Zweck, den Kreditgeber im Falle des Konkurses des Betriebes oder einer Abwicklung aus sonstigen Gründen aus den Sicherheiten zu befriedigen.

Wegen rechtlicher Einzelheiten der nachfolgend aufgeführten Kreditsicherheiten wird auf die Abschnitte 3.1.3 „Allgemeines Vertragsrecht" und 3.1.4. „Sachenrecht" im Band 2 verwiesen.

2.5 Finanzwirtschaftliche Grundfragen

Die wichtigsten Kreditsicherheiten

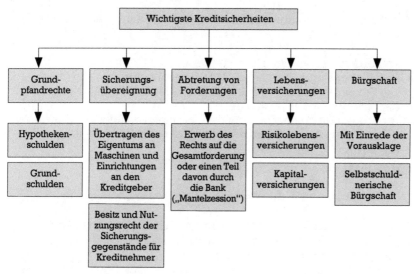

Abbildung 159

Grundpfandrechte

Die wichtigsten Grundpfandrechte sind die Hypotheken und die Grundschulden.

Grundschuld
Hypothek

Beide Arten von Grundpfandrechten werden ins Grundbuch eingetragen. Für die Bestellung ist die notarielle Beurkundung erforderlich.
Die Grund- und Hypothekenschulden müssen werthaltig sein, das heißt durch die realen Werte des Pfandobjektes gedeckt sein.
Die meisten Kreditgeber beleihen Grundstücke in der Regel nur bis zu 50 % des Verkehrswertes. Ausnahmen sind jedoch möglich.

Sicherungsübereignung

Sicherheit für Kredite kann auch geleistet werden durch die Sicherungsübereignung von Maschinen und Einrichtungsgegenständen.

Sicherungsübereignung von Gegenständen

Notwendig hierbei ist der Abschluß eines Sicherungsübereignungsvertrages zwischen Kreditgeber und Kreditnehmer. In diesem Vertrag müssen alle Gegenstände einzeln aufgeführt sein.
Dem Kreditgeber wird durch den Vertrag das Eigentum an den Sicherungsgegenständen übertragen. Gleichzeitig bleibt das Sicherungsgut im unmittelbaren Besitz des Kreditnehmers, der dieses weiter benutzen kann, um überhaupt den Kredit zurückzahlen zu können.

Abtretung von Forderungen

Sicherheit für Kredite kann geleistet werden durch Abtretung einer Forderung an einen Dritten (Zession).

Forderungsabtretung

In diesem Zusammenhang wird in der Regel eine sogenannte „Mantelzession" vorgenommen, wodurch die Bank ein Recht auf die Gesamtforderungen oder einen Teil der Gesamtforderungen erwirbt.

Lebensversicherungen

> Zur Sicherung von Krediten können auch Lebensversicherungen herangezogen werden.

Folgende Formen kommen zur Kreditabsicherung in Frage:

Risikolebens- und Kapitalversicherungen
- Risikolebensversicherungen (Ablebensversicherungen)
  Die Sicherheit bezieht sich auf das Ableben des Kreditnehmers.
- Kapitallebensversicherungen
  Die Sicherheit bezieht sich auf den sogenannten Rückkaufswert (einbezahlte Prämien, Gewinnanteile und Zinsen abzüglich Risiko).

Bürgschaft

> Kredite können auch durch Bürgschaften abgesichert werden.

Grundsätzlich sind zwei Arten von Bürgschaften zu unterscheiden:

Selbstschuldnerische Bürgschaft
- Bürgschaft mit Einrede der Vorausklage
- selbstschuldnerische Bürgschaft

Die selbstschuldnerische Bürgschaft spielt in der Praxis die bedeutendere Rolle. In jedem Fall sind für die Sicherung von Krediten die Vermögens- und Einkommensverhältnisse des Bürgen von Bedeutung.

Weitere Einzelheiten zur Bürgschaft sind im Abschnitt 3.1.3.3 „Die wichtigsten Verträge" im Band 2 dargestellt.

2.5.5 Spezielle Finanzierungshilfen für das Handwerk

Lernziele:
- Kennen der Möglichkeit zur Inanspruchnahme öffentlicher Finanzierungshilfen (Kreditprogramme, Eigenkapitalhilfe) für das Handwerk.
- Kennen der Aufgaben von Kreditgarantiegemeinschaften des Handwerks und von Kapitalbeteiligungsgesellschaften.
- Kennen der wesentlichen Voraussetzungen und des Antragswegs zur Inanspruchnahme von Finanzierungshilfen.

Öffentliche Finanzierungshilfen

Bund und Länder fördern aus volkswirtschaftlichen Gründen Handwerksbetriebe durch Gewährung von speziellen öffentlichen Finanzierungshilfen.

Die nachstehende Abbildung gibt einen Überblick:

Öffentliche Finanzierungshilfen für Handwerksbetriebe

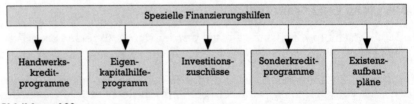

Abbildung 160

2.5.5.1 Handwerkskreditprogramme, Mittelstandskreditprogramme, Eigenkapitalhilfe

> Zur Förderung der Selbständigmachung im Handwerk sowie zur Förderung bestehender Betriebe gibt es auf Bundes- und Landesebene eine Vielzahl von Existenzgründungs-, Handwerks- und Mittelstandskreditprogrammen, die sich durch günstige Zins- und Tilgungskonditionen auszeichnen.

Die wichtigsten Programme sind unter anderem:

- ERP-Existenzgründungsprogramm
- Ergänzungsprogramme der Deutschen Ausgleichsbank
- ERP-Regionalprogramm
- ERP-Standortprogramm
- KfW-Mittelstandsprogramm
- Eigenkapitalhilfeprogramm (gilt nur noch für die neuen Bundesländer).

Kreditprogramme

Für Betriebsgründungen und Investitionsvorhaben gibt es für Klein- und Mittelbetriebe generell sowie für bestimmte Fördergebiete in Deutschland auch Möglichkeiten zu Sonderabschreibungen.

Sonderabschreibungen

Zuschüsse, Kredite, Bürgschaften und Risikobeteiligungen gibt es auch im Rahmen der Förderung von technologieorientierten Unternehmensgründungen und nach den Innovationsförderungsprogrammen.

Investitionszuschüsse
Technologieförderung

Weitere Kreditprogramme sind unter anderem:
- im Bereich des Umweltschutzes
  - ERP-Abwasserreinigungsprogramm
  - ERP-Luftreinhaltungsprogramm
  - ERP-Abfallbeseitigungsprogramm
  - KfW-Umweltprogramm
  - Ergänzungsprogramm der Deutschen Ausgleichsbank

Umweltschutz

- im Bereich der Energieeinsparung
  - ERP-Energiesparprogramm.

Außerdem gibt es zusätzliche Programme für Betriebe in den neuen Bundesländern.

Die berufsständisch orientierten Versicherungsgesellschaften und Banken haben in Zusammenarbeit mit den Handwerksorganisationen und dem Bundesverband Junghandwerk besondere Existenzaufbaupläne entwickelt, die im wesentlichen aus einer Kombination von Ansparverträgen, zinsgünstigen Krediten und angemessenem Versicherungsschutz bestehen. Nähere Auskünfte erteilen die entsprechenden Versicherungen und Banken.

Existenzaufbaupläne

> Es ist empfehlenswert, daß sich Interessenten für die genannten und alle anderen Finanzierungshilfen mit den Betriebsberatungsstellen der Handwerkskammern oder mit ihren Hausbanken in Verbindung setzen. Hier wird über Voraussetzungen und Antragswege sowie Konditionen beraten.

Beratung wichtig

2.5.5.2 Aufgaben der Kreditgarantiegemeinschaften des Handwerks

Selbsthilfe-
einrichtungen

> Da viele Handwerker gerade bei der Geschäftsgründung oder bei späteren Betriebserweiterungen keine banküblichen Sicherheiten leisten können, hat das Handwerk in Zusammenarbeit mit dem Staat und den Banken Selbsthilfeeinrichtungen in Form der Kreditgarantiegemeinschaften des Handwerks geschaffen.

Kreditgarantiegemeinschaften bestehen in allen Bundesländern, sie haben jedoch zum Teil folgende abweichende Bezeichnungen:

- In Baden-Württemberg, Niedersachsen, Bremen und allen neuen Bundesländern: „Bürgschaftsbank"
- In Nordrhein-Westfalen: „Bürgschaftsbank-Kreditgarantiegemeinschaft"
- In Hamburg: „Bürgschaftsgemeinschaft"
- Im Saarland: „Bürgschaftsgesellschaft"
- In Schleswig-Holstein: „Landesgarantiekasse"

Aufgabe
Ausfallbürg-
schaften

> Die Kreditgarantiegemeinschaft gewährt selbst keine Kredite, sondern übernimmt Ausfallbürgschaften für mittel- und langfristige Kredite an Handwerksbetriebe, denen bankmäßig ausreichende Sicherheiten nicht in dem erforderlichen Maße zur Verfügung stehen.

Verbürgt werden können Kredite für die Finanzierung von Investitionen, Geschäftsübernahmen, Vorratshaltung und Betriebsmittelbedarf.

Höchstbetrag
80%

Die Bürgschaft soll 80% des Gesamtkreditbetrages nicht übersteigen. In den neuen Bundesländern erhalten die Bürgschaftsbanken zusätzlich eine 10prozentige Entlastung aus ERP-Haftungsfonddarlehen, so daß ihr Eigenrisiko lediglich 10% beträgt.

Antrags-
berechtigung

> Antragsberechtigt sind alle Handwerker, die in der Handwerksrolle einer Handwerkskammer eingetragen sind oder das Recht auf Eintragung nachweisen.

Kreditwürdig-
keit

Darüber hinaus muß der Kreditnehmer sachlich kreditfähig und persönlich kreditwürdig sein und nach der gesamten betriebswirtschaftlichen Lage die Gewähr dafür bieten, daß sein Betrieb existenz- und wettbewerbsfähig ist oder durch einen verbürgten Kredit werden kann. Das betriebliche Rechnungswesen muß überdies geordnet sein und jederzeit eine Überprüfung der Vermögens-, Finanz- und Ertragslage ermöglichen.

Antragsweg

> Ein entsprechender Antrag auf Übernahme der Bürgschaft ist über die Hausbank an die Kreditgarantiegemeinschaft zu richten.

Die Handwerkskammer nimmt gutachtlich Stellung; über den Antrag entscheidet ein Bürgschaftsausschuß der Kreditgarantiegemeinschaft.

2.5.5.3 Aufgaben der Kapitalbeteiligungsgesellschaften im Handwerk

Zur Förderung von Handwerks- und Gewerbebetrieben auf dem Gebiet der Finanzierung bestehen Kapitalbeteiligungsgesellschaften.

> Die Kapitalbeteiligungsgesellschaften sollen Unternehmern des Handwerks die Kapitalbeschaffung auf der Basis der Beteiligung zu tragbaren Bedingungen ermöglichen.

Aufgaben

Diese Form der Beteiligungsfinanzierung kommt insbesondere für größere Handwerksbetriebe in Frage. Über nähere Einzelheiten erteilen die Betriebsberatungsstellen der Handwerkskammern Auskunft.

Beteiligungsfinanzierung
Beratung

2.5.6 Der Finanzplan

Lernziele:
- Kennen des Zwecks der Erstellung von Finanzplänen und der wesentlichen Unterschiede zwischen kurzfristiger Einnahmen- und Ausgabenplanung und längerfristigen Finanzplanungen.
- Verstehen der besonderen Bedeutung der Finanzplanung für die Berücksichtigung finanzwirtschaftlicher Voraussetzungen und Folgewirkungen in den übrigen Planungsbereichen eines Betriebes.
- Kennen des Aufbaus eines Finanzplanes.
- Einen einfachen Finanzplan unter Beachtung der betriebswirtschaftlichen Grundsätze zur Finanzierung erstellen können.

2.5.6.1 Wesen und Zweck kurz-, mittel- und langfristiger Finanzpläne

> Der Finanzplan hat die Aufgabe, einen reibungslosen Betriebs- und Geschäftsablauf, von der finanziellen Seite her gesehen, zu gewährleisten. Zu diesem Zweck werden alle Einnahmen und Ausgaben geplant. Der Finanzplan beinhaltet zukunftsbezogene Berechnungen.

Aufgabe

Der Finanzplan wird für eine bestimmte Zeitspanne (Planungszeitraum) erstellt. Je nach Dauer des Planungszeitraumes unterscheidet man zwischen kurz-, mittel- und langfristigen Finanzplänen:
- kurzfristig = 3 Monate
- mittelfristig = 1 Jahr
- langfristig = 5 Jahre.

Planungszeitraum

Für kurzfristige Finanzpläne ist wegen des höheren Sicherheitsgrades der eingearbeiteten Informationen eine Feinplanung möglich. Langfristige Finanzpläne weisen hingegen wegen der bestehenden Unsicherheit in der Regel nur eine Grobstruktur auf.

Feinplanung

Grobplanung

Folgende Grundsätze sollten, soweit möglich, beachtet werden:
- Vollständigkeit
- Termingenauigkeit
- Betragsgenauigkeit.

Planungsgrundsätze

2.5.6.2 Der Finanzplan im Rahmen der gesamten betrieblichen Planung

Teilplan im Verbund mit dem gesamten Planungsprozeß

> Der Finanzplan dient vorrangig der Liquiditätsplanung und Erhaltung der Zahlungsbereitschaft eines Unternehmens. Er ist ein wichtiges Teilgebiet der gesamten Unternehmensplanung. Einerseits basiert er auf vorgelagerten betrieblichen Planungsbereichen wie Produktions- und Absatzplänen. Andererseits beeinflußt der Finanzplan die Teilpläne anderer Planungsbereiche. Aufgrund dieser Abhängigkeiten ist der Finanzplan nur im Verbund mit dem Gesamtplanungsprozeß durchführbar.

Siehe hierzu auch Abschnitt 2.1.1.2 „Planungsbereiche, Planungsphasen und Planungsschritte" in diesem Band.

2.5.6.3 Beispiel zur Aufstellung eines Finanzplanes

> Die Finanzplanung besteht aus einer Einnahmen- und Ausgabenplanung für einen bestimmten Zeitraum.

Auf der Einnahmenseite sind, bezogen auf den jeweiligen Planungszeitraum, unter anderem im wesentlichen zu berücksichtigen:
- Stand der Zahlungsmittel zu Beginn der Planungsperiode
- Summe der in der Planungsperiode voraussichtlich eingehenden alten und neu entstehenden Forderungen auf der Basis der Umsatzerlöse
- Eingehende Wechsel und Schecks in der Planungsperiode
- Einnahmen aufgrund laufender Leistungs- und Lieferungsverträge in der Planungsperiode
- Zinsen
- Mieten
- Aufnahme von Krediten
- Einlagen aus Privatvermögen
- Sonstige Einnahmen.

Auf der Ausgabenseite sind unter anderem im vorgesehenen Planungszeitraum von besonderer Bedeutung:
- Löhne und Gehälter
- Lohnzusatzkosten
- Waren- und Materialeinkauf
- betriebliche Steuern und Abgaben
- Gebühren, Beiträge, Versicherungen
- Fremdleistungen
- Reparaturen
- Energiekosten
- Miete, Pacht
- Zins- und Tilgungsbeträge für Kredite und Darlehen
- Fälligkeit von Wechseln
- Investitionen
- Privatentnahmen.

Auf der Grundlage der obigen Einnahmen- und Ausgabenpositionen läßt sich folgendes vereinfachtes Schema für einen kurzfristigen Finanzplan erstellen:

Finanzplan für die Zeit vom 1. 4. bis 30. 6. 19..

	Planungszeitraum					
	April		Mai		Juni	
	Soll	Ist	Soll	Ist	Soll	Ist
A. Einnahmen:						
1. Zahlungsmittelbestand						
2. Forderungseingänge bzw. Umsatzerlöse						
3. Eingehende Wechsel und Schecks						
4. Besondere Einnahmen aus Leistungs- und Lieferverträgen						
5. Zinsen						
6. Mieten						
7. Aufnahme von Krediten						
8. Einlagen aus Privatvermögen						
9. Sonstige Einnahmen						
= Summe der Einnahmen						
B. Ausgaben:						
1. Löhne und Gehälter						
2. Lohnzusatzkosten						
3. Waren- und Materialeinkauf						
4. Betriebliche Steuern und Abgaben						
5. Gebühren, Beiträge, Versicherungen						
6. Fremdleistungen						
7. Reparaturen						
8. Energiekosten						
9. Miete, Pacht						
10. Zins- und Tilgungsbeträge für Kredite						
11. Fälligkeit von Wechseln						
12. Investitionen						
13. Privatentnahmen						
= Summe der Ausgaben ./. Summe der Einnahmen						
= Überdeckung (+) **= Unterdeckung (./.)**						

Um bei etwaigen Einnahmeausfällen oder nicht voraussehbaren Mehrausgaben keine Störung im finanziellen Ablauf eintreten zu lassen, sollte in jedem Fall noch eine Liquiditätsreserve (Zahlungsreserve) in Form einer Kreditausschöpfungsmöglichkeit (Kontokorrentkredit) vorhanden sein. *Zahlungsreserve*

Den im Finanzplan in Ansatz gebrachten Planungssollzahlen sind am Ende der Planungsperiode die Istzahlen gegenüberzustellen. *Soll-Ist-Vergleich*

Aus den Abweichungen ergeben sich brauchbare Hinweise und Korrekturmöglichkeiten für eine noch größere Genauigkeit künftiger Finanzpläne.

2.5.7 Zahlungsverkehr

Lernziele:
- Kennen der Barzahlungsarten und ihrer Bedeutung für den Zahlungsverkehr, der Arten und der Abwicklung des bargeldlosen Zahlungsverkehrs, insbesondere Zahlung durch Banküberweisung, Zahlung im Postgirodienst, Zahlung durch Bankscheck, Zahlung durch Kreditkarten, Zahlung per Wechsel.
- Bankscheck, Postscheck, Zahlschein, Postanweisung, Wechsel ausfüllen können.
- Wissen, welche möglichen Konsequenzen aus der zunehmenden Verbreitung von Kreditkarten sich für einen Handwerksbetrieb ergeben können.

Es gibt folgende drei Grundformen des Zahlungsverkehrs:

Der Zahlungsverkehr

Abbildung 161

2.5.7.1 Barzahlung

Inhalt der Barzahlung

Barzahlungsvorgang

> Unter Barzahlung versteht man die persönliche Übergabe von Hart- und Papiergeld, das heißt die „Zahlung von Hand zu Hand".

Die Barzahlung findet in der Regel nur Anwendung, wenn es sich um kleinere Beträge handelt.

Folgendes ist zu beachten:

Regeln
- Erstellung von Rechnungs- und Zahlungsbelegen auch für Kleinstbeträge, um die Ordnungsmäßigkeit der Buchführung zu erhalten.

2.5 Finanzwirtschaftliche Grundfragen

- Anschaffung einer Registrierkasse zur Aufzeichnung der Zahlungsvorgänge bei Ladengeschäften
- Leistung von Zahlungen nur an Berechtigte (Inkassovollmacht); der Überbringer einer Quittung gilt nach dem Gesetz als ermächtigt (Beweismittel). *Quittung*
- Genereller Annahmezwang für Banknoten; für Münzen nur bis zu einem festgelegten Umfang.

Möglichkeiten der Barzahlung

Durch die in der folgenden Abbildung dargestellten Möglichkeiten kann Bargeld empfangen und übersandt werden.

Die Möglichkeiten der Barzahlung

Abbildung 162

Postanweisung

> Bei der Postanweisung wird das Geld am Postschalter einbezahlt. Der Empfänger bekommt das Geld von der Post bar ins Haus gebracht.   *Postanweisung*

Auch die telegrafische Überweisung mittels Postanweisung und Zahlschein ist möglich. Die Postanweisung spielt jedoch im Geschäftsleben nur noch eine untergeordnete Rolle.

Wertbrief

Geld kann auch in einem Wertbrief versendet werden. Die Zahlung durch Wertbrief ist umständlich, unpraktisch und teuer und kommt daher selten vor.   *Wertbrief*

Postnachnahme

> Die Postnachnahme ist eine Postsendung, welche dem Empfänger nur gegen Bezahlung des angegebenen Betrages ausgehändigt wird.   *Postnachnahme*

Dabei wird der einzukassierende Betrag dem Absender nach Abzug der Versandspesen zurückgesandt. Der Handwerker wird daher zweckmäßigerweise den einzuziehenden Rechnungsbetrag um die Einzugsspesen erhöhen.
Per Nachnahme können Postsendungen (Brief, Postkarte, Warenprobe, Geschäftspapiere usw.) ebenso versandt werden wie Paketsendungen. Ferner kann die Nachnahme zum Einzug von Forderungen eingesetzt werden.

Nachteile der Postnachnahme sind:
- Übersendung des eingezogenen Betrages kann nur auf ein Postgirokonto bei der Deutschen Bundespost erfolgen.   *Nachteile der Postnachnahme*

- Per Nachnahme kann nur ein Betrag bis zu 3.000,00 DM eingezogen werden.
- Nachnahme ist nur innerhalb Deutschlands möglich.

Postprotestauftrag

Zum Wechseleinzug gibt es den Postprotestauftrag bis zu 3.000,00 DM.

Nachteile der Barzahlung

Nachteile der Barzahlung sind:
- Gefahr des Verlierens bringt Unsicherheit in die Barzahlung
- zeitraubend
- unbequem.

Die Barzahlung verliert im Geschäftsleben gegenüber den vielfältigen Möglichkeiten der bargeldlosen Zahlung immer mehr an Bedeutung.

2.5.7.2 Halbbare Zahlung

Bei der halbbaren Zahlungsweise wird der Zahlungsvorgang zum Teil durch Barzahlung und zum Teil über ein Bankkonto abgewickelt.

Die Möglichkeiten bei halbbarer Zahlung

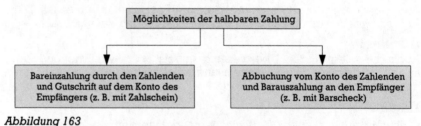

Abbildung 163

2.5.7.3 Bargeldlose Zahlung

Die folgende Abbildung zeigt die wichtigsten Möglichkeiten der bargeldlosen Zahlung.

Die bargeldlose Zahlung

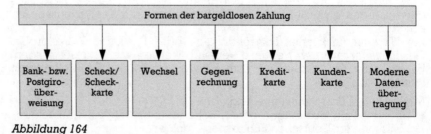

Abbildung 164

2.5 Finanzwirtschaftliche Grundfragen

Zahlung durch Banküberweisung

Die Banküberweisung ist vollkommen bargeldlos und vollzieht sich von Konto zu Konto.

Umbuchung von Konto zu Konto

Die Zahlung ist mit der Gutschrift auf dem Konto des Empfängers zu leisten.

Die Überweisung erfolgt in der Weise, daß der Schuldner einen Überweisungsvordruck (erhältlich für den Kontoinhaber bei der Hausbank) ausschreibt und an seine Hausbank gibt. Die Hausbank überweist den Betrag an die Bank des Zahlungsempfängers, die ihrerseits ihren Kunden mittels Kontoauszug über den Geldeingang informiert.

Überweisungsweg

Beim Bankeinzugsverfahren entfällt die eigene Ausstellung des Überweisungsvordruckes. Der Schuldner gibt mit seiner Einverständniserklärung eine Vollmacht, daß die Bank des Gläubigers den Betrag bei der Bank des Schuldners einzieht.

Einzugsverfahren

Für bestimmte Beträge, die in regelmäßigen Abständen zu überweisen sind, können sogenannte **Daueraufträge** eingerichtet werden.

Dauerauftrag

Zahlung im Postgirodienst

Die folgende Abbildung gibt zunächst einen Überblick über Zahlungswege und Zahlungsformulare:

Zahlungswege und Zahlungsformulare im Postgirodienst

Zahlungswege, Formulare

Abbildung 165

Zahlungen von Nichtkontoinhabern an Kontoinhaber

Dieser Fall tritt ein, wenn ein Kunde, der kein Postgirokonto besitzt, dem Handwerker, der Kontoinhaber ist, eine Rechnung bezahlt.

Der Kunde benutzt zur Zahlung seiner Verbindlichkeit den „**Zahlschein**".

Zahlschein

2.5.7 Zahlungsverkehr

Zahlungen von Kontoinhabern an Kontoinhaber

Dieser Fall tritt ein, wenn der Handwerker als Kontoinhaber an seinen Lieferanten, der auch Postgirokunde ist, die Verbindlichkeit aus einer Lieferung bezahlt.

Überweisungs-
vordruck

In diesem Falle kommt der Vordruck **„Überweisungsauftrag"** zum Einsatz.
Das Postgiroamt schreibt dem Lieferanten den Betrag gut und verständigt ihn durch Übersendung des Gutschriftenabschnittes.

Zahlung von Kontoinhabern an Nichtkontoinhaber

Dieser Fall tritt ein, wenn der Handwerker, der Kontoinhaber ist, einem Geschäftsfreund, der nicht Kontoinhaber ist, eine Verbindlichkeit begleicht.

Zahlungs-
anweisung

Der Handwerker benutzt in diesem Fall die **„Zahlungsanweisung"**.
Der Zahlungsbetrag wird dem Nichtkontoinhaber durch den Zusteller wie im Postanweisungsverkehr übermittelt.

Zahlung von Postgirokontoinhabern an Inhaber von Konten bei Banken und Sparkassen

Dieser Fall tritt ein, wenn der Handwerker, der Inhaber eines Postgirokontos ist, an seinen Lieferanten, der Kunde einer Sparkasse ist, die Verbindlichkeiten aus einer Lieferung bezahlt.

Überweisungs-
auftrag

Er benutzt in diesem Fall den Vordruck **„Überweisungsauftrag/Zahlschein"**.
Der Betrag wird auf das Konto des Lieferanten überwiesen. Dieser erhält durch seine Bank einen Beleg **„Gutschrift"**.

Einziehungs-
auftrag
Eilauftrag

Im Postgirodienst sind auch Dauer-Einziehungs- und Sammelaufträge möglich. In eiligen Fällen können auch Eilaufträge und telegraphische Anweisungen erfolgen.

Postscheck

Die Post gibt auch Formblätter zu Postschecks aus. Das Formular „Postscheck" wird für den allgemeinen Postscheckverkehr verwendet. Es kann zum Beispiel vom Kunden als Verrechnungsscheck in Zahlung gegeben werden, ist aber auch für Barabhebungen beim Postgiroamt oder Postamt verwendbar.

Sammelaufträge

Darüberhinaus gibt es den Sammelauftrag mit Zahlungsanweisung zur Verrechnung. Der Zahlungsempfänger kann die ihm vom Postgiroamt zugesandte Zahlungsanweisung zur Verrechnung eines Postgirokontos gutschreiben oder im Falle eines Empfängers ohne eigene Kontoverbindung den Betrag gegen eine Auszahlungsgebühr am Postschalter bar auszahlen lassen.

Scheckkarte

Im Postgirodienst werden ebenso wie im Bankverkehr Scheckkarten eingesetzt. Die Anwendung erfolgt analog der Anwendung von Scheckkarten bei Bankschecks.

Euroschecks

Die Post zahlt auch Euroschecks der Banken und Sparkassen für eine Gebühr in Höhe von 3,00 DM aus.

Zahlung durch Bankscheck

Definition des Schecks

Der Scheck ist eine schriftliche Anweisung des Kontoinhabers an sein Kreditinstitut, eine bestimmte Summe aus dem Guthaben des Antragstellers auszubezahlen.

Begriff

Voraussetzung für den Scheckverkehr ist also ein Guthaben bei einem Kreditinstitut. Dieses Guthaben entsteht durch Zahlungseingänge oder auch dadurch, daß die Bank nach eingehender Prüfung der Verhältnisse des Antragstellers diesem einen verfügbaren laufenden Kredit in bestimmter Höhe einräumt.

Bankguthaben oder Kredit

Gesetzliche Bestandteile des Schecks

Die gesetzlichen Bestandteile des Schecks ergeben sich aus folgender Abbildung:

Die gesetzlichen Bestandteile des Schecks

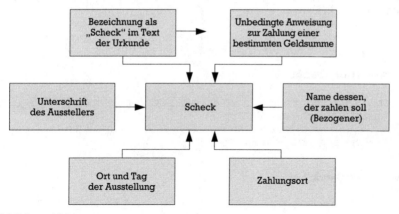

Gesetzliche Bestandteile

Abbildung 166

Ausfüllen des Schecks

Da der Scheck ein Wertpapier ist, ist seine Ausfüllung an bestimmte Formen gebunden. Der Scheck muß für seine Gültigkeit die gesetzlichen Bestandteile aufweisen.

Gültigkeit

Die Scheckvordrucke erhält der Kontoinhaber von der Bank.

Scheckvordrucke

Scheckarten

Die nachstehende Abbildung gibt einen Überblick über die wichtigsten Scheckarten:

Die wichtigsten Scheckarten

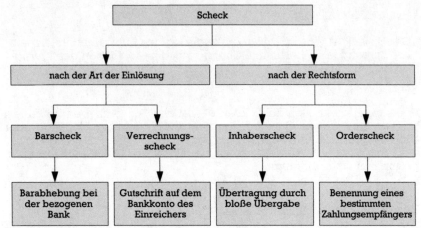

Abbildung 167

Barscheck

Beim Barscheck kann der Scheckinhaber das Geld bei der bezogenen Bank sofort in bar abheben.

Ein Barscheck kann zu einem Verrechnungsscheck gemacht werden durch Querschrift auf der Vorderseite „Nur zur Verrechnung".

Verrechnungsscheck

Der Verrechnungsscheck trägt auf der Vorderseite quer die Aufschrift „Nur zur Verrechnung".
Der Gegenwert des Verrechnungsschecks kann nur auf dem Konto des Einreichers gutgeschrieben werden.

Inhaberscheck

Der Inhaberscheck trägt den Zusatz „oder Überbringer".

Die Übertragung erfolgt durch bloße Übergabe. Der Bezogene ist berechtigt, aber nicht verpflichtet, die Berechtigung des Vorzeigers zu prüfen.
Wird ein Inhaberscheck giriert (übertragen), so kann der Empfänger des Schecks bei nicht erfolgter Zahlung seine Vormänner haftbar machen. Der Inhaberscheck wird dadurch aber keinesfalls in einen Orderscheck umgewandelt.

Orderscheck

Ein Orderscheck liegt vor, wenn mit oder ohne den Zusatz „oder Order" ein bestimmter Zahlungsempfänger genannt ist.

Ein Orderscheck ist durch Indossament übertragbar. Der Bezogene (Bank) ist verpflichtet, die formelle Berechtigung des Vorlegers zu prüfen. Jeder Scheck ist bei Sicht zahlbar. Er kann jederzeit weitergegeben werden. Da der Scheck jedoch ein kurzfristiges bargeldloses Zahlungsmittel

2.5 Finanzwirtschaftliche Grundfragen

ist, soll er möglichst bei Erhalt zur Gutschrift auf das eigene Konto bei der Bank eingereicht werden.

Scheckverlust

> Verliert der Aussteller einen Scheck, so hat er sofort seine Bank telefonisch von dem Verlust zu verständigen und aus Sicherheitsgründen schriftlich zu bestätigen, damit diese den Scheck sperren kann.

Scheckverlust

Wird der Scheck von einer anderen Person verloren, so hat diese sofort den Aussteller zu verständigen, damit er das Notwendige veranlassen kann.

Wenn der Scheck „zur Verrechnung" gestellt ist, ist ein Mißbrauch nur in geringerem Umfange möglich.

Vorteile des Scheckverkehrs

- Bequemlichkeit
  Der Kontoinhaber hat lediglich den Scheck auszuschreiben, das weitere erledigt die Bank.
- Geringe Kosten
  Die Versendung des Schecks kann in einem Brief erfolgen.
- Sicherheit
  Die Verwendung des Schecks ist vor allem beim Verrechnungsscheck sicher, weil Mißbrauch nur in geringem Umfang möglich ist und ein Geldverlust durch Diebstahl oder Zählfehler nicht eintreten kann.
- Finanzieller Spielraum
  Wird eine Zahlung statt mit einer Überweisung oder einem Abbuchungsauftrag innerhalb einer Zahlungsfrist mit Scheck getätigt, der erst einige Tage später auf dem Konto des Zahlers belastet wird, gewinnt man einige Tage finanziellen Spielraum und kann Kreditbedarf und Zinsaufwand senken.

Vorteile
Bequemlichkeit

Geringe Kosten

Sicherheit

Finanzieller Spielraum

Besondere Hinweise für den Umgang mit Schecks und Scheckkarten

> Der Euroscheck ist in Verbindung mit der dazugehörigen Scheckkarte das verbreitetste Zahlungsmittel Europas.

Euroscheck

Einsatz von Scheck und Scheckkarten

Bei Vorlegen der Scheckkarte (eurocheque), die von der Hausbank ausgestellt wird, garantiert die Hausbank jedem Schecknehmer eines auf ihrem Vordruck („ec-Scheckvordruck") ausgestellten Schecks die Zahlung des Scheckbetrages bis zur Höhe von 400,00 DM unter folgenden Voraussetzungen:

Einsatz der Scheckkarte

Garantie 400,00 DM

- Unterschrift, Name des Kreditinstituts und Kontonummer auf ec-Scheck und Scheckkarte müssen übereinstimmen.
- Die Nummer der Scheckkarte muß auf der Rückseite des Schecks vermerkt sein.
- Das Ausstellungsdatum des Schecks muß innerhalb der Gültigkeitsdauer der Scheckkarte liegen.
- Folgende Vorlagefristen des Schecks nach seinem Ausstellungsdatum sind zu beachten:
  - Deutschland: 8 Tage
  - Europa: 20 Tage
  - außerhalb Europas: 70 Tage.

ec-Scheckkarte Geldautomaten	Mit der ec-Scheckkarte und der dazugehörigen Geheimzahl können Geldautomaten der eigenen Hausbank und auch anderer Geldinstitute im In- und Ausland rund um die Uhr genutzt werden. An ec-Kassen (automatisierte Kassen) bestimmter Geschäfte kann sogar ohne Bargeld und ohne Scheck nur mit der ec-Karte und der persönlichen Geheimzahl entsprechend dem Verfügungsrahmen bezahlt werden.
Grundregeln des Scheckverkehrs	**Folgende Grundregeln sollten bei der Verwendung von Scheck und Scheckkarte beachtet werden:**
Deckung	Es darf kein ungedeckter Scheck ausgestellt werden.
	Auf dem Konto muß ein Guthaben vorhanden sein oder aber der eingeräumte Kredit muß größer sein als die zu leistende Zahlung. Wer ungedeckte Schecks ausstellt, macht sich strafbar.
Kontrolle	Über den Scheckverkehr ist genau Buch zu führen.
	Über jeden Zugang und Abgang erteilt die Bank dem Kontoinhaber genaue Auskunft (Erstellung von Kontoauszügen durch die Bank). In der Regel erfolgt vierteljährliche Abrechnung der Zinsen und Spesen.
Kreditwürdigkeit	Schecks sollten nur von Ausstellern als Zahlung angenommen werden, die persönlich als kreditfähig und kreditwürdig bekannt sind.
	Im Zweifel sollte man sich fernmündlich bei der Bank über die Deckung des vorgelegten Schecks erkundigen, bevor dieser in Zahlung genommen wird.
Getrennte Aufbewahrung	Scheck und Scheckkarte sind getrennt voneinander mit besonderer Sorgfalt aufzubewahren, um Mißbrauch auszuschließen.
Geheimzahl	Darüber hinaus ist darauf zu achten, daß die persönliche Geheimzahl keinem Außenstehenden bekannt wird.
Sperrannahmedienst	Bei Verlust der ec-Karte ist unverzüglich die kontoführende Bank oder der zentrale Sperrannahmedienst zu benachrichtigen.
Scheckeinreichung	Entgegengenommene Schecks sollen baldmöglichst bei der Bank eingereicht werden.
	Nach Ablauf der Einlösungsfrist (Inland: 8 Tage) verliert der Scheckinhaber seine Auszahlungsansprüche bzw. die Bank ist nicht mehr verpflichtet, den Scheck einzulösen. Bezahlungen mittels Scheck quittiert man zweckmäßigerweise mit dem Zusatz „vorbehaltlich der Einlösung".
Kreditkarten	**Zahlung mit Kreditkarten**
	Eine moderne Form des bargeldlosen Zahlungsverkehrs, die aufgrund der vielfältigen Einsatzmöglichkeiten immer größere Bedeutung gewinnt, ist die Verwendung von Kreditkarten. Mit der Kreditkarte kann man bargeldlose Zahlungen in verschiedenen Bereichen leisten.

2.5 Finanzwirtschaftliche Grundfragen

Die Kreditkarte bietet folgende Vorteile:
- geringes Verlustrisiko
- erhöhte Zahlungsfähigkeit
- keine Wechselkursschwankungen
- zusätzliche Serviceleistungen (zum Beispiel Versicherungsleistungen bei Bezahlung mit der Karte)
- bequeme Zahlungsabwicklung
- Zinsvorteil durch spätere Wertstellung auf dem Bankkonto.

Vorteile

Die vier wichtigsten, weltweit operierenden Kreditkartenorganisationen gehen aus der nachstehenden Abbildung hervor:

Die wichtigsten Kreditkarten

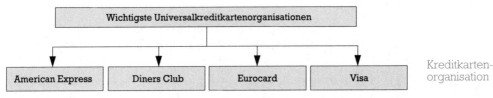

Kreditkartenorganisation

Abbildung 168

Neben den genannten Universalkreditkarten gibt es Spezialkreditkarten, die von Unternehmen, Verbänden u.ä. angeboten werden, die aber mit den herkömmlichen Kreditkartenunternehmen zusammenarbeiten (zum Beispiel ADAC). Man spricht dabei vom sogenannten Co-Branding.

Spezialkreditkarten

Die Zahl der Kreditkarteninhaber nimmt sowohl weltweit als auch in Deutschland immer mehr zu.

Ursache hierfür sind die oben genannten Vorteile und nicht zuletzt eine Senkung der Jahresgebühren für Kreditkarten und die Tatsache, daß immer mehr Geschäfte dieses Zahlungsmittel akzeptieren.

Gebühren

Diese sogenannten Vertragsunternehmen erhalten von den Kreditkarten-Emittenten nicht den gesamten Rechnungsbetrag vergütet, sondern werden mit dem Abzug einer Provision belastet. Dies bringt eine Schmälerung der Gewinnspanne mit sich.

Abrechnung

Dieser Tatsache sollte sich der Betriebsinhaber bewußt sein, wenn er sich als Vertragspartner einem Kreditkarteninstitut anschließen will.

Folgen für Handwerksbetrieb

Oftmals wird dies auch für den Handwerksmeister bereits heute und noch stärker in Zukunft aus Wettbewerbsgründen unumgänglich sein.

Zahlung mit Kundenkarten

> Kundenkarten eröffnen dem Unternehmen die Vorteile der bargeldlosen Zahlung und zusätzlich das Angebot spezifischer Serviceleistungen.

Kundenkarten

Zahlreiche Unternehmen versuchen ihre Kunden über Kundenkarten stärker an sich zu binden.

Kundenbindung

Zu den Kundenkarten gehören auch die Telefonkarten.

Telefonkarten

Zahlung durch Wechsel

Wechsel Begriff

Der Wechsel ist ein Dokument (eine Urkunde), in dem sich jemand verpflichtet oder in dem jemand verpflichtet wird, zu einem bestimmten Zeitpunkt an einem bestimmten Ort eine bestimmte Summe Geld zu bezahlen.

Zahlungs-, Kredit- und Sicherungsmittel

Nach der wirtschaftlichen Funktion ist der Wechsel ein Zahlungsmittel und ein Kreditmittel. Er kann in Form eines Depotwechsels auch als Sicherung dienen, da der Schuldner durch die „Wechselstrenge" verpflichtet wird, das Geld am Verfalltag zu bezahlen.

Wechselarten

Nach Zahlungsversprechen bzw. Zahlungsanweisung unterscheidet man den „eigenen Wechsel" (Sola-Wechsel) und den „gezogenen Wechsel" (Tratte).

Eigener Wechsel

Der eigene Wechsel (Sola-Wechsel) ist das unbedingte Versprechen des Wechselausstellers, eine bestimmte Geldsumme zu einem bestimmten Zeitpunkt und an einem bestimmten Ort zu bezahlen.

Gezogener Wechsel

Der gezogene Wechsel (Tratte), der in der Praxis häufiger vorkommt, ist eine unbedingte Anweisung an einen anderen, eine bestimmte Geldsumme zu einem bestimmten Zeitpunkt und an einem bestimmten Ort zu bezahlen.

Nachfolgende Abbildung gibt einen Überblick über die Wechselarten und ihre gesetzlichen Bestandteile:

Die gesetzlichen Bestandteile des eigenen und des gezogenen Wechsels

Gesetzliche Bestandteile

Abbildung 169

Wechselannahme

> Durch die Unterschrift des Bezogenen wird beim gezogenen Wechsel aus der Zahlungsaufforderung des Schuldners eine Zahlungsverpflichtung (Akzept).

Akzept

Der Bezogene wird zum Hauptschuldner. Er kann jedoch die Annahme des Wechsels auf einen Teil der Wechselsumme beschränken.

Die Unterschrift ist quer über den linken Rand des Wechsels zu schreiben.

Verwendungsmöglichkeiten des Wechsels

Die folgende Abbildung zeigt die Hauptverwendungsmöglichkeiten des Wechsels:

Die Verwendungsmöglichkeiten des Wechsels

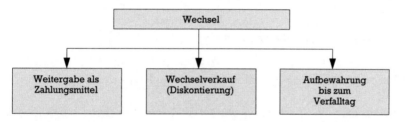

Verwendungsmöglichkeiten

Abbildung 170

Weitergabe des Wechsels als Zahlungsmittel

> Der Wechsel kann vom Wechselnehmer als Zahlungsmittel durch Übertragungsvermerk weitergegeben werden.

Wechselweitergabe

Der Übertragungsvermerk (Indossament) wird auf der Rückseite des Wechsels angebracht. Reicht die Rückseite für mehrere Wechselvermerke nicht aus, so klebt man ein Verlängerungsstück an den Wechsel (Allonge).

Um die Zugehörigkeit der Allonge zu einem bestimmten Wechsel zu sichern, setzt man auf der Vorderseite der Allonge folgende Daten ein:

Allonge

- Wechselsumme
- Verfall
- Zahlungsort
- Name des Bezogenen
- Name des Ausstellers.

Der Weitergabevermerk heißt Indossament. Man unterscheidet folgende Arten:

Der Weitergabevermerk (Indossament) beim Wechsel

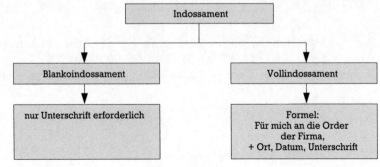

Indossament

Abbildung 171

Jeder Übertragende (Vormann) haftet dem späteren Besitzer (Nachmann) für die Zahlung und erhöht damit die Sicherheit des Wechsels.

Diskontierung

Wechselverkauf (Diskontierung)

Der Wechselinhaber kann den Wechsel vor seiner Fälligkeit an seine Bank verkaufen und kommt so rasch in den Besitz des Gegenwertes.

Obwohl hier ein Kaufvertrag über den Wechsel vorliegt, handelt es sich letztlich um eine Kreditbeziehung zwischen dem Einreicher des Wechsels und dem Kreditinstitut. Man spricht auch von Diskontkredit.

Diskontkredit

Die Bank berechnet hierfür Zinsen (Diskont) vom Verkaufstage bis zum Verfalltage, sowie Provision und Spesen.

Nicht jeder Wechsel wird von der Bank angekauft. Um sie an die Deutsche Bundesbank weiterverkaufen zu können, verlangen die Banken in der Regel, daß es sich um Handelswechsel handelt.

Aufbewahrung bis zum Verfalltag

Aufbewahrung bis zum Verfalltag

Es besteht auch die Möglichkeit, den Wechsel bis zum Verfalltag liegen zu lassen und beim Bezogenen dann vorzulegen.

Man verzichtet dann jedoch auf die Möglichkeit, sich vergleichsweise günstiges Fremdkapital zu beschaffen (Wechselkredit).

Wechseleinlösung

Wechseleinlösung

Der letzte Inhaber des Wechsels ist berechtigt, am Verfalltage den Wechsel zur Bezahlung dem Bezogenen vorzulegen oder vorlegen zu lassen.

2.5 Finanzwirtschaftliche Grundfragen

Für den Wechsel sind verschiedene Verfallzeiten möglich:

Die unterschiedlichen Verfallzeiten beim Wechsel

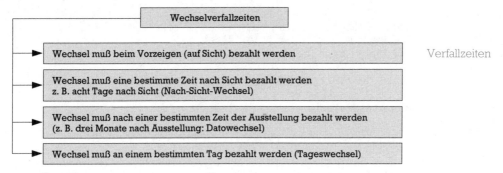

Abbildung 172

Der bezahlte Wechsel ist auf der Rückseite zu quittieren und dem Bezogenen auszuhändigen. Quittieren

Für den Bezogenen empfiehlt es sich, den Wechsel bei seiner Bank zahlbar zu stellen (Zahlstellen- oder Domizilwechsel). In diesem Fall muß er die Bank verständigen, den Wechsel einzulösen. Zahlbarstellung

Ebenso kann die Post (Postauftrag) die Einlösung des Wechsels vornehmen.

Wird der Wechsel am Verfalltag von einem fremden Inhaber zur Bezahlung vorgelegt, so ist zu prüfen, ob der Vorzeiger auch berechtigter Inhaber des Wechsels ist.

Die Wechselverbindlichkeit ist eine Holverbindlichkeit, der Wechsel muß daher am Verfalltag oder spätestens zwei Werktage darauf dem Bezogenen zur Zahlung vorgelegt werden.

Die Abbildung zeigt nochmals die Stufen des Wechselverkehrs im Überblick:

Der Wechselverkehr

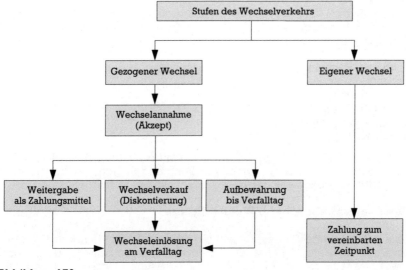

Abbildung 173

<u>Störungen im Wechselverlauf</u>

Wechselprolongation

Verlängerung

> Unter Wechselprolongation versteht man die Verlängerung der Laufzeit des Wechsels, wenn der Bezogene am Verfalltag den Wechsel nicht bezahlen kann und sich mit dem Inhaber des Wechsels auf die genannte Verlängerung einigt.

Im Fall der Wechselprolongation wird der Wechsel neu ausgestellt.

Wechselprotest

Wechselprotest

> Unter Wechselprotest versteht man die Erhebung von Protest mittels einer amtlich beglaubigten Urkunde durch den Inhaber des Wechsels, sofern der Bezogene am Verfalltag nicht bezahlt und der Wechsel nicht verlängert wird oder der Wechsel nicht angenommen wird.

Der Protest wird spätestens am zweiten Werktag nach dem Verfall durch einen Notar oder Gerichts- und Postbeamten (letztere nur im Inland) aufgenommen.
Mit dem Protest kann der Wechselinhaber von jedem seiner Vormänner oder dem Aussteller Bezahlung der Wechselverbindlichkeit und Erstattung der Auslagen verlangen.

Benachrichtigungspflicht

Benachrichtigung

> Der Inhaber eines zu Protest gegangenen Wechsels muß seinen Vormann und den Aussteller innerhalb von vier Werktagen von der Nichteinlösung oder Nichtannahme benachrichtigen.

Die weiteren Vormänner haben die Pflicht, in rückwärtiger Reihenfolge die Benachrichtigung innerhalb von zwei Tagen vorzunehmen und die Anschriften der bereits Benachrichtigten anzugeben.

Rückgriff (Regreß)

Regreß

> Unter Regreß versteht man die Inanspruchnahme der Vormänner wegen Erfüllung der wechselmäßigen Forderung, die vom Bezogenen nicht erlangt worden ist.

Folgende Positionen ergeben im wesentlichen die wechselmäßige Forderung:
- Wechselsumme
- Protestkosten
- Zinsen ab dem Verfalltag
- Provisionen usw.

Rückrechnung

Diese Rückrechnung kann jedem Vormann oder dem Aussteller aufgemacht werden. Vor dem Verfalltage kann das Rückgriffsrecht nur dann ausgeübt werden, wenn der Bezogene zahlungsunfähig geworden ist.

Wechselmahnbescheid/Wechselklage

> Kann durch Regreß keine Bezahlung des Wechsels erlangt werden, so hat der Gläubiger die Möglichkeit, entweder Antrag auf Wechselmahnbescheid zu stellen oder die Wechselklage einzureichen.

2.5 Finanzwirtschaftliche Grundfragen

Der Wechselmahnbescheid enthält die Aufforderung, innerhalb von zwei Wochen nach Zustellung die Verbindlichkeit zu begleichen oder Widerspruch gegen den Wechselmahnbescheid zu erheben.

Wechselmahnbescheid

Bei Widerspruch gegen den Wechselmahnbescheid wird vom Gläubiger die Wechselklage eingereicht.

Wechselklage

Begleicht der Schuldner die Wechselforderung nicht, und erhebt er keinen Widerspruch, so wird auf der Grundlage des Wechselmahnbescheids vom Gericht ein Vollstreckungsbescheid erlassen.

Vollstreckungsbescheid

Der Wechselprozeß verläuft sehr rasch. Schon nach 24 Stunden kann der Gläubiger Urteil und Vollstreckungsbescheid in Händen halten.

Die in der Wechselordnung vorgesehene Wechselstrenge schließt die sonst möglichen Einreden aus (zum Beispiel Bestreiten der Rechtmäßigkeit der Forderung).

Folgende Verjährungsfristen sind zu beachten:
- Wechselverjährung
  3 Jahre vom Verfalltage gerechnet
- Rückgriffsansprüche des Wechselinhabers gegen Vormänner
  1 Jahr vom Tage der Protesterhebung an gerechnet
- Ansprüche unter Indossanten
  6 Monate vom Tage der Protesterhebung an gerechnet

Verjährungsfristen

Wechselreiterei

Unter Wechselreiterei versteht man den betrügerischen Austausch eines Wechsels zwischen zwei oder mehreren Personen, der aus keiner echten Zahlungsverpflichtung entstanden ist.

Wechselreiterei

Die folgende Abbildung zeigt die Störungen im Wechselverlauf nochmals im Überblick:

Die möglichen Störungen und deren Folgen im Wechselverlauf

Abbildung 174

Besondere Hinweise für den Umgang mit Wechseln

Die Abbildung zeigt die wichtigsten Hinweise für den Umgang mit Wechseln:

Die richtige Handhabung des Wechsels

Umgang mit Wechseln

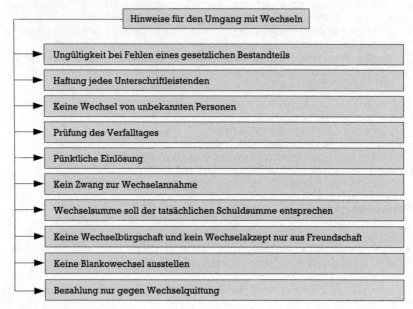

Abbildung 175

Zahlung mittels moderner Datenübertragung

Belegloser Zahlungsverkehr

Mit Hilfe der EDV und moderner Kommunikationstechniken läßt sich der Zahlungsverkehr vollkommen beleglos abwickeln.

Verfahren und Techniken zur Abwicklung des Zahlungsverkehrs über Bildschirmtext, vom Betrieb oder von zu Hause (sogenanntes Homebanking) aus, befinden sich im Anfangsstadium der Entwicklung und werden in den kommenden Jahren zunehmend an Bedeutung gewinnen.

Programmierte und textlich gestaltete, offene Übungs-, Wiederholungs- und Prüfungsfragen

1. Welche wichtigen Finanzierungsanlässe kennen Sie?
„Siehe Seite 295 des Textteils!"

2. Welche der nachfolgenden Finanzierungsregeln ist **falsch**?
- ☐ a) Langfristige Investitionen sind mit kurzfristigen Mitteln zu finanzieren.
- ☐ b) Kurzfristige Investitionen sind mit kurzfristigen Mitteln zu finanzieren.
- ☐ c) Mittelfristige Investitionen sind mit mittelfristigen Mitteln zu finanzieren.
- ☐ d) Das Anlagevermögen ist durch Eigenkapital und langfristiges Fremdkapital zu finanzieren.
- ☐ e) Die für den Einzelbetrieb errechnete Kapitaldienstgrenze darf nicht überschritten werden.

„Siehe Seite 296 des Textteils!"

3. Wo kann sich der Handwerksmeister in Finanzierungsfragen beraten lassen?
„Siehe Seite 296 des Textteils!"

4. Von Eigenfinanzierung spricht man, wenn
- ☐ a) Investitionen durch Einzug betrieblicher Kundenforderungen finanziert werden.
- ☐ b) der Kapitalbedarf durch „Sparen im Betrieb" gedeckt wird.
- ☐ c) das Anlagevermögen, statt auf Kredit- oder Eigenkapitalbasis finanziert, gemietet wird.
- ☐ d) Investitionen durch Ausnutzung von Lieferantenkrediten finanziert werden.
- ☐ e) Privatvermögen und Eigenleistungen für betriebliche Finanzierungszwecke eingesetzt werden.

„Siehe Seite 298 des Textteils!"

5. Unter Selbstfinanzierung versteht man
- ☐ a) den Einsatz von Mitteln des Privatvermögens für betriebliche Zwecke.
- ☐ b) die Kapitalbildung und Kapitalverwendung durch „Sparen im Betrieb".
- ☐ c) die Aufnahme von Krediten am Geld- und Kapitalmarkt.
- ☐ d) die Kapitalbildung über das Junghandwerkersparen.
- ☐ e) das Sparen unter Ausnützung der gesetzlichen Sparförderungsmaßnahmen.

„Siehe Seite 298 des Textteils!"

6. Was versteht man unter „Factoring"?
- ☐ a) Den Einzug der Forderungen durch eine Buchstelle
- ☐ b) Den Einzug der Forderungen durch eine Treuhandgesellschaft
- ☐ c) Den Einzug durch einen Inkassoboten des Betriebes
- ☐ d) Den Verkauf der Außenstände an eine Spezialbank
- ☐ e) Die Abtretung des Mahnwesens an eine Agentur.

„Siehe Seite 299 des Textteils!"

7. Man spricht von „Leasing", wenn
- ☐ a) ein Betrieb in erster Linie seinen gesamten Fuhrpark mietet.
- ☐ b) ein Unternehmen Werkzeuge, Maschinen und Geschäftseinrichtungen mietet.
- ☐ c) Geschäftseinrichtungsgegenstände gekauft und sofort bar bezahlt werden.
- ☐ d) Geschäftseinrichtungsgegenstände auf Kredit gekauft werden.
- ☐ e) ein Betrieb den Kunden ein Zahlungsziel einräumt.

„Siehe Seite 299 des Textteils!"

8. Nennen Sie Vor- und Nachteile des Leasing aus finanzwirtschaftlicher Sicht!

„Siehe Seite 300 des Textteils!"

9. Nennen Sie Vor- und Nachteile des Franchising!

„Siehe Seite 300 des Textteils!"

10. Welchen Zweck hat die Kapitalbedarfsrechnung?
- [ ] a) Sie dient der Übersicht über die eigenen Ersparnisse.
- [ ] b) Sie ist eine Aufstellung über das notwendige Fremdkapital.
- [ ] c) Sie dient der vollständigen Erfassung des Gesamtkapitalbedarfs.
- [ ] d) Sie beinhaltet eine Berechnung des Zinses für das Fremdkapital.
- [ ] e) Sie dient ausschließlich der Erfassung des Betriebsmittelbedarfs.

„Siehe Seite 301 des Textteils!"

11. Was versteht man unter Betriebsmittelbedarf?
- [ ] a) Den Kapitalbedarf für maschinelle Investitionen
- [ ] b) Den Kapitalbedarf für betriebliche Bauvorhaben
- [ ] c) Den Kapitalbedarf für Rationalisierungsinvestitionen
- [ ] d) Den Kapitalbedarf, der bei Ausscheiden eines Gesellschafters entsteht
- [ ] e) Den kurzfristigen Kapitalbedarf zur Deckung laufender Kosten eines Betriebes.

„Siehe Seite 301 des Textteils!"

12. Welche Teile des Betriebsvermögens sind nach betriebswirtschaftlichen Grundsätzen langfristig und welche Teile kurzfristig zu finanzieren?

„Siehe Seite 301 des Textteils!"

13. Nennen Sie wichtige Gliederungspunkte für die Erstellung eines Investitionsplanes!

„Siehe Seite 302 des Textteils!"

14. Welcher der nachfolgenden Grundsätze ist **falsch**?
- [ ] a) Der Finanzierungsplan muß den Kapitalbedarf decken.
- [ ] b) Der Gesamtkapitalbedarf muß durch die Gesamtfinanzierung gedeckt sein.
- [ ] c) Der Finanzierungsplan enthält alle finanziellen Mittel zur Finanzierung eines Vorhabens.
- [ ] d) Der Finanzierungsplan enthält nur die Eigenmittel.
- [ ] e) Der Finanzierungsplan enthält auch die Fremdmittel.

„Siehe Seite 303 des Textteils!"

15. Nennen Sie die wichtigsten Punkte, die ein Finanzierungsplan enthalten soll!

„Siehe Seite 303 des Textteils!"

16. Unter Kapitaldienst versteht man aus betrieblicher Sicht
- [ ] a) die Kreditbearbeitungsgebühren der Bank bei Aufnahme von Fremdkapital.
- [ ] b) die Zins- und Tilgungsleistungen für aufgenommene Kredite und Darlehen.
- [ ] c) nur die Zinszahlungen für aufgenommene Kredite.
- [ ] d) ausschließlich die Tilgungsleistungen für aufgenommene Darlehen.
- [ ] e) alle bei der Beschaffung von Fremdkapital anfallenden Ausgaben.

„Siehe Seite 303 des Textteils!"

2.5 Finanzwirtschaftliche Grundfragen

17. Wie wird die Kapitaldienstgrenze berechnet?

„Siehe Seite 303 des Textteils!"

18. Beschreiben Sie die wichtigsten Kreditarten, die Sie kennen!

„Siehe Seite 304 des Textteils!"

19. Welches sind die wichtigsten kurzfristigen Kreditarten?
- ☐ a) Kontokorrentkredit, Wechselkredit und Lieferantenkredit
- ☐ b) Darlehen der Hausbank
- ☐ c) Verwandtendarlehen
- ☐ d) Kredite nach Handwerkskreditprogramm
- ☐ e) Durch Kreditgarantiegemeinschaft verbürgte Kredite.

„Siehe Seite 304 des Textteils!"

20. Welche Bedeutung hat eine gute Verbindung zu einem Kreditinstitut für den Handwerksbetrieb?

„Siehe Seite 306 des Textteils!"

21. Welcher der nachfolgenden Grundsätze ist falsch?
Als Kreditsicherheiten können dienen:
- ☐ a) Die Sicherungsübereignung des Hausrats des Kreditnehmers
- ☐ b) Grundpfandrechte an Grundstücken
- ☐ c) Die Abtretung von Forderungen und Ansprüchen aus Kapitallebensversicherungen
- ☐ d) Bürgschaften
- ☐ e) Sicherungsübereignung von Maschinen.

„Siehe Seite 306 des Textteils!"

22. Nennen Sie einige Möglichkeiten zur Inanspruchnahme öffentlicher Finanzierungshilfen für das Handwerk!

„Siehe Seite 308 des Textteils!"

23. An wen soll sich der Handwerksmeister wegen der Beratung über spezielle Finanzierungshilfen für das Handwerk wenden?

„Siehe Seite 309 des Textteils!"

24. Man spricht von Handwerkskreditprogrammen, wenn
- ☐ a) Banken Handwerksbetrieben Kredite zu besonders günstigen Zinsen gewähren.
- ☐ b) Landeshandwerksvertretungen Richtlinien für Kredite an Handwerksbetriebe erlassen.
- ☐ c) die Handwerkskammer an Handwerksunternehmen direkt Kreditmittel ausreicht.
- ☐ d) Handwerksinnungen ihren Mitgliedern Kredite für Investitionen gewähren.
- ☐ e) Bund und Länder zinsgünstige Kreditmittel zur Förderung des Handwerks zur Verfügung stellen.

„Siehe Seite 309 des Textteils!"

25. Welches sind die Aufgaben der Kreditgarantiegemeinschaft des Handwerks oder der Bürgschaftsbank bzw. der Bürgschaftsgesellschaft oder der Landesgarantiekasse?
- ☐ a) Sie gewährt an Handwerksunternehmen zinsgünstige Kredite.
- ☐ b) Sie gibt Zinszuschüsse für Investitionskredite.
- ☐ c) Sie übernimmt Ausfallbürgschaften für Kredite, die Handwerksbetrieben gewährt werden.

- ☐ d) Sie garantiert Handwerksbetrieben bestimmte Kreditlinien zur Finanzierung der Materialvorräte.
- ☐ e) Sie wickelt Kreditprogramme von Bund und Ländern ab.

„Siehe Seite 310 des Textteils!"

26. Eine Bürgschaft kann bei der Kreditgarantiegemeinschaft des Handwerks oder Bürgschaftsbank bzw. der Bürgschaftsgesellschaft oder der Landesgarantiekasse beantragen,

- ☐ a) wer in einem Handwerksbetrieb beschäftigt ist.
- ☐ b) wer in die Handwerksrolle der Handwerkskammer eingetragen ist oder werden kann.
- ☐ c) wer die Sonderprüfung zur Betriebsgründung mit Erfolg abgelegt hat.
- ☐ d) wer neben der Meisterprüfung auch die Prüfung als Bürokaufmann nachweisen kann.
- ☐ e) wer die Gesellenprüfung nachweist und außerdem betriebswirtschaftlich geschult wurde.

„Siehe Seite 310 des Textteils!"

27. Welche Aufgaben haben die Kapitalbeteiligungsgesellschaften im Handwerk?

- ☐ a) Sie übernehmen alle mit der Kapitalbeschaffung anfallenden Aufgaben.
- ☐ b) Sie gewähren den Handwerksbetrieben zinsgünstige Kredite bis zu 100.000,00 DM.
- ☐ c) Sie ermöglichen Handwerksbetrieben die Kapitalbeschaffung auf der Basis der Beteiligung.
- ☐ d) Sie beraten die Unternehmer im Handwerk bei der Geldanlage im privaten Bereich.
- ☐ e) Sie übernehmen für selbständige Handwerker Bürgschaften gegenüber Banken.

„Siehe Seite 311 des Textteils!"

28. Welche Aufgabe hat ein Finanzplan?

„Siehe Seite 311 des Textteils!"

29. Welche Rolle spielt der Finanzplan im Verbund des gesamten betrieblichen Planungsprozesses?

„Siehe Seite 312 des Textteils!"

30. Beschreiben Sie den Aufbau eines einfachen Finanzplanes!

„Siehe Seite 312 des Textteils!"

31. Beschreiben Sie die drei Grundformen des Zahlungsverkehrs!

„Siehe Seite 314 des Textteils!"

32. Welche Barzahlungsarten kennen Sie?

„Siehe Seite 315 des Textteils!"

33. Welche Möglichkeiten der halbbaren Zahlung gibt es?

„Siehe Seite 316 des Textteils!"

2.5 Finanzwirtschaftliche Grundfragen

34. Welche Formen der bargeldlosen Zahlung kennen Sie?

„Siehe Seite 316 des Textteils!"

35. Welche Möglichkeiten der Banküberweisung kennen Sie?

„Siehe Seite 317 des Textteils!"

36. Im Postgirodienst erfolgt die Zahlung von Kontoinhaber an Nichtkontoinhaber mittels
- ☐ a) Überweisungszettel
- ☐ b) Zahlschein
- ☐ c) Dauerauftrag
- ☐ d) Zahlungsanweisung
- ☐ e) Überweisungsauftrag.

„Siehe Seite 318 des Textteils!"

37. Welche Scheckarten kennen Sie?

„Siehe Seite 320 des Textteils!"

38. Welcher der nachstehenden Grundsätze ist **falsch**?
- ☐ a) Mit einem Verrechnungsscheck kann der Scheckinhaber sofort das Geld in bar abheben.
- ☐ b) Ein Verrechnungsscheck kann nur dem Konto des Einreichers gutgeschrieben werden.
- ☐ c) Aus einem Barscheck kann ohne weiteres ein Verrechnungsscheck gemacht werden.
- ☐ d) Der Scheck muß innerhalb von acht Tagen nach Ausstellung zur Einlösung gebracht werden.
- ☐ e) Jeder Scheck ist bei Sicht zahlbar.

„Siehe Seite 320 des Textteils!"

39. Was sollte ein Scheckaussteller beim Verlust eines Schecks unternehmen?
- ☐ a) Den Scheck umgehend widerrufen.
- ☐ b) Dem Empfänger sofort einen neuen Scheck übersenden.
- ☐ c) Zuerst das Fundbüro in der Umgebung benachrichtigen.
- ☐ d) Die Bank vom Verlust verständigen, damit diese den Scheck sperren kann.
- ☐ e) Sofort Scheckprotest beim Notar erheben.

„Siehe Seite 321 des Textteils!"

40. Mit der Euroscheck-Karte garantiert die Hausbank bzw. das Postgiroamt
- ☐ a) die Zahlung des Scheckbetrages bis zur Höhe von 300,00 DM nur in der Bundesrepublik Deutschland und in Österreich.
- ☐ b) die Zahlung des Scheckbetrages bis zur Höhe von 300,00 DM in der Bundesrepublik Deutschland und in allen der Regelung angeschlossenen Ländern.
- ☐ c) die Zahlung des Scheckbetrages bis zur Höhe von 500,00 DM in der ganzen westlichen Welt.
- ☐ d) die Zahlung des Scheckbetrages bis zur Höhe von 400,00 DM in der ganzen westlichen Welt.
- ☐ e) die Zahlung des Scheckbetrages bis zur Höhe von 400,00 DM in der Bundesrepublik Deutschland und bis zu jeweils festgelegten Höchstbeträgen in allen der Regelung angeschlossenen Ländern.

„Siehe Seite 321 des Textteils!"

41. Welche Vorteile bietet die Zahlung mit einer Kreditkarte?

„Siehe Seite 323 des Textteils!"

42. Welche möglichen Konsequenzen können sich für den Handwerksbetrieb aus der zunehmenden Verbreitung von Kreditkarten ergeben?

„Siehe Seite 323 des Textteils!"

43. Ein Wechsel ist
- ☐ a) ein Kredit- und Zahlungsmittel.
- ☐ b) nur ein Kreditmittel.
- ☐ c) nur ein Zahlungsmittel.
- ☐ d) rechtlich gesehen dasselbe wie ein Scheck.
- ☐ e) ein Geldersatzmittel, das vom Zahlungsempfänger wie Bargeld angenommen werden muß.

„Siehe Seite 324 des Textteils!"

44. In der Praxis des Kredit- und Zahlungsverkehrs
- ☐ a) kommt der eigene Wechsel häufiger vor.
- ☐ b) kommt der gezogene Wechsel häufiger vor.
- ☐ c) kommen beide etwa in gleicher Häufigkeit vor.
- ☐ d) kommen beide immer seltener vor.
- ☐ e) eignen sich beide nur bei größeren Geschäften.

„Siehe Seite 324 des Textteils!"

45. Was gehört nicht zu den gesetzlichen Bestandteilen des gezogenen Wechsels?
- ☐ a) Der Name des Bezogenen
- ☐ b) Die Verfallzeit
- ☐ c) Der Zahlungsort
- ☐ d) Die Kontonummer mit Bankleitzahl
- ☐ e) Ort und Datum der Ausstellung.

„Siehe Seite 324 des Textteils!"

46. Wie kann ein Wechsel vom Betrieb weiterverwendet werden?
- ☐ a) Durch Weitergabe, durch Wechselverkauf oder durch Aufbewahrung bis zum Verfalltag
- ☐ b) Nur durch Diskontierung bei der Bank, mit der der Bezogene arbeitet
- ☐ c) Nur durch Aufbewahrung bis zum Verfalltag des Wechsels
- ☐ d) Nur durch Weitergabe des Wechsels
- ☐ e) Durch Umtausch in einen Bar- und Verrechnungsscheck.

„Siehe Seite 325 des Textteils!"

47. Unter Indossament versteht man
- ☐ a) die Wechselverlängerung.
- ☐ b) eine bestimmte Form des Wechselprotestes.
- ☐ c) den Weitergabevermerk des Wechsels.
- ☐ d) die Versteuerung des Wechsels.
- ☐ e) die Zahlbarstellung des Wechsels.

„Siehe Seite 326 des Textteils!"

48. Unter Wechselprotest versteht man
- ☐ a) ein Protestschreiben des Wechselinhabers an den Wechselschuldner wegen der Nichtannahme oder Nichteinlösung des Wechsels.
- ☐ b) die amtliche Beglaubigung, daß der Wechsel zur Zahlung oder Annahme vorgelegt wurde, aber nicht beglichen oder angenommen wurde.

2.5 Finanzwirtschaftliche Grundfragen

☐ c) die gleichzeitige Inanspruchnahme aller Personen, die wechselmäßig haften.
☐ d) die Benachrichtigung des Vormannes und des Ausstellers über Nichtannahme oder Nichteinlösung des Wechsels.
☐ e) die Bestätigung der Bank, daß sie den Wechsel nicht angekauft hat.

„Siehe Seite 328 des Textteils!"

49. Man spricht von Wechselregreß, wenn man
☐ a) die Vormänner wegen der Erfüllung der Wechselforderungen in Anspruch nimmt.
☐ b) den Wechsel prolongiert, und zwar mindestens für die Dauer von 6 Monaten.
☐ c) die Bank über einen unregelmäßigen Wechselverlauf benachrichtigt.
☐ d) den Wechsel bei der Bank des Bezogenen einlöst.
☐ e) den Wechsel zum Zwecke der Bezahlung weitergibt.

„Siehe Seite 328 des Textteils!"

2.6 Gewerbeförderungsmaßnahmen

Die Gewerbeförderungsmaßnahmen, die in der Praxis durchgeführt werden, sind so zahlreich, daß sie im Rahmen dieses Lehrbuches nicht vollständig aufgeführt werden können. Es kann daher in den nachstehenden Ausführungen nur auf einige Schwerpunkte der Handwerksförderung eingegangen werden. Jeder Handwerker erhält Auskünfte über weitere Details der Förderungsmaßnahmen bei der zuständigen Innung, Handwerkskammer oder beim Landesinnungsverband.

Beratung
Auskünfte

2.6.1 Überblick über die Gewerbeförderung im Handwerk

> **Lernziele:**
> - Kennen der Ziele, der wichtigsten Aufgaben und der Träger der Gewerbeförderung sowie
> - der verschiedenen Arten von Maßnahmen der Gewerbeförderung,
> - der Informationsmöglichkeiten (bzw. der Antragswege) zur Inanspruchnahme von Gewerbeförderungsmaßnahmen.

2.6.1.1 Aufgaben

Aufgaben

> Die Gewerbe- und Handwerksförderung hat die Aufgabe, zur Erhaltung und Verbesserung des Leistungsstandes und der Leistungsfähigkeit des Handwerks beizutragen. Sie soll ferner betriebsgrößenbedingte Wettbewerbsnachteile ausgleichen. Sie gibt den Betrieben eine wichtige Hilfe zur Selbsthilfe.

Erhaltung und Verbesserung der Leistungsfähigkeit

Die Notwendigkeit einer ständigen Anpassung der Betriebe an die technische und wirtschaftliche Entwicklung verlangt von Betriebsinhabern und Mitarbeitern:

- handwerkliches Können
- fachtheoretische Kenntnisse
- betriebswirtschaftliche Kenntnisse.

Anpassung an technische und wirtschaftliche Entwicklung

Durch die Gewerbeförderung erhalten alle im Handwerk Tätigen Gelegenheit, ihre Kenntnisse fortlaufend zu erweitern. Die Handwerksbetriebe werden durch zahlreiche Förderungsmaßnahmen in die Lage versetzt, wettbewerbsfähig zu werden und zu bleiben.

2.6.1.2 Träger

Die wesentlichen Träger der Gewerbe- und Handwerksförderung sind im folgenden dargestellt.

Träger

Handwerks-
organisationen

Die Träger der Förderung von Handwerk und Gewerbe

Abbildung 176

Als Träger der Einrichtungen, Veranstaltungen und Maßnahmen der Gewerbeförderung sind fast ausschließlich die Handwerksorganisationen verschiedener Stufen tätig. Daneben gibt es noch in geringem Umfang staatliche Einrichtungen.

2.6.1.3 Mittel

Staatliche
Förderung

Die öffentliche Hand, insbesondere Bund und Länder, gewähren finanzielle Hilfen an die Maßnahmeträger oder an die Handwerksbetriebe.

Ohne Zuschüsse, Darlehen und Bürgschaften der öffentlichen Hand könnten die meisten Förderungsmaßnahmen nicht durchgeführt werden.
Staatliche Gewerbeförderung ist eine Maßnahme zur Förderung der gesamten Volkswirtschaft.

Mittelstandsförderungsgesetz

Einige Länder der Bundesrepublik haben die Förderungsmaßnahmen in einem „Mittelstandsförderungsgesetz" verankert, so daß eine gesetzliche Verpflichtung zur Förderung gegeben ist.

2.6.1.4 Maßnahmen im Überblick

Einen Überblick über wichtige Maßnahmen der Gewerbeförderung gibt die folgende Abbildung:

Maßnahmen der Handwerksförderung

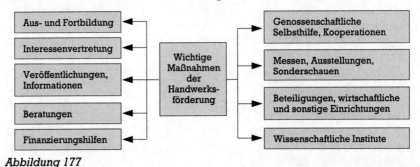

Abbildung 177

2.6.2 Beratungs- und Informationswesen

Lernziele:
- Kennen der verschiedenen Arten von Beratungsstellen der Handwerksorganisation (einschl. der Informationsvermittlungsstellen, der Umweltschutz- und EG-Beratung) und deren Aufgabengebiete.
- Kennen der Möglichkeiten, freiberufliche Berater über die Handwerksorganisation in Anspruch zu nehmen.

Die wesentlichsten Beratungsbereiche der Handwerksorganisationen gehen aus der nachstehenden Abbildung hervor.

Die Beratungsbereiche der Handwerksorganisationen

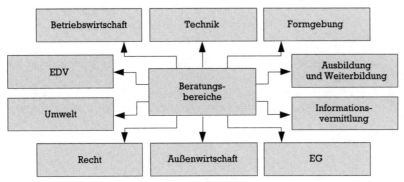

Beratungsbereiche

Abbildung 178

2.6.2.1 Betriebswirtschaftliche Beratung

Zur kostenlosen betriebswirtschaftlichen Beratung der Handwerksbetriebe bestehen bei allen Handwerkskammern überfachliche und bei zahlreichen Landes- und Bundesinnungsverbänden fachliche Betriebsberatungsstellen.

Organisationseigene Beratung

Die wichtigsten Aufgaben bzw. Beratungsgebiete sind:
- Existenzgründung und alle damit zusammenhängenden Fragen, wie zum Beispiel Rechtsform, Standortwahl, Finanzierung, Planung
- Organisation des Rechnungswesens (Buchhaltung, Kostenrechnung, Auswertung)
- Investitionen und Finanzierung, Finanzplanung, Kapitalbeschaffung, spezielle Finanzierungshilfen, Handwerksförderungsprogramme
- Marktanalysen, Marketing
- Messebeteiligungen
- Kooperationsmöglichkeiten
- Personalwesen
- Betriebsübernahme
- Arbeitsvorbereitung (REFA)
- Betriebsanalysen, Wirtschaftlichkeitsuntersuchungen, Rentabilitätsberechnungen, Verlustquellenforschung.

Aufgaben Beratungsgebiete

| Notwendigkeit der Beratung | In einer modernen Volkswirtschaft kann ein Handwerksbetrieb nur wettbewerbsfähig sein und bleiben, wenn er über eine gute kaufmännische und betriebswirtschaftliche Organisation verfügt. Deshalb sollte sich der Betriebsinhaber bei Bedarf weitgehend von der betriebswirtschaftlichen Beratungsstelle seiner Berufsorganisation beraten lassen. |

Freiberufliche Beratung

Auf dem Sektor der Betriebsberatung sind auch freiberufliche Berater tätig.

Wichtige Beratungsgebiete sind:

Beratungsgebiete

- Existenzgründung
- Existenzaufbau
- EG-Binnenmarkt
- Umweltschutz
- Energieeinsparung
- wirtschaftliche und organisatorische Probleme der Unternehmensführung.

Zuschüsse zu Beratungskosten

Der Bundesminister für Wirtschaft gewährt Zuschüsse in Höhe von 50 % der Beratungskosten.

Über Einzelheiten sollte sich der Handwerksbetriebsinhaber diesbezüglich vorab beim Betriebsberater der Handwerkskammer beraten lassen.

2.6.2.2 Technische Betriebsberatung

Träger der technischen Betriebsberatung

Die technische Betriebsberatung wird von Handwerkskammern und Fachverbänden durchgeführt.

Die wichtigsten Aufgabengebiete sind aus der folgenden Abbildung ersichtlich:

Die technische Betriebsberatung der Handwerksorganisationen

Aufgaben

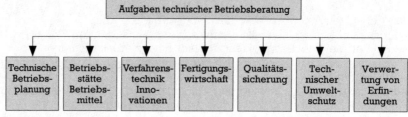

Abbildung 179

Freiberufliche Beratung Förderung Antragsweg

Nach verschiedenen Technologieberatungsprogrammen können auch freiberuflich tätige Unternehmensberater beauftragt werden. Wegen des Förderumfangs und des Antragsverfahrens sollten sich die Betriebsinhaber vor Erteilung des Beratungsauftrags mit dem technischen Betriebsberater der Handwerkskammer in Verbindung setzen.

2.6.2.3 EDV-Beratung

Die neuen Technologien und der Einsatz der elektronischen Datenverarbeitung im Handwerk hat bei den Handwerkskammern zur Einrichtung von EDV-Beratungsstellen geführt.

Träger der EDV-Beratung

Aufgaben der EDV-Beratungsstellen

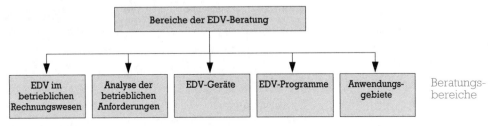

Beratungsbereiche

Abbildung 180

2.6.2.4 Beratung in Fragen der Außenwirtschaft

Die von den meisten Handwerkskammern betriebenen Exportberatungsstellen unterstützen eine wachsende Zahl von exportwilligen und exportfähigen Handwerksbetrieben beim Absatz ihrer Produkte und Dienstleistungen auf ausländischen Märkten.

Träger der Außenwirtschaftsberatung

Die Hauptaufgaben der Exportberatungsstellen sind:

Die Exportberatungsstellen der Handwerkskammern

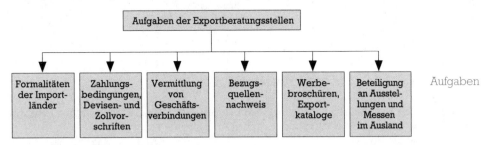

Aufgaben

Abbildung 181

2.6.2.5 EG-Beratung

Im Hinblick auf die zahlreichen Probleme, die der EG-Binnenmarkt und der europäische Wirtschaftsraum (EWR) mit sich bringt, haben verschiedene Handwerkskammern eine EG-Beratung eingerichtet.

Träger der EG-Beratung

Die wichtigsten Aufgaben ergeben sich aus nachfolgender Abbildung:

EG-Beratung der Handwerkskammern

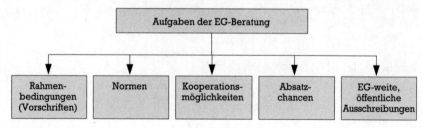

Abbildung 182

2.6.2.6 Informationsberatung, Informationsvermittlungsstellen

Informationsbedarf

Träger der Beratung

Der Bedarf an Kommunikation und Information nimmt auch im Handwerk laufend zu.
Um den Handwerksbetrieben zu helfen, haben einzelne Handwerkskammern Informationsvermittlungsstellen geschaffen.

Wichtige Beratungsbereiche sind:

Aufgaben der Informationsvermittlungsstellen der Handwerkskammern

Beratungsbereiche

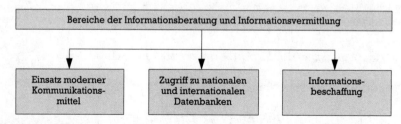

Abbildung 183

2.6.2.7 Umweltschutzberatung

Der Umweltschutz berührt den Handwerksbetrieb in zweifacher Hinsicht:

Betroffener
Problemlöser
- als von Umweltschutzvorschriften Betroffener
- als Problemlöser bei der Umsetzung des Umweltschutzes.

Träger der Umweltschutzberatung

Umweltschutzberater bei Handwerkskammern und staatlichen Beratungsstellen beraten den Handwerker auf beiden genannten Gebieten.

2.6.2.8 Beratung in Formgebung und Formgestaltung

Träger der Formgebungsberatung

Zur Hebung der kulturellen Leistungsfähigkeit des Handwerks und zur bestmöglichen Gestaltung von Handwerksprodukten tragen die Form-

2.6 Gewerbeförderungsmaßnahmen

gebungsberatungsstellen der Handwerksorganisationen, insbesondere der Handwerkskammern, bei.

Die nachstehende Abbildung zeigt einige Hauptaufgaben:

Formgebungsberatungsstellen der Handwerkskammern

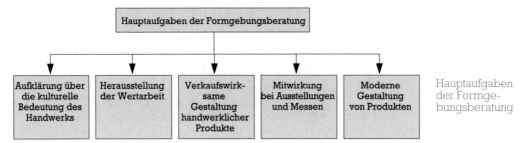

Hauptaufgaben der Formgebungsberatung

Abbildung 184

2.6.2.9 Rechtsberatung

Die engmaschige Gesetzgebung hat einen großen Beratungsbedarf bei der Rechtsberatung entstehen lassen. Die Handwerksorganisationen (Handwerkskammern und Verbände) beraten ihre Mitglieder auf allen einschlägigen Rechtsgebieten.

Träger der Rechtsberatung

Aufgaben der Rechtsberatung der Handwerksorganisationen

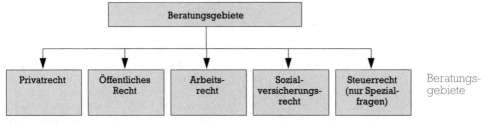

Beratungsgebiete

Abbildung 185

2.6.2.10 Sonstige Beratungsbereiche

Beratung durch die Handwerksorganisationen erfolgt ferner durch die Ausbildungsberatung und die Fortbildungsberatung der Handwerkskammern (siehe auch die Abschnitte 2.6.3.2 „Fortbildung" in diesem Band und 1.1.2.6 „Gewährleistung beruflicher Weiterbildung", 4.5.1.1 „Die Aufgaben der Handwerkskammer in der Berufsausbildung" und 4.6.3.3 "Finanzielle Förderung der Fort- und Weiterbildung" im Band 3).

2.6.3 Überbetriebliche Unterweisung und Fortbildung

> **Lernziele:**
> - Kennen der wesentlichen Maßnahmen zur überbetrieblichen Unterweisung, der auf die Vorbereitungslehrgänge für die Meisterprüfung aufbauenden Fortbildungsprogramme der Handwerksorganisation sowie sonstiger für den Handwerksbetrieb geeigneter Fortbildungsmöglichkeiten.
> - Kennen der Förderungs- und Informationsmöglichkeiten der beruflichen Fortbildung.
> - Verstehen der Notwendigkeit grundsätzlicher und gegebenenfalls fachbezogener Schwerpunkte und Erfordernisse der beruflichen Fortbildung sowie der Zweckmäßigkeit einer systematischen Planung der persönlichen und betrieblichen Fortbildungsaktivitäten.

2.6.3.1 Überbetriebliche Unterweisung

Die Anforderungen an die Berufsausbildung unterliegen einem ständigen Wandel der Technik.

Überbetriebliche Unterweisung

Daher wird die betriebliche Ausbildung, wo notwendig, durch überbetriebliche Kurse ergänzt. Die überbetriebliche Unterweisung muß also die Vollausbildung laut Ausbildungsordnung sicherstellen und eine inhaltliche Anpassung an die technische Entwicklung gewährleisten.

Maßnahmeträger

Die überbetrieblichen Kurse werden in der Regel vor allem von den Berufsbildungs- und Technologiezentren der Handwerkskammern durchgeführt. Teilweise nehmen auch Innungen diese Aufgaben wahr, sofern sie entsprechende Einrichtungen haben.

Fortbildung

2.6.3.2 Fortbildung

Zweck

Die rasch fortschreitende technische Entwicklung und die zusätzlichen Qualifikationsanforderungen an Handwerker zwingen zu permanenter lebenslanger Fortbildung. Die berufliche Fortbildung soll es jedem ermöglichen, seine beruflichen Kenntnisse und Fertigkeiten zu erhalten, zu erweitern und der laufenden technischen Entwicklung anzupassen.

Meistervorbereitung

Ein wichtiger Bereich der beruflichen Fortbildung im Handwerk ist die Vorbereitung auf die Meisterprüfung, die in Kursen der Handwerksorganisationen oder Meisterschulen stattfindet.

Fortbildungsträger des Handwerks

Die Fortbildungsmaßnahmen erfolgen teilweise in Schulen, schwerpunktmäßig aber in folgenden Einrichtungen des Handwerks:
- Berufsbildungs- und Technologiezentren
- Gewerbeförderungsanstalten
- Akademien

Weitere Fortbildungsträger

Auch schulische Einrichtungen (zum Beispiel städtische Fach-, Meister- und Technikerschulen sowie Berufs- und Fachakademien, Fachhochschulen und Hochschulen) stehen dem fortbildungswilligen Handwerker unter jeweils gegebenen persönlichen Zulassungsvoraussetzungen für die Fort- und Weiterbildung offen.

Die wichtigsten Fortbildungsmöglichkeiten für den Handwerker sind:

Fortbildung für Handwerker

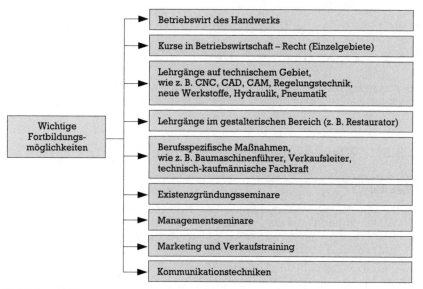

Fortbildungsmöglichkeiten

Abbildung 186

Über die Fortbildungsmöglichkeiten informieren die Handwerkskammern und die anderen Handwerksorganisationen. Es bestehen zahlreiche Programmhefte und elektronische Weiterbildungsinformationssysteme.

Information

Die berufliche Fortbildung wird finanziell gefördert von:
- Bund
- Ländern
- Bundesanstalt für Arbeit.

Finanzielle Förderung

Die Förderung bezieht sich zum Teil auf:
- die Fortbildungsträger
- die Teilnehmer an Fortbildungsmaßnahmen.

Da die Möglichkeiten und Voraussetzungen für die Inanspruchnahme von finanziellen Zuwendungen durch die Teilnehmer sehr unterschiedlich sind und sich die Förderbedingungen immer wieder ändern, sollte sich jeder Fortbildungswillige vor Beginn einer Maßnahme sehr sorgfältig beraten lassen durch:
- die Handwerkskammern
- die Arbeitsämter
- die für besondere Programme zuständigen Ämter.

Wichtig: Beratung

Beratungsstellen

Der Mensch ist auch in der Zukunft der wichtigste Produktions- und Leistungsfaktor im Handwerk. Deshalb müssen die Betriebsinhaber den

Systematische
Weiterbildungs-
planung

eigenen Weiterbildungsbedarf und den der Mitarbeiter rechtzeitig erkennen und entsprechende Maßnahmebeteiligungen sicherstellen.

Daher ist es zweckmäßig
- eine systematische betriebliche Planung und
- eine persönliche Planung des einzelnen für die jeweiligen Fortbildungsaktivitäten vorzunehmen.

2.6.4 Finanzierungshilfen

Hier wird auf die Darstellung im Abschnitt 2.5.5 „Spezielle Finanzierungshilfen für das Handwerk" in diesem Band hingewiesen.

2.6.5 Wissenschaftliche Institute

Lernziel:
- Kennen der wissenschaftlichen Förderung des Handwerks durch die Arbeiten handwerksbezogener Forschungseinrichtungen im Überblick (insbesondere die des Deutschen Handwerksinstituts mit seinen sieben Forschungsinstituten).

Handwerksforschung

Träger

Deutsches Handwerksinstitut (DHI)

Zur wissenschaftlichen Untersuchung und Durchdringung der Handwerkswirtschaft und zur wissenschaftlichen Förderung des Handwerks wird handwerks- oder mittelstandsbezogene Forschung betrieben durch:
- die Universitäten
- die Fachhochschulen
- das Deutsche Handwerksinstitut e.V. (DHI).

Die umfassendste Handwerksforschung erfolgt durch das Deutsche Handwerksinstitut.

Wichtige Forschungsbereiche sind:

Handwerksforschung durch das Deutsche Handwerksinstitut

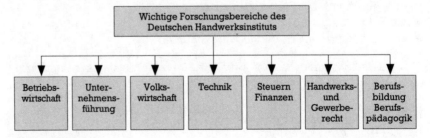

Abbildung 187

Umsetzung der Forschungsergebnisse

Die wissenschaftlichen Forschungsergebnisse werden ausgewertet und gewerbefördernden und handwerkspolitischen Entscheidungen und Maßnahmen zugrundegelegt.

2.6 Gewerbeförderungsmaßnahmen

Die einzelnen Forschungsinstitute des DHI sind:
- Institut für Handwerkswirtschaft, München
- Forschungsinstitut für Berufsbildung im Handwerk an der Universität Köln
- Seminar für Handwerkswesen an der Universität Göttingen
- Heinz-Piest-Institut für Handwerkstechnik an der Technischen Universität Hannover
- Institut für Technik der Betriebsführung im Handwerk, Karlsruhe
- Handwerksinstitut München für Handwerks-, Gewerbe-, Finanz- und Steuerrecht e.V.
- Institut für Kunststoffverarbeitung in Industrie und Handwerk an der Rheinisch-Westfälischen Hochschule Aachen e.V., Abteilung Handwerk.

Einzelne Forschungsinstitute

2.6.6 Messen, Ausstellungen, Sonderschauen

> **Lernziel:**
> - Wissen, auf welche Weise Messen, Ausstellungen, Sonderschauen der Förderung der Handwerksbetriebe dienen können (wie die Internationale Handwerksmesse München, das Handwerk betreffende überregionale Branchenmessen sowie regionale überfachliche Verkaufsausstellungen).

Messen und Ausstellungen sind Märkte mit wichtiger Barometer- und Signalfunktion. Sie gewinnen auch für das Handwerk durch die Öffnung zusätzlicher Märkte im Europäischen Binnenmarkt, im Europäischen Wirtschaftsraum und mit Blick auf Märkte in Osteuropa zunehmend an Bedeutung.

Bedeutung für Handwerksbetriebe

Folgende Formen von Messeveranstaltungen sind für das Handwerk wichtig:

Bedeutende Messen für das Handwerk

Formen von Messeveranstaltungen

Abbildung 188

Die Leitmesse des deutschen Handwerks und größte Messe des Handwerks und der Zulieferindustrie auf der ganzen Welt ist die Internationale Handwerksmesse in München.

Internationale Handwerksmesse

Mit den Messeveranstaltungen sollen folgende Ziele erreicht werden:
- Absatzförderung für Produkte und Dienstleistungen der Handwerker
- Beschaffungs- und Einkaufsmöglichkeiten für das Handwerk
- Informationsbörse für Handwerksbetriebe und Verbraucher

Ziele der Messeveranstaltungen

- Image- und Nachwuchswerbung für das Handwerk
- Förderung der Kooperation der Betriebe im Handwerk und zwischen Industrie und Handwerk
- Forum für handwerkspolitische Dialoge.

2.6.7 Sonstige Gewerbeförderungsmaßnahmen

Die Handwerksorganisationen fördern ferner das Handwerk durch:

Weitere Förderungsmaßnahmen
- Interessenvertretung gegenüber Staat und Öffentlichkeit
- Einfluß auf Gesetzgebung und Verwaltung
- Veröffentlichungen
- Beratung über ihre eigenen Informationsorgane (zum Beispiel Handwerks-Zeitung, Fachzeitschriften).

Zu näheren Einzelheiten siehe auch Abschnitt 3.7.4 „Entwicklung, Aufbau und Aufgaben der Handwerksorganisation" im Band 2!

Programmierte und textlich gestaltete, offene Übungs-, Wiederholungs- und Prüfungsfragen

1. Aufgaben der Gewerbeförderung sind
- ☐ a) die Erhaltung und Verbesserung des Leistungsstandes und der Leistungsfähigkeit des Handwerks.
- ☐ b) nur die Maßnahmen zur Förderung der beruflichen Aus- und Fortbildung.
- ☐ c) vorwiegend Maßnahmen zur Förderung des Exports und außenwirtschaftlicher Kontakte.
- ☐ d) vorwiegend Maßnahmen zur Förderung der zwischenbetrieblichen Kooperation.
- ☐ e) Pflege von Gemeingeist und Berufsehre im Handwerk.

„Siehe Seite 339 des Textteils!"

2. Wichtigste Träger von Gewerbe- und Handwerksförderungsmaßnahmen sind
- ☐ a) die Handwerkskammern, Innungen und Verbände.
- ☐ b) nur die Handwerkskammern und die Innungen.
- ☐ c) in größtem Umfang der Bundesminister für Finanzen.
- ☐ d) in größtem Umfang der Bundesminister für Arbeit.
- ☐ e) vorwiegend die Gewerbeämter.

„Siehe Seite 339 des Textteils!"

3. Nennen Sie die wichtigsten Maßnahmen der Handwerksförderung!

„Siehe Seite 340 des Textteils!"

4. Erläutern Sie die Beratungsbereiche im Rahmen der Gewerbeförderung!

„Siehe Seite 341 des Textteils!"

5. Welche Möglichkeiten bestehen für einen Handwerksbetrieb, freiberufliche Berater über die Handwerksorganisation in Anspruch zu nehmen?

„Siehe Seite 342 des Textteils!"

6. Welche Fortbildungsmöglichkeiten für Handwerker kennen Sie?

„Siehe Seite 347 des Textteils!"

7. Welche Förderungs- und Informationsmöglichkeiten zur beruflichen Fortbildung im Handwerk kennen Sie?

„Siehe Seite 347 des Textteils!"

8. Das Handwerk wird wissenschaftlich gefördert
- ☐ a) durch alle Universitäten in der Bundesrepublik.
- ☐ b) durch alle Fachhochschulen in der Bundesrepublik.
- ☐ c) durch alle Fachakademien des Handwerks.
- ☐ d) in erster Linie durch das Deutsche Handwerksinstitut e. V. in München.
- ☐ e) nur durch den Bundesminister für Bildung und Wissenschaft.

„Siehe Seite 348 des Textteils!"

9. Welche Ziele werden mit der Durchführung von Messeveranstaltungen im Handwerk angestrebt?

„Siehe Seite 349 des Textteils!"

Lösungen

zu den programmierten Übungs-, Wiederholungs- und Prüfungsfragen

1 Rechnungswesen

1.1 Buchhaltung und Jahresabschluß

1. d)	8. d)	15. a)	22. e)	29. d)	36. b)	43. c)
2. b)	9. c)	16. –	23. –	30. –	37. d)	44. a)
3. –	10. a)	17. –	24. a)	31. c)	38. c)	45. a)
4. b)	11. e)	18. a)	25. a)	32. c)	39. –	46. e)
5. d)	12. –	19. a)	26. –	33. b)	40. e)	47. –
6. a)	13. –	20. –	27. b)	34. a)	41. –	
7. –	14. –	21. b)	28. c)	35. –	42. –	

1.2 Kostenrechnung und Kalkulation

1. d)	9. c)	17. d)	25. –	33. e)	41. –	49. –
2. b)	10. a)	18. d)	26. b)	34. e)	42. b)	50. –
3. a)	11. –	19. a)	27. –	35. –	43. a)	51. –
4. e)	12. a)	20. d)	28. –	36. d)	44. d)	
5. –	13. –	21. a)	29. a)	37. a)	45. b)	
6. a)	14. c)	22. b)	30. b)	38. e)	46. b)	
7. d)	15. a)	23. –	31. e)	39. c)	47. –	
8. c)	16. b)	24. e)	32. d)	40. a)	48. –	

1.3 Betriebswirtschaftliche Auswertung

1. –	4. –	7. c)	10. c)	13. d)	16. d)	19. b)
2. –	5. a)	8. –	11. d)	14. e)	17. e)	20. –
3. –	6. –	9. e)	12. –	15. –	18. b)	21. –
						22. b)

2 Wirtschaftslehre

2.1 Grundfragen der Betriebs- und Geschäftsgründung

1. –	4. –	7. –	10. –	13. –	16. –	19. –
2. a)	5. –	8. e)	11. –	14. –	17. –	20. –
3. –	6. d)	9. d)	12. –	15. –	18. –	

2.2 Betriebswirtschaftliche Aufgaben im Handwerksbetrieb

1. –	5. –	9. –	13. a)	17. –	21. –	25. c)
2. a)	6. –	10. –	14. –	18. e)	22. –	26. b)
3. –	7. –	11. c)	15. –	19. –	23. e)	27. b)
4. e)	8. –	12. –	16. –	20. b)	24. b)	28. –
						29. –

2.3 Betriebs- und Arbeitsorganisation

1. –	7. –	13. –	19. a)	25. b)	31. –	37. c)
2. –	8. –	14. –	20. b)	26. –	32. –	38. a)
3. –	9. –	15. –	21. –	27. a)	33. d)	39. –
4. a)	10. –	16. e)	22. –	28. b)	34. –	40. e)
5. d)	11. b)	17. b)	23. –	29. –	35. c)	41. d)
6. e)	12. –	18. d)	24. –	30. –	36. –	

2.4 Personalorganisation

1. a)	5. –	9. –	13. –	17. c)	21. –	25. e)	
2. b)	6. d)	10. –	14. e)	18. d)	22. –	26. –	
3. d)	7. –	11. –	15. –	19. b)	23. a)	27. –	
4. –	8. c)	12. –	16. d)	20. e)	24. b)	28. –	
						29. –	

2.5 Finanzwirtschaftliche Grundfragen

1. –	8. –	15. –	22. –	29. –	36. d)	43. a)	
2. a)	9. –	16. b)	23. –	30. –	37. –	44. b)	
3. –	10. c)	17. –	24. e)	31. –	38. a)	45. d)	
4. e)	11. e)	18. –	25. c)	32. –	39. d)	46. a)	
5. b)	12. –	19. a)	26. b)	33. –	40. e)	47. c)	
6. d)	13. –	20. –	27. c)	34. –	41. –	48. b)	
7. b)	14. d)	21. a)	28. –	35. –	42. –	49. a)	

2.6 Gewerbeförderungsmaßnahmen

1. a)	3. –	5. –	7. –	9. –
2. a)	4. –	6. –	8. d)	

A

Abfallwirtschaft 182
Abgeleitete Buchführungspflicht 7
Ablage 258
Ablauforganisation 232, 235
Ablaufplanung 239
Absatz 202
Absatzanbahnung 203
Absatzdurchführung 203
Absatzfinanzierung 203
Absatzkonkurrenz 180
Absatzkontakte 181
Absatzmöglichkeiten 180
Absatzorganisation 217
Absatzorientierung 183
Absatzplanung 178, 206
Absatzpolitik 203
Absatzvorbereitung 203
Abschlußbuchungen 48, 54
Abschlußübersicht 49
Abschreibungen 20, 22, 45
Absolute Zahlen 137, 151
Äquivalenzziffernrechnung 117
Aktenablage 259
Aktenordnung 258
Aktiva 23
Aktive Rechnungsabgrenzung 47
Aktivierungsgebot 18
Aktivierungsverbot 18
Aktivierungswahlrecht 18
Aktivkonten 30, 36
Aktivtausch 30
Akzept 325
Akzeptkredit 306
Alphanummernordnung 259
Amerikanische Buchführung 60, 61
Amerikanisches Journal 61
Analyse kostenbeeinflussender Faktoren 150
Anforderungsprofil 276
Angebot 82
Angebotserfolg 157
Angebotspreis 113
Anhang 4
Anlagendeckung I 145, 158
Anlagendeckung II 145, 158
Anlagenintensität 142, 157
Anlagevermögen 22, 24, 139
Anschaffungskosten 17, 92
Anweisung 278
Anwendungssoftware 247
Anzeigengestaltung 209
Anzeigenwerbung 209
Arbeit 171, 271
Arbeitsablauf 239, 279
Arbeitsanleitung 280
Arbeitsbewertung 274
Arbeitsgestaltung 279
Arbeitsintensität 271
Arbeitsleistung 272
Arbeitsmedizin 272
Arbeitsplatzgestaltung 279
Arbeitspsychologie 272
Arbeitssicherheit 287
Arbeitsspeicher 246

Arbeitsstättenverordnung 186
Arbeitsstelle 279
Arbeitsüberwachung 283
Arbeits- und Leistungsbewertung 284
Arbeitsunterweisung 280
Arbeitsverteilung 199, 236, 279
Arbeitsvorbereitung 239
Arbeitszeiterfassungsbelege 88
Arbeitszeitstudien 200
Arbeitszeitverkürzungen 272
Aufbauorganisation 232
Aufbewahrung 6
Aufbewahrungsfristen 11
Aufgaben der Kostenrechnung 83
Aufgaben der Wirtschaftspolitik 176
Aufgabenanalyse 233
Aufgabensynthese 234
Auftrag 239, 278
Auftragsabwicklung 240
Auftragsbestätigung 239
Auftragsdurchführung 199
Auftragsgröße 156
Auftragsplan 199
Auftragszettel 88
Aufwand 27
Aufwandskonten 30, 36
Aufzeichnungen 9
Aufzeichnungserleichterungen 8, 9
Aufzeichnungspflichten 43
Auseinandersetzungsbilanz 26
Ausfallbürgschaften 310
Ausgaben 27
Ausgliederung von Buchführungsarbeiten 69
Außenfinanzierung 297
Außenwerbung 208
Außenwirtschaft 343
Außenwirtschaftliches Gleichgewicht 176
Außergewöhnliche Abnutzung 22
Außerordentlicher Aufwand 88
Aussprache 282
Ausstellungen 218, 349
Austrittsquote 154
Auswertung der Bilanz 142
Auswertung der Gewinn- und Verlust-
  rechnung 146
Auswertung der Kostenrechnung 149
Auswertung von Bilanz und Gewinn- und
  Verlustrechnung 146
Auswertung von Zwischenabschlüssen 149
Automatisierung 263
Autorität 288
Autotelefon 256

B

Bankeinzugsverfahren 317
Banknoten 174
Bankscheck 319
Banküberweisung 317
Bargeld 174
Bargeldlose Zahlung 285, 314
Barscheck 320
Barzahlung 285, 314
Bauantrag 185
Baugesetzbuch 183, 185

Bauleitplan 183
Baunutzungsverordnung 183, 185
Bauplanungsrecht 183
Baurecht 185
Bebauungsplan 183, 185
Bedarf 171
Bedürfnisse 171
Begleitkalkulation 114
Beispiel eines Betriebsabrechnungs-
  bogens 110
Beispiel für eine Bilanzanalyse 142
Beispiel zur Deckungsbeitragsrechnung 118
Beispiel zur doppelten Buchführung 50
Beispiele zur Zuschlagskalkulation 123
Belege 38
Belegpflicht 9
Belegprinzip 11
Beratung 339
Beratungsbereiche 341, 345
Berechnung des Materialaufwands 46
Bereinigter Betriebsgewinn 139
Berufsbild 180
Berufsbildungs- und Technologie-Transfer-
  Zentren 265
Berufsbildungs- und Technologiezentren 346
Berufsgenossenschaften 287
Beschaffung 181, 194
Beschaffungsmarkt 194
Beschaffungsmarkterkundung 194
Beschaffungsmöglichkeiten 181
Beschaffungsobjekte 195
Beschaffungsstatistik 161
Beschaffungswege 181
Bestandskonten 30, 36
Bestandsverzeichnis 16
Bestellmenge 241
Besteuerungsgrundlagen 7
Betriebliche Einheitspreise 92
Betriebliche Planung 177
Betrieblicher Gewinn 139
Betrieblicher Preis 83
Betriebliches Sozialwesen 286
Betriebsabrechnung 99
Betriebsabrechnungsbogen 99, 100, 110, 150
Betriebsberater 188
Betriebsberatung 342
Betriebsberatungsstellen 186
Betriebsbeteiligung 188
Betriebsbörsen 186
Betriebseinrichtung 238
Betriebseröffnung 187
Betriebsfremder Aufwand 88
Betriebsgenehmigung 186
Betriebsgröße 177
Betriebsgrößenentwicklung 177
Betriebsgrundstück 181
Betriebsgründung 177, 187
Betriebsklima 287
Betriebsleistung 139
Betriebsmittel 238
Betriebsmittelbedarf 301, 302
Betriebsorganisation 260
Betriebsräume 237
Betriebsstätte 237

Betriebsstoffe 91
Betriebssystem 247
Betriebsübernahme 188
Betriebsvergleich 162
Betriebsvermögensvergleich 28
Betriebswirt des Handwerks 347
Betriebswirtschaftliche Aufgabenbereiche 193
Betriebswirtschaftliche
  Auswertung 67, 68, 135, 138
Betriebswirtschaftliche Beratung 341
Betriebswirtschaftliche Statistik 1, 160
Bewegungsdaten 248
Bewerbungen 276
Bewerbungsunterlagen 276
Bewertung 6
Bewertungsbedingte Zusatzkosten 88
Bewertungsbegriffe 17
Bewertungsgrundsätze 18
Bewertungskontinuität 19
Bewertungsmaßstäbe 17
Bewertungsvorschriften 17
Beziehungszahlen 137
Bezugsmengen 196
Bezugsquellen 195
Bezugsquellenkatalog 196
Bezugsquellennachweis 343
Bilanz 23, 24, 135
Bilanzanalyse 140
Bilanzansätze 6
Bilanzarten 25
Bilanzidentität 18, 25
Bilanzierungsgrundsätze 25, 139
Bilanzklarheit 25
Bilanzkontinuität 25
Bilanzkritik 140
Bilanzmindestinhalt 4
Bilanzplanung 178
Bilanzübersicht 49
Bilanzverkürzung 30
Bilanzverlängerung 30
Bilanzwahrheit 25
Bildschirm 245
Bildschirmtelefon 255
Bildschirmtext 255
Binärzeichen 247
Blankoindossament 326
Börsenkurs 18
Branchen- und betriebsbezogene
  Statistiken 161
Briefabschluß 253
Briefkopf 253
Briefrand 253
Brieftext 253
Bruttoaufzeichnung 9
Bruttoinvestition 302
Bruttoverbuchung 43
Btx-Nutzer 255
Buchführung 2
Buchführung auf EDV-Basis 60, 66
Buchführungspflicht 7
Buchführungssysteme 13
Buchführungsvorschriften 6
Buchgeld 174
Buchhaltung 2

Buchhaltung und Jahresabschluß 1
Buchhaltungsmethoden 59
Buchstellen 69
Buchung 30
Buchung bei Rechnungsausgang 44
Buchung bei Rechnungseingang 43
Buchungen bei der Umsatzsteuer 43
Buchungsplatte 65
Buchungsregeln 39
Buchungssätze 39, 53
Buchungsschlüssel 40, 41
Buchwert 45
Bürgschaft 308
Bundesimmissionsschutzgesetz 183, 185

C
CAD 263, 264
CAM 263, 264
CAQ 263, 264
Cash-flow 148, 159
CIM 263, 264
City-Ruf 256
CNC 263, 264
C-Netz 256
Computer 245
Controlling 151
Corporate Identity 216

D
Darlehen 306
Daten 248
Datenausgabe 67
Datenbanken 265, 344
Datenträger 11
Datenverarbeitung außer Haus 71
Dauerauftrag 317
Deckungsbeitrag 118
Deckungsbeitragsrechnung 118
Delegation 283
Deutsche Bundesbank 174
Deutsches Handwerksinstitut 348
Direkt zurechenbare Löhne 110
Direkter Vertrieb 205
Direktwerbung 207
Disketten 245
Diskontierung 326
Diskontkredit 306, 326
Diskontpolitik 174
Diskontsatz 174
Divisionskalkulation 116
D-Netz 256
Do-it-yourself 226
Doppelte Buchführung 30
Drucker 245
Durchschreibebuchführung 60, 64

E
EDV 244
EDV-Anlage 250
EDV-Beratung 343
EDV-Einführung 249
EDV-Einsatz 249
EDV-Nutzen 250
EDV-System 245
Effektive Kosten 84, 87

Effektivlohn 93
EG-Beratung 343
EG-Binnenmarkt 343
Eigener Wechsel 324
Eigenfinanzierung 298
Eigenkapital 23, 29, 139
Eigenkapitalhilfe 309
Eigenkapitalintensität 143, 157
Eigenkapitalkonto 48
Eigenkapitalrentabilität 147
Eigenverbrauch 9, 10
Einfache Buchführung 14
Eingabedaten 248
Einheitskontenrahmen für das deutsche
  Handwerk 37
Einkaufsplanung 178, 194
Einnahmen 27
Einnahmen- und Ausgabenrechnung
  (Überschußrechnung) 14
Einstandspreis 123
Einstufige Divisionskalkulation 116
Einzelbetrieblicher Vergleich 1, 163
Einzelbewertung 19
Einzelkosten 84, 91, 116
Einzelwerbung 207
Elektronische Datenverarbeitung 14, 244
Elektronische Werbung 208
Elektronischer Briefkasten 255
Endkostenstellen 100
Entlohnung 283
Entsorgungseinrichtungen 182
Entwicklungsvergleich 163
Erfolgskonten 30, 36
Erleichterungen bei der Aufzeichnungs-
  pflicht 12
Erleichterungen bei der Lohnabrechnung 10
Erlösschmälerungen 42
Erlös- und Kostenübersicht 68
Eröffnungsbilanz 6
Erscheinungsbild 216
Erschließung 181
Erschließungsbeiträge 182
Ertrag 27
Ertragskonten 30, 36
Ertragswirtschaftliche Bilanzanalyse 141
Erweiterungsinvestition 302
Ersatzinvestition 302
Euromessage 256
Euroscheck 318, 321
Euroscheckkarte 321
Existenzaufbaupläne 309
Existenzgründung 341
Existenzgründungsprogramme 186
Existenzgründungsseminare 347
Exportberatungsstellen 343
Exportkataloge 343

F
Fachkontenrahmen 37
Fachliches Können 273
Factoring 299
Fehlerquellen in der Kalkulation 120
Fehlzeitenquote 154
Fertigungsgemeinkosten 97

Fertigungslöhne 93
Fertigungsplan 199
Fertigungswirtschaftliche Kennzahlen 154
Festplatte 245
Finanzielle Förderung 347
Finanzierung 295
Finanzierungsanlässe 295
Finanzierungshilfen 348
Finanzierungsplan 187, 303
Finanzierungsregeln 296
Finanzplan 311
Finanzplanung 178, 312
Finanzwirtschaft 295
Finanzwirtschaftliche Bilanzanalyse 141
Finanzwirtschaftliche Kennzahlen 157
Firmenwert 18
Firmenzeichen 216
Fixe Kosten 84, 98
Flächennutzungsplan 183, 185
Förderbedingungen 347
Förderungsmaßnahmen 350
Forderungsabtretung 307
Formgebung 344
Formgestaltung 344
Formulare 257
Formularwesen 257
Forschungsergebnisse 348
Forschungsinstitute des DHI 349
Fortbildung 346
Fortbildungsmaßnahmen 346
Fortbildungsmöglichkeiten 347
Fortbildungsträger 346
Freiberufliche Beratung 342
Freie Marktwirtschaft 175
Fremdfinanzierung 298
Fremdkapital 23
Fremdkapitalintensität 144, 158
Führungskraft 278
Führungsmittel 280
Führungsstile 280

G
Gegenbuchung 30
Geld 173
Geldautomat 322
Geldmenge 174
Geldpolitik 174
Geldwert 174
Gemeinkosten 84, 94, 103, 116
Gemeinkostenlöhne 95
Gemeinkostenschlüssel 101
Gemeinschaftskontenrahmen 37
Gemeinschaftsrechenzentren 70
Gemeinschaftswerbung 207
Gemischte Geschäftsvorfälle 31
Generalunternehmen 223
Geordnete Buchung 11
Geringwertige Wirtschaftsgüter 42
Gesamtkapitalbedarf 301
Gesamtkapitalrentabilität 147, 159
Gesamtkostenverfahren 28
Gesamtplanung 177
Geschäftsbrief 252
Gewährleistung 220

Gewerbeförderungsmaßnahmen 339
Gewerbeordnung 183
Gewinn 27
Gewinn- und Verlustrechnung 26, 27, 135
Gewinn- und Wagniszuschlag 115
Gewinnerzielung 179
Gewinnplanung 178
Gewinnschwelle 119
Gezogener Wechsel 324
Gliederungsvorschriften 24
Gliederungszahlen 137
GmbH & Co. KG 5
Große Kapitalgesellschaften 5
Großrechner 246
Grundbuch 307
Grundkosten 87
Grundpfandrechte 307
Grundsätze ordnungsmäßiger
  Buchführung 6, 11, 28, 37, 61, 66
Gründungsbilanz 26
Gruppe 288
Gruppenführer 288

H
Habensaldo 41
Halbbare Zahlung 314
Handarbeitabhängige Gemeinkosten 107
Handelsbilanz 17
Handelsrechtliche Bewertungsvorschriften 17
Handelsspanne 123
Handwerks-Design 217
Handwerksforschung 348
Handwerkskreditprogramme 186, 309
Handwerksordnung 180
Handwerksorganisationen 340
Hardware 245
Hauptbuch 61
Hauptkostenstellen 100
Heimwerkerbewegung 226
Herstellkosten 104
Herstellungskosten 17
Hilfskostenstellen 100
Hilfsstoffe 91
Hörfunkwerbung 210
Homebanking 330

I
Image 212
Immissionsschutz 185
Indexrechnung 117
Indexzahlen 137
Indirekte Werbung 207
Indirekter Vertrieb 205
Individualfertigung 200
Indossament 326
Inflation 175
Informationen 257
Informationsberatung 344
Informationsbeschaffung 258
Informationsübermittlung 257
Informationsvermittlungsstellen 344
Informationswesen 257
Inhaberscheck 320
Innenfinanzierung 297

Innerbetriebliche Leistungsverrechnung 102
Innerbetrieblicher Vergleich 163
Internationale Handwerksmesse 349
Inventar 1, 6, 23
Inventur 15, 91
Inventurlisten 88
Inventurvereinfachungsverfahren 16
Investition 172, 173
Investitionsbedarf 301
Investitionsplan 302
Investitionsplanung 178
Investitionszuschüsse 309
ISDN 254
Istkosten 118
Istkostenrechnung 85

J
Jahresabgrenzung 46
Jahresabschluß 4, 6, 49
Jahresfehlbetrag 27, 48
Jahresüberschuß 27, 48
Journal 61, 67
Journalblätter 65
Just-in-time Produktion 197

K
Kalkulation 1, 112
Kalkulation durch Schätzung 81
Kalkulationsarten 112
Kalkulationsmethoden 114
Kalkulationsschemen 121
Kalkulationszuschlag 123
Kalkulatorische Abschreibung 90
Kalkulatorische Kosten 84, 88
Kalkulatorische Miete 89
Kalkulatorische Wagnisse 90
Kalkulatorische Zinsen 89
Kalkulatorischer Ausgleich 119
Kalkulatorischer Unternehmerlohn 89
Kalkulatorisches Entgelt für mitarbeitende
    Familienangehörige 94
Kameralistische Buchführung 14
Kapital 23, 171, 271
Kapitalbedarf 301
Kapitalbedarfsrechnung 301
Kapitalbeschaffung 187, 295
Kapitalbeteiligungsgesellschaften 311
Kapitalbildung 297
Kapitaldienst 303
Kapitaldienstgrenze 303
Kapitalgesellschaften 4
Kapitalherkunft 297
Kapitalintensiv 179
Kapitalstruktur 143
Kapitalumschlag 158
Karrierepläne 272
Kassenausgaben 11
Kassenbuch 61, 62
Kasseneinnahmen 11
Kaufkraft 174
Kaufleute 4
Kaufoption 299
Kennzahlen 160, 162
Kennzahlenbereiche 152

Kennzahlenkataloge 152
Kennzahlenrechnung 151
Kinowerbung 210
Kleine Kapitalgesellschaft 5, 24
Kleinunternehmerregelung 10
Kombinierte Bestands- und Erfolgs-
    rechnung 30
Kommando 278
Kommunikation 257
Kommunikationstechniken 347
Kompatibilität 247
Komplettpreis-Angebote 81
Kontenarten 36
Kontenblätter 65
Konteneröffnung 38
Kontenform 28
Kontenplan 38, 41
Kontenplankarte 65
Kontenrahmen 37
Kontenverzeichnis 38
Konto 24, 36
Kontokorrentbuch 61
Kontokorrentkredit 304
Kontokorrentprobe 62
Kontrolle 83, 240
Kontrollprinzip 283
Kooperation 222
    horizontale 223
    vertikale 223
Kostenartenrechnung 83, 84
Kostendeckungspunkt 119
Kostenentwicklungsvergleich 150
Kostenkontrolle 111
Kostenplanung 178
Kostenrechnung 1, 135
Kostenstellen 85, 100
Kostenstellenrechnung 83, 85, 99
Kostenstrukturvergleiche 150
Kostenträgerrechnung 83, 85, 112
Kostenvergleiche 111
Kostenverrechnungssätze 102, 108
Kostenvoranschläge 214
Kreativität 288
Kreditarten 304
Kreditgarantiegemeinschaften 310
Kreditkarte 322
Kreditsicherheiten 306
Kreditwürdigkeit 310
Kulanz 221
Kundenanzahlungskredit 306
Kundenbetreuung 212
Kundendienst 212, 220
Kundenkartei 214
Kundenkarten 323
Kunden- und Lieferantenbuch 61, 62
Kundenzufriedenheit 221

L
Lagebericht 4, 5
Lagerbestand 241
Lagerdauer 156
Lagerhaltung 197
Lagerhaltungskosten 241
Lagerkartei 257

Lagermengen 241
Lagerplanung 178
Lagerstatistik 161
Lagerumschlagshäufigkeit 156
Lagerwesen 241
Lagerwirtschaftliche Kennzahlen 155
Laptop 246
Laufende Inventur 16
Laufkarten 239
Leasing 299
Leasinggeber 299
Leasingnehmer 299
Leasingraten 300
Leasing-Vertrag 299
Lebensversicherung 308
Lehrgänge 347
Leistungsbereitschaft 273
Leistungserstellung 198
Leistungsfähigkeit 273, 339
Leistungsförderung 274
Leistungskontrolle 283
Leistungslohn 284
Leistungsmerkmale 272
Leistungsprogramm 198
Leistungswille 273
Leuchtreklame 210
Lieferantenkredit 305
Lieferantenkonti 42
Liefertermine 196
Lieferungsbedingungen 196
Lieferungs- und Zahlungsbedingungen 220
Liquidität 145, 295
Liquidität 1. Ordnung 159
Liquidität 2. Ordnung 159
Liquidität 3. Ordnung 159
Liquiditätsrechnung 68
Lochkartenbuchführung 60
Lohnabrechnung 285
Lohnbuch 61, 62
Lohneinzelkosten 93, 103
Lohnformen 284
Lohngerechtigkeit 284
Lohnintensiv 179
Lohnkonto 10
Lohnschema 274
Lohnsteuerpauschalisierung 10
Lohnstufen 274
Lohnzettel 88
Lohnzusatzkosten 271
Lombardpolitik 174

M
Managementseminare 347
Marketing 203
Marktanalyse 194, 204
Marktbeobachtung 194, 204
Marktforschung 204
Marktpreis 18, 82
Marktwirtschaft 175, 176
Maschinenarbeitsabhängige Gemeinkosten 107
Maschinenstundensatz 108
Materialaufwand 45
Materialeinzelkosten 91, 103

Materialentnahmescheine 88
Materialgemeinkosten 97
Materialintensiv 179
Materialkontrolle 197
Materialkosten 84
Materialpreis 92
Materialverbrauch 45
Maus 245
Maximalprinzip 260
Mechanisierung 263
Mehrstufige Divisionskalkulation 116
Meistervorbereitung 346
Mengenkontrollen 201
Mengenrabatte 241
Menschenführung 272, 279, 281
Messen 218, 343, 349
Messeveranstaltungen 349
Metallgeld 173
Mietoption 299
Mindestaufzeichnungspflicht 8
Mindestreservepolitik 174
Minimalprinzip 260
Mitarbeiter 288
Mitarbeiterbehandlung 281
Mitarbeiterbesprechung 257
Mittelgroße Kapitalgesellschaften 5
Mittelstandsförderungsgesetz 340
Mittelstandskreditprogramme 309
Mobilfunk 256
Motivation 213
Mund-zu-Mund-Werbung 212
Münzen 174

N
Nachkalkulation 113
NC 263
Neue Technologien 262
Neutraler Aufwand 27, 88
Neutraler Ertrag 27
Normalkostenrechnung 85
Notebook 246
Notepad 246
Nummern-Alphaordnung 259
Nutzungsdauer 300

O
Öffentlichkeitsarbeit 214
Offenlegung 5
Offenmarktpolitik 174
Optimale Betriebsgröße 177
Optimaler Standort 180
Orderscheck 320
Ordnungsmäßigkeit der Buchführung 6, 11, 28, 37, 61
Organisationsbereiche 232
Organisationseigene Beratung 341
Organisationsgrundsätze 231
Organisationshilfsmittel 259
Organisationsschema 236
Organisationsstruktur 232
Originäre Buchführungspflicht 7

P
Passiva 23
Passive Rechnungsabgrenzung 47

Passivkonten 30, 36
Passivtausch 30
Periodenvergleich 163
Permanente Inventur 16
Personalauswahl 277
Personalbedarf 271, 275
Personalbedarfsermittlung 275
Personalbedarfsplanung 272
Personalbeschaffung 276
Personalbetreuung 286
Personalbewegung 154
Personalbogen 257
Personal Computer 245
Personalentwicklung 272
Personalerhaltung 277
Personalkosten 84, 271
Personalkredite 306
Personalplanung 178, 275
Personalstatistik 161, 286
Personalstruktur 271
Personalverwaltung 286
Personalwirtschaftliche Kennzahlen 153
Personenkonten 36
Pflichtenheft 249
Plakat 209
Plankostenrechnung 86
Planungsbereiche 178
Planungsflexibilität 179
Planungsphasen 178
Planungsrechnung 1
Planungsschritte 178
Planwirtschaft 176
Plotter 246
Postanweisung 315
Postgirodienst 317
Postnachnahme 315
Postprotestauftrag 316
Postscheck 318
Prämienlohn 285
Preis 82, 175
Preisbildung 83, 175
Preispolitik 220
Preisstabilität 176
Preisuntergrenzen 119
Printwerbung 208
Privater Verbrauch 173
Privatkonto 41
Probebilanz 50
Produkthaftung 221
Produktionsfaktoren 171, 172, 271
Produktionsplanung 178
Programmhefte 347
Programmiersprachen 247
Programmierte Korrespondenz 254
Prospekt 209
Prozeßanalyse 235
Prozeßsynthese 236
Prüfung 5

Q
Qualitätskontrollen 201
Qualitätssicherung 201
Qualitätszirkel 224

R
Rationalisierung 260
Rationalisierungsinvestition 302
Rationalisierungsreserven 261
Rationellste Buchführungstechnik 60
Raumausstattung 218
Raumgestaltung 218
Rechenzentren 70
Rechnungsabgrenzungen 6, 47
Rechnungskontrolle 197
Rechnungswesen 1
Rechtsberatung 345
Rechtsform 184
Rediskontkontingent 174
REFA 236, 262
Referenzdaten 248
Registratur 258
Regreß 328
Reiterbahnleitkarten 65
Reklamation 214
Rentabilität 147, 159
Restaurator 347
RKW 261
Rohertrag 139
Rohgewinn 123
Rohstoffe 91, 171, 271
Rückkalkulation 114
Rücklagen 48
Rückstellungen 6, 20, 47

S
Sachkapital 171
Sachkonten 36
Saldierung 48
Saldo 41
Sammelauftrag 318
Sammelwerbung 207
Scanner 246
Schaufenster 210
Schaukasten 210
Scheck 319
Scheckkarten 319
Scheckkarte 318
Scheckverkehr 319
Scheckverlust 321
Schema der Gewinnberechnung in der Rückkalkulation 114
Schema für die Äquivalenzziffernrechnung 117
Schema für die Aufbereitung einer einfachen G+V für die betriebswirtschaftliche Auswertung 140
Schema für die Auswertung der Bilanz 142
Schema für die Berechnung der Gemeinkostenlöhne 95
Schema für die Divisionskalkulation 117
Schema für die Gewinnberechnung in der Nachkalkulation 114
Schema für die Gliederung der Bilanz 24
Schema für die Gliederung der G+V 28
Schema für die Indexzahlenrechnung 118
Schema zur Ermittlung der Gesamtgemeinkosten 96
Schrägsichtleitkarten 65

Stichwortverzeichnis

Schriftgutablage 258
Schriftverkehr 252
Schulung 219
Selbstfinanzierung 298
Selbstkosten 113
Selbstschuldnerische Bürgschaft 308
Serienfertigung 199
Servicerechenzentren 70
Sicherheitsreserve 303
Sicherungsübereignung 307
Sichtzungen 65
Sinnfindung 274
Sinnverwirklichung 274
Skonti 197
Skontoabzug 305
Software 245
Sola-Wechsel 324
Sollsaldo 41
Sonderabschreibungen 309
Sonderbilanzen 26
Sonderkosten 84, 96
Sonderkosten der Fertigung 96
Sonderkosten des Vertriebs 96
Sonderschauen 349
Soziale Marktwirtschaft 175, 176
Sozialleistungen 287
Sozialprodukt 172
Sparen 172
Staatliche Förderung 340
Staatsverbrauch 173
Staffelform 28
Stammdaten 248
Standardformulare 257
Standortbeurteilung 182
Standortorientierung 182
Standortvergleich 182
Standortwahl 180
Statistische Auswertungen 160
Stelle 233, 275
Stellenangebot 276
Stellenbeschreibung 231, 275
Stellenbesetzung 276
Stellenbesetzungsplan 276
Stellenbildung 233
Stellenplan 275
Steuerbilanz 17, 21, 26
Steuerkanzlei 69
Steuerlicher Gewinn 139
Steuerzahllast 44
Stichtagsinventur 16
Stille Rücklagen 20
Strukturvergleich 163
Stücklisten 88
Stufenleiterverfahren 102
Stundenverrechnungssätze 116, 118
Stundenverrechnungssatz-Ermittlung 120
Subunternehmen 223
Summen- und Saldenliste 67
Summenbilanz 50
Systeme der Kostenrechnung 85
Systemsoftware 247

T

Tagesarbeitszettel 257
Tagespreis 92
Tariflohn 274
Tastatur 245
Tausch 173
Technische Betriebsberatung 342
Technologiebereiche 262
Technologieförderung 309
Technologien 343
Technologietransfer 265
Teilkostenrechnung 86, 118
Teilwert 18
Telebox 255
Telefax 255
Telefon 213, 254
Telegramm 254
Telekommunikationsmittel 254
Teletex 254
Telex 254
Terminplan 187
Textverarbeitung 254
Transportkosten 242
Transportmittel 242
Transportwesen 242
Tratte 324

U

Überbetriebliche Unterweisung 346
Übernahme von Kalkulationshilfen 81
Übernahme von Konkurrenzpreisen 81
Überschußrechnung 27
Überweisungsauftrag 318
Überweisungsvordruck 317
Umbewertung 87
Umbuchungen 41, 54
Umlaufintensität 143, 157
Umlaufvermögen 22, 24, 139
Umsatz- und Absatzstatistik 161
Umsatzkostenverfahren 28
Umsatzrentabilität 148, 160
Umsatzsteuer 9, 43, 115
Umwandlungsbilanz 26
Umweltschutz 185, 309, 344
Umweltschutzberatung 344
Unfallschutz 287
Unternehmenskultur 216
Unternehmensspiegel 68
Unternehmensziel 179
Urlaubsgeld 287

V

Variable Kosten 84, 98
Verbindlichkeiten 22
Verbindlichkeiten an Finanzamt für Umsatzsteuer 43
Verbundwerbung 207
Vereinfachungen der Aufzeichnungspflicht 9
Verfahrens-Erfolgsvergleich 163
Verfahrenstechniken der doppelten Buchführung 59
Verfahrensvergleich 163
Verhältniszahlen 137, 151
Verkäuferschulungen 207
Verkaufsgespräche 219
Verkaufsleiter 347

Verkaufsorganisation 218
Verkaufspersonal 218
Verkaufspsychologie 219
Verkaufsvereinbarungen 219
Verkaufsverhandlungen 219
Verlust 27
Verlustquellenforschung 111
Vermögen 23
Vermögenskonten 36
Vermögensstruktur 142
Vernetzung 246
Verrechnungspreise 92
Verrechnungssatz 214
Verrechnungsscheck 320
Verrichtungsprinzip 233
Verschnitt 92
Verschuldungskoeffizient 158
Verstöße gegen die GoB 13
Vertragsabschlüsse 220
Vertrieb 202
Vertriebsgemeinkosten 98
Vertriebsplanung 206
Vertriebswege 218
Verursachungsprinzip in der Kosten-
    rechnung 97
Verwaltung 243
Verwaltungsgemeinkosten 97
Verwaltungsplanung 178
Verwaltungs- und vertriebs(absatz)wirtschaft-
    liche Kennzahlen 156
Verwendungsrechnung 68
Volkswirtschaft 171
Vollbeschäftigung 176
Vollhandwerk 180
Vollindossament 326
Vollkommene Konkurrenz 176
Vollkostenrechnung 86, 118
Vorbereitende Abschlußbuchungen 45
Vorgesetzter 288
Vorkalkulation 113, 240
Vorkontierung 41
Vorkostenstellen 100
Vorräte 24
Vorratshaltung 197
Vorsichtsprinzip 19
Vorsteuer 43
Vorsteuerkonto 43

W

Währung 173, 175
Warenausgang 9
Warenausgangsbuch 8
Wareneingangsbuch 8
Wareneinsatz 45
Wechsel 324
Wechselannahme 325
Wechselarten 324
Wechseldiskontierung 326
Wechseleinlösung 326
Wechselklage 328
Wechselkredit 305
Wechselmahnbescheid 328
Wechselprolongation 328
Wechselprotest 328

Wechselreiterei 329
Wechselstrenge 329
Wechselverfallzeiten 327
Wechselverjährung 329
Wechselverkauf 326
Wechselweitergabe 325
Weihnachtsgeld 287
Weisungen 278
Weiterbildungsinformationssysteme 347
Weiterbildungsplanung 348
Werbeadressaten 211
Werbeagenturen 217
Werbebrief 209
Werbeerfolg 211
Werbeetat 211
Werbekosten 211
Werbemittel 208
Werbeplanung 211
Werbewege 208
Werbeziele 206
Werbung 206
Werkstattorganisation 200
Wertansätze 19
Wertbrief 315
Wettbewerb 176
Wirtschaft 171
Wirtschaftlichkeit 260
Wirtschaftlichkeitsrechnung 83
Wirtschaftspolitik 176
Wirtschaftssysteme 175
Wirtschaftswachstum 172, 176
Wissenschaftliche Institute 348

Z

Zahlschein 317
Zahlungsanweisung 318
Zahlungsart 197
Zahlungsbedingungen 197
Zahlungsbereitschaft 145
Zahlungsfähigkeit 295
Zahlungsmodalitäten 285
Zahlungsrhythmus 286
Zahlungsverkehr 314
Zahlungsverzug 197
Zahlungsziel 197
Zeitaufnahmebögen 257
Zeitkontrolle 201
Zeitlohn 284
Zeitplanung 240
Zentraleinheit 245
Zession 307
Zinsen 304, 306, 309
Zollvorschriften 343
Zusatzangaben 4
Zusatzkosten 87
Zuschlagskalkulation 116, 121
Zuschüsse 342
Zwischenbetriebliche Kooperation 222
Zwischenbetriebliche Zusammenarbeit 221
Zwischenbetrieblicher Vergleich 1, 164
Zwischenbilanz 50
Zwischenkalkulation 114